Sociologia do futebol

Dimensões históricas e socioculturais
do esporte das multidões

Richard Giulianotti

Tradução de Wanda Nogueira Caldeira Brant
e Marcelo de Oliveira Nunes

Apresentação de Daniel Piza

Título Original: Football – A sociology of the global game
Copyright©Richard Giulianotti, 1999.
© *Copyright*, 2010. Editora Nova Alexandria Ltda.

Todos os direitos reservados
Editora Nova Alexandria Ltda.
Avenida Dom Pedro I, 840 – Vila Monumento
01552-000 – São Paulo – SP
Tel.: 11-2215-6252
novaalexandria@novaalexandria.com.br
Site: www.novaalexandria.com.br

Dados para catalogação

Giulianotti, Richard
   Sociologia do futebol – Dimensões históricas e socioculturais do esporte das multidões / Richard Giulianotti ; tradução de Wanda Nogueira Caldeira Brant e Marcelo de Oliveira Nunes — São Paulo : Nova Alexandria, 2010.

ISBN 978-85-7492-247-8.

1.Esportes 2. Futebol 3. Educação física
I. Brant, Wanda Nogueira Caldeira II. Nunes, Marcelo de Oliveira

CDD-796

Revisão de texto: Wilson Ryoji Imoto
                  Simone Luiza Costa Silberschimidt
Capa: Lucio Kume
Editoração eletrônica: Wander Camargo Silva

Sumário

Apresentação 4

Prefácio 7

Glossário 13

1 A essência do futebol: as bases históricas e sociais do jogo global 15

2 O esporte do século XX: futebol, classe e nação 42

3 Culturas do espectador: paixão pelo jogo na Europa e na América Latina 62

4 Campos de futebol: vínculos emocionais e controle social 93

5 O preço da vitória: as finanças do futebol e a revolução da TV .. 116

6 Jogadores de futebol: de heróis locais a estrelas internacionais 142

7 O objetivo de vencer? Futebol, ciência, tática e estética 166

8 A política cultural do jogo: etnia, gênero e a mentalidade do "pós-torcedor" 188

Posfácio 212

Referências bibliográficas 221

Índice remissivo 242

Apresentação

Um mapa-múndi do futebol

Daniel Piza*

É comum ouvir dizer que o futebol é o esporte mais "democrático" que existe, porque não predefine seus atletas por características físicas e porque requer onze pessoas com um objetivo comum. Altos e baixos, esguios e robustos, rápidos e não tão rápidos, todos os fenótipos podem se adequar ao jogo. É difícil, por exemplo, pensar em outro esporte em que Romário, um dos maiores artilheiros da história, se daria tão bem: ele não poderia ser profissional em basquete, vôlei, natação, atletismo, em quase nada. O próprio destaque do Brasil no esporte viria desse fator: por não exigir muita estatura nem muito dinheiro para ser praticado, ele rapidamente se tornou o mais popular do país. E como envolve um número grande de participantes e é jogado com os pés, que não possuem o controle e autocontrole das mãos, cria uma combinação de variáveis que o torna um espelho social importante, com seus reflexos psíquicos.

O curioso no caso brasileiro é que grandes escritores como Graciliano Ramos e Lima Barreto, ambos intensamente preocupados com a definição de uma identidade nacional, viram na importação do futebol um processo de deterioração dessa identidade. No entanto, o futebol se tornou absolutamente indissociável dessa identidade. Com as telenovelas, é um dos principais alimentadores da autoimagem nacional. Mas será que apenas as condições socioeconômicas explicam essa fascinante transformação, essa conversão de um esporte de "elite" num produto de massa com tal abrangência? Será que apenas por ser mais acessível e mais instintivo o futebol se tornou um dos maiores símbolos brasileiros? A leitura deste livro pioneiro mostra que parcialmente sim, mas que há muito mais coisas entre a torcida e o time do que a sociologia convencional imagina.

Richard Giulianotti começa o livro anotando a pergunta mais desafiadora que o futebol provoca: por que ele é capaz de arrebatar tantos tipos de pessoas? Afinal, trata-se do esporte mais popular do mundo. Ainda que o Brasil se rejubile com o título de "país do futebol", ele é o primeiro esporte em várias nações. Em palavras atuais, é o mais globalizado dos esportes. Mesmo em países ricos, como a Inglaterra e a Alemanha, ocupa papel fundamental na identidade local. É cultuado em sociedades com as mais diferentes religiões e formações históricas. É mania no Japão ou na Espanha, na Nigéria ou na Arábia Saudita. Um país com a população menor e mais homogênea que a brasileira, como a Argentina, tem resultados proporcionalmente ótimos nos torneios mundiais. Logo, é obviamente reducionista dizer que há certos requisitos prévios para que o futebol seja uma paixão nacional, ou para que esse país se diga o mais naturalmente apto para se realizar nele. Mas que ele seja visto assim é significativo.

"O futebol é certamente modelado *por* e *dentro de* uma sociedade mais geral, mas ele produz o seu próprio universo de relações de poder, significados, discursos e estilos estéticos", escreve Giulianotti, que olha o esporte sem cair no discurso funcional (o resultado como determinante das interpretações) nem no esteticista (o jogo pelo jogo, independentemente de seu entorno social e competitivo). Seu livro demonstra que o futebol fornece "mapas culturais" para entender cada uma das sociedades onde é importante e, ao mesmo tempo, que tem universalidades, traços intrínsecos pelos quais essas sociedades se medem e dialogam. Os deslocamentos que o futebol opera entre individual e coletivo, já na tática do jogo, fazem dele o esporte preferido dos sociólogos, mas convém olhá-lo também em seu mundo próprio. Escrevi uma vez que é o esporte mais parecido com a vida, pois nele inferno e paraíso se separam por frações de segundo, e tanto o craque mais privilegiado quanto o mais perna de pau estão sujeitos a erros humilhantes, a acertos consagradores e à ação do 23º jogador, conhecido como Sorte.

Giulianotti também não cai na tentação de associar de forma grosseira os estilos de desempenho no futebol aos qualificativos atribuídos a uma cultura pelas outras. Dizem, por exemplo, que as táticas predominantes em cada país refletem sua mentalidade. A Alemanha, por exemplo, jogaria um futebol "marcial", de muita disciplina e pouca criatividade, enquanto no Brasil ocorreria o contrário. Ou que Maradona se tornou o maior jogador e o maior ídolo da Argentina porque seria a quintessência do argentino, um trágico que dança com a bola ao ritmo de tango. São verdades incompletas, pois não explicam por que Beckenbauer foi um jogador tão refinado, enquanto o brasileiro Emerson despontou no campeonato alemão. Ou por que Maradona brilhou tanto na Itália, onde o estilo de jogo é tão diferente do argentino. Mas os paralelos se mostram muito convincentes quando o autor descreve as diferenças entre o comportamento dos torcedores violentos em cada país, olhando para o "hooliganism" sem reduzi-lo à mera delinquência; ou quando analisa o grau de emocionalismo demonstrado nos estádios das diferentes partes do mundo.

Pois o que é mais interessante no livro de Giulianotti, ainda que ressinta de um pouco de "academês", é sua visada histórica sobre o entrelaçamento entre o futebol como esporte e como representação cultural. Ele divide essa história em tradicional, moderna e pós-moderna, narrando como o futebol nasceu da classe dominante, se popularizou com a revolução fordista e passou a ser um vértice de conteúdos simbólicos & sociais. O futebol passou a ser "de massa" com a urbanização e a industrialização do mundo, à medida que o proletariado multiplicava nas cidades. Giulianotti nota, por exemplo, como certas rivalidades de clubes na América do Sul traduziam antagonismos sociais, como o Fla-Flu, confronto do elitista com o popular; ou atritos nacionais, como entre Argentina e Brasil, sempre disputando o pódio da civilização tropical. Também descreve a semelhança do êxtase das torcidas brasileiras com os rituais religiosos e lembra a figura destacada do "malandro" no imaginário futebolístico nacional. Eis um ponto de partida excelente para os sociólogos brasileiros acordarem do sono universitário e tentarem entender, por exemplo, as dificuldades de implementar o profissionalismo nestas planícies.

E Giulianotti tem raro conhecimento e equilíbrio ao mostrar as mudanças recentes do futebol, em que a forma atlética ganhou mais importância, o negócio esportivo tomou dimensões astronômicas e as fronteiras nacionais ficaram nebulosas, dando espaço a um movimento ambíguo, à diluição dos estilos locais acompanhada do ressurgimento de valores tribais – a uma "complexidade cultural crescente". Nem por isso, para o autor, o futebol perdeu sua capacidade de surpreender o espectador, que sabe que nem mesmo o Real Madrid de Zidane, Figo e Roberto Carlos sairá sempre vitorioso, ainda que diante de um clube recém-emerso da segunda divisão. Eis o fascínio do futebol. Mesmo num país onde a cidadania é precária, ele pode se tornar tanto a expressão de sua precariedade como o campo de reflexão para sua saída. O brasileiro vê no futebol – ao menos dentro das quatro linhas – que pode ser criativo e eficiente ao mesmo tempo, como Pelé e tantos outros craques foram e são. O futebol não é necessariamente democrático, porque exige talentos especiais e investimentos altos. Mas, sem ele, não existe democratização.

*Daniel Piza é editor-executivo e colunista do jornal 'O Estado de S.Paulo'

Prefácio

A paixão dos povos: a atração social fundamental do futebol

Qualquer discussão sobre o futebol mundial deve ser iniciada com um reconhecimento da atração global do jogo. Embora possa estar cada vez mais ultrapassado dizer isso, o futebol é inegavelmente o principal esporte do mundo. Nenhuma outra forma de cultura popular engendra uma paixão ampla e participativa entre seus adeptos como a que se tem pelo futebol. Ao mesmo tempo que este livro procura explorar as complexidades sociais, culturais e históricas do jogo, a ideia inicial foi a curiosidade de saber por que uma única forma de esporte é capaz de arrebatar tantos tipos de pessoas. A atração multicultural do futebol estende-se de suas congregações estabelecidas na Europa e na América do Sul até a conversão em massa da Australásia, África, Ásia e até mesmo dos Estados Unidos. O perfil de uma mistura de classes no jogo das nações latinas está começando a se repetir no norte da Europa e nos novos territórios do futebol. Apesar de, na maior parte das sociedades, o futebol refletir a distribuição mais ampla do poder associado ao gênero, o jogo está passando também por graus variados de feminilização entre jogadores, espectadores, comentaristas e cartolas. Além disso, é um esporte que, muito mais que abandona, mantém as lealdades de seus torcedores ao longo da vida.

Sem dúvida alguma, o futebol tem algumas características essenciais que contribuem para sua popularidade. Provavelmente, a mais importante é a relativa simplicidade das regras, dos equipamentos e das técnicas corporais do jogo. Somente umas poucas regras fundamentais devem ser obedecidas se o futebol for significativamente jogado e tiver plateia. Não é permitido aos jogadores tocar a bola com a mão e tampouco chutar a canela do adversário, ao mesmo tempo que cada time deve tentar ganhar do outro por meio do maior número de gols em um gol reconhecido. Mesmo essas regras podem ser alteradas para se adaptar ao treino ou para quebrar a rotina do jogo convencional. Outras regras – como aquelas relacionadas ao impedimento, falta e pênaltis, números de times, duração da partida ou parâmetros precisos para o jogo e a contagem de pontos – podem ser combinadas entre os jogadores antes ou durante os jogos. A relativa flexibilidade das regras do futebol reflete o fato de que aqueles que o praticam em todo o mundo tentarão jogar em quase qualquer circunstância: nos campos padronizados, certamente, mas também em locais sem marcação, nas ruas, em ginásios, em praias ou mesmo em casas de família.

Indubitavelmente, as exigências de equipamentos simples para o futebol constituem uma atração importante para as classes sociais mais baixas na maior parte do mundo. Ao mesmo tempo que o futebol pode ser jogado em muitos lugares públicos informais, não requer nenhum traje especial ou tecnologia sofisticada, exceto a esfera de tamanho requerido para passar e driblar. Os jogadores precisam somente aprender a dominar algumas habilidades básicas de enganar e manobrar a bola com o pé para participar dos jogos. As habilidades defensivas de marcar, desarmar ou defender o gol podem ser estimuladas, inicialmente, entre os menos hábeis tecnicamente. Finalmente, cada vez mais o futebol é peculiar no sentido esportivo, uma vez que tende a aceitar diferentes formas e tamanhos corporais. Jogadores de preparo físico, altura, peso e idade variados podem encontrar posições específicas favoráveis à sua forma física.

Todas essas características são resultado da simplicidade natural do futebol. No entanto, se fizermos um balanço, todas ganham maior importância e são qualitativamente transformadas pelas inúmeras influências sociais exercidas sobre ele. Em outras palavras, o que torna o futebol tão irresistível para culturas do mundo inteiro tem muito pouco a ver com sua essência. Em vez disso, meu argumento aqui é bem simples e claro na área das ciências humanas: de maneira mais específica, as características valorizadas no jogo nos dizem algo fundamental sobre as culturas em que ele é praticado. Torcedores nômades de futebol já estão bem conscientes de que, se quiserem conhecer a sociedade que vai hospedá-los e compreender a complexidade de sua estrutura social e de seus valores morais, o mais próximo evento esportivo importante condensará e representará de maneira conveniente esses elementos antes da observação atenta do visitante (Cresswell e Evans, 1997). Em qualquer lugar, o futebol nos fornece uma espécie de mapa cultural, uma representação metafórica, que melhora nossa compreensão daquela sociedade (Bateson, 1972). Talvez seja bom assinalar que essa metáfora não esquece como o mapa e seus tópicos delineados continuam a interagir de maneira complexa. Sua centralidade cultural, na maior parte das sociedades, significa que o futebol tem uma importância política e simbólica profunda, já que o jogo pode contribuir fundamentalmente para as ações sociais, filosofias práticas e identidades culturais de muitos e muitos povos.

A ideia central deste livro demonstra que a difusão do futebol de um lado a outro do mundo possibilitou que diferentes culturas e nações construíssem formas particulares de identidade por meio de sua interpretação e prática do jogo. Essa diversidade é cada vez mais enfraquecida pela relação recíproca das forças econômicas e culturais, que estão transformando a cartografia do jogo em um mercado global. No entanto, quando examinamos o "mundo do futebol" em um sentido histórico, torna-se possível explorar as longas inter-relações das culturas do futebol. Essa perspectiva histórico-cultural me leva a periodizar os principais acontecimentos dentro do futebol capítulo por capítulo. O livro trata inicialmente do futebol profissional, que cada vez mais influi no jogo não profissional, no sentido de estabelecer pontos de referência fundamentais para a ação, o discurso, a ética e a ambição entre os jogadores comuns. Não se pretende que ele seja uma segunda tese de doutorado, e sim fornecer uma "sociologia do futebol", explorando as principais propriedades e questões sociais do jogo.

A tática de análise: identificação do "tradicional", "moderno" e "pós-moderno"

O livro não é dominado por uma tradição filosófica mas, ao contrário, baseia-se em uma série de perspectivas sociológicas e em autores que considero meus mestres. Cada capítulo discute questões sociais e históricas específicas ao futebol. Utilizo as perspectivas filosóficas, de acordo com seu valor potencial e influência anterior, para explicar a questão a ser analisada. Tenho também muito interesse em discutir a pesquisa sociológica anterior relacionada a cada questão específica. Inevitavelmente, alguns tópicos (como o *hooliganism** no futebol) foram muito mais pesquisados pela sociologia do que outros (como os estilos de jogar futebol).

A maior parte dos capítulos é estruturada em torno da trajetória histórica de questões específicas ao futebol. Meu argumento é que cada uma dessas questões passou por estágios específicos, que podem ser caracterizados como "tradicional", "moderno" e "pós-moderno". Minha definição desses termos é convencionalmente sociológica. Quando discuto o "tradicional" estou falando sobre o "pré-moderno", onde vestígios da era pré-industrial ou pré-capitalista são ainda muito influentes. De modo geral, isso envolve a aristocracia ou a classe média tradicional, que exerce sua autoridade muito mais por convenções do que por meios racionais ou democráticos. A influência do império britânico continua presente.

A "modernidade" está relacionada à rápida urbanização e ao crescimento demográfico e político da classe trabalhadora. Estabelece-se uma divisão entre espaços masculinos (público, produtivo) e espaços femininos (privado, reprodutivo). Os acontecimentos internacionais passam a ter maior influência na vida social cotidiana. A identidade passa a ser fixada ao longo dos eixos de classe, gênero, idade, localidade e etnia. O crescimento

---

* No amplo sentido da palavra, *hooligan* é o jovem que se comporta de maneira violenta em lugares públicos; o termo passou a ser usado, de maneira específica, para se referir às torcidas organizadas muito violentas do Reino Unido. O autor faz uma análise detalhada sobre essas e outras torcidas no capítulo 3. (N.T.)

dos meios de comunicação de massa, as melhorias na infraestrutura dos transportes e a criação de um programa nacional de educação (como parte de um sistema de bem-estar social) também servem para suscitar sentimentos unitários de identidade nacional. Na indústria, a produtividade e a lucratividade são maximizadas por meio de divisões de trabalho mais complexas. O "fordismo" implica que os trabalhadores executem tarefas específicas repetitivas continuamente na linha de produção da fábrica. A "redução da necessidade de mão de obra qualificada" torna-se um risco para os artífices ou artesãos. O "taylorismo" ou a "administração científica" envolvem a utilização de estudos do tempo e do movimento para maximizar a eficiência dos trabalhadores individualmente. O sistema fabril favorece a produção de mercadorias idênticas em grande escala. Em matéria de lazer e de recreação, a divisão entre burguesia e classes trabalhadoras é reproduzida por meio da diferenciação entre alta cultura ("legitimada") e baixa cultura ("popular"). A modernidade está enraizada também nos novos tipos de organização social racional. Sistemas burocráticos tornam-se constantemente mais complexos; a vida social torna-se mais regulamentada e previsível; a geografia e a arquitetura públicas tornam-se mais padronizadas. Com o tempo, mais cedo ou mais tarde, a modernidade pode ser distinguida de acordo com diferentes níveis sociais de reflexividade e de autocrítica. Todavia, durante todo o tempo, o fantasma que assombra a modernidade é sua autoconfiança, sua fé no progresso, sua convicção utópica de que os problemas e as pessoas podem ser "corrigidos".

A idade contemporânea da pós-modernidade é marcada pela dimensão crítica ou pela rejeição real da modernidade e de suas propriedades definidas. Socialmente, a pós-modernidade envolve suburbanização, surgimento de novas formas de emprego dos colarinhos-brancos e fragmentação das classes trabalhadoras. As identidades sociais e culturais tornam-se cada vez mais fluidas e "neotribais" em suas tendências de lazer. O feminismo desafia o patriarcado, enquanto a identidade nacional torna-se mais fraca, devido à imigração e à diversidade étnica. A globalização dos povos, da tecnologia e da cultura dá origem a uma cultura híbrida e a uma dependência econômica das nações em relação aos mercados internacionais. As formas de produção industrial "pós-fordistas" implicam que os trabalhadores sejam contratados por curto prazo; devem ser capazes de executar todos os tipos de tarefas no chão de fábrica; os produtos que eles fabricam mudam constantemente, de acordo com as demandas de mercado; enquanto isso, o novo sistema de produção possibilita, aos empreendedores, a acumulação flexível de capital. A divisão entre alta e baixa cultura entra em colapso. O poder e o *status* de profissionais e de burocracias são constantemente desafiados. Os estilos arquitetônicos dão preferência ao aspecto de pastiche e *rétro*. De modo geral, a pós-modernidade é caracterizada por um ceticismo filosófico em relação à ciência; existe uma oposição às "metanarrativas" e às "grandes teorias", que têm a pretensão de explicar toda a história; e uma desconfiança na fé da modernidade no progresso histórico e no iluminismo humano.

Não estou argumentando que as épocas "tradicional", "moderna" e "pós-moderna" possam ser facilmente combinadas para possibilitar um estudo da (pós-)modernização simples, linear e irreversível do futebol. Nenhuma dessas épocas é hermeticamente fechada pelas outras. Por exemplo, a "globalização" dos povos por intermédio da migração começou muito tempo antes da revolução industrial. No mundo "moderno" e "pós-moderno" os tipos tradicionais de autoridade ainda têm, no mínimo, uma influência residual (como os aristocratas que deliberam sobre a Associação de Futebol (FA inglesa). Além disso, os historiadores e os sociólogos continuam a discutir em que medida cada época é autoidentificável. As "tradições" são socialmente construídas pelos que têm poder, para proteger seus interesses materiais e políticos e consolidar sentimentos particulares ou "mitos" de identidade nacional (Hobsbawm e Ranger, 1983). As dimensões progressivas e emancipatórias da "modernidade" garantem que ela permaneça para sempre um projeto incompleto, cada vez mais paralisado pelos impulsos de autocrítica e reflexivos que fomenta (Habermas, 1987a). Enquanto isso, a "pós-modernidade" continua a ser um termo altamente contestado por si mesmo. Os sociólogos e filósofos críticos argumentam que o "final da modernidade" descreve bem melhor a era histórica corrente do que a designação mais dramática (mas vazia) "pós-modernidade" (Jameson, 1991; Giddens, 1990). Outros apontam as contradições internas do conceito de "pós-modernidade", principalmente sua associação aos modos não científicos ou irracionais do pensamento e sua tendência a rejeitar as "metanarrativas" por meio de argumentos que são por si mesmos "metanarrativas" (Lyotard, 1984).

No entanto, considero essas periodizações como "tipos ideais" com uma heurística intrínseca e valor hermenêutico. São conceitos e categorias gerais úteis para estruturar e compreender ações e acontecimentos históricos, embora se saiba que a "realidade" nem sempre se adapta muito precisamente a essas categorizações. Essas categorias históricas nos ajudam a dar um "sentido de documentário" para eventos ou acontecimentos específicos ao futebol, relacionando-os ao contexto social e político mais amplo ou à *weltanschauung* (visão de mundo) da época. Assim, por exemplo, como argumento no capítulo 7, o esquema tático de jogo "WM" do Arsenal, durante a década de 1930, tornou-se significativo dentro do contexto mais amplo do modo de produção industrial "fordista" naquela época. Existe um "círculo hermenêutico" entre usar essas partículas da vida social para compreender o contexto social mais amplo e usá-lo para explicar uma de suas características particulares (Gadamer, 1975). O futebol e outros tipos de práticas esportivas não são "dependentes" da sociedade mais ampla; são influenciados pelo contexto social mais amplo e ao mesmo tempo o influenciam. Devo acrescentar, aqui, que essa abordagem contextual não é neutra em termos de crítica. Sou favorável à ala crítica da hermenêutica, socialmente engajada, que "exercita a suspeita" em relação à linguagem, pensamentos e ações dos que detêm o poder (Ricoeur, 1970, p. 32-36).

O método hermenêutico tem, aqui, paralelos fortes com a posição do marxismo superestrutural e com a teoria crítica. De acordo com esse ponto de vista, o esporte e outras formas particulares da "superestrutura da cultura popular" mantêm uma "relativa autonomia" diante das estruturas e superestruturas permanentes da sociedade. Pierre Bourdieu, o alquimista das tradições sociológicas divergentes, explica a relação entre elas e o esporte de maneira muito sucinta: "A história do esporte é uma história relativamente autônoma que, mesmo marcada por acontecimentos importantes da história econômica e social, tem seu próprio tempo, suas próprias leis de evolução, suas crises, em síntese, sua cronologia específica" (Bourdieu, 1991a, p. 358).

Portanto, minha posição ao longo deste livro é de que os aspectos do futebol somente passam a ser significativos quando colocados em seu contexto histórico e cultural. O futebol não é dependente nem sequer isolado das influências do meio mais amplo; existe uma relativa autonomia na relação entre os dois.

O livro é dividido em oito capítulos e termina com um posfácio. Os dois primeiros capítulos discutem a história e a sociologia geral do futebol. O capítulo 1 examina o surgimento social e a difusão global do futebol. Discuto também detalhadamente o significado dicotômico do jogo no âmbito das relações sociais. O futebol faz surgir intensas rivalidades e oposições, mas também possibilita outras formas positivas do "relacionamento" social, o que aponta para as dimensões religiosas do jogo. O capítulo 2 desenvolve essas questões, enfocando as mudanças das relações de poder no domínio do futebol durante todo o século XX. A "nação" torna-se a principal unidade do futebol, sustentada pelos vínculos sociais de classe e locais. No entanto, quando entramos no terceiro milênio, descobrimos que as novas nações do futebol (como Estados Unidos ou Austrália) não mais utilizam o jogo para consolidar sentimentos de "relacionamento" nacionais.

O resto do livro é dedicado a observar a história e a sociologia das questões específicas do futebol. O capítulo 3 examina as culturas dos torcedores no Reino Unido, no norte e no sul da Europa e na América Latina. Os "espaços" do futebol, particularmente os estádios, são discutidos no capítulo 4. Discuto a dimensão dos negócios do futebol no capítulo 5 e examino, então, a mudança das circunstâncias econômicas e culturais dos jogadores de futebol no capítulo 6. A estética histórica e os esquemas táticos do jogo de futebol são assunto do capítulo 7; o capítulo final trata das políticas culturais contemporâneas do futebol relacionadas às questões de classe, etnia e gênero. Termino o livro com um posfácio, que sintetiza alguns pontos básicos dos capítulos anteriores e esboça algumas questões para pesquisa sociológica futura.

Glossário

AFA
Asociación del Fútbol Argentino
Associação Argentina de Futebol

AFC
Asian Football Confederation
Confederação Asiática de Futebol

ASSH
Australian Society for Sports History
Sociedade Australiana para História dos Esportes

BBC
British Broadcasting Corporation
emissora de rádio e televisão inglesa

BSA
British Sociological Association
Associação Sociológica Inglesa

BSB
British Satellite Broadcasting
emissora inglesa de rádio e televisão por assinatura por satélite

BSkyB
British Sky Boadcasting
emissora inglesa de televisão por assinatura por satélite (fusão da BSB com a Sky TV)

CAF
Confédération Africaine de Football
Confederação Africana de Futebol

CCCS
Centre for Contemporary Cultural Studies (Birmingham)
Centro de Estudos Culturais Contemporâneos (Birmingham)

Concacaf
Confederación Norte-Centro-americana y del Caribe de Fútbol
Confederação de futebol que reúne Federações da América do Norte, da América Central e do Caribe

Conmebol
Confederación Sudamericana de Fútbol
Confederação Sul-Americana de Futebol

DFB
Deutscher Fussball-Bund
Associação Alemã de Futebol

EBU
European Broadcasting Union
Associação profissional de radiodifusores

EC
European Community
Comunidade Europeia

ENIC
English National Investment Company
Companhia Nacional de Investimento Inglesa

ESRC
Economic and Social Research Council (UK)
Conselho de Pesquisa Econômica e Social (Reino Unido)

EU
European Union
União Europeia

EUI
European University Institute (Florence)
Instituto Europeu Universitário (Florença)

FA
Football Association (English)
Associação de Futebol (inglesa)

FFACJA
Football Fans Against the Criminal Justice Act (UK)
Torcedores de Futebol contra a Lei de Justiça Criminal (Reino Unido)

Fifa
Fédération Internationale de Football Association
Federação Internacional de Futebol

FSA
Football Supporters' Association
Associação dos Torcedores de Futebol

GAA
Gaelic Athletic Association
Associação Atlética Céltica

ISA
Independent Supporters' Association
Associação dos Torcedores Independentes

ISL
International Sport and Leisure
Esporte e Lazer Internacional

ITV
Independent Television (UK)
emissora de televisão do Reino Unido

KGB
Komitet Gosudarstvennoi Bezopastnosti
Comitê de Segurança do Estado

MLS
Major League Soccer (United States)
ligas norte-americanas profissionais de futebol; a NASL fez sucesso na década de 1970, mas atuou apenas até 1985; a MLS, conhecida como Liga dos Estados Unidos, foi criada logo após a Copa de 1994 naquele país e continua em atividade

NASL
North American Soccer League
liga norte-americana profissional de futebol

NASSS
North American Society for the Sociology of Sport
Sociedade Norte-americana para a Sociologia do Esporte

NBA
National Basketball Association (United States)
liga norte-americana profissional de basquete

NCIS
National Criminal Intelligence Service
Serviço Nacional de Inteligência Criminal

NFFSC
National Federation of Football Supporters' Clubs
Federação Nacional de Torcidas de Futebol

PFA
Professional Footballers' Association (England)
Associação dos Jogadores de Futebol Profissionais (Inglaterra)

PPV pay per view
a denominação *pay-per-view* foi mantida no Brasil para denominar o sistema em que o assinante de tv por assinatura pode pagar uma quantia adicional para assistir a coberturas de jogos de futebol, lutas e golfe, entre outras

SFA
Scottish Football Association
Associação Escocesa de Futebol

Sky TV
Sky Television
emissora de televisão por satélite

SNCCFR
Sir Norman Chester Centre for Football Research (Leicester)
Centro de pesquisa sobre futebol Sir Norman Chester, instalado na Universidade de Leicester

T y C
Torneos y Competencias (South American Television)
emissora de televisão argentina com direitos exclusivos de transmissão de torneios e campeonatos ao vivo para a Argentina e outros países da América do Sul

Uefa
Union des Associations Européennes de Football
União das Associações Europeias de Futebol

WM
Football playing formation invented by Herbert Chapman at Arsenal in the 1920s
esquema tático de jogo de futebol inventado por Herbert Chapman no clube Arsenal na década de 1920

1 A essência do futebol: as bases históricas e sociais do jogo global

Um pontapé inicial: a pré-história do futebol

Para explorar a história social do futebol, devemos começar discutindo as origens do jogo. Historiadores definiram que algumas das primeiras civilizações jogavam variantes do futebol "primitivo"*. Alguns deles apontam a América Central e o Amazonas como as fontes culturais do futebol, onde tribos indígenas já praticavam jogos de bola em 1500 a.C. (Galeano, 1995, p. 27). McIntosh (1987, p. 33) afirma que as primeiras formas de futebol foram jogadas na Antiguidade, talvez no jogo romano de *harpastum* ou no de *episcyros* na Grécia. No entanto, as dúvidas sobre a semelhança desses jogos ao esporte que conhecemos hoje continuam (Marples, 1953, p. 4; Sweet, 1987, p. 96)[1]. É provável que a China tenha o mais convincente argumento para a mais antiga história do futebol (Walvin, 1994, p. 11). Durante o período neolítico, manufaturavam-se bolas de pedra para serem chutadas em jogos na província de Shan Xi. Mais tarde, durante a dinastia dos Han (206 a.C.-d.C. 220), jogava-se *cuju* com regras muito semelhantes às do futebol[2].

Outros povos indígenas tinham seus próprios jogos de futebol. Os peregrinos que chegaram na América do Norte, no início do século XVII, encontraram povos indígenas jogando *pasuckquakkohowog*, que pode ser traduzido como "eles se juntam para jogar futebol" (Foulds e Harris, 1979, p. 7-8). Os povos indígenas do Chile jogavam *pilimatun*, enquanto os da Patagônia jogavam *tchoekah* muito tempo antes da invasão dos conquistadores

---

* O chamado *folk football*, que aqui denominamos futebol "primitivo", refere-se aos jogos de bola desde os tempos medievais, considerados precursores do futebol que hoje conhecemos, mas com características bem diferentes, como demonstra o autor ao longo deste capítulo. (N.T.)

(Oliver, 1992, p. 2). Os romanos foram responsáveis pela iniciação dos povos por eles conquistados nos jogos de bola, mas essas práticas já tinham raízes indígenas nas regiões do norte como parte de antigas cerimônias religiosas que invocavam a fertilidade e a adoração dos elementos. Os gauleses, do norte da França, por exemplo, jogavam como uma forma de ritual em honra ao sol (Baker, 1988, p. 43). Nas Ilhas Britânicas, o futebol "primitivo" assumiu inúmeras formas. O jogo de *cad* surgiu há, pelo menos, milhares de anos e era popular entre todos os povos celtas, principalmente na Irlanda (Sugden e Bairner, 1993, p. 71). No País de Gales, o jogo era conhecido como *knappan* e, como o de Cornualha, podia ser jogado montado a cavalo (Elias e Dunning, 1986, p. 228). No arquipélago Órcades, o *ba game* é jogado entre *"uppies"* e *"donnies"** de Kirkwall, desde o século XVIII, no dia de Natal e do Ano-Novo. Normalmente, esses jogos foram praticados nos condados ingleses e escoceses a partir do século XIII como passatempo das massas nos dias-santos. O futebol "primitivo" era jogado também no continente. Os camponeses franceses jogavam o violento jogo de bola de *soule* desde os tempos medievais (Bromberger, 1995b, p. 276). O *calcio* de Florença foi jogado do século XIII ao XVIII, tornando-se cada vez mais domínio da aristocracia e dos cavalheiros da Renascença (Guttmann, 1991, p. 57). O moderno jogo italiano ainda é conhecido por esse termo arcaico (De Biasi e Lanfranchi, 1997, p. 88).

A maior parte desses jogos "primitivos" gerou desconfiança ou animosidade entre as classes dominantes. Na China, durante a dinastia dos Ming, o imperador Zhu Yuanzhang proibiu o futebol em 1389; os que desrespeitassem sua ordem teriam, como punição, os pés amputados. A proibição foi reiterada em 1625. Edward II proibiu o futebol na Inglaterra, em 1314, para deixar mais tempo para a prática do arco e flecha (Strutt, 1969, p. 94). Posteriormente, James I, da Inglaterra, defendeu a mesma ideia e, mais uma vez, o proibiu, autorizando seus oficiais a multar os infratores (Birley, 1993, p. 42). Durante o século XVI e o início do século XVII, os jovens das cidades escocesas, como Aberdeen, eram regularmente acusados da conduta profana no Sabbath, por beberem, dançarem e jogarem futebol (Magoun, 1938, p. 92). A influência cada vez menor da monarquia praticamente não favoreceu o futebol. Os parlamentares puritanos o incluíram em uma lista como um dos muitos passatempos esportivos proibidos (Brailsford, 1991, p. 36.).

As interpretações históricas do desenvolvimento do futebol, desde esses jogos do início até sua forma moderna, tenderam a seguir as perspectivas relacionadas de Max Weber e de Norbert Elias. Enfatizaram o grau limitado de "modernização" no que se refere às regras e à organização do futebol "primitivo". A maioria dos jogos permitia dominar com a mão e chutar a bola (e outros jogadores). Os times opostos raramente eram equilibrados em termos

---

* Como ainda hoje são denominadas as duas equipes da cidade. (N.T.)

de número e nível de habilidade, mas usualmente eram formados por grupos masculinos rivais de cidades e povoados vizinhos. Havia uma pequena diferença entre espectadores e jogadores, nenhum parâmetro de jogo e, certamente, nenhum juiz. A maior parte das vezes, o objetivo do jogo era atracar-se à bola de couro até o "gol" (de dimensões muito variadas) dos adversários (Signy, 1969, p.15) [3]. Finalmente, não havia máquina burocrática alguma designada a fiscalizar a organização do jogo (Weber, 1978, p. 341 e ss.).

O futebol "primitivo" pode ser considerado particularmente violento e "não civilizado" se comparado ao jogo moderno (Elias e Dunning, 1986). Nos séculos XIII e XIV, era comum os jogadores carregarem punhais, que causavam ferimentos sérios, tanto acidental quanto intencionalmente (Birley, 1993, p. 32). Pontapés na canela, socos e lutas diversas eram comuns entre jogadores rivais para vingar agravos antigos; ossos quebrados, ferimentos graves e mortes eram consequências esperadas (Elias e Dunning, 1970, p.119-120). O jogo não tinha também organização relativa à posição de cada jogador ou esquemas táticos.

A perspectiva weberiana relatada indica também a limitada secularização do futebol (Guttmann, 1994, p. 2). No século XVI, o futebol "primitivo" costumava ser mais jogado nos dias religiosos, tais como o carnaval na Europa ou Shrovetide* na Inglaterra, quando o espírito carnavalesco predominava, uma vez que se brincava ritualmente com os símbolos e figuras da elite dominante (Birley, 1993, p. 60)[4]. Em algumas cidades, os que se fantasiavam de "bispo" eram eleitos para governar as pessoas naqueles dias. Os jogos podiam ser organizados pelos proprietários de terras ou, em áreas mais urbanas, pelos mestres das guildas. Os caóticos jogos de futebol entre aldeias, cidades ou guildas rivais eram partes importantes desses períodos de festas, ao lado de outros divertimentos rústicos, tais como briga de galos e aposta em cachorros.

Os sociólogos que seguem a linha de Durkheim argumentam que o futebol "primitivo" funcionava para manter a ordem social e integrar os indivíduos no âmbito local. Da mesma maneira que muitos carnavais, esses jogos de futebol promoviam a ordem social a longo prazo, dando maturidade aos jovens. Os aprendizes locais praticavam o jogo para comemorar sua ascensão à guilda: por meio desse ritual masculino, os *ritos de passagem* da adolescência para a idade adulta viril eram publicamente celebrados. De modo geral, o futebol alimentava um forte sentimento de solidariedade social. Os jogos eram realizados paróquia contra paróquia, uma parte da cidade contra outra, solteiros contra casados, mulheres casadas contra mulheres solteiras, escola contra escola, ou cidade contra campo (Magoun, 1938, p. 136).

---

* Como eram chamados os "três dias antes da quarta-feira de cinzas", refletindo o caráter religioso do carnaval. (N.T.)

Associação na escola pública: o começo da história do jogo contemporâneo

A perspectiva do materialismo histórico de Marx é extremamente importante para explicar a transição específica do futebol "primitivo" para o futebol moderno (*association football* ou *soccer*)*. A "racionalização" e a "secularização" do jogo (como discutido por weberianos e discípulos de Norbert Elias), e sua capacidade de promover a ordem social (Durkheim) foram desenvolvidas na Grã-Bretanha por uma classe social privilegiada, com seus próprios interesses materiais. O futebol pode ter sido, por natureza, populista, mas foi também jogado com entusiasmo e com regularidade pelos alunos de graduação de Oxbridge, pelo menos a partir do século XVI (Walvin, 1994, p. 24). No início do século XIX, as escolas públicas da Inglaterra degeneraram-se em focos de anarquia e revoltas incipientes com constantes motins, que davam mais vida aos cursos (Dunning e Sheard, 1979, p. 51-52; Mason, 1980, p. 11). Em 1828, Thomas Arnold tornou-se diretor de uma escola na cidade de Rugby e revolucionou a educação moral dos jovens ricos da nação. O esporte e a educação física foram fundamentais para essa missão. Os jogos foram introduzidos como estrutura de caráter, ensinando as virtudes de liderança, lealdade e disciplina, sintetizando a nobre filosofia de *mens sana in corpore sano*. Os novos "cavalheiros cristãos" deveriam manter a ordem política e econômica no lar e, mais tarde, dar sustentação à expansão do império no exterior (Hargreaves, 1986, p. 39). A reputação social dos jogos aumentou também, sendo "elevados ao *status* mais sério e envolvente de 'esporte'" (Lowerson, 1993, p. 65).

As regras do futebol eram codificadas e os jogos supervisionados pelos professores das escolas. No entanto, logo surgiram importantes inconsistências entre as normas do futebol de instituições rivais. Como relata Birley (1993, p. 257), o futebol "não era exatamente um jogo singular, mas um arranjo dos códigos tribais mais ou menos semelhantes preferidos pelas diferentes escolas públicas". Por volta da década de 1860, campeonatos entre faculdades dividiram os jovens cavalheiros em dois grandes campos. Os veteranos de Rugby e de Eton eram favoráveis a um jogo com pontapés nas canelas e que permitisse o uso das mãos, enquanto os de Harrow proibiram essas ações. As regras posteriores foram adotadas pelo primeiro clube de futebol, Sheffield FC, criado em 1854 pelas classes dos "novos-ricos" como os industriais e os comerciantes. Nove anos depois, Cambridge começou a participar. Os alunos de Harrow tomaram a iniciativa de imprimir

---

* O futebol, tal como o conhecemos hoje, foi denominado *association football* quando suas regras foram pela primeira vez institucionalizadas; *soccer* vem de *as(soc)iation football* mais o sufixo (er). Ao longo do livro, o autor usa as duas denominações, assim como simplesmente a palavra *football*, para se referir ao esporte regulamentado que, em português, denominamos simplesmente futebol. (N.T.)

as regras ao mesmo tempo que criaram a Associação de Futebol (FA), deixando os de Rugby formularem o código do jogo a que deram seu nome, em que os pontapés e o uso das mãos ainda são permitidos. Graças ao zelo missionário de C. W. Alcock, veterano de Harrow e secretário da FA durante vinte e cinco anos, o "jogo do drible" foi introduzido em toda a Grã-Bretanha. Em 1872, a copa da FA foi inicialmente disputada em um torneio de eliminatórias entre escolas públicas, e a primeira totalmente internacional foi jogada entre Inglaterra e Escócia, em Glasgow (Walvin, 1994, p. 48, 75). As regras do futebol foram formalmente codificadas em 1877, livrando-se de qualquer inconsistência remanescente (Mason, 1980, p. 15).

Tecnicamente, a modernização do futebol parece ser altamente weberiana. Sem dúvida, o jogo "primitivo" foi submetido à racionalização; as novas regras possibilitaram a organização de torneios esportivos, inicialmente entre escolas que jogavam futebol, mas depois entre regiões e nações. Quando o futebol desenvolveu sua própria autonomia, a FA tornou-se o organismo a que todos os clubes e instituições menores se filiaram. A FA assegurava as regras do jogo entre todos seus membros e exercia um poder de disciplina garantido pelo Estado (Bourdieu, 1991a, p. 360). No entanto, o desenvolvimento real e a direção desse processo, assim como os conflitos que o fortaleceram, são explicados com mais legitimidade em termos marxistas, embora não em simples linha "capitalista *versus* proletariado". Quando o futebol expandiu-se durante o final do século XIX, aconteceram batalhas hegemônicas dispersas de classe e regionais. O principal conflito ocorreu dentro das classes médias, divididas por região e sobre a questão do profissionalismo (Mason, 1980, p. 69-81; Lowerson, 1993, p. 181-182). No sul, o caráter amador da FA e o elitismo geral predominaram, simbolizados pelo Corinthians Football Club que se negou a acreditar que cavalheiros cometeriam faltas e assim recusaram os pênaltis (Mason, 1989a, p. 147). No norte e na região central da Inglaterra, as classes médias profissionais, os industriais e a pequena burguesia controlavam a maioria dos clubes bem-sucedidos. Aqui, e na Escócia industrial, o poder do capital prevaleceu. As virtudes olímpicas eram uma pobre recompensa para os investimentos financeiros em clubes ávidos por um troféu (Wagg, 1995b, p. 2; Tranter, 1998, p. 46). Diretores bem ricos logo fizeram pagamentos por baixo do pano para os melhores jogadores, principalmente para os "professores escoceses" incitados a ir para o sul ensinar aos ingleses os requintes do jogo. Outro escocês, o mercador William McGregor, tornou-se diretor do Aston Villa e organizou clubes do norte na Liga de Futebol; o primeiro campeonato foi disputado em 1888 com sucesso imediato. Uma liga escocesa fez o mesmo dois anos depois, embora tenha sido implacavelmente combatida pelo clube Queen's Park, o escocês equivalente ao Corinthians e ainda muito amador naquela época.

A FA não conseguiu limitar o pagamento às "despesas reembolsadas" e, assim, relutantemente, reconheceu os jogadores profissionais em julho de 1885 (Birley, 1995a, p. 32). Outros times aristocráticos do sul passaram a perder constantemente para os profissionais dos times do norte, embora o Corinthians tenha derrotado muitas vezes os donos da Copa da FA do norte[5] em partidas difíceis ao mesmo tempo que se reservavam regularmente lugares (inclusive o de capitão) no time inglês para grandes amadores. A disputa dos "cavalheiros e jogadores" culminou na criação da Associação de Futebol Amador, que teve vida curta e funcionou no sul, de 1907 a 1914, para os clubes não profissionais cada vez mais anacrônicos. A nova ordem comercial explicava não só os melhores times amadores, mas também grupos de profissionais sem experiência responsáveis por sua própria expansão. Na Escócia, a racionalização econômica foi severa: de catorze membros fundadores da liga em 1890, seis estavam fora do negócio uma década depois (Crampsey, 1990, p. 7). A velocidade da mudança continuou sem vigor, uma vez que um após outro clube convertia-se do *status* de associação para o de companhia limitada cheia de acionistas e com um conselho de diretores (Birley, 1995a, p. 42).

Uma vez estabelecido o modelo profissional burguês, o número de consumidores multiplicou-se. Hutchinson (1982, p. 9-10) aponta que, entre 1820 e 1860, surgiu um enorme vácuo no lazer popular. Passatempos bucólicos como adestramento de cachorros para atacar ursos, briga de galos e futebol "primitivo" em aldeias praticamente desapareceram, enquanto o povo em geral ia para as cidades para trabalhar. As novas classes trabalhadoras eram controladas pela ordem moralizadora de uma burguesia municipal inclinada a erradicar toda a intemperança e a diversão não civilizada. Somente na década de 1860, com a legislação do futebol e de outros jogos antigos, o povo teve uma ampla cultura de esportes para nela mergulhar mais uma vez.

A importância do futebol na nova cultura urbana é evidenciada pela mudança do tamanho e da composição de classe dos torcedores no final da era vitoriana. Na Inglaterra, a média do público aumentou de 4 600, em 1888, para 7 900 em 1895; essa cifra chegou a 13 200 dez anos depois e acabou em 23 100 nas vésperas da Primeira Guerra Mundial (Vamplew, 1988, p. 63)[6]. As rendas de bilheteria escocesas dobraram entre 1885 e 1914. Os torcedores da classe média espremiam-se nas arquibancadas, uma vez que o futebol atraía uma multidão das classes trabalhadoras masculinas (Lowerson, 1993, p. 83), embora esses fossem "trabalhadores qualificados, em geral, com salários relativamente altos e relativa garantia de emprego" (Mason, 1980, p. 157). A atração da massa pelo futebol encontrava-se precisamente no meio de uma constelação de práticas culturais populares que também incluíam beber e apostar. O próprio jogo tornou-se uma extensão arquitetônica do arquipélago industrial urbano. "Os estádios de futebol pareciam fábricas perto da pequena extensão do hipódromo; as torcidas municipais gigantescas pareciam a mão de obra entrando nos portões das fábricas" (Inglis, 1995, p. 53). Centenas de pessoas deixavam de trabalhar nas tardes de sábado para assistir às partidas, correndo o risco de demissão sumária; o dinheiro do público era reservado para o jogo, mesmo durante o desemprego (Walvin, 1994, p. 79).

O emburguesamento comercial do futebol trouxe outros aspectos do início da modernização capitalista. As decisões das partidas não eram mais resolvidas pelo diálogo entre dois juízes estipulados pelos times adversários; em vez disso, em 1891, um indivíduo "neutro", o árbitro, era o único a decidir durante os jogos (Agozino, 1996, p. 171). Mas a questão mais discutida sobre o novo profissionalismo continuava a incomodar. O *lobby* do amador constantemente protestava contra a instrumentalidade do profissional: de maneira grosseira, os jogadores intimidavam os árbitros; jogos desonestos e violentos eram cada vez mais comuns. Essas querelas eram tipicamente pioradas por antagonismos de classe: "parece que a violência era aceitável como uma expressão de masculinidade entre os homens de classe média... mas não como expressão do desejo de vencer entre os da classe operária" (Wagg, 1984, p. 10).

Para manter os limites de classe tradicionais, as autoridades tentaram limitar o poder salarial dos grandes profissionais, assim como o possível poder do movimento dos trabalhadores era colonizado ou enfrentava resistência na indústria e na política. Os diretores dos clubes ingleses queixavam-se de que os profissionais ganhavam muito e arruinavam as finanças do clube. Todavia, o novo sistema de mercado não estava disposto à imposição de um salário máximo. Os maiores clubes eram favoráveis a um mercado de trabalho e a um contrato livre (em que, em última análise, eles lucrassem). O salário máximo de 4 libras esterlinas, introduzido pela FA em 1901, era constantemente ludibriado. Os clubes ofereciam pagamentos clandestinos ou inventavam postos de sinecura para os jogadores receberem generosos salários extras (Birley, 1995a, p. 234; Mason, 1980; p. 98-9).

O profissionalismo certamente refletiu a paixão da classe operária pelo futebol, mas outras formas de estratificação, inclusive a etnia e a nacionalidade, também eram importantes. Os jogadores escoceses eram os mais peripatéticos. Além disso, os verdadeiros centros de excelência do futebol eram aquelas áreas fortemente tocadas pela migração e influências culturais dos celtas. Liverpool estabeleceu-se como base do futebol inglês na virada do século (Walvin, 1975, p. 56). Logo depois, o clube irlandês católico de Glasgow, o Celtic, passou a dominar o jogo escocês, vencendo dez campeonatos em treze anos, de 1905 até 1918 (Crampsey, 1990, p. 49).

O comércio do lazer: a difusão global do futebol

A preeminência da classe operária do norte refletiu também a exportação do futebol. As relações comerciais, muito mais do que os vínculos imperiais, eram as saídas mais propícias. Todavia, isso não significa que o futebol fosse ignorado nos postos avançados do Império. Tornou-se um ponto fundamental do currículo das escolas coloniais e um passatempo comum para as tropas de ocupação. Na Índia, o futebol era jogado com regularidade entre as tropas inglesas e os adversários locais descalços, mais comumente em Calcutá (Mason, 1986, p. 76; 1992). Holt (1989, p. 216, 217) sugere que o esforço físico do futebol e o de seu esporte irmão, o rúgbi, não podiam ser conciliados com a cultura mais decente do corpo dócil, estimulada pelos hindus. Também é provável que a elite colonial simplesmente preferisse ensinar o críquete, esporte menos energético e mais aristocrático, aos nativos.

Na Austrália, o futebol perdeu o prestígio com os aristocratas e realmente nunca a recuperou, enquanto os jogos locais como o *aussie rules*[*] foram estabelecidos (Daly, 1988, p. 171; Hibbins, 1992, p. 110-111). No Canadá, os imigrantes escoceses introduziram o futebol pouco antes de sua legislação. Um time de craques canadenses viajou para a Grã-Bretanha em 1888, empatando em 1 a 1 com o Glasgow Rangers e vencendo vários outros jogos contra grandes times (Jose e Rannie, 1982). No entanto, o clima local e as pressões culturais para inventar uma tradição de esportes nacionais garantiram que o hóquei no gelo e os esportes americanos tornassem muito mais populares entre os canadenses.

A difusão do futebol na África colonial foi influenciada pelos soldados da ocupação e pelos brancos que trabalhavam como colonos (Clayton, 1987). Os colonos europeus na África ocidental consideravam o futebol impróprio para as cidades costeiras onde estavam segregados os negros, de certa maneira diferentemente do críquete, que se espalhou mais rapidamente (Jenkins, 1992, p. 68). O jogo de *mwana-foot* (futebol infantil) tornou-se o passatempo mais popular entre os povos indígenas do Congo durante a década de 1920, com muitas partidas organizadas dentro das novas comunidades urbanas. Brancos europeus tentaram estabelecer o controle administrativo do futebol durante a década de 1930, mas encontraram resistência em muitos locais, que refletia o crescente protonacionalismo dos negros africanos na época (Martin, 1991). Mas, no início do período pós-guerra, a desconfiança dos ingleses em relação aos jogadores de futebol negros da colônia diminuiu. Times da África e do Caribe eram convidados e festejados em sua chegada. Os visitantes não tinham a menor dúvida de que deveriam aprender não só sobre a superioridade do futebol inglês mas também sobre a retidão dos sistemas políticos e econômicos sancionados por seus senhores coloniais (Vasili, 1995, p. 55).

Em Camarões, os colonos franceses já se habituaram a jogar com uma elite africana expatriada trazida para ajudar a administrar o país e para completar o número de esportistas (Clignet e Stark, 1974). Mais ao sul, ao mesmo tempo que, em alguns territórios, o futebol podia ser um veículo de

---

[*] *Aussie rules* é um esporte semelhante ao futebol dos celtas, em que se usam também as mãos. É um jogo muito veloz e os atletas pulam muito. Jogado por equipes masculinas. (N.T.)

expressão do protonacionalismo, sua difusão e o padrão do jogo eram severamente inibidos pelos sistemas políticos racistas e níveis obscenos de desigualdade material. Na África do Sul, inicialmente, o futebol foi controlado pela elite africana, mas o exército colonial ajudou a difundir o jogo entre as classes trabalhadoras urbanas (Stuart, 1995, p. 29). Ele se tornou popular entre os africanos negros em áreas como Durban, e foi controlado por um grande número de patrões ou "grandes homens" desde o âmbito local até o nacional (Kuper, 1965, p. 352; Jeffrey, 1992). Mais tarde, os clubes dos negros constantemente cultivaram terrenos baldios para neles jogar. No entanto, as leis do *apartheid*, que baniam das propriedades os seus donos, foram invocadas, abrindo caminho para que os não negros controlassem esses novos campos de futebol (Archer, 1987, p. 236-237). No auge do *apartheid* era comum encontrar até uns cem clubes de negros competindo para usar um único campo de futebol (Kidd, 1988, p. 660). No entanto, em toda a África o futebol continuava a ser o esporte favorito, principalmente porque ele era considerado "cultura neutra", não tendo valores e práticas ocidentalizados (Mazrui, 1987, p. 219).

O futebol se expandiu muito mais rapidamente e com êxito no continente europeu. Os europeus nativos voltaram do Reino Unido com livros e regras de futebol, enquanto os trabalhadores e professores ou alunos de escolas da Grã-Bretanha organizavam jogos em solo estrangeiro. Os primeiros clubes europeus foram estabelecidos na Suíça pelos rapazes ingleses que frequentavam escolas particulares (Baker, 1988, p. 134). Na Escandinávia, o jogo contrabalançou com os ginastas nórdicos, surgindo primeiro na Dinamarca, em 1879 (Eichberg, 1992, p. 120). Os artesãos escoceses levaram o jogo para a Suécia no final do século XIX (Giulianotti, 1993), enquanto as conexões britânicas levaram o futebol para os noruegueses no início da década de 1880 (Goksoyr e Hognestad, 1998). Trabalhadores do algodão, de Lancashire, foram considerados os primeiros expoentes na Holanda em meados do século XIX (Wagg, 1995a, p. 105), inspirando a formação da primeira Associação de Futebol não inglesa em 1889 (Signy, 1969, p. 36). As escolas inglesas foram centrais para a popularização do futebol na Alemanha e na Rússia (Mason, 1986, p. 69-70). O futebol espanhol desenvolveu-se após ter aterrissado no País Basco com os trabalhadores marítimos e os carvoeiros da Grã-Bretanha, que o jogavam durante a década de 1890 (MacClancy, 1996a, p. 182). Na Itália, marinheiros ingleses e os "negociantes" introduziram o jogo moderno em Gênova, Milão, Turim e Nápoles (Guttmann, 1994, p. 54). Na França, durante a *belle époque*, os primeiros times de futebol foram formados pelos escoceses e ingleses exilados em Paris. A burguesia local logo se apropriou do jogo como um passatempo moralmente edificante, embora quase nunca tenha perdido seu cunho plebeu e, assim, mostrou-se mais popular no extremo norte e sul do país (Holt, 1981, p. 62, 66, 76-77). Mais ao leste, os expatriados ingleses em Viena garantiram o futuro do futebol na Áustria, Hungria e Boêmia (mais tarde Checoslováquia) durante a década de 1890. Ele logo foi incluído nas atividades da maior parte dos clubes ginásticos (Duke e Crolley, 1996, p. 86).

Na América Latina, as relações comerciais mostraram-se o canal mais fértil para a colonização do futebol. A primeira experiência no Brasil chegou com os marinheiros ingleses em 1864, mas foi Charles Miller, de São Paulo, educado na Grã-Bretanha, que se tornou o mais ardente proponente do jogo (Allison, 1978, p. 218-219; Leite Lopes, 1997, p. 55). O futebol chegou também ao Rio de la Plata quando os 45 mil cidadãos da Grã-Bretanha, que moravam em Buenos Aires, começaram a criar clubes, particularmente via escolas britânicas (Archetti, 1996, p. 203). A influência inglesa continuou por meio da fundação e denominação de clubes por ex-alunos e trabalhadores ferroviários, tais como, na capital, o River Plate, ou os dois em Rosário – Newell's Old Boys (fundado pelos primeiros alunos de um professor inglês) e o Rosario Central (depois da estação ferroviária local) (Brisaboa, 1996, p.17-19). Os espanhóis não substituíram o inglês como a língua inquestionável da associação do futebol argentino até 1934. O primeiro clube voltado para o futebol uruguaio, Albion FC, foi fundado em junho de 1861, em Montevidéu. Duas décadas depois, havia notícias de que o futebol era jogado em aulas de educação física nas escolas secundárias da Grã-Bretanha (Krotee, 1979, p. 145). Os trabalhadores ferroviários ingleses fundaram, em 1891, o que se tornou o grande clube Peñarol. Seu rival, o Nacional, foi fundado em 1899 pelos estudantes locais ansiosos para defenderem a honra hispânica nacional (Giulianotti, 1999). O milionário do chá escocês, *sir* Thomas Lipton, doou a Taça Lipton em 1902, para ser disputada anualmente pela Argentina e pelo Uruguai (Forsyth 1990, p. 34). De maneira semelhante, no Chile, o futebol foi introduzido pelos marinheiros britânicos no porto de Valparaíso, onde o primeiro time foi formado em 1889. Seis anos depois, a Associação de Futebol nacional foi formada por nove clubes fundamentalmente de origem britânica (Oliver, 1992, p. 639).

Evidentemente, a influência política e cultural inglesa foi vital para a difusão internacional do futebol. As diferenças de classe continuaram importantes. Esportes mais imperiais, como o rúgbi e o críquete, prevaleceram nos domínios, enquanto o novo jogo industrial foi facilmente introduzido por intermédio de redes comerciais e educacionais. A hegemonia cultural britânica em relação ao futebol permaneceu nesses campos estrangeiros. O inglês foi frequentemente a língua oficial das associações de futebol locais, e os termos ingleses (tais como *corner, referee, free-kick, penalty* e, recentemente, *hooligan*)* tornaram-se padrão entre jogadores e torcedores.

---

* Embora com grafia diferente, alguns desses termos são utilizados em português. Por isso, cabe lembrar apenas que *referee* é o árbitro ou juiz e *free-kick* significa cobrança de falta. (N.T.)

Além disso, o público do futebol na Europa e nas Américas ficava particularmente ansioso para assistir aos times ingleses em ação em suas viagens. Os resultados dos jogos contra esses turistas serviam como critério para avaliar a qualidade do jogo local. Os anfitriões frequentemente copiavam e "crioulizavam" o estilo de jogo dos times em viagem[7].

Enquanto isso, muitos técnicos de futebol do Reino Unido embarcavam em peregrinações intermináveis para fazer proselitismo de seu jogo. Os nômades do futebol incluem Jimmy Hogan, William Garbutt, John Madden e John Hurley (Walvin, 1994, p. 110-111; Buzzetti, 1969, p. 7-8). Um maior *status* pode ter sido concedido a eles mais no exterior do que em seu próprio país, onde o sistema de classes mais estrito exerce muito poder. Os dirigentes ingleses não davam muita importância ao técnico de futebol, o qual – até o surgimento de Herbert Chapman – era visto, sobretudo, como um instrumento para controlar os jogadores.

De modo geral, referimo-nos a esse processo de regulamentação e difusão como representante do período "tradicional" do futebol. Na Inglaterra, o futebol ainda é fortemente influenciado pelas noções ideológicas da burguesia estabelecida, que continua crítica ao profissionalismo. No exterior, a hegemonia política e cultural britânica em relação ao jogo internacional continua inabalável. Exploro a subsequente modernização do futebol detalhadamente no capítulo 2. Para concluir, pretendo discutir aqui os suportes sociais e culturais da difusão do futebol na Inglaterra e no exterior. Especificamente, pretendo examinar como o *significado* desse jogo global é produzido para se adaptar às condições locais. Dessa maneira, o código do futebol universal é utilizado para expressar formas particulares de identidade social e cultural.

O processo de construção de um "significado" ou de uma "identidade" de alguma coisa depende de dois princípios: *semântica* (estabelecer o que alguma coisa é em si mesma) e *sintaxe* (estabelecer o que ela não é) (Mills, 1959, p. 42-43). No restante deste capítulo, exploro esses dois princípios de construção do significado para demonstrar a maneira como eles servem de suporte para as identidades do futebol de diferentes sociedades. Começo examinando a "sintaxe", particularmente como o jogo é enraizado em oposições binárias e rivalidades na maior parte das sociedades. Passo, em seguida, para a "semântica" do futebol, examinando como ele ajuda a integrar as pessoas e a reproduzir a ordem social; uma atenção particular é dada aos aspectos religiosos do jogo.

O significado do jogo (I): oposição e rivalidade

Em uma contribuição inicial à sociologia do esporte, Heinilä (1966, p. 33) observou que os sentimentos mais fortes das atitudes dentro e fora de gupos eram criados por esportes de times que envolvem disputas duais no âmbito internacional. Assim, nos jogos olímpicos, tendem a existir baixos níveis de rivalidade internacional porque muitos atletas de uma série de nações competem individualmente em uma disputa qualquer. Ao contrário, as partidas de futebol envolvem dois times que representam identidades geográficas e culturais específicas. Consequentemente, essas partidas deram origem às mais potentes expressões de oposição binária dentro do esporte.

O drama diádico do futebol acontece em muitos níveis: jogadores, times, clubes e países. Cada jogador está comprometido a uma batalha pessoal com seu "número oposto": o atacante tentando evitar o robusto médio-volante; o ponta fingindo e driblando o atento zagueiro; os meio-campistas batalhando pela bola contra seus opostos espelhados; os meia-armadores manobrando e tramando um contra o outro; e os goleiros, compartilhando um respeito mútuo e uma empatia não encontrada em nenhum outro lugar no jogo, mas também conscientes de que seu êxito pessoal depende muito das fragilidades dos outros.

Da mesma maneira, os clubes de futebol estabelecem identidades culturais por meio da rivalidade e da oposição. As mais puras rivalidades crescem entre clãs municipais. Durante a infância do jogo, foi uma ideia de bom-senso econômico estabelecer dois times rivais da mesma localidade, cidade ou região (Hobsbawm, 1969, p. 308). Esses "clássicos" garantiam multidões relativamente grandes, devido às curtas distâncias viajadas por torcedores locais. Culturalmente, os jogos dérbi se autopromoviam; os torcedores rivais viviam, trabalhavam e se reuniam uns com os outros, discutindo, rindo e teorizando indefinidamente sobre os encontros passados e futuros. Hoje, os clássicos como Rangers-Celtic, Everton-Liverpool, Roma-Lazio ou Flamengo-Fluminense são considerados momentos decisivos nas temporadas de futebol por torcedores opostos, se não as datas mais importantes de seus calendários emocionais.

Os significados dessas rivalidades do futebol tenderam a ser corroborados por divisões históricas e culturais mais profundas. Classicamente, a oposição é reforçada por chauvinismos locais que são mapeados em termos espaciais. Nas maiores metrópoles do futebol, existem antagonismos importantes simplesmente dentro de zonas. Em Londres, Arsenal e Tottenham competem pela supremacia no norte (Goodwin, 1997). West Ham e Millwall disputam a hegemonia da classe trabalhadora no leste. Na América do Sul, frequentemente os clubes representam bairros e disputam com adversários naturais daqueles lugares ou com seus vizinhos mais próximos. Em Montevidéu, um penoso clássico envolve Rampla Juniors e Cerro, ambos originários do bairro do Cerro. Na região de Buenos Aires, que domina o futebol argentino, emergiram dois clubes que controlam a área em localidades específicas, como Independiente e Racing Club em Avellaneda.

As rivalidades entre dois clubes permanecem a norma na maioria das cidades, com dimensões espaciais que servem mais uma vez para fortalecer as oposições. Em Sheffield, o United conseguiu maior apoio das localidades mais antigas da cidade até que grandes projetos de casas foram iniciados nas vizinhanças do campo do Wednesday's Hillsborough (Armstrong, 1998). A rivalidade entre a Roma e a Lazio reflete as diferenças culturais entre a Cidade Eterna e a região rural que a cerca. Em Gênova e Milão, o Genova e a Internazionale eram clubes respectivamente associados ao centro da cidade (e clamados para representá-lo), enquanto a Sampdoria e o Milan eram mais facilmente ligados às áreas industriais satélites. Em Sevilha, os lados tradicionalistas do Sevilha são contrabalançados pelo Real Betis, que atrai uma forte empatia da esquerda e da classe trabalhadora. Em Hamburgo, os torcedores da classe operária do Hamburgo viajam para as cercanias para assistirem a seu time, enquanto seus vizinhos de cidade St. Pauli atraem uma multidão boêmia de "torcedores felizes" (como anarco-punks e ativistas esquerdistas) para seu campo compacto no centro da cidade. Na França, o novo Stade de France no norte de Paris provocou o argumento de que deveria ser criado um clube para atendê-lo em oposição ao Paris Saint-Germain, que fica exclusivamente no oeste (Mignon, 1996).

Em cidades de apenas um clube, rivalidades espaciais intensas podem emergir como disputas para representar regiões provinciais, tais como as velhas animosidades do nordeste entre Newcastle e Sunderland, ou a batalha dos lagos entre Brescia e Verona. Em nações menores, essas rivalidades podem aumentar como disputas para representar a nação. É o caso da disputa Benfica-Porto em Portugal. A oposição Feyenoord-Ajax torna-se uma luta entre Roterdã e Amsterdã para representar a Holanda. É também um conflito simbólico ao longo das linhas étnicas e de classe entre industriais, classe operária e comercial, judeus, boêmia de classe média.

Os antagonismos mais profundos entre as classes, expressos pelo futebol, existiram na América do Sul e são permeados por severas clivagens étnicas. No Rio, a rivalidade Fla-Flu até recentemente ainda era garantida pela representação de classe e étnica. O Flamengo era o time das favelas, ao contrário do aristocrático Fluminense, que simplesmente escondia seu desdém por jogadores e torcedores negros. Em Belo Horizonte, a criação do Cruzeiro por imigrantes italianos possibilitou sua associação com a elite local e, assim, contrasta com seu eterno rival, Atlético Mineiro, o time das classes mais baixas. A rivalidade do clube mais importante do Peru confrontou tradicionalmente o time branco do Universitario e o orgulhoso time negro do Alianza Lima (Stein et al., 1986). No Paraguai, os dois times mais fortes têm raízes em classes, com o Cerro Porteño, preferido pelos trabalhadores, e o Olimpia, localizado no bairro da classe mais alta de Assunção. Na Argentina, uma distinção de classe semelhante existe em muitas grandes rivalidades de clubes: em La Plata, há o clube Estudiantes "ricos" *versus* o time "pobre" do Gimnasia y Esgrima; em Santa Fé, os mesmos conjuntos binários relativos aos clubes de Unión e Colón; e, em Rosario, há o Newell's Old Boys contra o Rosario Central[8]. Podem-se acrescentar, aqui, as associações dos principais clubes do Uruguai: Peñarol (o time adotado pelos imigrantes italianos) *versus* Nacional (o time hispânico criado pelos jovens da burguesia local). Da mesma maneira, no Oriente Médio, a maioria dos clubes de Israel cresceu a partir de times jovens de duas facções políticas rivais. O clube do esquerdista Hapoel incorpora a foice e o martelo internacionalistas nas insígnias do clube, enquanto o mais tradicionalista, nacionalista de Maccabi conserva a Estrela de David em seus emblemas. Em Istambul, o Galatasaray é famoso como o time histórico dos aristocratas, enquanto Besiktas é o clube do proletariado e Fenerbahce, o das classes médias. Os clubes de Atenas também carregam uma inflexão de classe, sendo o AEK Athens considerado um time da esquerda (fundado por refugiados da Turquia), o Panathinaikos, o time dos principais generais agora cheios de dinheiro e Olimpiakos, o verdadeiro time da classe operária de Piraeus. Os times de futebol "sectários" da Escócia e da Irlanda do Norte também se incluem aqui, e serão discutidos posteriormente neste capítulo.

Os discursos da desigualdade econômica são centrais para a sintaxe estrutural pela qual os principais binários do futebol adquirem seu significado social. Os clubes populares, como o Schalke 04 na Alemanha ou a Fiorentina e o Napoli na Itália, sabem que, qualquer que seja sua base de torcedores ou infraestrutura financeira, não podem competir com seus maiores rivais, como o Bayern de Munique, a Juventus e o Milan (Portelli, 1993). Na França, pequenos clubes como Lens ou Auxerre podem nutrir uma desconfiança provincial do centro parisiense (e seu representativo Paris Saint-Germain), mas reconhecem que uma simples economia impede um êxito consistente. Mesmo no norte de Londres, a história cultural dos dois principais clubes pode ser parcialmente compreendida em relação à administração do "velho dinheiro", classicamente aristocrático, do Arsenal, de alguma maneira diferente do "novo dinheiro" e das influências dos judeus no vizinho Tottenham.

Em rivalidades municipais, o menor clube pode contrabalançar essa fraqueza financeira solicitando para representar o espírito da cidade (mais que o de uma nação). O Torino tem a simpatia da Turim, enquanto a Juventus carrega um magnata industrial nas costas e um público global. Em Manchester, o United possui apoio semelhante, mas o City ganha uma afeição desproporcional de seus cidadãos. Em Munique também, torcedores do 1860 sustentam que existe um apoio municipal maior para seu clube, embora o público do Bayern seja apoiado maciçamente pelos que vêm das províncias da Baváriae de outras mais distantes. Assim, enquanto o principal clube transforma-se em uma instituição orgânica moderna, seu rival menor procura manter a superioridade ideológica em sua comunidade (*gemeinschaften*) de torcedores.

A díade do futebol no âmbito do clube pode tornar-se um local externo em que tensões etnonacionalistas são simbolizadas e expressas. As identidades da Catalunha e bascas são sinônimos do Barcelona e Athletic

Bilbao, respectivamente; cada qual exibe um brilho mais rico nos confrontos com o Real Madrid (o time de Castela e de Franco) (Shaw, 1985; Mac--Clancy, 1996b). Em relação ao pano de fundo de políticas separatistas, os torcedores italianos que moram no sul do país muniram-se da bandeira dos confederados do sul dos Estados Unidos para expressar orgulho regional contra a hostilidade do norte. Da mesma maneira, conflitos municipais podem ser vistos em jogos que envolvem a Fiorentina (centro do renascimento cultural da Itália), a Roma (centro político-administrativo), a Juventus (hegemonia industrial e do futebol) e o Milan (poder financeiro e populista). No Reino Unido, pode-se dizer que existem rivalidades regionais intensas, tanto na Inglaterra quanto na Escócia, entre clubes do norte e do sul. Em Israel, a emergência do time árabe Hapoel Taibeh gerou fortes antagonismos étnico-religiosos entre a polícia israelense, os torcedores rivais e os palestinos (Carmeli e Bar, 1998). A antiga Iugoslávia fornece o exemplo mais notável de etnonacionalismo fervente em futebol de clube. O tumulto em uma partida entre o Dinamo Zagreb da Croácia e o Estrela Vermelha de Belgrado, na Sérvia, em maio de 1990, teve as mesmas proporções que o ocorrido com a salva de tiros que abriu a guerra civil (Lalic e Vrcan, 1998).

Finalmente, as dimensões altamente competitivas do futebol manifestam-se por meio de antagonismos nacionalistas e rivalidades internacionais. No Reino Unido, existem fortes rivalidades entre a menor das Home Nations (especificamente a Escócia) e a Inglaterra. O jogo de ressentimento continental mais forte é característico da Alemanha e Holanda. O holandês não só se lembra muito bem da ocupação na época da guerra como das injustiças morais do final da Copa do Mundo de 1974, quando um importante time da Holanda perdeu para os fortes anfitriões em Munique. Os franceses também ficaram inflamados com sua derrota para a Alemanha na Copa do Mundo de 1982 e com o ataque a um de seus jogadores pelo goleiro alemão durante o jogo. Mais a leste, a política dos Bálcãs acirra as rivalidades entre Bulgária e Romênia, ou Grécia e Turquia. A última animosidade deu-se na dividida ilha de Chipre, onde a Fifa tentou conciliar com regras amigáveis a serem cumpridas entre clubes do sul (supervisionados pela Grécia) e do norte (anexado pela Turquia em 1974) (*The Guardian*, 4 de junho de 1997). É possível observar outros locais de conflito militar pós-guerra como binários naturais do futebol. A antiga Iugoslávia mais uma vez destaca-se aqui, particularmente a nova oposição Iugoslávia-Croácia. No Oriente Médio, foi concedida a admissão de Israel aos jogos qualificados europeus para a Copa do Mundo, em parte para evitar que ela jogasse com as nações árabes vizinhas. Na América Central, a guerra começou entre Honduras e El Salvador em julho de 1969, logo depois da volta de uma partida para qualificação para a Copa do Mundo entre as duas nações em que El Salvador venceu por 3 a 0[9]. A geopolítica americana faz com que os Estados Unidos tendam a ser o alvo preferido de times de futebol que representam seus Estados satélites. Mais ao sul, a rivalidade histórica mais antiga é o dérbi rioplatense entre Argentina e Uruguai, que frequentemente resultou em violência dentro e fora do campo (Giulianotti, 1999). O poder crescente do Brasil no período pós-guerra viu também a Argentina assumir a responsabilidade de outra incompatibilidade.

Portanto, é possível dizer que as relações diádicas do futebol operam em todos os níveis – jogador, time, clube e nação – e que são efetivamente enraizadas na ontologia social do jogo. A mistura de normas das sociedades europeia, latino-americana e da Ásia ocidental também serve para promover a competitividade e a sensibilidade em relação ao outro, propiciando assim a hermenêutica vital para justificar as rivalidades no futebol. Na Europa e na Ásia ocidental, temos os costumes capitalistas e culturais de individualismo social, de masculinidade competitiva na indústria e no comércio, legado do imperialismo de guerra e de seu consequente cultivo do nacionalismo, frequentemente disfarçado de uma convicção religiosa. Nas sociedades latinas do Mediterrâneo ou das Américas, podemos acrescentar os chauvinismos mais profundos da família ou da aldeia. Mas o que acontece se a sociedade mais ampla enfatiza outros valores sociais, tais como harmonia e coletivismo? A sintaxe oficial do futebol ainda é obtida nessas circunstâncias?

Na Segunda Guerra Mundial, o socialismo de Estado não conseguiu inculcar totalmente novos costumes entre os cidadãos. Na própria União Soviética, o clube mais popular foi o Spartak de Moscou, denominado pelo jogador rebelde Starostin, com base em Spartacus, o líder de uma insurreição de escravos em Roma. O Spartak continuou como oposição simbólica para os outros quatro times de Moscou, que desfrutavam do patrocínio dos ministérios soviéticos[10]. Nos satélites do Leste europeu, as oposições de futebol emergiram contra a máquina do Estado. Os clubes patrocinados pelo exército ou pela polícia de Estado foram muitas vezes especialmente desdenhados pelos torcedores da oposição[11].

Ao mesmo tempo que as rivalidades do futebol refletem o fracasso da Segunda Guerra Mundial em "harmonizar" o público, é possível que a Ásia oriental ofereça um cenário menos propício para as oposições do futebol. China, Japão, Coreia do Sul e seus vizinhos, com suas misturas econômicas e religiosas do confucionismo espiritual com o coletivismo de Estado/mercado, promoveram as virtudes da solidariedade e da harmonia social. O equilíbrio mental tem prioridade sobre o exercício corporal. No caso, as culturas do futebol são relativamente jovens e, onde não reproduzem conflitos militares mais profundos (como na Coreia do Sul e no Japão), é difícil encontrar evidências de uma oposição importante. Nitidamente, ali, as novas ligas de futebol usualmente não conseguiram destacar dois times rivais da mesma cidade. Na China, pelo menos, as autoridades do futebol resistiram a um movimento como esse, contrário à cultura tradicional em que a harmonia e a ordem social são de importância vital[12].

O significado do jogo (2): a semântica da solidariedade social

A discussão das oposições binárias do futebol ajuda a explicar como as identidades sociais são construídas na maior parte das sociedades, salvo nas novas culturas esportivas orientais. A sintaxe dessa formação da identidade também levanta questões sobre as dimensões semânticas do futebol. Elas estão relacionadas aos tipos de solidariedade social estabelecidos *dentro* dos times de futebol, no clube ou no plano nacional.

Na sociologia, questões como solidariedade, ordem social e continuidade política são centrais para os especialistas que trabalham com a tradição durkheimiana ou neofuncionalista. Seu argumento é de que a vida moderna tende a quebrar a comunidade; a industrialização, a urbanização, a rápida mobilidade social e geográfica e divisões de trabalho mais complexas desintegram a vida comunitária e as identidades sociais estabelecidas nas sociedades tradicionais pré-industriais. Todavia, o esporte pode restaurar muito esse dano social, intensificando os vínculos culturais e a integração social de diferentes indivíduos dentro das sociedades modernas.

Durkheim (1893) distinguiu dois modelos de sociedade de acordo com sua solidariedade social. Nas sociedades modernas, a mais complexa solidariedade "orgânica" prevalece; em comunidades pequenas e tradicionais, existe uma solidariedade "mecânica" relativamente fixa e indiferenciada. A formação dos clubes de futebol e a associação constante e voluntária de torcedores e de jogadores ajudam a contrabalançar os sentimentos de atomização e de alienação que corrompem indivíduos nas grandes e impessoais cidades. Os que participam do futebol integram-se em um sistema social mais amplo, uma vez que se encontram e se interagem com os de outros clubes. Portanto, os clubes ajudam a promover formas mais profundas de identidade compartilhada ou de solidariedade nos níveis locais, municipais e nacionais (Escobar, 1969, p. 76).

Poderia parecer que os clubes de futebol urbanos, com sua complexa divisão de trabalho, são claras ilustrações da solidariedade "orgânica" de Durkheim. No entanto, uma utilização mais sofisticada de Durkheim enfatiza as fortes conexões de muitos clubes com o modelo mais tradicional, mecânico. De modo geral, todos os clubes são denominados simbolicamente de acordo com um "local" particular e, assim, têm o tipo de laço afetivo com uma localidade específica, que encontramos em sociedades mais tradicionais e localistas. Os jogadores também podem ser fortes torcedores do clube, morar perto do campo de futebol e compartilhar um orgulho chauvinista com a comunidade. Esses clubes são cada vez mais anacrônicos no mundo moderno do futebol de lealdades de torcedores em constante mutação, jogadores profissionais móveis e deslocamento dos campos de jogo para áreas nos subúrbios. Todavia, conservam uma identidade localista incansável, ondas em que os modernizadores do futebol não podem mergulhar totalmente ou afundar. Mesmo no jogo altamente profissional, os jogadores ainda são adotados pela comunidade do clube; quando jogam "em casa" usualmente têm um desempenho mais efetivo[13].

Fortes críticas foram feitas à ênfase dos funcionalistas à integração social, e isso tem um impacto direto sobre a interpretação do papel mais amplo do futebol. Os funcionalistas são frequentemente criticados por seu conservadorismo social e por sua convicção de que as relações de poder são facilmente reproduzidas (Gouldner, 1970). Onde há maiores ameaças de mudanças, pensam em outros fatores intervenientes que funcionem para preservar o *status quo* político. Uma dessas válvulas de escape pode ser o futebol. Sua popularidade parece ser eternamente admirada para ser explorada politicamente pelo poder como uma salvaguarda contra revoltas de baixo. Esse argumento funcionalista ecoa os pontos de vista dos "adeptos de Leavis"* de esquerda e de alguns críticos marxistas. O autor de sátiras romano, Juvenal, foi quem primeiro desenvolveu a tese de que oligarquias políticas podiam ser sustentadas fornecendo pão e circo (*panem et circenses*) para as massas. Desde então, frequentemente é sugerido que uma influência maquiavélica está por trás da popularização dos esportes.

As nações da Europa meridional e da América do Sul tendem a receber essa acusação mais frequentemente. Umberto Eco (1986, p. 172) pergunta a respeito de sua Itália nativa: "A luta armada é possível no domingo da Copa do Mundo?... É possível ter uma Revolução em um domingo de futebol?". Sebreli (1981) delineia uma relação crítica entre as "massas" do futebol e a emergência da alienação social, do fascismo e do populismo[14]. Em Portugal, durante a revolta para depor o regime de Salazar, em 1974, o número de pessoas presentes nos jogos de futebol foi reduzido à metade – indicando que envolvimento com esportes e agitação política eram duas práticas mutuamente excludentes (Hammond, 1993, p. 76). De maneira mais severa, um artigo anterior de Lever (1972) havia considerado o futebol brasileiro efetivamente ópio do povo. Rachum (1978, p. 199) concordou, argumentado que o futebol "indubitavelmente tendia a aliviar as possíveis tensões sociais e políticas".

Mason (1995a, p. 129) acusa Lever de fazer uma "análise instigante, mas fundamentalmente errada" da relação social do futebol brasileiro com a política. "O jogo jamais consegue eliminar o conflito causado pelas grandes desigualdades de riqueza. Em algumas ocasiões, os clubes de futebol foram organizações de vanguarda para promover a democratização do Brasil."[15] Outros compartilham do otimismo de Mason; o futebol "pode ser uma das fontes de um autêntico nacionalismo brasileiro, popular e, ao mesmo tempo, libertador, e mais diretamente persuasivo do que campanhas polêmicas da esquerda contra empresas multinacionais" (Evanson, 1982, p. 408).

---

* Frank Raymond Leavis, crítico literário inglês, nascido em 1895. (N.T.)

Mais três críticas dessa tese funcionalista de "falsa consciência" podem ser acrescentadas. Em primeiro lugar, empiricamente, existe uma ampla evidência histórica para mostrar que o futebol pode tornar as massas aptas a protestar contra a elite dirigente. Por exemplo, os torcedores do futebol escocês nos jogos internacionais expressaram sua oposição aos governos conservadores profundamente impopulares, escolhidos principalmente pelos eleitores ingleses. Na África do Sul, no auge do *apartheid*, o futebol forneceu um dos poucos caminhos legais pelos quais os africanos puderam se organizar para debater e contestar seu *status* marginal (Nauright, 1998). Quando a Romênia classificou-se para a Copa do Mundo de 1990, vencendo a Dinamarca em Bucareste, os torcedores estenderam as comemorações, que rapidamente transformaram-se em protestos antigovernamentais e tumultos. Ceausescu não conseguiu reprimir esses sentimentos em uma manifestação pública, e foi deposto logo depois. Na América do Sul, o futebol foi um dos primeiros fóruns de protesto para os paraguaios durante o reinado de Stroessner (Archetti, 1992). No norte da África, o estádio de futebol é uma "arena privilegiada" para a disseminação e expressão do protesto político ou da revolta, particularmente entre os jovens (Fates, 1990, p. 69).

Em segundo lugar, a tese do "pão e circo" é enraizada em um desdém intelectualista por esportes, simplesmente ocultando um desdém subjacente pelas "massas"[16]. A Escola de Frankfurt tem exemplos notáveis, uma vez que eles fazem uma crítica que desdenha a "cultura de massa" do período pós-guerra, por impressionar o povo consumista com a trivialidade de jogar e assistir a jogos (Adorno, 1991, p. 74-78; Baudrillard, 1983, p. 12-13)[17].

Em terceiro lugar, é cada vez mais difícil identificar, nas sociedades complexas, como interesses competitivos e muitos elementos sociais diferentes se interagem e funcionam para beneficiar o todo. Nitidamente, o futebol "procura cumprir muitas funções e servir a muitos senhores" (Taylor, 1988, p. 539); esses incluem jogadores amadores, espectadores, clubes particulares, patrocinadores, novos mercados de futebol, diferentes governos e sistemas sociais. É impossível esboçar, em termos funcionalistas, como esses interesses interagem para preservar alguma ordem social imaginada.

Futebol e religião: os rituais de conflito e de consenso

A posição funcionalista produz uma veia de pensamento mais rica quando analisa os sistemas de crenças culturais que sustentam a ordem social e a solidariedade. De acordo com Durkheim (1965), a religião é altamente influente em pequenas sociedades tradicionais e "funciona" para unir os membros. Pode parecer que as cerimônias religiosas envolvem a simples adoração de tótens sagrados, mas para Durkheim elas serviram para estabelecer a influência do coletivo (sua *consciência coletiva*) sobre os indivíduos. Uma vez que a modernização se deu e as sociedades mudaram de solidariedade mecânica para a orgânica, a importância social da religião diminuiu, o que contribui para aumentar o individualismo e os sentimentos de anomia.

Uma relação histórica e simbólica é identificada entre religião e esportes, principalmente o futebol. Considera-se que o jogo moderno substituiu a religião como instituição que une as pessoas, ao mesmo tempo que deu origem ao estado de êxtase emocional anteriormente associado à cerimônia religiosa. Todavia, o futebol e a religião não precisam ser fenômenos culturais mutuamente excludentes. Os dois interagem de maneira complexa.

Superficialmente, a religião ainda mantém uma influência-chave sobre muitos atores sociais importantes do futebol. Uma profunda fé particular move pessoas do futebol europeu, como o ex-*manager* inglês, Glenn Hoodle e o atacante da Fiorentina, Gabriel Batistuta. No Ocidente, a volta pós-secular às religiões alternativas é muito bem refletida pelo internacionalista e budista italiano, Robert Baggio, "o divino homem do rabo de cavalo". Ao mesmo tempo, de acordo com Durkheim, a devoção religiosa é mais forte nas sociedades menos modernas, mais "mecanicistas", onde o catolicismo ou o islamismo prevalece. No Brasil, foi criada uma associação especial de jogadores de futebol com fortes crenças religiosas. Os jogadores da Irlanda católica visitaram o Papa durante as finais da Copa do Mundo de 1990. George Weah é um muçulmano declarado, assim como muitos craques do norte da África.

Inevitavelmente, o futebol expressa os conflitos religiosos e as desigualdades existentes no mundo. O próprio calendário do futebol é preparado tendo em mente mais os momentos sagrados ocidentais do que os orientais. Não há um jogo qualificado no dia de Natal. Todavia, como descobriu o time egípcio por experiência própria, em 1996, as finais da Copa das Nações Africanas podem facilmente cair no meio do Ramadan, quando muçulmanos devotos não podem comer nem beber durante o dia, prejudicando assim severamente seu desempenho nos jogos[18]. E o que é mais importante, algumas oposições fundamentais ao futebol são enraizadas em sentimentos de antagonismo ou conflito religioso tanto no mundo em desenvolvimento como no mundo desenvolvido. Esses casos servem para esclarecer a questão de Taylor (1988) sobre a complexidade global dentro do futebol e a dificuldade de se identificar "funções" precisas para o esporte.

As tensões religiosas entre grupos hindus muçulmanos e cristãos no subcontinente asiático podem levar a tumultos violentos esporádicos nos jogos. As políticas religiosas do Oriente Médio são também cheias de perigos potenciais. Um encontro violento entre Líbia e Egito, em 1978, efetivamente expressou o conflito nos países árabes sobre a questão israelense (Baker, 1987, p. 288-289). Nos países da África ocidental divididos pela guerra, onde conflitos tribais são agravados por tensões religiosas, os clubes de futebol podem chegar a representar seitas distintas (Richards, 1997). No Ocidente, divisões religiosas residuais podem continuar no futebol. As populações flamengas e valãs da Bélgica são divididas por suas respectivas lealdades ao catolicismo e ao protestantismo e secularismo, assim como estimuladas culturalmente por sua identificação com o futebol (Duke e Crooley, 1996). A mais antiga divisão do futebol baseada na religião envolve os maiores clubes de futebol da Escócia e da Irlanda do Norte. Para examinar a complexa inter-relação da religião e do futebol em uma sociedade moderna, é melhor examinar esse caso de maneira mais profunda.

Na Escócia, a divisão religião-futebol está centrada na *Old Firm** do Glasgow Rangers e do Glasgow Celtic. Historicamente, os Rangers mantiveram uma tradição protestante e anticatólica de lealdade, que inclui uma proibição de contratar jogadores católicos. A história cultural do clube está intimamente ligada à maioria sindicalista da Irlanda do Norte, cuja vivência estava fortemente associada às indústrias navais de Belfast e de Glasgow. O Celtic foi fundado no extremo leste de Glasgow, no final do século XIX, como um clube benevolente para os imigrantes católicos irlandeses pobres. Logo tornou-se o símbolo do esporte e do êxito cultural para a minoria sem privilégios. O Celtic nunca adotou uma política de emprego baseada na facção religiosa, mas continua orgulhoso de suas relações irlandesas. Continua a atrair muitos torcedores entre os católicos irlandeses e joga regularmente partidas amigáveis na República da Irlanda (Finn, 1991a, 1991b). A rivalidade e a violência entre os torcedores dos dois clubes remontam a seus "Brake Clubs" do final da era vitoriana. Infames "gangues com navalhas" surgiram repentinamente durante o período entre as duas grandes guerras. A violência continuou na era pós-guerra com os torcedores dos Rangers que se tornaram particularmente famosos durante as décadas de 1970 e de 1980.

O "sectarismo" do velho clássico e de seus torcedores atraiu explicações divergentes dos pesquisadores sociais e dos historiadores. O trabalho pioneiro de Bill Murray (1984) contribuiu muito para nossa compreensão. Murray trilha com cuidado um caminho em busca de responsabilizar igualmente os dois clubes, mas minimiza as desigualdades estruturais que os católicos irlandeses experimentaram na Escócia. Uma tese que fala em "modernização" foi apresentada por Walker (1990) e por alguns escritores nitidamente menos confiáveis, argumentando que os maiores investimentos financeiros encorajaram o Glasgow Rangers a superar seu anticatolicismo a partir de meados da década de 1980. A contratação do conhecido jogador católico e principal do Celtic, Mo Johnston, é apresentada como evidência da mudança. Parece que outros indícios de modernização são a contratação de ingleses famosos internacionalmente, como Terry Butcher e Graeme Roberts, e a aquisição do clube pelo empresário de Edinburgh, David Murray.

---

* Expressão usada pelos ingleses para se referir ao velho clássico da cidade de Glasgow, Rangers *versus* Celtic, distinguindo-o dos demais clássicos ou dérbis. Também conhecida no Brasil, em tradução literal, como "Velha Firma".

Todavia, parece que todos esses casos anômalos foram assimilados pela cultura do clube sindicalista dos Rangers (Finn e Giulianotti, 1998). Além disso, os principais cartolas do Rangers deram apoio abertamente para o Partido Conservador e a seus princípios sindicalistas durante as eleições gerais e o plebiscito escocês. Os jogadores "católicos" do continente contratados não foram considerados, por muitos torcedores leais ao Rangers, uma violação da famosa proibição dos jogadores católicos irlandeses. Ao mesmo tempo, os novos jogadores foram advertidos que não rezassem ao entrar em campo para não antagonizarem seus torcedores (Finn, 1997).

Até agora, Finn (1991a, 1991b, 1994a, 1994b, 1997) apresentou as explicações mais convincentes para a rivalidade da *Old Firm*. Sua pesquisa revela que os Rangers adotaram custódias de fortes crenças sindicalistas e preconceitos anticatólicos antes até do Celtic ter sido constituído (Finn, 1991a, p. 90). Ao mesmo tempo, a desconfiança muito profunda de católicos irlandeses na sociedade escocesa levou a uma relutância histórica em permitir ao Celtic celebrar sua "dupla nacionalidade" (como clube escocês e irlandês) (Finn, 1991b). Mitos sobre a rivalidade da Velha Empresa são enraizados em uma compreensão extremamente simplista do "sectarismo" religioso, de modo que seria melhor abandonar totalmente o termo (Finn, 1997).

As diferenças religiosas entre o Rangers e o Celtic encontram sua referência histórica na conturbada história da Irlanda, onde o futebol expressou mais uma vez o conflito étnico-religioso muito profundo, principalmente no norte. Durante a luta pelo governo local, explodiu uma violência entre os clubes sindicalista e nacionalista em que o mais afetado foi o Belfast Celtic[19]. A violência continua a causar confusões nos jogos entre os clubes de religiões opostas (Bairner e Shirlow, 1997). Os problemas de segurança obrigaram o clube Derry City, que apoiava o nacionalista, a se retirar da Liga Irlandesa do Norte em 1971; em 1985, ele se juntou à Liga da Irlanda do Sul, vencendo o campeonato da liga quatro anos depois. O Derry City sempre se apresenta como uma instituição neutra, que contratou um técnico do clube monarquista Linfield. No entanto, não pode escapar do contexto político, nem sequer de sua localização em uma área nacionalista e de sua antipatia pelos protestantes isolacionistas, para competir na República (Sudgen e Bairner, 1993, p. 85-86).

Portanto, o futebol e a religião estão claramente inter-relacionados de maneira complexa. Mesmo nas mais "modernas" sociedades ou clubes de futebol, a intolerância e o preconceito religiosos podem ainda contribuir imensamente para os sentimentos de solidariedade interna alimentados entre jogadores, torcedores e diretores. Sociólogos e historiadores observaram particularmente os tipos de conflito religioso que podem emergir no futebol, como os da Escócia e da Irlanda do Norte. Por outro lado, os antropólogos demonstraram um interesse maior em pesquisar os complexos e diversos sistemas de crença e rituais religiosos que estão vivos no futebol. Talvez, o aspecto mais encantador ainda fundamental dessa crença religiosa encontrada no futebol venha da Groenlândia. Lá, o povo nativo – esquimós – acredita que o movimento espetacular das estrelas, conhecido como aurora boreal ("luzes do norte"), exibe uma partida de futebol entre os espíritos da morte[20].

Na África, é comum encontrar práticas de feitiçaria realizadas por dirigentes de times e por torcedores. Alguns times de futebol do antigo Zaire acreditavam que os ritos mágicos pré-jogo garantiam muito mais os resultados que seu próprio "profissionalismo" (Reefe, 1987, p. 63). Na Tanzânia, os times praticam *juju* (feitiçaria) por intermédio de seu *mganga* (pajé), que prepara uma *kafara* (oferta) para o ritual do sacrifício antes do jogo (Leseth, 1997). Uma semelhante utilização de feitiçaria proposta para o futebol foi encontrada entre os zulus (Scotch, 1951), os camaroneses (Clignet e Stark, 1974, p. 416-417) e os nigerianos (Igbinovia, 1985, p. 142-143). Os rituais incluem o uso de amuletos nos dedos das mãos ou dos pés, urinar no campo, lambuzar os rostos dos jogadores com o sangue dos animais sacrificados, ou enterrar o animal dentro do campo.

Os observadores ocidentais podem ridicularizar essa "selvageria" ao mesmo tempo que convenientemente se esquecem de que todos os jogadores e torcedores praticam suas formas personalizadas de feitiço como "superstições" antes das partidas. Alguns jogadores profissionais são famosos por práticas fatalistas como, por exemplo, um almoço específico antes do jogo, ser o último a entrar no campo, não usar sua camisa até entrar em campo, ostentar meias da sorte, conversar com (ou evitar) alguns jogadores específicos do mesmo time e chutar (propositalmente ou por erro) uma rede vazia no aquecimento antes do jogo. Os torcedores são muito parecidos, aproveitando a oportunidade ritualmente para usar suas roupas que dão sorte, digerindo seu alimento do futebol da "sorte" e garantindo seu assento favorito.

O próprio jogo de futebol envolve grande número de ritos religiosos. O estádio do Maracanã, no Rio de Janeiro, oferece o mais profundo ambiente para a adoração. A atmosfera se intensifica quando o público se levanta antes do pontapé inicial. As cores das torcidas denotam sua identidade tribal distinta da de seus adversários distantes amontoados no outro oposto do mundo. Seus cantos mágicos de apoio totêmico ecoam, nas extremidades cobertas, em mantras de duas sílabas prolongadas: "Vas-co, Vas-co" ou Men-go, Men-go". O entusiamo é aumentado pelas torcidas rivais pulando e ao mesmo tempo cantando seus hinos. Longe do Maracanã, a natureza prepara o cenário para o jogo; a topografia montanhosa do Rio sobressai detrás da gigantesca cobertura do estádio, penetrando no intenso azul do céu. Foguetes e fogos de artifício saúdam a entrada dos times; o símbolo de um outro ato de comunhão é os times rivais preferirem "defender" o gol do lado em que suas respectivas torcidas estão situadas. O jogo começa enquanto o Maracanã permanece em semieclipse, sua grandeza se divide entre o dia e a noite, entre o sol e a sombra. O próprio jogo é um hino à graça e honra divina, oscilando entre um ritmo lento e veloz, entre a perambulação e o passo rápido, acompanhando o compasso dos tambores das torcidas. Toques de gênio por semideuses atléticos são saudados como atos de revelação por uma multidão de mortais no alto das arquibancadas. Os gols são momentos de êxtase do público. O segundo tempo do jogo logo assiste aos últimos vestígios da luz do dia sobre o campo; holofotes iluminam o evento com o foco no centro do gramado, seu drama termina vagarosamente. O apito final encerra a cerimônia; aclamação e desdém acompanham os vencedores e os perdedores, enquanto eles desaparecem, voltando para o interior do templo do Maracanã, seguidos pelos repórteres e fotógrafos que procuram imagens dos ídolos. A congregação vai dimuindo aos poucos até desaparecer na noite de clima ameno do Rio: os vitoriosos tumultuadamente e com muito barulho; os derrotados calmamente e sem as camisas que usavam para absolver seu destino. Não há nada na Europa que se compare a essa experiência quase religiosa, embora possamos observar que muitas partidas sejam jogadas, em nações do sul, no Sabbath como um clímax da (ou uma alternativa à) Missa.

A morte e o jogo: diferenças culturais no jogo

Se o futebol é análogo à religião, se ambos possibilitam que seus devotos adorem o que é sagrado para eles, momentos da maior importância existencial serão marcados por cerimônias especiais dentro das duas instituições. A morte, e sua celebração cultural, é provavelmente o momento existencial mais significativo; é o "grande fator extrínseco da existência humana" (Giddens, 1991, p. 162)[21]. Os rituais antes e durante as mortes modernas podem ser cada vez mais privados; todavia, as cerimônias que marcam a perda continuam de caráter essencialmente público, principalmente no caso dos heróis e das celebridades. As mortes no futebol têm desenvolvimentos associativos particularmente ricos; as crenças culturais na natureza do ser, na vida social, no heroísmo e a enorme admiração são destiladas e abertamente mostradas nos rituais de luto. Sua religiosidade é inegável e universal, mas o conteúdo permanece muito particularista.

No espaço de três meses, em 1993, presenciei as cerimônias públicas contrastantes sobre a vida de dois falecidos presidentes de clubes, Paolo Mantovani (proprietário do clube italiano Sampdoria, de Gênova) e Dick Donald (proprietário do clube escocês Aberdeen). Cada uma expressou a essência social de seu futebol local e culturas populares: um era público, vibrante e gostava de festas; o outro, privado, extremamente sério e moderado. A cerimônia genovesa começou com um funeral, com a presença de muitos torcedores e dignatários, com a marcha fúnebre, no final do cortejo, tocada por uma *jazz band* de New Orleans. Um dia depois, um estádio cheio de torcedores cantou e agitou bandeiras por mais de duas horas em um jogo que o Sampdoria "em casa" vence a Roma. Ao contrário, o ritual em Aberdeen envolveu um serviço particular na igreja presbiteriana local, com apenas um punhado de curiosos do lado de fora na chuva. No jogo seguinte do clube "em casa", o minuto de silêncio antes do jogo foi observado com a solenidade habitual, antes de um problema elétrico bizarro ter encoberto o campo na escuridão.

O funeral de Donald é um exemplo do imenso desconforto com o qual protestantes do norte da Europa lidam com a morte pública (Ariès, 1983; Elias, 1985). São frequentemente intolerantes com a forte cultura de associação pública encontrada no sul da Europa e nas nações célticas. Invariavelmente, o catolicismo dessas nações e a utilização de rituais de luto para celebrar a vida são vistos com profunda suspeita. O desastre de Hillsborough em 1989 trouxe essa oposição à tona com violência. Posteriormente, os torcedores de futebol viajaram aos campos de futebol de todo o país (mas especialmente ao Hillsborough e à "casa" do Liverpool em Anfield), para colocar emblemas pessoais em memória da morte, tais como lenços, bandeiras, flores e coroas. Ian Taylor (1991, p. 4) descreveu esses campos como "santuários" e o luto como "um enorme rito popular da massa, sem paralelo na Grã-Bretanha naquele século". Mas Liverpool era uma cidade também de luto devido à sua decadência econômica e marginalidade cultural. Foi fortemente influenciada pela imigração irlandesa, pelo catolicismo e pela cultura característica dos celtas. A cidade foi devastada pela "reestruturação" pós-industrial durante toda a década de 1980. Por isso, depois de Hillsborough, surgiu um antidiscurso fora de Liverpool, que ignorou a população de Liverpool cheia de sentimentalismo e autopiedade (Walter, 1991, p. 607-608; Scraton *et al.*, 1995, p. 274-275). A cultura de discrição inglesa foi profundamente perturbada pelos rituais célticos, do Liverpool, de celebração da morte e de si mesmo.

Futebol e morte: protestantes e católicos, anglo-saxões e celtas (ou latinos), brancos e negros, norte e sul, ricos e pobres. A constelação dessas identidades históricas e culturais condensa a complexidade da identidade do futebol. Culturalmente, cada sociedade futebolística pode jogar de acordo com as regras de futebol, mas o significado do jogo em cada lugar depende muito das condições locais. Tipos sintáticos de identidade são particularmente importantes no futebol. O jogo expressa sentimentos de rivalidade e de oposição como nenhum outro esporte. No entanto, o futebol e seus rituais associativos podem tornar as sociedades capazes de se celebrar como parte de uma cerimônia religiosa atual. Enquanto as potencialidades "seculares" do protestantismo parecem prevalecer nas sociedades anglo-saxônicas, uma fé mais simbólica e comemorativa emerge em sociedades célticas e latinas. O desconforto e a desarmonia aparecem quando as duas culturas colidem, principalmente em sua compreensão divergente daquela "grande extrínseca", a morte.

A história do início do futebol reflete o poder material e ideológico das sociedades europeias do norte como o Reino Unido em relação às culturas mais periféricas no sul da Europa, na África e na América do Sul. O jogo de futebol pode ser um canal extraordinário para os sentimentos locais de orgulho e de rivalidade nos planos interpessoais ou culturais. Todavia, as propriedades intrínsecas do jogo não têm a menor importância para a história social do futebol. Não haveria nenhum "jogo global" sem o imperialismo do esporte dos trabalhadores, professores e soldados ingleses no final do século XIX. No próximo capítulo, voltarei a examinar a história social do futebol no século XX, com referência específica às relações entre o velho e o novo mundo.

Notas

[1] As regras desses jogos eram muito mais especializadas e bem diferentes das do futebol "primitivo". Além disso, a pequena bola usada para jogar *harpastum* tinha um tamanho mais parecido com o da bola de golfe do que com o da bola de futebol.

[2] Por exemplo, dois times, cada um formado por doze jogadores, chutavam uma bola; os gols eram marcados quando se chutava a bola para dentro de um espaço designado. Organizadores dos torneios fiscalizavam os jogos. Agradeço a Jianhua Lu por essa informação.

[3] Os gols podiam ser o espaço entre duas varas fincadas no chão; ou um marco simbólico como a igreja da paróquia local.

[4] *Soule* era jogado no *le joier de mardi gras* (na terça-feira de carnaval), sobrevivendo até o século XIX. Guttman (1991: 47) conjectura que o *soule* fazia parte de um ritual de fertilidade, celebrando o "equinócio de primavera", "para marcar e celebrar o renascimento da vegetação após a morte do inverno".

[5] Por exemplo, o Corinthians bateu três vezes os vencedores da copa Blackburn Rovers na década de 1880 e, depois, deu uma surra de 10 a 3 no Bury em 1904.

[6] Em 30 anos, o público nas finais das Copas da FA saltaram de 2 mil (1872) para 110 802 (1901) (McIntosh, 1987, p. 73).

[7] Por exemplo, a viagem do Corinthians em 1910 ao Brasil inspirou a imaginação local, assim como a viagem do Glasgow Rangers à Áustria em 1904 (Meisl, 1955, p. 57, 68).

[8] Agradeço a Pablo Alabarces por essa descoberta.

[9] O conflito durou 100 horas, resultou em 6 mil mortes, 12 mil feridos, 50 mil desabrigados e nenhuma modificação observável nos limites das duas nações (Kapuscinski, 1992, p. 157 e ss.).

[10] O time do Exército Vermelho era o CDKA (mais tarde conhecido como CSKA); o Dinamo de Moscou era patrocinado pela KGB; o Lokomotif era financiado pelo Ministério Ferroviário; o Torpedo era apoiado pelas maiores companhias automobilísticas.

[11] Por exemplo, Dinamo de Berlim, Dukla de Praga, Honved de Budapeste, Legia de Varsóvia, Steaua de Bucareste e CSKA de Sofia.

[12] Agradeço a Jianhua Lu por essa descoberta.

[13] Uma pesquisa da liga de basquete norte-americana, a NBA, descobriu que a superioridade da casa atingia seu ponto máximo quando o estádio era pequeno, compacto e centralmente localizado. O time deveria ter também uma longa tradição e representar uma cidade com forte sentimento de orgulho do local, que não era expresso por qualquer outro meio cultural (Mazruchi, 1985).

[14] Para uma crítica de Sebreli, em espanhol, ver Alabarces (1997).

[15] Em certa medida, Mason está argumentando contra um alvo falso, uma vez que a mudança de posição de Lever (1983, p. 159) é notável: "Poucos são enganados pela manipulação do esporte, pelo governo, para seus objetivos nacionalistas... Os brasileiros querem compartilhar tanto a riqueza de uma nação moderna quanto a excitação provocada pelos times de futebol vencedores. Se uma puder promover a outra, será muito melhor".

[16] Em um peculiar abuso do elitismo de esquerda, podemos observar aqui que Keir Hardie, uma figura legendária na história do Partido Trabalhista e o primeiro parlamentar socialista, tinha uma visão obscura do esporte, descrevendo-o como "degradante" e rejeitando-o como uma "abominação" (Smith & Williams, 1980, p. 121).

[17] Morgan (1988) contra-argumentou que a hostilidade de Adorno ao esporte foi exagerada. Todavia, não há nenhum disfarce na epistemologia arrogante e privilegiada e no conservadorismo cultural que a Escola de Frankfurt clamou ao diagnosticar o papel ideológico do esporte.

[18] Agradeço a John Sudgen por essa observação.

[19] Ver Corry (1994, p. 102); Mason (1989a, p. 173); Sudgen & Bairner (1993, p. 82-83).

[20] Agradeço a Mark Nuttall por essa fascinante informação.

[21] Durkheim (1965) observa que o totemismo produz uma veneração particular aos ancestrais, que chegam a ser tratados como "deuses" e, assim, recebem o *status* de fundadores tribais. As pessoas que assistem aos funerais de grandes jogadores de futebol e de *managers* demonstram esse respeito. O sentimento que prevalece é de que sem o morto o clube de futebol (como uma tribo, incluindo os torcedores) não teria desfrutado seus gloriosos sucessos. Exemplos disso incluem os funerais de Matt Busby (Manchester United), de Jock Stein (Glasgow Celtic) e de Billy Bremner (Leeds United).

2 O esporte do século XX: futebol, classe e nação

O futebol é uma das grandes instituições culturais, como a educação e os meios de comunicação de massa, que formam e consolidam identidades nacionais no mundo inteiro. A difusão internacional do futebol durante o final do século XIX e o início do século XX ocorreu quando a maior parte das nações na Europa e na América Latina estava negociando suas fronteiras e formulando suas identidades culturais. Grandes e pequenas cidades estavam em construção, para serem ocupadas por novos cidadãos provenientes das áreas rurais ou do exterior. Os processos característicos da modernização (industrialização, urbanização e grande migração) desenredavam os velhos laços sociais e culturais das comunidades rurais. As nações modernas requeriam a descoberta de novos caminhos de unificação de povos fundamentalmente diferentes em uma "comunidade imaginada" (Anderson, 1983).

Uma linguagem compartilhada, um sistema educacional e meios de comunicação de massa tornaram-se instrumentos culturais vitais para disseminar sentimentos de nacionalidade (Gellner, 1983). Cada nação produziu uma "história oficial", celebrando figuras heroicas que haviam lutado para defender "o povo" contra forças hostis. De maneira mais influente, a cultura popular fornecia esses recursos com componentes estéticos e ideológicos. Eventos esportivos, principalmente partidas de futebol, tornaram-se os colaboradores mais importantes. Times de futebol de diferentes partes do país podem representar localidades rivais, mas dentro de uma estrutura unificadora de um sistema de liga nacional. Nos internacionais, o time incorpora a nação moderna, com frequência envolvendo-se literalmente com a bandeira nacional e iniciando os jogos com uma canção comum, o "hino nacional". O poder tecnológico dos meios de comunicação garante que todos os cantos da nação possam compartilhar da ação (e, assim, participar), assistindo à televisão ou ouvindo rádio (Gruneau et al., 1988, p. 273)[1].

O nexo moderno entre futebol e nação é sustentado pela crescente complexidade da vida social e cultural. A complexidade cultural refere-se à quantidade de informação ("conhecimento") que os atores utilizam para lidar com o mundo. A complexidade social refere-se à interação social desses atores, a distância de suas posições sociais, as relações que eles têm entre si (Archetti, 1997b, p. 128). Usando esses eixos de troca, podemos identificar como o futebol tornou-se mais complexo. Socialmente, ocorrem maiores níveis de interação entre jogadores, torcedores, dirigentes e outros atores (tais como repórteres de televisão, políticos e patrocinadores) em todas as nações. Além disso, como o futebol tornou-se mais global, o número de atores sociais e sua frequência de interação multiplicaram-se. Velhos limites entre o local, o regional, o nacional e o global são correntemente penetrados ou derrubados. Além disso, a complexidade cultural crescente ou o caráter "híbrido" do futebol reflete essa globalização. Diferenças de tempo e de espaço são cada vez menores (Harvey, 1989). A tecnologia permite que as informações sobre o futebol sejam de caráter mais global do que nacional. A mobilidade de jogadores, repórteres, árbitros, torcedores e, o que é mais importante, imagens do futebol garantem coletivamente que os indivíduos tenham, agora, uma imensa diversidade de informação para jogar ou assistir ao esporte. Appadurai (1990) emprega o termo "fluxo" para descrever a circulação global dos produtos culturais, das pessoas e dos serviços. O "fluxo" global opera por meio de um grande número de "cenários" como o da mídia ou o financeiro. A esses, devemos acrescentar o "cenário do futebol" para nos referirmos à circulação geocultural das partes constituintes do futebol: jogadores e técnicos, torcedores e dirigentes, bens e serviços, ou informações e artefatos[2].

Neste capítulo, examino como as relações sociais e culturais complexas no "cenário do futebol" passaram de predominantemente modernas e "nacionais" para "pós-modernas" e "globais". Começo discutindo os acontecimentos históricos globais que se encontram por trás da mudança de controle político e cultural da Grã-Bretanha (e do velho mundo) para a Fifa (e o novo mundo). Para isso, adoto uma abordagem de estudo de caso, de modo a explicar algumas características comuns ou diferentes do cenário do futebol em nações futebolísticas específicas. Do "velho" mundo do futebol, observo a Inglaterra, a Escócia e a Alemanha; do "novo" mundo do futebol, a Argentina e o Uruguai. Todas são nações futebolísticas "modernas", tendo o jogo desempenhado papel-chave na formulação de seus idiomas dominantes de identidade nacional. Concluo a discussão examinando três nações (Estados Unidos, Irlanda e Austrália), que privilegiaram outros esportes durante a construção de sua nação "moderna". Por último, uma vez que cada uma delas reconstruiu sua identidade nacional em um ambiente global, o futebol caracterizou-se proeminentemente como um facilitador do esporte "pós-moderno".

A modernização do futebol: o jogo britânico vai para a Fifa

Em um sentido político global, a modernização do cenário do futebol é marcada por duas fases: em primeiro lugar, a transferência gradual da hegemonia das Ilhas Britânicas para a Europa e, em seguida, a dominação moderna final do novo mundo na Fifa[3]. Isso conta uma história da difusão global do futebol política e culturalmente e, de maneira cruel, expõe o fracasso da Grã-Bretanha em se ajustar estratégica e ideologicamente a um *status* internacional em declínio.

Após expandir o jogo globalmente, a Grã-Bretanha fez pouco para preservar sua liderança em termos políticos e administrativos. Sete nações europeias entraram em um completo vácuo, em 1904, e fundaram a Federação Internacional de Futebol (Fédération Internationale de Football Association – Fifa), com o nome significativamente francófano[4]. Em sua infância as Home Nations mantiveram uma política de distanciamento da Fifa, perturbadas com a perspectiva de discutir seu esporte em pé de igualdade com os estrangeiros. Um dos problemas era que, ao contrário dos adversários da Grã-Bretanha no críquete ou no rúgbi, esses rivais futebolísticos não estavam incorporados ao Império Britânico mas eram livres para seguir seu próprio desenvolvimento cultural. Além disso, eram adversários da Grã-Bretanha na disputa pelas colônias no pré-guerra, ou seus "parceiros comerciais" quando os negócios ainda eram considerados vulgares pelos guardiães aristocratas do futebol britânico (Wagg, 1984, p. 14).

Os novos poderes do futebol ainda submetidos ao simbólico da Grã-Bretanha adiam a discussão, solicitando continuamente aos especialistas britânicos para se encarregarem do jogo, e indicando o tesoureiro da FA, D. B. Woolfall para presidente da Fifa em 1906 (Perkin, 1992, p. 212). Além disso, a Fifa aceitou as demandas britânicas de que as Home Nations fossem admitidas como membros separados com direitos autônomos de voto. No entanto, as relações dos britânicos com a Fifa eram constantemente conflituosas. As Home Nations incorporam-se a ela entre 1905 e 1911, mas abandonaram-na conjuntamente em 1920, quando a Fifa favoreceu as petições de membros da Alemanha, Áustria e Hungria. A readmissão em 1924 foi cancelada em bloco quatro anos depois, devido às discordâncias sobre as despesas relativas aos jogadores "amadores" (Duke e Crolley, 1996, p. 13). Durante o período entre as guerras, as Home Nations viram o crescimento da Fifa com uma mistura de suspeita e de humor. Recusaram-se a entrar nas três primeiras Copas do Mundo (1930, 1934, 1938), treinando suas visões nos extraordinários espetáculos de massa do futebol doméstico, uma vez que o público cresceu de maneira fenomenal[5]. A autopreocupação britânica levou as respectivas associações de futebol a despender mais tempo discutindo o governo local irlandês do que as questões internacionais (Walvin, 1994, p. 130).

A evidência do declínio internacional britânico não poderia continuar a ser ignorada. As vitórias rotineiras sobre times de seus domínios não conseguiram mascarar a emergência da ameaça continental. A primeira vez que a Inglaterra perdeu no exterior foi em Madri, em 1929, uma estreita derrota em que a Espanha venceu por 4 a 3. O time austríaco brilhante do início da década de 1930, o "maravilhoso time" burguês da "Escola de Futebol de Viena", deu uma surra no escocês de 5 a 0 e perdeu da Inglaterra apenas por 4 a 3 (Horak, 1992, 1995)[6]. Mais ou menos na mesma época, a Escócia perdeu da Itália, em Roma, por 2 a 0. A Inglaterra entrou na guerra confortavelmente, depois de derrotar a Alemanha em casa e fora em 1935 e em 1938; uma pobre seleção da Fifa não foi classificada, enquanto a "Batalha de Highbury", em 1934, contra os campeões mundiais da Itália acabou em 3 a 2 para o time da casa (Birley, 1995b, p. 302).

Depois da guerra, aos poucos a mentalidade isolacionista do Reino Unido diminuiu. As Home Nations reincorporaram-se à Fifa em 1946/1947, e a Inglaterra enviou um time para a Copa do Mundo de 1950 no Brasil. A Escócia desistiu de uma classificação porque não conseguira vencer o campeonato da casa naquele ano – indicando mais uma vez onde residiam as prioridades britânicas (Forsyth, 1990, p. 180). No entanto, os fracassos internacionais logo tiveram um impacto sísmico sobre as noções de superioridade britânicas. Em 1945, o brilhante Dinamo de Moscou (na realidade, o time nacional soviético) visitou o Reino Unido, impressionou grandes multidões com suas habilidades, e voltou para casa vitorioso em quatro jogos (Edelman, 1993, p. 87-91)[7]. Em 1950, a Inglaterra perdeu para o estilo de influência escocesa dos Estados Unidos no Brasil; a seleção da Escócia tornou-se o primeiro time nacional britânico a perder em casa (1 a 0 para a Áustria). E o que é mais importante, o "Magical Magyars" da Hungria veio em novembro de 1953 e deu uma lição de futebol nos ingleses, vencendo por 6 a 3 no Wembley e por 7 a 1 em Budapeste um ano depois. O primeiro jogo adquiriu um *status* mitológico na genealogia do futebol inglês. Ele sacudiu nas bases as tradições do futebol inglês e forçou uma reavaliação do *status* mundial da Grã-Bretanha, exatamente quando as colônias do Império demonstravam sua ânsia de independência. A Escócia teve um desempenho muito melhor contra os mesmos húngaros, perdendo por dois gols nas duas partidas em casa e fora. O Uruguai infligiu dois golpes no amor-próprio britânico nos jogos da Copa do Mundo de 1954 na Suíça, aniquilando a Escócia por 7 a 0 e batendo a Inglaterra por 4 a 2. Ao mesmo tempo, das quatro Home Nations classificadas para a Copa quatro anos depois, somente o País de Gales e a Irlanda do Norte chegaram às últimas fases, ambas perdendo nas quartas de final. Nessa fase, a presunção da Grã-Bretanha de excelência no futebol ficou visivelmente reduzida. As imagens da televisão do brilho dos brasileiros na Suécia foram radiantes. O "jogo bonito" de seus cinco ilustres jogadores de frente – Didi, Garrincha, Vavá, Pelé e Zagalo – era sem igual na Europa e deixou o Reino Unido como nunca se pensara.

O processo por trás desse declínio do futebol moderno é perceptivelmente identificado no negligenciado clássico *Soccer Revolution*, de Willy Meisl, publicado em 1955. Meisl foi particularmente crítico à hierarquia do futebol inglês por falta de inovação ou de levar a sério os times estrangeiros. Embora os times ingleses tenham raspado vitórias sobre as equipes continentais entre o início da década de 1930 e a de 1950, poucos admitiram que fossem em geral jogados por estrangeiros tecnicamente superiores. A FA inglesa ignorou um relatório de 1936, feito por Stanley Rous, demandando medidas para salvaguardar a posição internacional da Inglaterra. Catorze anos depois, os jornalistas e os dirigentes de futebol ingleses retiraram-se "em massa", após o time inglês ter sido eliminado da Copa do Mundo no Brasil, acreditando que nada interessante poderia emergir das últimas rodadas. A resposta escocesa às habilidades do exterior foi mais atávica; o craque time húngaro de 1954 foi atacado com aberta violência. Constantes humilhações dos times ingleses tornaram-se inevitáveis, uma vez que os times continentais modernos tinham se livrado nas eliminatórias dos nervos de jogar com os "guardiães" tradicionalistas de futebol. No âmbito do clube, o time excepcional Manchester United, que morreu no desastre aéreo de 1958 em Munique, podia enfrentar os grandes times europeus do sul, como o Real Madrid, o Benfica, a Internazionale e o Milan. No entanto, a extraordinária final da Copa dos Campeões de 1960 entre o Real Madrid e o Eintracht Frankfurt, jogada em Glasgow diante de 135 mil torcedores e uma audiência de TV de âmbito nacional, não deixou a menor dúvida da estagnação britânica.

Quando o poder na área foi transferido da Grã-Bretanha para os canteiros do futebol moderno da Europa e da América Latina, o controle administrativo também foi modernizado. Uma pirâmide racionalizada de autoridades controlou a crescente complexidade global do novo cenário do futebol. A Fifa manteve o poder universal do futebol e investiu seus membros de uma autoridade de âmbito nacional. Para facilitar a administração e a organização das competições, a Fifa sancionou a formação das confederações continentais de futebol para funcionarem como níveis médios de controle entre o nacional e o global[8]. Essas confederações deram poder a nações menores em matéria de futebol, como as da África e da Ásia, com direitos de voto em um nível global. A Conmebol já havia sido fundada, em 1916, para organizar torneios sul-americanos e representar interesses do "novo mundo" além-mar. Em 1954, criou-se a Uefa para administrar o futebol europeu. Embora a Uefa reflita a ampla série de alianças europeias pós-guerra, do gênero da União Europeia de hoje, tinha-se a intenção de conter a influência crescente do novo mundo (Sugden e Tomlinson, 1997, p. 3-4). Enquanto isso, a AFC foi constituída a partir de um encontro das nações que competiam nos Segundos Jogos Asiáticos em Manilha. A CAF foi fundada três anos depois, exatamente quando Gana proclamou sua autonomia, tornando-se independente do Reino Unido. A América do Norte e a América Central entraram na mesma linha com a fundação da Concacaf em 1961⁹. A Confederação de Futebol da Oceania foi fundada em 1966; sua formação tardia é reflexo da baixa importância do futebol nas ilhas do sul.

Basicamente, nessa organização do jogo global, a unidade política e administrativa chave foi definida como o Estado-nação. Com a exceção privilegiada do Reino Unido (e suas quatro Home Nations), os membros da Fifa continuam dependentes do reconhecimento nacional pelas Nações Unidas. No Ocidente, separatistas políticos dentro das nações devem ser deixados de lado. Na Espanha, as "nacionalidades" de Castela, da região da Catalunha e basca (sem falar da identidade cultural distinta na Andaluzia e na Galícia) são furiosamente expressas no âmbito do clube, mas mantidas em segredo para permitir que esses diferentes jogadores representem o país (ou excepcionalmente a França). Guerras civis nos velhos Segundo e Terceiro Mundos desestabilizaram a situação da Fifa e afetaram nações. Durante a guerra civil da Iugoslávia, a Uefa negou ao time da "Iugoslávia" o direito de competir nas finais do Campeonato Europeu de 1992. Mais tarde, clubes do novo Estado da Bósnia-Herzegovina foram barrados nas competições europeias porque não competiram em um único campeonato nacional de futebol, mas em vez disso dividiram-se em ligas sérvias, croatas e muçulmanas.

Inicialmente, a nova pirâmide de poder do futebol não produziu importantes mudanças políticas. Os presidentes da Fifa continuaram a sair da França e da Inglaterra; as Copas do Mundo alternavam-se entre a América do Sul e a Europa. No entanto, o final da soberania do Velho Mundo veio com *sir* Stanley Rous, de quem o internacionalismo ingênuo precipitou a demissão. Rous não conseguiu avaliar as ramificações políticas do novo cenário do futebol global. Os novos Estados membros da África e da Ásia mantiveram os mesmos direitos de voto nos encontros da Fifa e estavam compreensivelmente interessados em defender seus interesses coletivos (Sugden e Tomlinson, 1997, 1998). Rous não percebeu essa tendência, nem mudou sua crença simplista de que o futebol e a política deveriam ser mantidos separados, antagonizando por isso um grande número de delegados do mundo desenvolvido. A posição "de neutralidade" de Rous resultou na subestimação de questões políticas delicadas relacionadas ao futebol da China e seu *status* mundial, ao regime brutal de Pinochet no Chile e ao sistema de *apartheid* da África do Sul. Em 1974, o brasileiro João Havelange foi eleito presidente da Fifa após uma viagem pelo mundo em busca de apoio. Ele conseguiu maximizar as atividades comerciais da Fifa em troca do aumento de influência de novos membros, principalmente por meio da representação na Copa do Mundo. Havelange foi sucedido por Sepp Blatter, em 1998, e seu legado de mercantilização e política diligentes teve consequências reais para o Reino Unido. O Conselho Internacional da Fifa, onde o Reino Unido tem seu vestígio final de influência privilegiada, sofreu pressões constantes para revolucionar as leis do futebol, para torná-lo mais atraente para os novos consumidores (mais do que para os adeptos estabelecidos do futebol)[10].

Em geral, com a modernização de todo o futebol, houve mudanças graduais no poder. No início da modernização, a influência administrativa muda do Reino Unido para o continente europeu, e é acompanhada visivelmente por uma transferência da hegemonia no campo de futebol. O final da modernização assiste à nova ascendência política mundial. Nenhum processo revoluciona a infraestrutura política do futebol mundial, em que o Estado-nação representa a principal unidade. No entanto, como argumentarei, a contínua modernização do futebol enfraquece potencialmente a centralidade do Estado-nação; na metáfora apropriada de Giddens (1990, p. 139), o grande caminhão da modernidade pode enguiçar devido aos obstáculos fora de controle de seus motoristas iniciais. Para explorar essa possibilidade, introduzo a noção da "pós-modernização" do futebol e observo os casos "pós-nacionais" da Irlanda, da Austrália e dos Estados Unidos. No entanto, para chegar nesse ponto, pretendo fazer uma curta discussão enfocando os casos históricos de algumas nações futebolísticas estabelecidas. Portanto, observo os velhos inimigos da Inglaterra, Escócia e Alemanha na Europa, e a velha rivalidade latino-americana entre Argentina e Uruguai. Cada uma dessas nações passou por fases do futebol "tradicional" e "moderno"; entraram, então, em um período "pós-moderno", em que o novo e predominante sentido da identidade nacional precisa ser reconstruído no ambiente global.

Estudos do futebol e da identidade nacional: os velhos inimigos da Inglaterra, Escócia e Alemanha; Argentina e Uruguai

Talvez a Inglaterra tenha sido o local em que a contribuição do futebol para a construção (e desconstrução) da identidade nacional enfrentou maior complexidade. O período "tradicional" do futebol inglês envolveu uma enorme cultura popular da classe operária centrada no futebol, nos conflitos de classe sobre o amadorismo e na política externa isolacionista. Como vimos, os ingleses codificaram e praticaram o jogo do povo durante mais tempo que qualquer outro país e imaginaram assim continuar seus mestres. Durante o período de modernidade inicial, nos anos entre as guerras, o declínio do futebol inglês foi mascarado pela deferência resultante das vitórias internacionais no continente e na vizinhança. O período moderno, no início do pós-guerra, assistiu ao futebol internacional inglês (muito semelhante à influência britânica no exterior) entrar em um sério declínio, com a deliberada exceção da Copa do Mundo de 1966. O jogo inglês continuou estável em suas tradições enquanto a economia e a cultura nacional estagnaram-se na nostalgia da grandeza inicial. Em sua modernidade final, os *hooligans* do futebol inglês lutaram contra seus adversários europeus com uma ferocidade semelhante à de Margaret Thatcher em sua perseguição aos inimigos internos, na Europa e na planejada guerra das Falklands (Critcher, 1994, p. 86-87). Embora os times de clubes ingleses dependessem fortemente das outras Home Nations e das colônias para dominar a Europa, as fraquezas do time nacional não podiam ser disfarçadas. No período pós-moderno de reinvenção externa, o jogo inglês foi favorecido por dinheiro do setor de serviços e por influências europeias antigas. Os campos de futebol ingleses mantiveram-se, de fato, devotos ao Partido Trabalhista. Mas a congregação masculina do boné, do início da modernidade, foi substituída pela nova classe média, casais blairistas e famílias. Enquanto isso, o jogo nacional inglês explora sua herança: convites para importantes torneios internacionais foram entregues com a curta mensagem de que o futebol deveria "voltar para casa".

As tensões de identidade nacional escocesa dominante estão tradicionalmente relacionadas ao futebol e a uma dependência estrutural da Inglaterra. O período tradicional do futebol estava enraizado em uma forte cultura masculina da classe operária; divisões étnicas e religiosas enraizadas na questão irlandesa; e uma relativamente amigável rivalidade com a Inglaterra. As disputas do futebol inglês com o escocês eram vistas como vantajosas para a União e favoreciam também a "separação" funcional dos aparelhos estatais escoceses (Paterson, 1994). A maior modernização da Escócia e de sua economia do futebol teve forte influência inglesa. A modernidade recente da Escócia na década de 1970 assistiu a uma profunda intensificação da rivalidade no futebol com os ingleses, à descoberta do petróleo e às críticas ferozes nacionalistas de políticos e *kulturkritiks* contra os "patriotas de uma hora e meia" (Nairn, 1981; McIlvanney, 1991; Jarvie e Walker, 1994). O ambiente pós-moderno assistiu ao futebol escocês e à sociedade mais ampla ressaltarem novos horizontes europeus e globais, auxiliados pelo Parlamento escocês antes do milênio. Todavia, continua a existir uma dependência residual da Inglaterra como um ponto de referência vital para definir sentimentos de caráter escocês, em matéria de futebol e de qualquer outro assunto (Finn e Giulianotti, 1998)[11]. Os escoceses continuam a apoiar todos os adversários da Inglaterra, mesmo os alemães, como uma técnica reativa para a construção da identidade.

Ao contrário do Reino Unido, as tradições do futebol alemão não têm nenhuma pré-história "primitiva"; o jogo foi predominantemente de "classe média baixa", pelo menos até a década de 1930 (Lanfranchi, 1994). Muitos clubes eram dominados pelos trabalhadores aspirantes a novos colarinhos-brancos, tais como contadores, assistentes de vendas e mecânicos; sua organização tinha como modelo a fraternidade dos estudantes e a respeitável sociedade civil (Eisenberg, 1989). Em meados do século, no período do começo da modernidade do futebol alemão, essa hegemonia foi cada vez mais desafiada pelos clubes da classe operária do Ruhr. Schalke 04, o "Pole and Prole club" de Gelsenkirchen ganhou sete títulos de ligas entre

1934 e 1958 (Gehrmann, 1994). Posteriormente, o moderno jogo da Alemanha Ocidental foi dominado pela iniciativa pan-nacional do Bayern de Munique, enquanto os times nacionais, sob a influência de Beckenbauer, revelavam uma capacidade de vencer ainda maior (Kuhn, 1996). No entanto, no ambiente pós-moderno de uma Alemanha unificada, o apoio à seleção nacional reflete sentimentos opostos de identificação nacional. Por um lado, há os *neckermanner* ("turistas do futebol") que voltam para a seleção nacional logo que ela vence. Esses torcedores refletem o *Verfassungsnationalismus* (Nacionalismo Constitucional) que prevalece na Alemanha, baseado no que Parsons denominava "sistema de integração", que sobrevive ao mesmo tempo que a constituição funciona efetivamente. Inversamente, os torcedores "dedicados" têm uma associação mais afetiva com o time nacional. Refletem uma forma de identidade alemã enraizada na "integração social ou moral", e que é mantida se o time (ou a economia) vence, perde ou empata (Giulianotti, 1996c; Kreckel, 1997).

Uma estrutura genealógica semelhante enfatiza a relação do futebol às formas de identidade nacional e à história na América do Sul. Na Argentina, o futebol tornou-se um meio cultural chave para forjar os primeiros sentidos de identidade nacional tradicional e popular. O jogo tornou-se profissional em 1931, quando a Argentina moderna estabeleceu-se como nação futebolística líder. O futebol rapidamente ergueu-se junto a outros símbolos nacionais míticos, como o gaúcho, o tango e o churrasco (Archetti, 1994). O jogo argentino tornou-se importante instrumento populista durante o primeiro período do governo peronista (1946-1955). Todavia, na era moderna do final dos anos 50 e na década de 1960, o *status* econômico e político da Argentina foi reproduzido pelos fracassos do time nacional (Alabarces e Rodrigues, 1999). A nação ficou traumatizada com a desastrosa derrota de 6 a 1 para a Checoslováquia na Copa do Mundo de 1958 (Levinsky, 1995, citado em Arbena, 1998). Durante a década de 1970, a junta militar esforçou-se para reunificar o futebol e a política abrigando a Copa do Mundo; o antagonismo político e o terror militar frequentemente colidiram violentamente no estádio nacional (Archetti e Romero, 1994). Subsequentemente, a crise da Argentina tornou-se dramática na década de 1980 por dois modelos opostos de estilo do futebol (Archetti, 1996). Por um lado, o tradicionalismo de Menotti celebrou as virtudes latinas de estilo, honestidade e espetáculo (Mason, 1995a, p. 128). Por outro lado, o pragmatismo moderno de Bilardo utilizou técnicas de disciplina, de trabalho e de organização europeias (Di Giano, 1995). Atualmente, a sociedade argentina e seu futebol entraram em um período pós-moderno. O neoconservadorismo político e as políticas fiscais de *laissez-faire* estimularam a crescente influência das estações de televisão sobre um jogo doméstico endividado (Alabarces, 1998).

No Uruguai, o futebol tornou-se veículo altamente poderoso para a formação da identidade nacional. Como na Argentina, o futebol uruguaio foi inicialmente controlado pela elite britânica e por profissionais locais. Ao mesmo tempo, enormes ondas de imigrantes europeus estavam chegando e instalando-se em Montevidéu. Os novos uruguaios tinham poucos símbolos culturais para uni-los enquanto "nação", mas o futebol logo preencheu esse vácuo. O início da modernização do Uruguai coincidiu com o surgimento do time nacional que, primeiro, ganhou as medalhas de ouro olímpicas em 1924 e 1928, e depois a Copa do Mundo em 1930 (Giulianotti, 1999). Em 1932, o jogo doméstico uruguaio tornou-se profissional. O processo de formação da nação moderna atingiu seu apogeu em 1950 com o épico Maracanazo, quando o Uruguai ganhou por 2 a 1 do Brasil, vencendo a Copa do Mundo (Reisch, 1991, p. 83). O bravo desempenho do capitão Varela incorporou um sentido determinado e definitivo de caráter "uruguaio" moderno. Coroou também a ascendência política do Uruguai à nação mais democrática e organizada da América Latina. A pequena população, a economia vulnerável e o *status* global periférico do Uruguai foram aos poucos reproduzidos no campo do futebol mais moderno. A junta militar brutal (1972-1985) não conseguiu interromper o declínio; táticas de futebol cada vez mais agressivas mostraram-se também sem efeito. Na democracia pós-moderna, pós-regime militar, a sociedade uruguaia e o seu futebol erguem-se em uma relação paradoxal. A nação é uma das mais estáveis da América Latina; todavia, o estado de espírito nacional é profundamente pessimista. A explicação pode estar na má situação do futebol uruguaio contemporâneo e no esforço da seleção nacional em se classificar para torneios importantes. Consequentemente, não pode compensar os profundos investimentos emocionais e nacionalistas dos uruguaios no jogo nacional.

Continuidades e diferenças: nações futebolísticas tradicionais, modernas e pós-modernas

Esses estudos de caso indicam que cada nação possui algumas características únicas em sua história e identidade do futebol. A constituição inicial e a administração do futebol pertencem à Inglaterra, assim como a reputação de nação líder dos *hooligans*. A mistura do futebol e do populismo político da Argentina não tem igual. O futebol escocês foi peculiarmente obcecado com suas relações com a vizinhança. A hegemonia da classe média baixa sobre o futebol e os impactos da reunificação nacional são somente alemães. Muitas nações podem clamar serem "loucas por futebol", mas nenhuma se iguala à dependência nacional dos uruguaios em relação ao jogo.

No entanto, essas histórias de futebol nacional guardam importantes características comuns. Durante o período "tradicional" do futebol nessas nações, no final do século XIX e início do XX, o jogo privilegiava o amadorismo. Normalmente, o futebol era controlado pelas elites aristocráticas ou pela classe média urbana, que procuravam inculcar noções particulares de identidade nacional por intermédio do jogo, assimilando novos grupos de imigrantes. O interesse da classe baixa pelo futebol multiplicou-se e surgiram os times da classe operária. A competição internacional tornou-se mais determinada; estilos nacionais particulares tornaram-se mais pronunciados por meio de constantes partidas intercontinentais. A hegemonia britânica tanto dentro quanto fora da área foi seriamente pressionada. A modernidade posterior do jogo começou após a Segunda Guerra Mundial; suas características tornaram-se cada vez mais marcantes durante as décadas de 1970 e de 1980. As competições entre clubes internacionais foram estabelecidas; a expansão do "cenário financeiro" do futebol garantiu o surgimento de clubes mais ricos; as transferências de jogadores internacionais multiplicaram-se. As velhas nações dominantes, como a Inglaterra, a Argentina e o Uruguai, passaram por um declínio em termos mundiais dentro e fora do campo de futebol.

Posteriormente, o futebol entrou no período da "pós-modernidade". A desindustrialização fraturou o elo das classes operárias com clubes de subúrbios. A televisão passou a dominar as finanças e a administração das ligas de futebol e de seus clubes membros. As maiores nações beneficiaram-se, importando jogadores de todo o mundo, enquanto as menores tornaram-se dependentes das transferências externas. A circulação global do trabalho e das ideias começou a solapar as "tradições", aumentando a mistura dos estilos de jogos.

Isso não significa que as "tradições" de nacionalidade das culturas futebolísticas particulares sejam desestabilizadas apenas pela pós-modernidade. Desigualdades entre as nações sempre existiram, durante as fases "tradicionais" e "modernas" do futebol, destruindo por isso a capacidade de países mais fracos formularem identidades nacionais por meio do jogo. Na época pós-moderna, o papel do futebol de reproduzir a identificação nacional na Argentina e no Uruguai é ameaçado pela venda de jogadores para a Europa. No entanto, essa desigualdade estrutural, e sua ameaça à "construção da nação", existiu durante longo tempo. O Uruguai e a Argentina foram extremamente dependentes da Grã-Bretanha em relação ao aprendizado do jogo; a mistura é central em suas tradições de futebol nacionais. Durante a modernidade inicial do jogo, os êxitos de seu futebol sofreram danos pelas práticas sagazes da Itália. Os principais jogadores da América do Sul tornaram-se "oriundos", ao conseguirem a permissão de "dupla nacionalidade", de modo que pudessem jogar pela Itália. Os argentinos Orsi, Monti e Gualita jogaram para os vencedores da Copa do Mundo de 1934; o uruguaio Andreolo jogou como ponta para os campeões de 1938. Durante a década de 1950, os italianos recrutaram o "trio de morte" argentino (Maschio, Angelillo e Sivori) e os brilhantes uruguaios Schiaffino e Ghiggia. A dependência "moderna recente" da Argentina e do Uruguai em relação ao Velho Mundo continuou; ambos pediram empréstimo taticamente à Espanha e à Itália, enquanto jogadores e *managers* buscavam sua fortuna no exterior. Todavia, na era pós-moderna, a venda de craques e de jogadores medíocres nunca mais foi institucionalizada. Agentes da

América do Sul utilizam inúmeros contatos europeus para transferir jogadores cada vez mais jovens.

Classe e nação: tensões e paradoxos

Em estilo modernista clássico, a nação foi a principal unidade administrativa do futebol durante todo o século XX. Concomitantemente, o nacionalismo do jogo condensa a força da identificação nacional de povos específicos, de modo que tipos particulares de identidade são celebrados enquanto "outros" são categoricamente excluídos. Todavia, as identidades nacionais nunca são estáticas nem mononucleares. Há uma multiplicidade de identidades nacionais em qualquer nação, distinguíveis ao longo de linhas estruturais específicas ou de linhas ideológicas, tais como aquelas relacionadas à religião, à classe, à etnia ou à identificação com um soberano específico. Em sociedades multiculturais, a heterogeneidade das vozes nacionalistas é particularmente conspícua. Por exemplo, quando a França venceu a Copa do Mundo de 1998 em solo próprio, a vitória foi saudada por todos os matizes de opinião política e étnica; o povo de origem norte-africana desfraldou a tradicional tricolor junto à bandeira nacional argelina.

O cultivo do nacionalismo e o fomento de antagonismos nacionalistas tenderam a atingir seu ápice durante o início da modernidade do futebol. Na Europa Ocidental, podemos nos referir às décadas de 1920 e de 1930, quando os jogos internacionais de futebol eram inevitavelmente influenciados pelos sentimentos nacionalistas crescentes e pela militarização. Na América Latina, Peron pavimentou o caminho para os generais em todo o Cone Sul, procurando explorar o potencial nacionalista do futebol. No entanto, um debate importante continua entre os estudantes e o próprio povo em relação a quão instrumentais ou eficazes eram realmente os líderes militares em lançar políticas de futebol populistas (Arbena, 1990; Scher 1996; Giulianotti, 1999). Atualmente, o nacionalismo do futebol de uma série de Estados corporativistas é instigado pela batalha para abrigar torneios internacionais importantes: por exemplo, a disputa da Inglaterra e da Alemanha pela Copa do Mundo em 2006; a luta anterior do Japão e da Coreia do Sul para a Copa de 2002. Enquanto isso, grupos de torcedores rivais disputam o prestígio nacional, conquistando a imaginação global. A violência de algum *hooliganism* nos eventos internacionais poderia ser, em parte, explicada pela referência a seu *ethos* e retóricas nacionalistas, embora seja necessário examinar outros fatores (como identidade cultural jovem ou a estética corporal da violência: ver capítulo 3). Da mesma maneira, os torcedores não violentos incitam seu nacionalismo quando batalham para se tornar oficialmente reconhecidos como os melhores torcedores do mundo.

Ao mesmo tempo que o nacionalismo do futebol emerge periodicamente nos eventos e torneios internacionais, são interesses locais e municipais que seguram o jogo no nível básico. As lealdades diárias de torcedores e jogadores tendem a ser concedidas a clubes individuais muito mais do que a nações. No âmbito do clube, encontramos importantes reflexões simbólicas do período moderno inicial, industrial, urbano, em que o futebol emergiu como esporte nacional, tanto no velho quanto no novo mundo. Exceto nas grandes cidades, a maior parte dos nomes de times anuncia orgulhosamente seus vínculos com uma localidade urbana. A maioria dos clubes foi fundada durante o período "tradicional" ou "inicial moderno" do futebol, quando um lugar geográfico foi favorecido; os clubes foram criados com propósitos sociais e culturais locais, muito mais do que como "privilégios" modernos para maximizar a renda dos esportes. Principalmente no Reino Unido, os nomes que os clubes escolhem enfatizam essa dimensão municipal, associativa: times representam a "cidade", ou reúnem seus cidadãos ("United"). A mobilidade geográfica moderna (de um lugar conhecido) pode ser enfatizada ("Wanderers", "Rovers" ou "Rangers"). Essas denominações modernistas contrastam de alguma maneira com a nomenclatura "pós-moderna" encontrada nos esportes americanos, em que os times são denominados simbolicamente conforme forças naturais ou criaturas; por exemplo, Chicago Bears, Atlanta Ravens, Toronto Maple Leafs (Laughlin, 1993, p. 97). Na América Latina, essa relação modernista é frequentemente refletida com times como o Peñarol ou o Rosario Central, denominados de acordo com trabalhos ferroviários locais.

No Reino Unido, o nacionalismo intenso na insurreição da guerra de 1914 não evitou a emergência de diferenças baseadas em classes. A imprensa, os políticos e o público de classe média contrastaram a galante bravura de jovens soldados com os jogadores de futebol, que não conseguiam "dar sua pequena contribuição" por permanecerem em casa e por jogarem (Crampsey, 1990, p. 57). Críticas maiores centraram-se no impacto debilitante do futebol sobre o esforço de guerra, uma vez que milhares de possíveis recrutas alegavam que ser espectador era mais importante que o recrutamento militar (Birley, 1995b, p. 70-72). Na realidade, o público diminuiu, mas os entusiastas do futebol da classe operária do norte ainda demonstravam forte paixão pelo jogo, principalmente quando comemoravam os troféus recebidos.

Em termos de prática e de ser espectador, nítidas diferenças relacionadas às classes existem nas histórias iniciais do futebol do Reino Unido e no resto da Europa Ocidental. Antes e depois da Primeira Guerra Mundial, a Escandinávia, a Alemanha, a Itália e a França assistiram a uma explosão do envolvimento dos movimentos socialista e comunista na organização da participação das massas nos esportes, entre os quais o futebol era componente-chave. Os movimentos dos trabalhadores do Reino Unido não conseguiram desafiar a hegemonia das classes média e alta sobre a recreação da classe trabalhadora. Uma relação mais passiva em relação ao esporte inevitavelmente continuou; interesses comerciais por toda parte estimularam a bebida, os jogos a dinheiro e os espectadores (John Hargreaves, 1992, p. 134). Enquanto isso, os clubes de futebol eduardianos eram dominados por éticas burguesas. Os dirigentes dos clubes sentiam-se moralmente obrigados a salvar os jovens da classe operária da dissolução moral e da permissividade física gastando suas energias nesse entretenimento saudável e nobre (Redhead, 1995, p. 43)[12]. No início da década de 1960, um grande número de relatórios políticos guardava como relíquia essa ideologia[13]. Todavia, trinta anos depois, o valor real dos clubes de futebol como efetivas "unidades de prevenção ao crime" foi altamente questionado (Robins, 1992)[14].

Portanto, as formas tradicionais e modernas do futebol são permeadas por três tipos fundamentais de identificação social: nação, classe e localidade. Ao mesmo tempo que os de nação e classe podem frequentemente ser irreconciliáveis, a "intensa compressão física e temporal e a violenta adesão a uma causa" das partidas frequentemente significam que os vínculos locais usualmente predominam sobre os nacionais (Marqusee, 1995, p. 54). Os clubes de futebol de áreas de classe operária forte são muito ligados à "estrutura de sentimento" local. Os cientistas sociais mais antigos que escreveram sobre a cultura do futebol no Reino Unido enfatizavam os vínculos profundos entre o clube e a sua comunidade operária[15]. A área do futebol tornou-se um espaço vital para a associação masculina, junto ao *pub* local e à fábrica ou indústria. As afinidades do clube e dos torcedores podem, às vezes, ser expressas politicamente durante lutas coletivas. Recentemente, o Borussia Dortmund ofereceu assentos grátis para os trabalhadores do aço que estavam em greve, enquanto jogadores do Liverpool manifestaram *slogans* de apoio aos portuários de Merseyside demitidos em sua longa disputa industrial.

Na época da pós-modernidade, três pressões contemporâneas arruínam essa "estrutura de sentimento" centrada na classe. Em primeiro lugar, no futebol de clube, há uma crescente polarização entre dois tipos de apoio. Por um lado, o tipo de apoio do "público local" é análogo à velha torcida da classe operária; a intensa adesão à causa e a lealdade dos torcedores são canalizadas para os times locais (Leifer, 1995, p. 85). Em contraposição, clubes como o Manchester United, o Liverpool, o Milan e o Bayern de Munique aderem ao modelo do "público nacional". Seus torcedores seguem princípios utilitaristas: "Times vencedores acumulam seguidores, e times que perdem são inevitavelmente abandonados" (idem, 1995, p. 86; Alt, 1983). O sistema de organização do futebol assegura a times como esses uma competição cada vez mais dominada e uma cobertura do esporte pela mídia.

Em segundo lugar, a globalização traz consigo uma dissolução dos vínculos sociais e políticos locais entre o clube e a comunidade. O movimento internacional de jogadores também ocasiona a maior circulação de ressentimentos políticos e de perspectivas cosmopolitas. Hoje, é muito mais provável que o envolvimento político dos jogadores de futebol toque em questões internacionais do que locais. Por exemplo, jogadores suíços, noruegueses e da Sampdoria manifestaram-se contra os testes nucleares da

França no Pacífico Sul. Os jogadores da Sampdoria fizeram também protestos antes do jogo da liga italiana contra a guerra civil na Iugoslávia.

Em terceiro lugar, em termos de classe, o esporte da "classe baixa" tornou-se cada vez mais propriedade da cultura popular de classe média. Discuto essa transformação de maneira mais completa no capítulo 8, no que diz respeito à popularidade crescente do público de futebol no norte da Europa. Cabe acrescentar que esse processo manifesta-se também na América Latina na composição de classe dos torcedores e dos jogadores. "Craques" internacionais, como Redondo da Argentina e Francescoli do Uruguai são de origem de classe média estabilizada. Particularmente Francescoli representa um novo modelo de posição social latino-americana, possuindo capital cultural e equilíbrio psicológico para morar e jogar com êxito na França, Argentina e Itália durante uma longa e nômade carreira. Enquanto isso, as condições de vida das classes subalternas urbanas declinaram durante o último quarto do século XX. Desemprego, analfabetismo, habitações pobres, desnutrição e doenças crônicas simplesmente enfraquecem a busca de preparo físico e de grande destreza, pré-requisitos de qualquer carreira esportiva. Por isso, os jogadores mais bem-sucedidos de origem de classe média vêm cada vez mais de áreas rurais que propiciam aos jovens dietas mais nutritivas, baseadas em carne e exercícios com regularidade.

Ao contrário, as nações do sul da Europa sempre tiveram uma cultura de futebol relativamente destituída da ideia de classe. As diferenças ficam claras nas propostas que surgem para as cerimônias relacionadas ao futebol. Por exemplo, a Copa do Mundo de 1994 nos Estados Unidos assistiu ao espetáculo "Três tenores" (Pavarotti, Domingo e Carreras) que se apresentaram como parte das festividades (Hannigan, 1995, p. 195), exatamente como a interpretação de Pavarotti de *Nessun Dorma*, de Puccini, tornou-se o hino da Copa de 1990 na Itália. No norte da Europa, o casamento entre a ópera e o futebol marcou a entrada da classe média no jogo, pelo colapso pós-moderno da alta e baixa cultura. Ao contrário, no sul da Europa, de onde vieram esses cantores, os concertos simplesmente confirmaram a estrutura destituída de classe da cultura do futebol e da ópera popular.

Futebol e pós-modernização de Estados-nações: Estados Unidos, Irlanda e Austrália

Ao mesmo tempo que o futebol, a identidade nacional e a modernidade parecem estar profundamente inter-relacionados, não são processos evolucionistas nem universais. Como observei no capítulo 1, muitas sociedades passaram por processos de modernização e de construção de nações sem qualquer contribuição significativa do futebol. Nesses casos, culturas de outros esportes foram utilizadas para consolidar sentidos diversos de identidade nacional (Taylor, 1988, p. 538). Nos Estados Unidos, na Irlanda e, em menor extensão, na Austrália, os legados dos antigos esportes coloniais foram transfigurados para inventar novas tradições de esportes nacionais, incluindo além disso variações no futebol. Todavia, em cada caso, a nova importância cultural e social do futebol emergiu na era pós-moderna, após o moderno processo de construção das nações ter sido concluído.

Nos Estados Unidos, o futebol nunca pertenceu à lista de passatempos americanos, tais como o futebol americano (gridiron), o beisebol e o basquete. O futebol havia sido jogado intensamente pelos imigrantes europeus nas cidades do leste desde a década de 1900 (Bazzano, 1994, p. 113), quando a Igreja ajudava a promovê-lo (Reiss, 1991, p. 106). O jogo profissional desfrutou de um curto *boom* na costa leste na década de 1920 e os primeiros times americanos produziram alguns resultados surpreendentes[16]. No entanto, o jogo continuou a ser associado a grupos étnicos relutantes à assimilação ou à "americanização" (Mormino, 1982; Pooley, 1976; Walter *et al.*, 1991).

No final dos anos 60 e na década de 1970, os líderes do futebol nos Estados Unidos adotaram uma estratégia moderna pretensiosa para comercializar o jogo. Os times foram organizados na grande NASL, os jogos eram realizados em enormes e sofisticados estádios, velhas estrelas do exterior eram recrutadas para jogar (Sugden, 1994, p. 242-245; Miller & Russel, 1971, p. 36-37). Embora tenha tido êxito por um tempo, ao atrair públicos étnicos (principalmente em Nova York), o espetáculo comercial soçobrou amplamente na questão da construção da nação: a dependência de jogadores estrangeiros efetivamente antagonizou os americanos. No início da década de 1990, um grande número de jogadores estrangeiros em times de futebol universitários refletiu o pouco interesse do público em geral (Bale, 1991a, p. 55-57).

Em 1994, os Estados Unidos abrigaram a Copa do Mundo com êxito, simbolizando um importante ponto de transição tanto nas fortunas americanas do jogo quanto no sentimento de identidade da nação. A MLS foi lançada logo depois, empregando a modesta e pós-moderna filosofia de "miniatura" dos negócios, com apenas doze "privilégios" de time, limites na compra de estrelas do exterior, salários dos times de no máximo $ 1,19 milhão, regras que demandavam estádios mais familiares para as partidas e uma estratégia planejada a longo prazo que aceitasse perdas de $ 19 milhões no primeiro ano. O objetivo a longo prazo da MLS é entrar no amplo mercado dos jogadores de futebol organizados dos Estados Unidos, estimado entre 12,2 e 16 milhões (Giulianotti, 1996a, p. 326). A maioria era de crianças brancas e de classe média dos bairros mais afastados. Para muitos, o jogo é um enclave cultural da ética violenta de jogar ou da dominação afro-americana (Andrews *et al.*, 1997; Wagner, 1990, p. 401). Para estabelecer uma modesta, mas lucrativa, posição conveniente nos esportes dos Estados Unidos, a MLS espera entrar nesse mercado e atrair os indivíduos de dupla nacionalidade da Europa, da América Central e dos países do Sudeste asiático com interesse estabelecido em futebol[17]. Em vez de ser um mecanismo moderno para unir a nação por meio do esporte, a sobrevivência do futebol depende da exploração de divisões de classes e étnicas pós-modernas.

Na Irlanda, a pós-modernização da identidade nacional foi um facilitador chave para a nova atração do futebol. Historicamente, o futebol na Irlanda foi considerado o "jogo de tropas militares", um esporte inglês em desacordo com os "tradicionais" jogos de arremesso e de futebol dos celtas, que haviam sido institucionalizados e popularizados durante o final do século XIX. Os últimos foram controlados pela GAA, que ameaçou expulsar os membros que jogassem o esporte colonial. A divisão da Irlanda, em 1921, permitiu total independência para 26 de seus 32 condados, tendo os 6 do norte permanecido sob jurisdição britânica. A GAA continuou a organizar os jogos célticos em uma base inteiramente irlandesa, refletindo assim o novo compromisso da República com a reunificação. A GAA monopolizou a contribuição do esporte para a modernização irlandesa. Ela simbolizou uma quebra com o passado colonial, professou ser a organização de esportes nacional, e apresentou seus jogos como indissoluvelmente "irlandeses". No entanto, a Irlanda nunca se estabeleceu de fato como nação "moderna". A área rural continuou a mais populosa, a "alma" cultural da Irlanda; a secularização foi muito limitada; a imigração em massa impediu o crescimento demográfico e industrial; a divisão significou que a Irlanda julgava-se territorialmente incompleta (O'Toole, 1994). Efetivamente, os jogos dos celtas dominaram áreas rurais, enquanto as cidades de Dublin e de Cork dedicaram-se também ao futebol.

Recentemente, o futebol da Irlanda floresceu, particularmente nos jogos internacionais. A classificação foi assegurada, em primeiro lugar, nos Campeonatos Europeus de 1988 e, em seguida, nas Copas do Mundo de 1990 e de 1994. Uma política pragmática de seleção fez com que grandes jogadores nascidos no exterior fossem recrutados para jogar na Irlanda devido a sua ancestralidade irlandesa. Essa abordagem também reflete a condição "pós-moderna" da Irlanda, ao reconhecer as consequências da diáspora, pelas quais "o fato de ser irlandês" não pode estar restrito a uma simples ilha (Giulianotti, 1996a e 1996b). Selecionando jogadores não brancos, como Babb, McGrath e Phelan, compeliu os irlandeses indígenas a se confrontar com os elementos racistas dentro de sua cultura. Além disso, o time, as autoridades e os torcedores irlandeses buscam coletivamente se distanciar do nacionalismo dos esportes da GAA, adotando abordagem agnóstica em relação à política da Irlanda (Holmes, 1994; Hunt, 1989, p. 19). Como Fintan O'Toole observou, "o time permitiu ao povo na República celebrar sua identidade sem ser encoberto pelas complicações obscuras do Norte" (*Irish Times*, 29 de junho de 1994).

Como nos Estados Unidos e na Irlanda, o futebol na Austrália foi tradicionalmente marginalizado. A formação da identidade nacional australiana em todo o século XIX foi dominada por relações com a Grã-Bretanha e o esporte foi o meio-chave de sua hegemonia cultural. A paixão resultante pelo esporte nunca assistiu ao futebol suplantar a popularidade dos *aussie rules* ou da liga de rúgbi (Vamplew, 1994a, p. 208). Depois da Segunda Guerra Mundial, o futebol nativo tornou-se o espaço reservado aos novos imigrantes europeus do sul; a maioria anglo-saxônica manteve um interesse no futebol através dos jogos ingleses televisionados (McKay *et al.*, 1993, p. 16). Confirmando a marginalidade das comunidades étnicas da Austrália, o futebol foi menosprezadamente considerado *wogball** (Vamplew, 1994b, p. 3). Relações entre clubes de futebol étnicos tenderam a refletir os conflitos e inimizades da política dos Bálcãs. Incidentes devido a desordens de torcedores foram amplamente exagerados pelos meios de comunicação australianos (Hughson, 1992, p. 14-15; Mosely, 1994). Em resposta, a Federação Australiana de Futebol procurou "tornar australianos" os clubes, demandando que mudassem suas denominações étnicas – a partir de então, por exemplo, Sydney Croatia tornou-se Sydney United. Essa "harmonização" crua representou uma recusa de caracterização multicultural pós-moderna da Austrália e não conseguiu anglicizar os clubes ou a cultura futebolística indígena (Hughson, 1997a). Os principais clubes e o time nacional australiano continuaram a ser dominados por grupos étnicos. Enquanto isso, a esquizofrenia dos clubes em parte integracionistas, em parte multiculturais, arriscou seu futuro na Austrália. Novas minorias étnicas (especialmente dos países do Sudeste Asiático) não foram selecionadas pelos clubes que preservavam um simbolismo étnico. Todavia, muitos imigrantes europeus das segunda e terceira gerações foram bem integrados na vida cultural e industrial australiana e, assim, tiveram pouco desejo, tempo ou energia para trabalhar para os clubes de modo a mantê-los vivos (Hay, 1998).

O futebol nos Estados Unidos, na Austrália e na Irlanda demonstra que os sentimentos de identificação nacional não estão nitidamente englobados dentro dos limites políticos. A identificação com uma "comunidade imaginária" de companheiros nacionais pode se estender a muitos outros territórios geopolíticos (como no caso da Irlanda). Internamente, uma "nação" pode abrigar muitos sentidos de identidade nacional conflitantes (como na Austrália e nos Estados Unidos). Uma política de "multiculturalismo" tolerante pode parecer uma resposta sensível e liberal para esses problemas. No entanto, "multiculturalismo" supõe que antagonismos entre grupos minoritários possam ser ocultados, o que nem sempre acontece (como demonstrado na Austrália). Esquece-se de que sentimentos competitivos de identidade étnica ou nacional continuarão entre diferentes estratos *dentro* da mesma comunidade "nacional" (Hughson, 1997b).

As pressões globais sobre a unidade nacional afetam todas as sociedades futebolísticas. A integridade nacional das ligas de futebol é arruinada por clubes pequenos e endividados que querem "deslocar-se" para uma outra nação e, ao mesmo tempo, continuar a participar das mesmas

---

* Jogo de gringo. (N.T.)

competições domésticas[18]. É mais seriamente arriscado, pelas aventuras comerciais, estabelecer ligas continentais de elite como aquela constantemente proposta na Europa. Nos quatro capítulos finais, observo como a globalização e a desconstrução dos limites nacionais têm impacto sobre o lado dos negócios do futebol, a posição dos jogadores, os meios de comunicação de massa, técnicas e estéticas de jogar e algumas questões políticas contemporâneas internas ao jogo. Nos dois próximos capítulos, observo as culturas dos torcedores e como seu ambiente espacial para assistir ao jogo foi modernizado.

Notas

[1] Vidacs (1997) observa que, em Camarões, Zâmbia e outras nações africanas, estações de rádio transmitem ao vivo a cobertura de partidas que envolvem o time nacional, possibilitando que se faça a demanda de unidade nacional.

[2] A complexidade e o caráter híbrido desse "cenário do futebol" são nitidamente exemplificados pelo jogo entre Austrália e Arábia Saudita em 1988 em Sidney. A partida era parte de um torneio que celebrava o bicentenário australiano, embora o futebol na Austrália seja famoso por seu suporte étnico majoritário. O time da Arábia Saudita foi convidado para participar inicialmente por razões econômicas (a venda de direitos de televisão no continente). Os sauditas alugaram a maior parte das placas de propaganda que ficam nas laterais do campo, cobrindo-as com *slogans* escritos em árabe que anunciavam estritamente bens de consumo ocidentais como os chocolates Mars (Rowe *et al.*, 1994, p. 671-672).

[3] Este processo foi documentado detalhadamente de maneira excepcional em outro lugar, e não tenho a intenção de relatar essa análise. Ver Tomlinson (1986, 1994), Sudgen & Tomlinson (1997, 1998), e Sugden, Tomlinson & Darby (1998).

[4] Os fundadores foram Bélgica, Dinamarca, França, Holanda, Espanha, Suécia e Suíça (Tomlinson, 1994, p. 13).

[5] 250 mil assistiram à final da Copa de 1923, conhecida como a "White Horse Final", pois a polícia montada ajudou os espectadores a entrar no campo (Dunning *et al.*, 1988, p. 91; Signy, 1969, p. 48). Na Escócia, 150 mil assistiram à partida entre Escócia e Inglaterra no Hampden Park, Glasgow, em 1937; uma semana depois, mais de 165 mil torcedores assistiram à final da Copa Escocesa entre o Celtic e o Aberdeen (Webster, 1990, p. 87).

[6] Como reflexo da continuidade da influência do Reino Unido no desenvolvimento do futebol no exterior, Signy (1969, p. 51) relata que esse time australiano foi tutelado por Jimmy Hogan, "o técnico inglês com métodos escoceses".

[7] O Dinamo empatou com o Chelsea em 3 a 3, venceu o Cardiff City por 10 a 1, em seguida o Arsenal por 4 a 3 e, finalmente, empatou em 2 a 2 com o Glasgow Rangers. Cerca de 260 mil torcedores assistiram aos quatro jogos.

[8] A onipotência da Fifa é refletida na prioridade dada ao seu maior torneio de futebol, a Copa do Mundo, sobre todos os outros eventos, inclusive os Jogos

Olímpicos. As partidas classificatórias para a Copa do Mundo têm prioridade sobre qualquer outro jogo.

9 O nome espanhol da Concacaf refletiu as influências políticas da América Central e os êxitos no campo, mas a localização de seus escritórios em Nova York indicou onde se esperava que aparecesse o crescimento econômico e cultural.

10 O Conselho Internacional é responsável pela fiscalização e emendas das leis do futebol. Tem oito assentos: quatro controlados pela Fifa e os outros pertencem aos quatro países das British Home Nations. Um mínimo de seis votos é requerido para uma moção de lei passar no conselho.

11 Appadurai (1995) coloca uma questão semelhante quando discute as partidas de críquete entre a Índia e o Paquistão. Ele argumenta que essas partidas não são simplesmente "uma válvula de escape para a hostilidade entre as duas nações", mas uma "arena complexa" para dramatizar essa animosidade e fraternidade que existe entre elas.

12 Pesquisas sobre o positivismo americano ainda continuam a defender a visão de que o esporte organizado, não competitivo, é um forte dispositivo de prevenção contra uma vida de delinquência entre os jovens (Agnew & Petersen, 1989).

13 Ver, por exemplo, o Woolfenden Committee em *Sport and the Community* (1960); o Albemarle Report em *Youth Service* (1960); o Crowther Report 15-18 (1960); o Newsom Report, *Half Our Future* (1963).

14 A pesquisa Personal na Escócia descobriu que os grupos de *hooligans* em Aberdeen e em Edinburgh encontraram seus próprios clubes de futebol, o que de modo algum reduziu as atividades violentas de seus jogadores quando assistiam aos jogos.

15 Os maiores expoentes da relação histórica entre o futebol britânico e a classe operária urbana foram os sociólogos de esquerda da década de 1970, principalmente Ian Taylor (1970, 1971, 1982a, 1982b, 1987, 1991a, 1991b), Phil Cohen (1972), Chas Critcher (1971, 1979) e John Clarke (1978).

16 Em 1909, um time de imigrantes italianos de Nova York jogou com os campeões olímpicos da Grã-Bretanha. Na Copa do Mundo de 1950, no Brasil, a Inglaterra foi humilhada por perder por 1 a 0 do time dos Estados Unidos.

17 A nova liga de futebol do Japão teve problemas semelhantes: uma história de fracasso ao formar ligas profissionais; neste caso, a queda do público.

18 Por exemplo, o clube belga Mouscron procurou jogar suas partidas em que tinha mando de campo em um grande estádio na França; os clubes ingleses de Winbledon e Clydebank pensam seriamente em mudar para Dublin, onde consideram existir um mercado de futebol jovem e não inteiramente preenchido.

3 Culturas do espectador: paixão pelo jogo na Europa e na América Latina

No Reino Unido, desde o final da década de 1960, a sociologia do futebol foi fortemente associada ao estudo dos torcedores de futebol e, mais especificamente, aos *hooligans*. Concomitantemente, houve um enorme interesse político, social e da mídia em relação ao *hooliganism* no futebol do Reino Unido, propiciando aos teóricos uma grande plateia e (durante a década de 1980) uma garantida e invejável fonte de dinheiro. O auge do interesse do público pela violência dos torcedores se deu em 1980, quando os torcedores do Rangers e do Celtic travaram uma batalha no campo, após a final da Copa da Escócia; na Inglaterra, esse interesse atingiu seu ápice em 1985, com a invasão pelos *hooligans* do gramado do Millwall, em Luton, além das mortes de torcedores em Birmingham e a mais trágica de todas no Heysel, em Bruxelas.

A personalidade violenta dos torcedores ingleses foi lentamente modificada desde o final da década de 1980, estimulando os sociólogos do Reino Unido a examinar outros aspectos da torcida de futebol. Surgiu uma área interdisciplinar e mais internacional para analisar grupos de torcedores violentos e outros tipos de espectadores não violentos[1]. Esses estudos comparativos salientam as diferenças culturais existentes entre torcedores, nos âmbitos locais, nacionais e continentais. No entanto, o Reino Unido continua a ter uma influência dominante no campo internacional em matéria de financiamento e expansão dessa área de pesquisa.

Este capítulo dedica-se a uma discussão sobre os torcedores de futebol internacionais e os tipos de análise sociológica que provocaram. Inicio com uma avaliação crítica substantiva das três principais explicações sociais desenvolvidas para analisar o *hooliganism* no futebol inglês, a partir do final da década de 1960 até o final da de 1980. Estou me referindo à perspectiva marxista de Ian Taylor e de outros, à posição com base na psicologia social de Peter Marsh e seus colegas de Oxford e à explicação figuracional desenvolvida por Eric Dunning e seus contemporâneos de Leicester. Alguns desses estudiosos preferiram encerrar o debate sobre a violência dos torcedores e passaram a analisar diferentes questões relacionadas ao futebol, tais como aquelas discutidas ao longo de todo este livro. No entanto, o *hooliganism* no futebol ainda é presente no Reino Unido e no exterior e continua a ser um relevante assunto de pesquisa. Seria imprudente considerar que essas perspectivas, com forças diversas e inúmeras limitações, constituem a "última palavra" sobre a violência do torcedor.

Em seguida, discuto estudos alternativos do *hooliganism* no futebol, realizados por mim e por outros pesquisadores no Reino Unido. Examino questões básicas relacionadas aos métodos de pesquisa, à mudança dos elementos sociais e culturais do *hooliganism* na Escócia e na Inglaterra e aos "prazeres" psicossociais desfrutados pelos torcedores *hooligans*. Comparo os resultados desses estudos com os da pesquisa sobre as subculturas de torcedores militantes do sul da Europa (os *ultràs*) e da América Latina (particularmente os *barras bravas* da Argentina). Encerro o capítulo com uma análise de dois novos grupos de torcedores europeus pós-*hooligans*: as torcidas carnavalescas que acompanham times nacionais como os da Escócia, da Irlanda e da Holanda; e os movimentos políticos de torcedores, tais como *fanzines* do futebol e associações de torcedores independentes, que se tornaram proeminentes no Reino Unido desde o final da década de 1980. Toda a discussão baseia-se firmemente no trabalho de campo pessoal, realizado na última década com grupos de torcedores no Reino Unido, na Irlanda, no continente europeu e na América do Sul.

Sociólogos ingleses e *hooliganism* no futebol: Ian Taylor e a perspectiva marxista

A análise sociológica inglesa do *hooliganism* no futebol começou com Ian Taylor (1969, 1970 e 1971). Com base em uma perspectiva marxista e na "nova criminologia", Taylor argumentou que o *hooliganism* no futebol deve ser explicado de acordo com mudanças econômicas e sociais mais amplas. Considerou o futebol como um esporte da classe operária masculina, em que os clubes estavam inextricavelmente ligados a suas comunidades vizinhas. Os torcedores da classe operária achavam que o clube era uma "democracia participativa", em que suas opiniões exercem alguma influência sobre o gabinete da diretoria ou no campo. De acordo com Taylor, os diretores de clubes tentaram destruir esse vínculo profundamente afetivo (mas, em última análise, não lucrativo), promovendo o jogo entre um público de classe média mais rico e mais respeitável. Os clubes modificaram sua ênfase em satisfazer os "torcedores" existentes e passaram a atrair "espectadores" modernos ou "consumidores" de lazer. Sintomas desse propósito de "aburguesamento" incluíram a "espetacularização" do futebol (tais como exibições antes das partidas, instalações mais confortáveis nos estádios), sua "profissionalização" (por exemplo, jogadores muito bem remunerados comprados no mercado de transferências) e sua "internacionalização" (por exemplo, mais jogos com os times europeus).

A comercialização de "seu" esporte alienou os torcedores da classe operária, principalmente os "remanescentes de grupos subculturais" jovens, que começaram a se reunir com regularidade para assistir aos jogos. Sua iniciação no *hooliganism* inglês moderno teve início em 1961, por meio de uma invasão televisionada do gramado em uma partida entre o Tottenham e o Sunderland. Uma violência cada vez maior entre gangues opostas, vandalismo e a provocação à polícia e aos torcedores rivais foram outros sintomas da alienação desses "remanescentes". Taylor interpretou essas explosões de desordem como atos desarticulados de "resistência" à mercantilização do futebol, que não podiam ser sufocados por intermédio de políticas mais agressivas.

Mais tarde, Taylor adotou uma perspectiva cada vez mais crítica sobre os *hooligans*. Argumentou que sua marginalização estimularia também movimentos políticos fascistas que os teriam como alvo e, portanto, resultaria em problemas sociais até mais profundos nas comunidades operárias e de imigrantes (Taylor, 1982a e 1982b). Abandonou sua teleologia política sobre a violência das torcidas e desenvolveu uma abordagem "realista de esquerda" menos baseada na empatia. Referindo-se aos estudos de Phil Cohen (1972) sobre as mudanças urbanas durante o final da década de 1960, Taylor argumentou que as identidades *hooligans* predominavam. A classe trabalhadora mais alta ou os jovens *yuppie* beneficiaram-se materialmente das políticas econômicas e sociais liberais de Thatcher voltadas para seus próprios interesses; ao contrário, o *lumpen* e os jovens da classe operária mais baixa eram mão de obra não qualificada, tinham pouca educação e "pouco valor" efetivo para a xenofobia e o racismo da extrema-direita. Esses dois últimos grupos sociais cada vez mais ameaçavam os cidadãos da classe operária e as comunidades de imigrantes (Taylor, 1991a). Mais tarde, Taylor opinou que a "cultura de arquibancada" da década de 1980 tinha poucas atrações românticas, sendo "de um racismo violento, de um sarcasmo cruelmente sexista e de uma agressividade conduzida pelos grupos de homens brancos jovens de pouca educação e até mesmo menos espirituosos" (Taylor, 1991a, p. 14-15). No início da década de 1990, mais uma vez Taylor (1991b) reconstruiu sua posição, afirmando em um pequeno artigo de jornal que toda a cultura dos torcedores do futebol estava mudando. Na atmosfera do futebol inglês pós-Itália na década de 1990, argumentou: os torcedores eram melhor comportados, e astutos para copiar as manifestações dos *ultràs* italianos. O *hooliganism* passou; o jogo tornou-se "divertido". Para ilustrar sua questão, Taylor referiu-se a uma partida, na época, entre o Nottingham Forest e o West Ham, em que os torcedores do Ham foram fotografados usando fantasias.

O trabalho de Taylor tem alguns pontos analíticos fortes. Ele faz uma interessante crítica incisiva à mercantilização do futebol, embora seja economicamente reducionista atribuir o *hooliganism* do futebol somente a esse processo. Seu primeiro trabalho desafiou alguns estereótipos sobre os *hooligans*. Cohen e Robins (1978) e Horak (1991, p. 535) (na Áustria) confirmaram que os torcedores jovens rotulados como *hooligans* estavam muito mais comprometidos com o clube do que aqueles que, ao contrário, eram rotulados como "ricos bobos nas arquibancadas". Da mesma maneira, Clarke (1978) argumentou que, a partir da década de 1960, os torcedores jovens não estavam mais sob a influência social de seu grupo familiar mas, em vez disso, respondiam como parte de grandes grupos de companheiros com seus próprios valores subculturais.

Todavia, ao longo de mais de vinte anos, Taylor parece ter dado uma virada completa em sua explicação sobre o *hooliganism* no futebol. Ele começou com a ideia de que os *hooligans* eram "lutadores resistentes" populares, mas então, na década de 1980, abandonou essa ideia para defini-los como sérias ameaças sociais. Na década de 1990, concluiu que o *hooliganism* estava "ultrapassado". Essa virada completa refletiu em sua análise sobre o comércio do futebol. Melhores instalações nos campos foram ridicularizadas como afetações burguesas na década de 1970; depois de Hillsborough, elas se tornaram parte dos direitos humanos do espectador (Taylor, 1991a). Poderíamos dizer que a mudança dos argumentos de Taylor sobre o *hooliganism* refletiram desenvolvimentos do próprio fenômeno. No entanto, a principal falha do trabalho de Taylor é sua falta de sustentação empírica. Ele admitiu prontamente na década de 1970 que seus escritos eram "especulativos" e não baseados em um verdadeiro trabalho de campo.

Por isso é difícil acreditar em seu argumento inicial, de acordo com o qual os torcedores da classe operária viam os clubes como "democracias participativas". O futebol tem sido um negócio sério desde, pelo menos, a década de 1890; os diretores quase sempre protegeram seus investimentos muito mais do que foram atrás dos interesses dos torcedores, gastando mais em instalações para os jogadores ou nos campos. A questão subsequente de Taylor sobre a agitação fascista entre jovens torcedores estava de acordo com as reportagens da mídia a partir de meados da década de 1970, mas o recrutamento real de *hooligans* por esses movimentos políticos é uma questão que a "especulação" não consegue responder. Sua utilização posterior dos estudos de Phil Cohen (1972) para identificar duas identidades do *hooligan* foi imaginativa, mas mais de uma década depois. Finalmente, embora o *hooliganism* tenha declinado no final da década de 1980, certamente não desapareceu. Ironicamente, no jogo entre o Nottinghan Forest e o West Ham, que serve de ilustração para Taylor, houve mais de 140 prisões. Além disso, poucos grupos de torcedores ingleses realmente imitaram os *ultràs* italianos. Na realidade, as manifestações e a energia social posteriores nas arquibancadas tiveram origem em uma meticulosa cópia da cultura de arquibancada inglesa da década de 1970. Podemos concluir que a profundidade analítica de Taylor, ao explicar a violência da torcida, foi bastante enfraquecida por uma genuína falta de conteúdo empírico.

Continuidade das explicações inglesas: Peter Marsh e a primeira pesquisa de campo

A escassez de pesquisa etnográfica sobre o *hooliganism* no futebol inglês foi parcialmente reparada pelo psicólogo social Peter Marsh e seus assistentes na década de 1970 (Marsh *et al.*, 1978; Marsh, 1978a, 1978b). Para pesquisar o *hooliganism* no Oxford United, os pesquisadores utilizaram as técnicas de "observação participante" e de entrevistas qualitativas com jovens torcedores. Descobriram que a "agressividade social" de grupos de torcedores rivais estava sujeita a "regras de desordem" específicas (Marsh, 1978b, p. 24). As relações sociais entre torcedores rivais eram tipicamente limitadas a ameaças exageradas, insultos ritualizados e a negação da masculinidade dos adversários (Marsh, Rosser, Harré, 1978, p. 131-133; Archetti, 1992). Os torcedores podiam intimidar outros com frases como "Vocês vão levar um chute na porra da sua cabeça", mas "Felizmente as ameaças são raramente traduzidas em ação" (Marsh, 1978a, p. 64). *Hooligans* infratores que estavam genuinamente interessados em ferir os adversários, conduzindo armas como facas ou amônia, por exemplo, eram considerados "desordeiros" por seus companheiros e rotulados como "loucos" para expressar seu caráter "ultrajante" (Marsh *et al.*, 1978, p. 70).

A ordem era internamente mantida por meio de uma pirâmide hierárquica de membros (Marsh, 1978a). Em seu vértice ficavam os Graduados, um grupo mais antigo de rapazes que tinham acumulado respeito e *status* e, assim, não requeriam mais condescendência ou apoio constante. Em vez disso, quem cuidava da "agressividade social" eram os Valentões, que eram mais jovens; abaixo deles estavam as crianças ou os inexperientes, que aprendiam a lidar com a interação da gangue do futebol e, provavelmente, iniciavam a "agressividade social" que, então, os Valentões procuravam converter em uma vitória simbólica para o grupo. Nas franjas dessa organização altamente estruturada estavam os que dispensam maiores explicações, os Líderes do Coro e os Loucos. Coletivamente, o grupo de *hooligans* detinha um forte senso territorial. Durante a década de 1970, torcedores jovens juntavam-se nas arquibancadas rivais atrás dos gols repetindo as mesmas palavras e cantando. Seu objetivo era, no dia da partida, tirar os rivais de sua arquibancada e, então, ocupá-la, clamando assim uma vitória simbólica (Armstrong e Giulianotti, 1995).

Os pesquisadores aceitaram que a violência real acontece às vezes, mas argumentaram que esses incidentes eram amplamente causados pela reação excessivamente sensível de poderosos grupos sociais ao "problema do *hooliganism* no futebol" em si. A mídia, a polícia, os magistrados, os professores e os políticos criticavam torcedores jovens desumanos, referindo-se a eles como "animais" e "selvagens", e com isso "dando uma dimensão muito maior" à sua "agressividade social" (Marsh *et al.*, 1978, p. 134). Quando isso acontece, a "ordem é ameaçada": o *hooligan* chega a assumir, pelo menos, parte da identidade violenta que lhe é atribuída, e tem a expectativa de que seus adversários façam o mesmo. Inicia-se um "ciclo de reação positiva", uma vez que a distância entre os *hooligans* e as autoridades torna-se cada vez mais polarizada e difícil de ser reduzida. A solução é demonstrar mais tolerância com os torcedores jovens; "talvez, em última análise, tenhamos que viver com um pouco de agressividade" (Marsh, 1978a, p. 80).

Marsh e seus colegas certamente melhoraram qualitativamente nossa compreensão da violência da torcida, por meio da pesquisa de campo. O maior problema diz respeito à sua explicação das causas da "agressividade social". Marsh argumentou que esta é causada pela agressão humana, que é considerada mais inata do que adquirida socialmente e, portanto, comum a todos os homens, mulheres, sociedades e civilizações. A agressão é definida como um aspecto da natureza humana útil, na verdade funcional; é parte de nossos instintos de sobrevivência. Se tolerada e fornecidas as saídas sociais adequadas (como os esportes ou as pequenas brigas), a agressão pode beneficiar qualquer sociedade, aumentando a integração social. Ao contrário, as sociedades que condenam a agressão ao ostracismo descobrem que seu futuro é "assustador"; para ilustrar, Marsh (1978a, p. 93) referiu-se aos danos reais sofridos no *hooliganism* do futebol, assim como às ruas violentas e imprevisíveis de Nova York e de Detroit.

O retrato "etogênico" da agressão é a-histórico e não social, e vai contra a abordagem básica da "socialização" incentivada por todos os cientistas sociais para explicar o comportamento social. Os pesquisadores também subestimaram os aspectos sociais e hermenêuticos complexos da "agressividade social" entre os próprios torcedores jovens. As explicações que esses torcedores dão para suas atividades são vistas como meros sintomas verbais de uma agressão inata. Além disso, por trás de qualquer rivalidade entre duas torcidas, há fatores sociais, históricos e culturais complexos em funcionamento, que os pesquisadores de Oxford mais uma vez, de modo geral, não levariam em conta. Por exemplo, mesmo em uma pequena nação como a Escócia, os antagonismos entre os torcedores do Glasgow Rangers e do Glasgow Celtic são muito diferentes daqueles que envolvem os torcedores do Aberdeen.

Pesquisadores sobre o *hooliganism* no futebol suspeitaram também do fato de Marsh e seus colegas terem sido apoiados por alguns "acadêmicos *pop*" da época, principalmente pelo psicólogo dr. Anthony Clare[2] e pelo antropólogo Desmond Morris (1981). E o que é mais sério, é decepcionante que o grupo de torcedores por eles estudados, adeptos do Oxford United, não fosse exatamente o mais famoso grupo de *hooligans* do Reino Unido. Além disso, a safra de sua pesquisa (meados da década de 1970) sugere que ela pode ter se tornado antiquada.

Continuidade das explicações inglesas: a "Leicester School"

Desde o início da década de 1980, os que mais contribuíram para o debate sobre o *hooliganism* no futebol foi o grupo de sociólogos da Universidade de Leicester, ou seja, Eric Dunning, Patrick Murphy, John Williams, Joe Maguire e Ivan Waddington. Esse grupo recebeu fundos substanciais do Conselho de Pesquisas em Ciências Sociais (Social Science Research Council) e do Football Trust na época em que o interesse político e público em relação à violência da torcida estava no auge. A expressão "Leicester School" foi cunhada por outros, para expressar a hegemonia admitida do grupo na sociologia do futebol (Dunning, Murphy e Waddington, 1991, p. 460); e para esclarecer a unidade do grupo em relação à sua perspectiva teórica, métodos e conclusões de pesquisas (Clarke, 1992; Giulianotti, 1989a). O grupo explica o *hooliganism* no futebol, aliás todas as questões relacionadas ao esporte, de acordo com a perspectiva "figuracional" ou "sociológica de processo", criada por Norbert Elias, um ex-colega na Universidade de Leicester (Elias, 1978a, 1997). Os críticos argumentaram que a pesquisa em Leicester foi concebida e designada simplesmente para confirmar (mais que testar) o ponto de vista de Elias (por exemplo, Taylor, 1987; Armstrong e Harris, 1991; Lewis, 1996). Na verdade, o principal pesquisador que trabalhava no grupo, John Williams, descobriu a influência muito opressiva de Elias, que resultou em sua saída amarga da Leicester School no final da década de 1980 (Williams, 1991)[3]. Para explicar a perspectiva de Leicester sobre o *hooliganism* no futebol é, portanto, fundamental examinar a sociologia de Norbert Elias.

O ponto de vista sociológico de Elias é enraizado na noção de "figurações" sociais. As pessoas se relacionam por meio de redes de interdependência social; as relações de poder são fluidas e estão em um permanente estado de fluxo (Elias, 1978a). Mais substantivamente, de acordo com Elias (1978b, 1982), um "processo civilizador" se dá nas sociedades ocidentais (principalmente na Inglaterra e na França) desde a Idade Média. Esse processo é influenciado por um complexo desenvolvimento a longo prazo inter-relacionado, que inclui o crescimento econômico, uma expansão da divisão de trabalho, um monopólio estatal de taxação e de violência e uma democratização social (Dunning, 1993, p. 47). O processo civilizador envolveu um interesse diário crescente em monitorar, controlar e defender o corpo e suas funções a partir da vigilância pública (por exemplo, boas maneiras à mesa, banheiros particulares). Relacionada a esses processos encontra-se nossa crescente intolerância em relação a atos públicos de agressão ou violência. Elias observa que o processo civilizador dá origem a sociedades de corte, que refletem a vigilância de uma figuração de elite que estava passando pela pressão de tesouradas dos poderes cada vez maiores do Estado sobre ela e os cidadãos de modo geral. Embora os poderes da sociedade de corte tenham-se tornado cada vez mais cerimoniais, suas maneiras civilizadas foram filtradas através da estrutura social, pela burguesia (*ad nauseum* com os vitorianos) e entre as classes trabalhadoras superiores no início do período pós-guerra, tornando essas classes cada vez mais "respeitáveis". Essa ampla avaliação histórica inevitavelmente encontra anomalias, como guerra ou revolução violenta, em que o processo civilizador parece estar doente. Para refutar essa evidência contrária, Elias introduz a noção de "explosões descivilizadoras" que temporariamente invertem o processo civilizador (Dunning, 1989, p. 44). Uma vez que o processo civilizador permanece incompleto, continua a ter influência significativa para as classes trabalhadoras mais baixas ou "grotescas" e outros grupos da base da pirâmide social.

O processo civilizador é usado pela Leicester School para explicar dois aspectos fundamentais do *hooliganism* no futebol. Em primeiro lugar, os pesquisadores examinam como nossas atitudes sociais mais amplas relativas à violência nos jogos de futebol se desenvolveram ao longo do tempo; em segundo lugar, atribuem a violência dos torcedores aos grupos sociais amplamente não afetados pelo processo civilizador. Em seu principal trabalho, *The Roots of Football Hooliganism* (As raízes do *hooliganism* no futebol), os pesquisadores de Leicester baseiam-se em reportagens da imprensa, em documentos oficiais e em alguns indivíduos presos para argumentar que as partidas de futebol no Reino Unido sempre foram cenários de violência. Até a Primeira Guerra Mundial, essa violência tendia a ser "relativamente alta" e "afetiva". Era "gerada principalmente por causas mais diretamente relacionadas às partidas, tais como vieses percebidos nos árbitros, jogos considerados "loucos" e "injustos" por jogadores visitantes, ou simplesmente... pelas dinâmicas de interação entre torcedores opostos" (Dunning *et al.*, 1988, p. 90). Os pesquisadores argumentam que a violência diminuiu durante o período entre as guerras e após a Segunda Guerra Mundial. As torcidas de futebol tornaram-se mais "respeitáveis" em matéria de composição de classe; a classe operária beneficiou-se do crescimento econômico e das políticas sociais mais abrangentes. O *hooliganism* no futebol moderno data do início da década de 1960, época em que a Grã-Bretanha entrou em uma "explosão descivilizadora", uma vez que as fragilidades socioeconômicas emergiram e as desigualdades aumentaram. A violência nas partidas de futebol emergiu novamente. Nessa época, gangues rivais de torcedores jovens atacaram outras mais deliberadamente, consistente e "instrumentalmente". Torcedores "respeitáveis" começaram a abandonar o jogo para essas "grosseiras" classes trabalhadoras mais baixas. O "pânico moral" em volta desse *hooliganism* serviu tanto para refletir a aversão da sociedade mais ampla e mais civilizada à violência pública como para atrair inadvertidamente os mais "grosseiros" para o futebol na esperança de se engajarem na luta. Com base nos trabalhos de Suttles (1968, 1972) sobre os bairros pobres de negros em Chicago, os pesquisadores de Leicester discutem que deve haver um equivalente no Reino Unido, nos conjuntos habitacionais cheios de classes trabalhadoras baixas não incorporadas, que representam as zonas de socialização para os *hooligans* do futebol da nação. Acrescentam, no entanto, que há também torcedores "grosseiros" das classes média e alta, que lutam nas partidas (Dunning, Murphy e Waddington, 1991, p. 474). Para sustentar seus argumentos sobre o *hooliganism* no futebol moderno, os pesquisadores de Leicester basearam-se na pesquisa de campo de John Williams com os torcedores ingleses e homens jovens em um esquema habitacional de Leicester (Williams, Dunning, Murphy, 1994; Murphy, Williams, Dunning, 1990, p. 129-166); em um documentário de 1985, na TV, sobre o grupo *hooligan* do West Ham United, o *Inter-City Firm*; e em presos em partidas de futebol não descobertos por pesquisadores anteriormente (Harrington, 1968; Trivizas, 1980).

Os pesquisadores de Leicester atraíram fortes críticas dos companheiros acadêmicos sobre a maior parte dos pontos importantes. Analiticamente, a sociologia figuracional de Elias foi criticada por não fornecer uma teoria genuína, mas muito mais generalizações "não testadas" e "descritivas" (Rojek, 1985; Horne e Jary, 1987). Por exemplo, é impossível comprovar o "processo civilizador" se cairmos novamente nas "explosões descivilizadoras" para "refutar" evidências contrárias. O mesmo pode ser dito em relação à descoberta adequada dos pesquisadores a respeito dos *hooligans* grosseiros das classes média e alta. Historiadores e antropólogos argumentaram que o processo civilizador de Elias é historicamente inexato, evolucionista e etnocêntrico, e que implica que as sociedades anteriores ou não industriais fossem subdesenvolvidas, selvagens e bárbaras (Robinson, 1987; Leach, 1986; Mennell, 1989, p. 230). A falta de empatia e de adaptação de Elias, uma vez que as culturas são cruzadas, é refletida no trabalho da Leicester School sobre o futebol. Pesquisadores da Escócia, Itália e Argentina enfatizaram as distintas histórias sociais do futebol nessas nações. Concomitantemente, a violência dessas torcidas não pode ser simplesmente ligada às classes médias baixas e à sua socialização peculiarmente "grosseira" (Giulianotti, 1989b, 1993, 1994c; Dal Lago e De Biasi, 1994; Archetti e Romero, 1994). Por exemplo, muitos *hooligans* escoceses modernos, os "descolados", vêm exatamente de áreas da estável classe trabalhadora alta e da classe média, principalmente em cidades como Aberdeen e Edinburgh (Giulianotti, 1996c). Além disso, os torcedores do Glasgow Rangers foram os mais famosos na Escócia durante as décadas de 1960 e de 1970; tendiam a ser protestantes e empregavam-se em trabalhos manuais qualificados, ao contrário dos torcedores católicos mais pobres, que tendiam a torcer para o Celtic (Finn, 1991a e 1991b). Na Itália, Roversi (1992, p. 11) afirma que os grupos *ultràs* "são usualmente formados por jovens que compartilham modelos culturais comuns e unificados em vez de uma condição material comum e desfavorável", como a atribuída às classes trabalhadoras baixas pelos pesquisadores de Leicester.

Pesquisadores ingleses descreveram com precisão problemas metodológicos importantes no trabalho dos figuracionistas. O grupo de Leicester relutou em se envolver com os *hooligans*; a maior parte da pesquisa de campo foi realizada com torcedores ingleses "oficiais" e com rapazes em conjunto habitacional de carentes (Hobbs e Robins, 1991, p. 560). Seria mais gratificante metodologicamente ter visto seu estudo começar com um genuíno grupo de *hooligans* do futebol (como, por exemplo, o de Armstrong [1993, 1994, 1998]). A utilização de um documentário de televisão, para sustentar o argumento-chave de que os *hooligans* são essencialmente da classe trabalhadora baixa, é também muito desonesto. Afinal de contas, o West Ham é o clube mais famoso da classe operária na Inglaterra, localizando-se no bairro East End em Londres (Korr, 1986). Um teste melhor para seu argumento seria pesquisar a experiência de classe dos grupos de *hooligans*, tais como as do clube que fica no West End em Londres, o Chelsea. Mesmo a pesquisa realizada na cidade da classe operária de Sheffield descobriu que as classes trabalhadoras baixas *não* estavam significativamente envolvidas na violência dos torcedores (Armstrong, 1998; Melnick, 1986, p. 12-13).

Finalmente para confirmar as críticas anteriores, pode-se dizer que a utilização de Elias por parte dos figuracionistas é, de certa maneira, fraca etnograficamente. Eles não fazem a menor tentativa significativa de empregar a abordagem figuracional de Elias no plano do cotidiano. Os pesquisadores de Leicester não conseguiram de maneira alguma analisar a complexidade das dinâmicas figuracionais do grupo de *hooligans* do futebol, tais como a interdependência dos *hooligans* individualmente ou a fluidez das relações de poder dentro do grupo de maneira geral. Evidentemente, foi enfatizado o desenvolvimento do "processo civilizador" para explicar a violência no futebol historicamente. Todavia, mesmo nesse caso, sua aplicação foi fortemente questionada. Lewis (1996, p. 335) descreve a tese de Leicester como "historicamente inepta, dando uma guinada da generalização absurda para o período seguinte, discutindo pré-1914 em uma tentativa de sustentar a viabilidade do 'processo civilizador'". A queixa aqui é de que, mais uma vez, foi fabricada a evidência para adaptá-la à teoria de Elias.

Essas críticas publicadas mascaram o que é frequentemente uma relação profissional mais amarga e mais profunda entre os figuracionistas e seus críticos, especialmente os da Inglaterra. Parte disso reflete a tendência de Dunning e seus colegas a descartar o trabalho de outros pesquisadores e a reagir exageradamente (mesmo para os padrões acadêmicos) a uma crítica a seu trabalho. Em uma discussão na *Sociological Review*, o grupo de Leicester foi outra vez criticado por uma eminente antropóloga e seu jovem pesquisador por realizar uma pesquisa de campo fraca (Armstrong e Harris, 1991). A defesa daquele grupo passou dos limites por "suspeitar" retoricamente que seus críticos eram os próprios *hooligans* (Dunning et al., 1991, p. 467-468)[4]. Em outros lugares, os figuracionistas foram fortemente condenados por sua tendência a deturpar os argumentos de seus opositores ao tentarem responder às críticas (Hargreaves, 1994, p. 13-16). Talvez, aqui na Escócia, os figuracionistas tenham tido o menor impacto positivo sobre a sociologia do futebol do Reino Unido. Certamente, a frequente atmosfera rancorosa e altamente improdutiva dos debates do Reino Unido não tem o menor equivalente real nos estudos sobre os esportes no continente, nos Estados Unidos ou na Austrália.

Pesquisa de campo com os *hooligans*: alguns problemas metodológicos

Como procurei enfatizar, um dos problemas básicos enfrentados por esses primeiros pesquisadores é metodológico: a falta de dados apropriados, que permitam descobrir uma explicação realista do *hooliganism* no futebol. Somente os pesquisadores de Oxford conseguiram entrar em um grupo de *hooligans* por certo tempo, mas isso aconteceu no final da década de 1970 e com um grupo menos conhecido.

Há alguns motivos práticos para esse problema metodológico. Realizar uma pesquisa etnográfica com torcedores de futebol, especialmente com subculturas de torcedores jovens, não é uma tarefa simples. Entrevista formal é problemática, uma vez que os objetos de pesquisa não podem comparecer em determinada hora e em lugar combinado (Dal Lago e De Biasi, 1992). Eles podem, é bem fácil compreender, sentir que o pesquisador deveria remunerá-los por seu tempo e informações. Os *ultràs* do Mediterrâneo, entrevistados por Bromberger (1993, 1995b), tinham esperança de que sua posição profissional garantiria uma influência nos clubes e que conseguiriam ter acesso aos jogadores famosos. Os *hooligans* do Aberdeen e do Hibernian sugeriram constantemente que minha pesquisa comparativa poderia ser "mutuamente benéfica", ajudando os dois times a organizarem uma luta maior (Giulianotti, 1995b). Consegui evitar desempenhar esse papel e tampouco me tornei um participante direto em qualquer violência efetiva.

Pelo menos no Reino Unido, a pesquisa com grupos de *hooligans* tornou-se uma prática cada vez mais difícil. Durante a década de 1970, Marsh (1978a, 1978b; Marsh et al., 1978) e seus colegas entrevistaram *hooligans* bem jovens com poucos problemas relatados. Da mesma maneira, Cohen e Robins (1978) sofreram um pouco de desconforto, mais do que um embaraço social, ao fazerem perguntas idiotas. Mas, durante toda a década de 1980, o ataque político da mídia e da esfera jurídica à violência dos torcedores serviu para modificar a receptividade dos *hooligans* aos possíveis entrevistadores e pesquisadores, a partir do velho coquetel de bazófia da juventude e escárnio aos estranhos, com uma desconfiança arraigada desses "informantes" em potencial. Por isso, as habilidades sociais do pesquisador tinham que ser muito mais intensamente aguçadas. A entrada em um grupo de *hooligans* envolve um processo social de constante negociação e renegociação (Armstrong, 1993; Hughson, 1996). O pesquisador deve ganhar a confiança dos principais indivíduos, ao mesmo tempo que deve manter os limites estabelecidos de participação do grupo estudado

(Giulianotti, 1995b). A análise comparativa é particularmente perigosa quando conduzida com os dois times de uma rivalidade importante entre os *hooligans*, como descobri quando pesquisei os *hooligans* acompanhando o Aberdeen e o Hibernian (1995b). Agora, um trabalho como esse precisa ser feito por alguém da mesma geração que o grupo de *hooligans* (Redhead, 1995, p. 91). Lofland observou, certa vez, que os acadêmicos tornam-se cada vez mais "de gabinete", uma vez que a pesquisa de campo dá lugar ao ensino e à escrita; o processo de envelhecimento significa que eles perdem o contato com as atividades e o pensamento dos jovens.

A pesquisa de campo não se torna mais fácil quando "explicações" sociológicas anteriores do *hooliganism* são levadas em conta. Muitos *hooligans* são bem familiarizados com o pensamento sociológico estabelecido sobre suas atividades, tendo feito ocasionalmente o curso de estudos sociais na faculdade ou conhecido essas visões acadêmicas por intermédio de jornais ou da televisão. O desdém dos *hooligans* por celebridades "especialistas" não é baseado em um antiliberalismo ou anti-intelectualismo teimoso, como se costuma argumentar. Em vez disso, ele é reservado a estranhos, que obviamente identificam e distorcem características espúrias no fenômeno para ajustar a uma "teoria favorita"[5]. Alguns acadêmicos atraem o desdém particular por desenvolverem perfis da mídia e carreiras de pesquisador a partir de seu flerte inicial com o assunto. Por isso poucos *hooligans* ficam particularmente animados para encontrar um pesquisador iniciante. Há uma expectativa evidente de que ele vai repetir um outro diagnóstico da patologia social sobre "socialização não civilizada" ou "xenofobia nacionalista" ou "masculinidade problemática", exatamente como seus antecessores. Todavia, qualquer um que tenha um encontro com os próprios grupos de *hooligans*, o que mais surpreende é a trivialidade de tudo. Uma primeira olhada em suas roupas, namoradas, pais, casa, carros, trabalhos, ambiente mais amplo e interesses de lazer comprova bem o estilo de vida comum, e até mesmo banal dos que são incorporados à sociedade convencional do Reino Unido (embora, talvez, não o caráter endógeno polido das aulas acadêmicas e dos jantares de gala). Imediatamente, e atrapalhadamente, o novo pesquisador toma consciência de quão incompleto tem sido realmente o conhecimento que tem de sociologia.

Hooligans do futebol: tradição, modernidade, pós-modernidade

Com base em uma mistura de pesquisa de campo a longo prazo e análise histórica feita por outros pesquisadores, podemos dizer que o *hooliganism* no futebol no Reino Unido mudou imensamente ao longo dos anos. Toda a pesquisa histórica indica que, na Inglaterra e na Escócia, o futebol sempre envolveu certo grau de violência da torcida, uma vez que isso se tornou uma "tradição" do jogo. É preciso uma pesquisa em arquivos mais amplos para explicar adequadamente a experiência social e as práticas culturais dos primeiros torcedores violentos durante o período vitoriano (Tranter, 1995). No entanto, o *hooliganism* no futebol, em seu sentido contemporâneo, não se refere aos ataques de desordem "tradicionais", mas à gênese social das diferentes subculturas da torcida e seu engajamento na violência constante e coletiva, inicialmente entre os torcedores de times rivais. Na Escócia, isso começou nas décadas de 1920 e de 1930, pelas várias "gangues de navalha" que acompanhavam o Glasgow Rangers e o Glasgow Celtic (Murray, 1984, p. 144-145), embora a desordem constante associada aos clubes de torcedores não oficiais (*Brake clubs*) sugerisse sua presença já na virada do século. As cidades inglesas e outras escocesas não foram muito afetadas por essa "modernidade inicial" do *hooliganism* até o final da década de 1950 e início da de 1960, quando torcedores jovens começaram a andar mais regularmente em grandes grupos (Robins, 1984; Clarke, 1978). Naquela época, os "jovens" emergiram como uma categoria social distinta com seus próprios estilos e práticas, enquanto os aspectos subculturais violentos da costa oeste da Escócia se repetiam em outras cidades do Reino Unido.

Durante as décadas de 1960 e de 1970, ao mesmo tempo que alguns incidentes de desordens ocorreram fora dos campos de futebol, a violência mais significativa aconteceu dentro deles. Torcedores jovens procuravam ganhar prestígio para seu grupo de *hooligan*, "ocupando" a arquibancada atrás do gol (ou *kop*), que "pertencia" a seus rivais. Invasões do gramado também ocorriam, particularmente quando seu time estava perdendo. As autoridades policiais e do futebol introduziram cercas, "enjaulando" os torcedores nas arquibancadas atrás dos gols e segregando os torcedores da casa e os visitantes em diferentes partes do campo (Hall, 1978; Armstrong e Giulianotti, 1995, 1998b). Essas medidas modernistas "toscas" inadvertidamente serviram para intensificar o *hooliganism* no futebol. Aos poucos, a violência foi deslocada do campo, acentuando os diferentes sentidos de identidade dos grupos de *hooligans* e sua diferenciação formal do conjunto geral de torcedores.

No início da década de 1980, o *hooliganism* no futebol entrou em seu período de "alta modernidade" com a emergência do estilo "descolado" na maior parte dos estádios do Reino Unido. Os velhos e visualmente agressivos estilos da torcida "militante" (por exemplo, *skinheads*, botas Doctor Marten, múltiplos cachecóis) foram substituídos pelo estilo "descolado" de roupas esportivas caras (tais como camisas Lacoste, moletons Fila) e roupas e acessórios de estilistas famosos (por exemplo, jaquetas Burberry, suéteres Armani, sapatos Rockport) que dispensavam as cores dos clubes.

Na Escócia, os "descolados" do futebol significaram uma mudança radical da rivalidade baseada no sectarismo do *hooliganism* estabelecido, e um repúdio coletivo à pretensão do Scottish Office de que o *hooliganism* selvagem havia sido erradicado por uma proibição do consumo de álcool entre os torcedores após 1980. Na Inglaterra, os "descolados" foram muito menos revolucionários em matéria de impacto, mas serviram para espalhar as rivalidades existentes entre os clubes assim como as rivalidades regionais das subculturas dos *hooligans*. Surgiu uma rede informal entre *hooligans* do Reino Unido. A dimensão nacionalista de identidade dos torcedores intensificou-se nas partidas realizadas no exterior. Os torcedores da Inglaterra adquiriram uma reputação de *hooligan* mais ampla, embora para esses torcedores a importância dada a eles fosse muito exagerada. Enquanto isso, os torcedores da Escócia adotaram uma personalidade "anti-*hooligan*" para se diferenciar dos ingleses, diante dos outros países que os recebiam. Durante um tempo, a revolução do estilo ajudou os "descolados" do Reino Unido a evitar o controle da polícia. Mas, no final da década de 1980, forças policiais começaram a tomar novas medidas anti-*hooligans*, como maior policiamento à paisana, operações de espionagens dentro dos grupos de *hooligans*, e circuito fechado de televisão (CCTV) nos campos de futebol, enquanto o governo e os magistrados decretavam sentenças mais duras de prisões aos torcedores violentos. No início da década de 1990, ficou óbvio que o número de grupos de *hooligans* caiu significativamente, talvez entre 50% e 80%, de modo que, na Escócia, no que se refere aos conflitos, as principais "gangues" diminuíram de quatrocentas ou quinhentas para cem ou menos. As medidas policiais contra o *hooliganism* continuaram por intermédio de linhas telefônicas diretas para o público fazer "denúncias de *hooligans*", criação de arquivos e bancos de dados centralizados pelo Serviço Nacional Criminal de Inteligência e a detenção (sem acusação formal) de torcedores com base a lei de Justiça Criminal e Segurança Pública de 1994.

A época pós-moderna do *hooliganism* no futebol é assinalada com mais evidência pelas mudanças em seu tratamento político e pela mídia. Na Inglaterra, ele foi "reduzido", de modo a não mais atrapalhar os convites feitos pela FA inglesa para abrigar torneios internacionais importantes (principalmente a Copa do Mundo). Na Escócia, foi "redescoberto" como resultado de uma crescente batalha competitiva de circulação entre os tabloides. Mas, pelo menos na Escócia, a "pós-modernidade" do *hooliganism* no futebol é também ressaltada pela recente preocupação dos "descolados" com a questão nacional. Alguns grupos formados por esses torcedores suprimiram suas diferenças de clube para formar uma "gangue" nacional, que age inclusive fora das partidas internacionais escocesas. Outros "descolados" escoceses permanecem contrários a essa aliança, embora seja notável que todos aumentaram seus interesses em torcer pela seleção nacional, devido às menores oportunidades de violência nos jogos entre os clubes (Giulianotti, 1998a).

A pesquisa de campo na Escócia e na Inglaterra põe em dúvida algumas afirmações anteriores e dominantes sobre os *hooligans* no futebol[6]. Ao contrário da terminologia usada pela polícia e pela mídia para descrevê-los, os grupos *casuals* contemporâneos não são organizados ao longo de postos, como a burocracia militar, em "generais", "lugares-tenentes", "sargentos", "soldados de infantaria" etc. Em vez disso, cada grupo é constituído por "líderes", cujo *status* é garantido em termos classicamente masculinos por seu envolvimento constante e "modos de jogar" em confrontos; tendem a formar uma "linha de frente" e representam os mais típicos interesses opostos à ideia de casuais. O envolvimento nos grupos de *hooligans* também acontece em bases muito voluntárias, que nos estimulam a descrever esses grupos como uma rede solta de pequenos grupos de amigos. Essas amizades podem originar-se do envolvimento a longo prazo em um grupo de "descolados". Podem também refletir amizades compartilhadas, que começam fora, como no trabalho, na escola ou algum outro local ligado à educação, na família ou em um espaço de lazer particular (por exemplo, no *pub* ou na boate) e continuam dentro do cenário do futebol. Consequentemente, o grupo de *hooligans* é uma ilustração forte das "neotribos" urbanas irrestritas que Maffesoli (1996) identifica nas sociedades contemporâneas ocidentais.

O principal objetivo dos *hooligans* é aumentar o *status* de seu grupo em confrontos com os rivais. Cada torcida procura "ameaçar" as outras, "defendendo-se" e atacando as opostas, "nocauteando-as", forçando-as a recuar, ou perseguindo-as. Os *hooligans* mantêm vários graus de prestígio e de respeito pelos que se ergueram e lutaram "corajosamente", mesmo que tenham desistido do pior, mas aqueles que voltaram para trás e correram de um confronto são considerados humilhados. Finalmente, não há o menor prestígio (mas muita ridicularização e desdém) para os que ganham ao atacar alvos "ilegítimos", tais como torcedores comuns. Todavia, há ocasiões em que esse "código" é suspenso, como quando a rivalidade de dois clubes é muito grande, ou quando os chamados torcedores comuns começam a "atuar mais" ou "a fazer xixi" em frente aos *hooligans*.

Ao contrário dos argumentos de Leicester, os *hooligans* do futebol raramente vêm dos locais mais pobres das cidades. A pesquisa de campo com os *hooligans* do Reino Unido sugere que eles são muito mais *incorporados* à sociedade dominante do que estruturalmente excluídos dela. Os "hábitos" dos *hooligans* demandam que o indivíduo possua capital econômico e cultural. O dinheiro é importante para a socialização em *pubs*, clubes, campos de futebol etc.; para viajar para os jogos no Reino Unido ou no exterior; para comprar roupas ou outras mercadorias. O consumo de bens também requer uma experiência subcultural; os *hooligans* exercitam um "gosto" diferente ao comprar e consumir roupas específicas ou outros produtos de lazer. Finalmente, para grupos sociais mais amplos nas cidades que estejam envolvidos no consumo de cultura popular, os *hooligans* tenderam a ser uma subcultura convincentemente atraente de estar "onde a ação está". Nos campos de futebol, influenciaram as torcidas comuns da mesma geração, no que diz respeito a onde se sentam (não atrás dos gols), ao que usam (roupas mais na moda e menos coloridas) e como assistem à partida (com maior ironia e desligamento). Fora do futebol, os locais no centro das cidades frequentados inicialmente pelos *hooligans* em geral fizeram muito sucesso e se tornaram lugares da moda (Giulianotti, 1993).

Na Escócia, embora seu número tenha declinado, o grupo de *hooligans* tende a passar por uma rotatividade de jovens relativamente lenta. A grande maioria faz parte do grupo desde meados da década de 1980 ou antes. Por isso, enquanto em meados da década de 1980 a idade média de cada grupo era de pouco menos de vinte anos ou vinte e poucos, hoje, a maioria dos *hooligans* está com seus vinte e tantos anos ou trinta e poucos. Essa maturidade possibilitou-lhes formular uma "rede" de informações informais que se estende pelo Reino Unido e pela Europa. Individualmente, os *hooligans* chegam a reconhecer seus rivais de anos de lutas; encontram-se, por acaso, no tribunal, nos carros de polícia, nas celas; nos clubes e nos *pubs*; em outras partidas de futebol; no trabalho ou nas férias. A internet oferece maior possibilidade de expansão dessa rede. São trocadas informações sobre os últimos eventos e sobre os méritos de cada torcida. A rede ajuda a estimular alianças ou "amizades" entre dois grupos de *hooligans*, tais como os que existem entre os times escoceses e ingleses. Ela oferece a oportunidade de "planejar anteriormente" ou de "organizar" confrontos sem a interferência da polícia. Telefones celulares permitem aos *hooligans* manter-se em contato com seus rivais no dia do jogo, de modo que possam discutir quando e onde é mais provável que haja chance de confronto. Embora tenham ocorrido no Reino Unido, batalhas organizadas continuam a ser uma característica surpreendentemente rara de violência dos *hooligans*, em vista desse novo canal de comunicação e dessa nova tecnologia.

O *hooliganism* no continente europeu está muito mais longe desse caminho do que o Reino Unido. Em março de 1997, um choque entre as torcidas do Feyenoord e do Ajax, em um terreno baldio ao lado da via expressa, levou um dos *hooligans* do Ajax a apanhar até morrer (*Four-Four-Two*, setembro de 1997). Prisões em massa levaram à condenação e à prisão de 46 *hooligans* em sentenças que vão de 6 meses a 5 anos. Na Alemanha e na Holanda, *hooligans* individualmente aumentaram suas conexões com grupos do Reino Unido a partir da *home of hooliganism*. Essa deferência cultural ao Reino Unido é refletida na adoção atrasada e entusiasmada pelos *hooligans* europeus do estilo "descolado", com poucas variações locais ou nacionais[7]. Na Alemanha, "amizades" entre grupos de *hooligans* frequentemente refletem as que existem entre os grupos de torcedores mais amplos, e essas são mais comumente encontradas e sistematicamente reproduzidas do que as que existem no Reino Unido. A rede de informações foi também mais formalmente estabelecida por intermédio da revista alemã dos *hooligans*, *Fantreff*.

Violência no futebol: o zumbido da "fervura"

Os sociólogos tenderam a subestimar os prazeres psicossociais da violência do futebol. Os *hooligans* referem-se constantemente ao "zumbido" emocional opressor que experimentam quando "fervem" contra os adversários (Giulianotti, 1996d; Allan, 1989, p. 132 e ss.; Ward, 1989, p. 5). Finn (1994c) e Pilz (1996, p. 53) explicam o relato em primeira mão, das sensações dos *hooligans*, de acordo com o conceito de "fluxo" apresentado por

Csikszentmihalyi (1975). Outra expressão aplicada nesse contexto é "atuar no limite" (Lyng, 1990), enquanto Armstrong e Young (1997, p. 180-181) empregam "limiaridade".

O uso desses conceitos sugere que o *hooliganism* cai em uma categoria mais ampla de atividades de lazer arriscadas voluntárias, tais como mergulhar em oceano, asa-delta e *bungee-jumping*. Nesses esportes de "radicais", o prazer de enfrentar o perigo é socialmente adquirido. Os participantes aprendem um com outro a desfrutar de emoções intensas da experiência de *hooligan*. Além disso, os passatempos de alto risco "envolvem não só habilidades para atividades específicas, mas também uma habilidade geral para manter o controle de uma situação que beira o caos... o objetivo máximo daqueles que procuram atuar no limite é sobreviver à experiência" (Lyng, 1990, p. 871, 875). O objetivo dos *hooligans* é andar dentro e fora de um redemoinho com a mente e o corpo intatos. Além disso, conceitos como "fluxo" e "atuar no limite" sugerem que as diferenças de classes sociais tornam-se secundárias no *hooliganism*; os esportes arriscados são, por exemplo, famosos pela ampla participação da classe média.

Se deslocarmos as sensações de violência dos torcedores "de atuar no limite" ou de "fluxo" para uma estrutura de explicação cultural, começaremos a desvendar seus componentes estéticos e fenomenológicos. Em seu sentido moderno, a "estética" refere-se à percepção e ao significado da beleza, em primeiro lugar na alta cultura. Mas em seu sentido pós-moderno ou relativista, seu significado se amplia para permitir a "estetização" da vida cotidiana (Rojek, 1995, p. 165). Consequentemente, a estética não é mais determinada pela "epistemologia" ou pelo debate e pela reflexão racional sobre a integridade artística do objeto. Em vez disso, ela está localizada no "ontológico"; na reação física ou emocional a uma forma cultural específica ou a uma situação social (Boyne, 1991, p. 281). Assim, mesmo que perturbe o pensamento do leitor, pode-se dizer que a violência no futebol contém sua própria forma estética. A beleza inata e momentânea intensa do *hooliganism* é revelada somente para aqueles que andam a passos largos, somaticamente no próprio centro da tempestade, os próprios *hooligans*.

Medidas policiais contra o *hooliganism* podem ter reduzido a frequência desses "momentos de pique", mas continuam altamente desejáveis para um grande número de futuros participantes (McInman e Grove, 1991, p. 348). Para suprir a demanda dos sentimentos reprimidos, foi aberto um mercado pós-moderno em que se faz a reprodução ou simulação do *hooliganism* no futebol impresso e em filmes. Os *hooligans* (tanto os velhos quanto os novos, os reais e os imaginários) podem visualizar sua própria violência e a de outros[8]. São vendidos milhares de exemplares de autobiografias de *hooligans* ou coleções editadas que descrevem a violência dos torcedores nos mínimos detalhes (Allan, 1989; Ward, 1989; Brimson e Brimson, 1995, 1996, 1997, 1998; Francis, 1997). Os documentários de TV sobre os grupos de *hooligans* fazem um apelo especial, mostrando incidentes "ao vivo", que podem ser passados, repassados e analiticamente dissecados em detalhes totalmente pornográficos[9]. Filmes de ficção sobre gangues de "*hooligans* do futebol", tais como os ingleses *The Firm* ou *ID*, tendem a ser considerados com certo desdém pelos especialistas em *hooligans*. As reproduções da violência autêntica parecem supersimuladas e inacreditáveis, do mesmo modo que o sexo "explícito" de repente torna-se teatral e falso, quando comparado à pornografia dos principais envolvidos e a seu mergulho na ação.

Ultràs: subculturas de torcedores sul-europeus e violência no futebol

Enquanto no Reino Unido, e posteriormente no norte da Europa, o estilo e a rede dos *hooligans* "descolados" dominam, os torcedores de futebol, militantes no sul da Europa percorreram uma trajetória bem diferente (Giulianotti, 1994d). Nesse caso, o modelo de torcida participativa dos *ultràs* é dominante. Os *ultràs*, nome originado entre os torcedores da Sampdoria de Gênova, em 1971, e subsequentemente espalhados por toda a Itália e ainda no sul da França, na Espanha, em Portugal e na ex-Iugoslávia. Os *ultràs* representaram uma forma de torcida mais jovem, mais organizada e mais militante do que a que se conhecia na Itália até então. Enquanto os *hooligans* do norte da Europa abandonaram as cores e os símbolos dos clubes durante a década de 1980, os *ultràs* chegaram ao máximo da paixão audiovisual. Os *ultràs* se reúnem em cada curva (atrás dos gols) do estádio italiano, horas antes do início da partida, e cobrem seu território com bandeiras que proclamam sua identidade e sua fidelidade ao clube. Alguns líderes *ultràs* utilizam microfones e pequenos amplificadores para liderar as músicas que cantam. Quando o time entra em campo ou faz gol os *ultràs* saúdam o momento com uma música mais intensa ou com fogos. Nuvens de fumaça espalham as cores do time; bombinhas e fagulhas deslumbram os sentidos. O grande momento do espetáculo pode incluir o desfraldar de uma enorme bandeira antes do jogo cobrindo um ou dois terços da curva.

Os cientistas sociais e os jornalistas italianos frequentemente interpretam mal os *ultràs*. Um estudo considerou-os sem importância por não estarem "realmente interessados nos jogos de futebol", mas presentes ali "meramente por uma oportunidade de dar vazão a suas emoções" (Zani e Kirchler, 1991, p. 19). Não só os *ultràs* estão entre os torcedores mais comprometidos, mas suas práticas sociais são ricas em termos hermenêuticos, expressando sentidos de identidade social muito complexos (Dal Lago, 1990, p. 49 e ss.). Os nomes dos grupos *ultràs* tendem a refletir três elementos de identificação: o clube que apoiam, a confusão política e a paramilitarização da sociedade italiana durante as décadas de 1970 e de 1980; e seus interesses na cultura global jovem (Dal Lago, 1990, p. 99; Roversi, 1994). Por exemplo, em Roma, há o Commando Ultrà Curva Sud, que designa a curva sul de seu Estádio Olímpico, onde os torcedores da Roma se agrupam. Em Milão, existe a Brigate Rossonere, indicando as cores vermelha e preta do clube; da mesma maneira, em Verona, existe a Brigate Gialloblù, que indica suas cores amarela e azul. Aspectos da cultura jovem são refletidos pelo Drughi da Juventus, denominado como a gangue do romance *Laranja Mecânica*; o Teddy Boys do Udinese; os Skins da Inter; ou mesmo os Freak Brothers que torcem pelo Ternana. Embora esses grupos tendam a se manter no centro da *curva*, as outras bandeiras dos *ultràs* refletem seus interesses e sua composição heterogêneos. Diferentes estilos culturais jovens, tais como o dos *skinheads, mods* e *punks* ingleses, são com frequência proeminentes na mesma *curva*. Indicadores de diversidade social também se destacam, tais como referências a membros "femininos" ou bandeiras de rastafari e de *black power* (Dal Lago e De Biasi, 1994, p. 79-80). Enquanto o estilo dos *paninaro*, semelhante ao dos "descolados", tornou-se esporadicamente popular em meados da década de 1980, a maioria dos *ultràs* manteve forte comprometimento com o lado do "espetáculo" da torcida, inclusive o de vestir as cores do clube.

Dentro dessas políticas culturais do futebol italiano, os *ultràs* possuem uma relação orgânica diferente tanto com o clube que apoiam quanto com as associações de torcedores oficiais. Todos os clubes italianos ajudam a organizar seus grupos de torcida oficiais. O maior deles tem várias centenas de clubes de torcedores em toda a Itália e no exterior. As associações de torcedores podem ser ouvidas pelo proprietário e pelos diretores do clube e, ocasionalmente, influenciar sua política. E o que é mais importante, colaboram com sua ala comercial com postos de venda de ingressos, organização de viagens no dia da partida e venda de mercadorias.

Ao contrário, os grupos *ultràs* são organizados como fóruns mais informais, autônomos e populistas para a mais visível expressão de apoio. Organizam seu transporte para jogos longe de casa; elegem seus líderes, desenvolvem seus símbolos e sua comercialização, e têm estatutos de clube. Em casos excepcionais, como o grupo de *ultràs* de Gênova, o Fossa di Griffoni, os interesses comerciais dos líderes podem passar por cima dos interesses afetivos dos membros (em relação ao apoio ao time). Os *ultràs* não criam uma relação formal com o clube, embora esta possa surgir. O clube pode contribuir para as despesas de fabricação de grandes bandeiras (embora nos jogos ele possa ainda repreender os torcedores por cobrirem placas de publicidade com elas). Ele pode encontrar com os líderes dos *ultràs* e ajudá-los a vender suas mercadorias. Em alguns casos excepcionais, como o de Paolo Mantovani (proprietário da Sampdoria), o paternalismo do clube pode levá-lo a dar emprego no clube para os líderes *ultràs*. Uma estratégia como essa demonstra certa prevenção contra violência no futebol. Os companheiros dos torcedores desordeiros podem ajudar a neutralizar situações tensas por intermédio da mediação, atuando no papel de representante do clube (Lewis, 1982b, p. 202). Os *ultràs* não estão somente por trás de pirotécnicos dias de jogos, tendem também a ser mais verbais ao expressar críticas a seu clube.

Externamente, cada grupo *ultrà* italiano localiza-se em uma rede de vínculos sociais entre ele e os *ultràs* que torcem para outros clubes. A rede é bem mais formal e coletivamente orientada do que as redes de "amizade" informais existentes no âmbito individual entre os mais comuns torcedores dos clubes do Reino Unido ou *hooligans*. Usualmente, um grupo *ultrà* é amigavelmente voltado para uma linhagem de outros *ultràs* e hostil a uma linhagem alternativa. Por exemplo, na década de 1990, o grupo da Sampdoria (conhecido como os *Ultràs* Tito Cucchiaroni, um jogador famoso no passado) foi localizado em uma linhagem de amizade com *ultràs* que torciam para o Verona, a Inter, a Atalanta, o Cremonese e a Fiorentina (Roversi, 1992, p. 56-58). Posteriormente, surgiram algumas amizades com *ultràs* que torciam para o Parma e o Cagliari. Os *ultràs* da Sampdoria eram também hostis aos que torciam para o Genova, o Torino, o Bologna, o Milan, o Pisa e a Lazio. Nas cidades onde ficam esses clubes (como Gênova), essas oposições são frequentemente enraizadas na hostilidade entre rivais locais: os *ultràs* da Sampdoria não podem mostrar empatia com os amigos do Genova. No entanto, a evolução eventual das amizades e inimizades dentro da política dos *ultràs* garante que essas linhagens não sejam puramente simétricas[10]. E o que é mais significativo, em exercícios de protodemocracia, os *ultràs* que torcem para times que dominam o futebol italiano (Juventus durante a década de 1970 e o início da de 1980, Milan no final da década de 1980 e início da de 1990) tendem a ser condenados ao ostracismo pelos movimentos dos *ultràs*. Isso pode resultar em rivalidades municipais como entre a Sampdoria e o Genova, que são suprimidas quando os *ultràs* do Milan estão na cidade.

Seria claramente um erro conceber os *ultràs* como equivalentes na Europa do sul aos *hooligans* do futebol do norte. As especificidades culturais e históricas da Itália e de seus vizinhos do Mediterrâneo significam que uma simples comparação como essa é etnocêntrica com um viés anglo-saxão (Giulianotti *et al.*, 1994, p. 4). Além disso, ao contrário de seus "iguais" do norte da Europa, o *hooliganism* no futebol não é o objetivo de vida dos *ultràs* italianos, embora a violência que os envolva, a polícia e os torcedores rivais sejam uma parte constante de seu repertório em dia de jogo. Alguns grupos de *ultràs*, como os "bárbaros" da Atalanta (de Bérgamo), têm reputações prodigiosas. Outros, tais como os que torcem para o Parma ou para a Juventus, não são considerados de comportamento violento, uma vez que são ridicularizados como "coelhos". Frequentemente, a violência entre os grupos *ultràs* incita as animosidades geoculturais que quebram o senso de identidade nacional da Itália. Hostilidades medievais de um lado a outro do hemisfério sul, entre o norte e o sul da Itália, continuam em jogos, tais como entre a Atalanta e o Napoli. Além disso, a heterogeneidade das políticas partidárias atiçou as rivalidades dos *ultràs*, uma vez que seus clubes e cidades em que se encontram tornaram-se relacionados a tendências particulares. A extrema-direita é considerada particularmente forte entre os torcedores do Verona (onde o separatismo tem forte apoio) e da Lazio (clube favorito de Mussolini). Inversamente, a tradição comunista do Bologna costumava temperar o simbolismo e as animosidades dos *ultràs* do clube; os *ultràs* da Atalanta inicialmente tendiam à esquerda, mas depois de um tempo inclinaram-se para a separatista Lega Nord. Os pesquisadores italianos produziram interpretações opostas sobre quanto os *ultràs* foram influenciados pelo extremismo político da ala direita. Alguns argumentam que as organizações dos *ultràs* resistem a qualquer tendência política prescritiva e foram amplamente ignoradas pelos grupos de jovens da esquerda ou direita radical (De Biasi, 1996, p. 123). Outros apontam para o crescimento generalizado do racismo entre os torcedores italianos como conjuntural em relação aos novos e diretos vínculos estabelecidos entre os movimentos neofascistas e os grupos *ultràs* da ala direita em Verona, Roma e até mesmo em Bologna (Podaliri e Balestri, 1998, p. 97-99).

A violência latina: a cultura do *hooliganism* no sul da Europa e na América do Sul

Desde o final da década de 1980, a violência que envolve os *ultràs* italianos chamou a atenção dos políticos em geral e da mídia. A política dos *ultràs* centrou-se na segregação e no reforço da ordem no campo, ao mesmo tempo que sentenças contra os ofensores não foram afetadas pela hipérbole da mídia. Os clubes procuraram acalmar a atmosfera, conseguindo a concordância dos torcedores muito mais que os coagindo à passividade. Parece que memórias do governo totalitário da Itália e maior respeito pela associação pública informal excluíram a vigilância e as práticas de serviço de inteligência rotineiramente usadas pela polícia do Reino Unido contra os torcedores de futebol (Armstrong e Giulianotti, 1998b). Grande parte da desordem tendia a acontecer no campo (contra a polícia), em resposta aos acontecimentos ali mesmo, ou imediatamente fora quando os grupos rivais de *ultràs* convergiam sobre um outro.

No entanto, vários incidentes de violência séria parecem significar um importante divisor de águas na resposta social aos *ultràs* mais militantes. O assassinato do torcedor do Genova, Vicente Spagnolo, por um *ultrà* do Milan em janeiro de 1995, sucedeu à partida entre o Brescia e a Roma dois meses antes, em que os torcedores visitantes feriram dois oficiais de polícia de alta patente. Na mesma época, houve choques violentos fora do campo na importante partida entre a Sampdoria e o Genova, ofendendo gravemente um oficial de polícia. Esses e outros incidentes precipitaram uma resposta qualitativamente diferente do governo italiano, inclusive a ampliação das estratégias do serviço de inteligência e "invasões repentinas ao amanhecer" nas casas dos suspeitos. Todavia, a desordem contínua, particularmente com a Fiorentina, deu-se na Copa da Itália de 1996 contra a Atalanta, em Bérgamo, lançando faíscas em um amplo tumulto que hospitalizou grande número de torcedores e policiais.

Na Espanha e na Itália, algumas facções *ultràs* foram acusadas de extorsão contra seus clubes e a mídia. No início da década de 1990, o grupo que torcia para o Real Madrid, o Ultrà Sur, supostamente tentou extorquir dinheiro dos jogadores e dirigentes do clube para pagar bandeiras e despesas de viagem no dia do jogo. Posteriormente, nove *ultràs* da Roma foram acusados de inúmeras ofensas conspiratórias, após uma investigação policial durante um longo tempo, que incluiu profundas medidas de vigilância, tais como telefones grampeados, usadas comumente contra os terroristas e a máfia. Os acusados foram incriminados por ter demandado dinheiro dos câmeras que filmavam nas arquibancadas, e chantageado a Roma na compra de ingressos mais baratos, ameaçando-a de comportamentos tumultuados nos jogos.

Aparentemente, essas ofensas decerto parecem sinônimo de extorsão. Todavia, lembram também a tentativa desesperada de alguns torcedores dedicados e sem condições de sustentar sua organização e suas despesas relacionadas. Participantes mais poderosos na cultura do futebol (tais como jogadores, jornalistas e sociólogos) são bem versados em reivindicar honorários das redes de televisão em troca de seu tempo e pensamentos. Entre os torcedores da Roma, parece haver um grupo tentando fazer o mesmo, em troca dos direitos de filmarem seu carnaval nas arquibancadas.

No sul da Europa e na América Latina, descobrimos que a violência dos torcedores, que é externa à partida, frequentemente é causada pelo clube apoiado. Os torcedores do Torino e da Fiorentina se amotinaram após terem sido relegados ou depois da venda de grandes jogadores para clubes mais ricos. Outros grupos de torcedores atacaram jogadores no treino ou em suas casas devido a desempenhos persistentemente ruins. Torcedores do Real Madrid, do Benfica, do Napoli, do Torino, da Roma e do Genova são exatamente alguns dos grupos *ultràs* que enfrentaram violentamente os jogadores e os dirigentes de seu clube quando os resultados ou a política administrativa não lhes agradavam. No Brasil, após um calamitoso desempenho, ônibus que transportavam torcedores do Corinthians atacaram e atiraram projéteis no ônibus dos jogadores do time, na volta de uma partida em Santos. Esses ataques podem ser considerados psicologicamente como expressivos de frustrações irracionais e coletivas, mas usualmente os torcedores explicam suas motivações em termos mais culturais e sociais. O time profissional, que normalmente é bem remunerado e de composição multinacional, é tipicamente acusado de uma falta de importantes virtudes pessoais e comunitárias, tais como integridade, orgulho no desempenho e respeito pelos públicos locais.

As conexões mais fortes entre a organização de torcedores, as políticas dos clubes de futebol e as atividades criminosas (inclusive o *hooliganism*) acham-se na Argentina. Em seus vários grupos de torcedores (*hinchadas*), todos os clubes argentinos importantes têm seus torcedores militantes, conhecidos como *barras bravas*, cujos números podem chegar a muitos milhares. Esses grupos de torcedores lembram os *ultràs* do sul da Europa, com seus cantos eloquentes e espetáculos pirotécnicos durante os jogos. Alguns jornalistas argentinos descrevem os *barras bravas* simplesmente como *hooligans*, outros, escritores e sociólogos de esportes, consideram-nos de maneira mais precisa como entidades sociais discretas. Os *barras bravas* são há muito tempo a ala militante da cultura do futebol da América do Sul[11]. Certamente, nem todos os associados dos *barras bravas* envolvem-se em violência no futebol, ao mesmo tempo que os próprios grupos de torcedores são ativos em outras práticas diferentes das dos *hooligans*.

O que distingue os *barras bravas* dos *ultràs* do sul da Europa é a estrutura do futebol argentino. Os clubes de futebol argentinos são organizados como associações de membros particulares, em que os diretores são eleitos pelos membros da torcida. Como os *barras bravas* tendem a ser os únicos agrupamentos de torcedores de cada clube (e certamente os mais vociferantes), candidatos à diretoria frequentemente buscam seu apoio. Normalmente, o populismo do candidato envolve a distribuição de ingressos para os jogos e até mesmo dinheiro para as principais figuras dos *barras bravas* dos clubes (Duke e Crolley, 1996). Nos dois primeiros clubes de Diego Maradona, a evidência sugere que a influência política dos líderes dos *barras bravas* era bem mais perversa em meados da década de 1990 do que hoje. No Boca Juniors, um grupo de *barras bravas* conhecido como La 12 foi levado a julgamento; nove foram condenados por sérios crimes, inclusive pelo delito de "associação ilícita". Seu líder, El Abuelo (o Avô), foi sentenciado a treze anos de prisão por uma extorsão aos dirigentes dos principais clubes (*Olé*, 11 de abril de 1997). Cinco outros foram condenados a vinte anos cada um por homicídio, enquanto um sexto membro foi sentenciado a um período de quinze anos (*Super Hincha*, setembro de 1997). Os *barras bravas* efetivamente controlaram o Argentina Juniors, um clube relativamente pobre que estava em declínio. Os líderes construíram uma casa no clube, roubaram dinheiro da portaria e assaltaram um dirigente que ameaçou denunciá-los. Às vezes, os dirigentes dos clubes de futebol argentinos são também ativos em políticas influentes, por intermédio de membros do partido ou da disputa nas eleições locais como candidatos individuais. Dessa maneira, sua associação com os líderes dos *barras bravas* é uma arma política intimidadora. Mais uma vez, um ex-presidente do Boca Juniors beneficiou-se do apoio dos *barras bravas*, quando eles acabaram com um encontro de rivais políticos.

Para a maioria dos observadores europeus, a influência política e a violência dos *barras bravas* são muito diferentes da imagem de "carnaval" dos torcedores brasileiros vizinhos. No entanto, essa reputação mascara uma história mais complexa e ilusória da cultura dos torcedores brasileiros. Os torcedores de futebol carnavalescos do Brasil surgiram no início da década de 1940, em primeiro lugar entre os torcedores do clube mais popular do Rio, o Flamengo. A torcida conhecida como a Charanga Rubro-Negra[12] reunia-se no Maracanã e em outros estádios, usando roupas com as cores do time e tocando música em tom elevado em apoio a seu time. Esses torcedores tendiam a ser socialmente estabelecidos, tendo entre trinta e quarenta anos de idade, casados e com filhos, e eram elogiados pela mídia e pelas autoridades do futebol por sua atmosfera de apoio com celebração e esportista. Mais tarde, foram substituídos por uma cultura de torcedores mais jovens, mais partidária e agressiva. A primeira transformação ocorreu em 1974 com o aparecimento dos Gaviões da Fiel, torcida do Corinthians, o clube mais popular de São Paulo, em parte como uma reação ao fato de não ter vencido o campeonato estadual durante vinte anos. Todavia, a nova associação de torcedores propiciou também uma das poucas oportunidades de reuniões de público organizado durante o regime militar, e daí a propagação de sua estrutura para todos os clubes importantes no Brasil. O grupo equivalente do Flamengo é conhecido como Raça. Socialmente, os Gaviões da Fiel permaneceram os mais influentes, com mais de 12 mil membros e sua própria escola de samba, que foi a vencedora no carnaval paulistano em 1996. Mas esses clubes tornaram-se fortemente ligados ao *hooliganism* (inclusive com várias mortes) durante a década de 1980 e o início da de 1990. Foram formalmente "expulsos" dos estádios de São Paulo: foram proibidas as exibições de todas as bandeiras representando torcidas organizadas. Consequentemente, parece que a reputação carnavalesca dos torcedores brasileiros diz menos sobre a natureza principal da torcida brasileira e mais sobre a época e a riqueza dos torcedores da Charanga no que diz respeito aos movimentos de torcedores mais jovens. No entanto, muitos torcedores nacionais europeus trabalham com o modelo carnavalesco dos torcedores da Charanga na batalha para se tornar o "Brasil da Europa".

O carnaval do norte da Europa: torcedores escoceses, irlandeses, dinamarqueses e outros

A forma "carnavalesca" dos espectadores de futebol emergiu no norte da Europa no início da década de 1980. Eles tornaram-se famosos por torcer por suas seleções nacionais, especialmente nos torneios no exterior, de maneira extremamente gregária, bem-humorada, colorida e barulhenta. São conhecidos por cantar intensamente em apoio a seu time, e por uma amizade aberta mais do que uma hostilidade em relação aos torcedores rivais e aos anfitriões locais. Os torcedores carnavalescos são famosos também por suas roupas coloridas, muitas vezes extravagantes, tais como os que usam "roupas típicas do país", munindo-se com suas cores e bandeiras nacionais, e pinturas no rosto. Alguns torcedores carnavalescos viajam para a cidade com seus próprios músicos, como a banda de jazz alemã ou os tocadores de gaita de fole escoceses. Os exemplos mais conhecidos de torcedores carnavalescos incluem o "Tartan Army", que torce para a Escócia

(Giulianotti, 1991, 1994a, 1995a); os *roligans*, que torcem para a Dinamarca (Peitersen, 1991; Eichberg, 1992); os *drillos*, que torcem para a Noruega (Giulianotti, 1996a); ou os *oranji*, para a Holanda (van den Brug, 1994). Os torcedores do futebol irlandês tornaram-se também bem conhecidos por seu caráter "carnavalesco" (Giulianotti, 1996a e 1996b; O'Kelly e Blair, 1992)[13]. Esses grupos de torcedores consideram-se como indivíduos que compartilham características interpessoais e culturais fundamentais, embora a denominação de "carnavalescos" seja principalmente sociológica e raramente utilizada pelos torcedores para se descreverem.

Esses grupos são usualmente apresentados como paradigmaticamente opostos ao outro modelo de torcedores do norte da Europa, ou seja, o dos *hooligans*. Ao mesmo tempo que as práticas dos *hooligans* e dos carnavalescos podem parecer antitéticas, compartilham algumas semelhanças básicas. Ambas são fortemente comprometidas em torcer para seus times; ambas consomem altos níveis de álcool, embora com consequências aparentemente diferentes. Outras semelhanças existem em termos de sua maior estratificação social. Por exemplo, o Tartan Army escocês tende a cair nos mesmos tipos de emprego e categorias de idade que os grupos de *hooligans* no passado. Ambos incluem números significativos de membros das classes trabalhadoras mais altas e uma ampla maioria de homens jovens (Giulianotti, 1994a). As mulheres tendem a ser mais proeminentes numericamente no Tartan Army escocês do que entre os grupos de *hooligans*, mas ainda constituem uma pequena minoria (menos que 15%). Elas têm pouco impacto "feminilizante" sobre o comportamento dos homens, uma vez que este envolve constantemente beber, falar palavrões, agressões por zombarias ou práticas tradicionalmente masculinas em relação a outras mulheres (Finn e Giulianotti, 1998). Finalmente, a pesquisa indica que os *hooligans* podem também ser torcedores carnavalescos. Por exemplo, alguns "carnavalescos" que torcem para a Escócia ou para a Alemanha são também *hooligans* dedicados no âmbito do clube.

Suspeita-se que, devido à sua capacidade de desenvolver a imagem do futebol, os torcedores "carnavalescos" são uma construção da mídia e das autoridades do futebol. Certamente, na Dinamarca, os *roligans* têm sua própria associação e, na Escócia, as autoridades policiais e do futebol estimularam o Tartan Army a se "autopoliciar" e a se juntar ao clube de viagem da SFA. A Fifa e a Uefa dão prêmios de *fair play* para grupos de torcedores que guardam o "espírito esportivo do futebol". Torcedores escoceses, dinamarqueses e irlandeses ganharam esse prêmio nos últimos anos, obviamente para deleite dos torcedores e igualmente das autoridades.

No entanto, a tese da "manipulação" subestima seriamente a motivação dos torcedores para reproduzir sua reputação, e a complexidade da experiência social e histórica para a criação da cultura carnavalesca. Alguns dos determinados "Tartan Army" consideram que as "origens" de sua identidade carnavalesca estão em uma partida no ano de 1981 em Israel.

Naquela partida, a imprensa local fez reportagens entusiasmadas sobre o comportamento dos escoceses que, então, resolveram estabelecer sua popularidade em outros lugares. Um aspecto importante da nova identidade carnavalesca escocesa foi seu nacionalismo cultural, especificamente seu desejo de se diferenciar dos ingleses. Durante a década de 1980, uma vez que os ingleses ficaram famosos pelo comportamento de *hooligans*, os escoceses adotaram uma simples oposição binária quando se apresentavam no exterior: eram "torcedores escoceses e não *hooligans* ingleses". Para os torcedores noruegueses, dinamarqueses e irlandeses, os fatores estruturais que facilitam a cultura do carnaval são também ilusórios para aquela sociedade[14].

Além disso, há épocas em que a ordem social se desagrega no carnaval. Os torcedores podem se tornar desordeiros ou excessivamente drogados, levando à sua prisão; as rivalidades de antigos clubes entre os torcedores carnavalescos podem voltar à tona mais do que serem suprimidas; animosidades nacionais intensas podem levar esses torcedores carnavalescos a entrar em conflito de maneira violenta com as torcidas adversárias (por exemplo, Holanda *versus* Alemanha, Escócia *versus* Inglaterra). Nessas circunstâncias, as autoridades e os torcedores podem trabalhar com diferentes formas de compreender o carnavalesco. Ambos podem concordar com o princípio básico de que é possível "reunir com amizade pessoas de diferentes classes e grupos étnicos e religiosos" (Cohen, 1993, p. 129). Para as autoridades, o carnavalesco pode ser percebido de maneira funcional como "transgressão autorizada". Pode ter permissão para se colocar apenas em "certos locais, certas ruas, ou emoldurados pela tela da TV" (Eco, 1984, p. 6). As autoridades podem designar áreas específicas, longe dos negócios locais, para o carnaval se desenvolver; podem estimular as bandas de carnaval a tocar de maneira particular antes e durante os jogos. Ao contrário, os torcedores podem incitar as características tradicionais do carnavalesco zombando das hierarquias de poder e comemorando todas as maneiras de excessos (Ivanov, 1984). Líderes de associações de futebol nacionais podem ser fortemente provocadores; a propriedade pode ser prejudicada quando o carnaval não pode ser controlado. Como observou Bakhtin, os risos no carnaval sempre carregam consigo a possibilidade de violência (Hoy, 1994). Resistir às intenções organizacionais das autoridades não é simplesmente uma afirmação "política cultural" ou feita para estabelecer o controle popular. É também para manter os prazeres estéticos de participar no carnavalesco, pois o prazer corporal do carnaval é profundamente associado à possibilidade de colapso social. Portanto, a vibração psicossocial do carnaval não está inteiramente separada da liminaridade dos confrontos dos *hooligans*. Ambas podem simbolizar formas de resistência dos torcedores para a "ordem monitorada" dentro do futebol, resistência às próprias autoridades (Fiske, 1993).

Novos movimentos sociais do futebol: poder do torcedor, militância e os *"fanzines"*

Desde meados da década de 1980, o futebol no Reino Unido e em outros lugares deu origem a culturas mais explícitas de resistência entre torcedores. As representações mais importantes dessa nova cultura são os *fanzines* e as ISAs (Jary *et al.*, 1991). Os *fanzines* de futebol são revistas produzidas pelos torcedores nos clubes e no âmbito nacional. Elas oferecem uma alternativa direta à "escola de jornalismo do *Pravda*", tais como as revistas do clube e os programas do dia da partida, que evitam críticas a figuras influentes do futebol (Perryman, 1997). Os *fanzines* procuram fornecer uma imagem bem mais representativa dos pontos de vista dos torcedores do que as que se encontram correntemente na mídia, que constantemente expressam descontentamento com algum clube, seus guardiões e jogadores (Giulianotti, 1997a; Rowe, 1995, p. 160-165). Um protofanzine denominado *Foul!* surgiu no início da década de 1970, mas foi incapaz de se defender das ameaças de difamação (Redhead, 1991a, p. 41-45). Foi somente com a influência cultural explosiva do fenômeno *punk* "faça você mesmo" no final da década de 1970 que o *fanzine* tornou-se uma forma subcultural. Após Heysel, surgiram *fanzines* para demonstrar aos políticos hostis que a maioria dos torcedores não era constituída por *hooligans*. A nova tecnologia também ajudou, uma vez que os primeiros *fanzines* foram impressos nos primeiros computadores domésticos e fotocopiados em massa para venda do lado de fora dos estádios.

Muitos escritores e editores de *fanzines* socializaram-se em futebol enquanto o jogo estava passando por um ataque político populista. Particularmente na Inglaterra, a cruzada de Thatcher contra o *hooliganism* no futebol parece ter uma agenda mais profunda: desconstrução do *playground* cultural das classes trabalhadoras, exatamente como o monetarismo achatou suas indústrias (Taylor, 1987). As organizações de torcedores de futebol estavam tão mal equipadas para repelir esse ataque quanto haviam estado os sindicatos na indústria de peso. A NFFSC tinha pouca influência na indústria do futebol. Sua liderança mais velha fez poucas críticas às instituições do futebol e uma análise pouco clara da violência dos torcedores (Taylor, 1992, p. 170). Cada vez mais as condições pioravam, com a cultura da crítica, a ironia e a paródia emergindo então entre torcedores de futebol jovens. As táticas situacionistas adotadas posteriormente para expressar seus pontos de vista políticos, por meio da música ou de pinturas, com *sprays*, que depreciavam jogadores, árbitros ou dirigentes de clubes. O formato situacionista dos *fanzines* do futebol propiciou um canal crucial para essa cultura de resistência participativa e espontânea.

Os torcedores de futebol desenvolveram também fóruns mais organizados para proteger seus interesses. Depois de Hillsborough, a FSA surgiu como uma voz bem mais efetiva para os torcedores do que a antiga NFFSC, embora seus membros continuem poucos. No âmbito do clube, as ISAs do West Ham, do Manchester United e do Tottenham organizaram protestos contra as práticas comerciais mais ruidosas dos diretores de seus clubes, como a venda de grandes craques ou a inflação dos preços de admissão. Uma ISA em Charlton foi essencial na volta do clube para casa, o Valley; outras em clubes bem endividados como o Brighton e o Doncaster geraram retorno financeiro e simbólico a partir de outros torcedores e figuras de negócios para ajudarem sua sobrevivência.

Essas ações dos torcedores estão localizadas na mudança de época mais ampla da política formal moderna para a política cultural pós-moderna. Desde o final da década de 1960, houve um aumento de popularidade dos novos movimentos sociais que tratam de questões singulares em detrimento de velhos partidos políticos (Melucci, 1988). É mais provável que as pessoas jovens do Reino Unido se juntem ao movimento anticaça, aos protestos ambientalistas, marchas em favor da igualdade sexual ou campanhas de futebol organizadas pelas ISAs. Movimentos como esses submergem diferenças de classe. Enfocam questões singulares usualmente relacionadas ao estilo de vida e aos interesses de lazer. Sua cultura participativa opõe-se às estruturas hieráquicas rígidas encontradas nos partidos políticos. O igualitarismo e o situacionismo de movimentos como *fanzines* de futebol e ISAs são muito mais atraentes para os torcedores jovens e críticos que o conservadorismo e a inércia dos clubes de torcedores oficiais.

Muitos clubes procuraram enfraquecer a relevância política desses grupos de torcedores estabelecendo seus próprios "projetos comunitários" com "agentes comunitários". Em poucos casos, como no Millwall, o projeto foi destinado a melhorar as relações entre o clube e a comunidade vizinha. Mais comumente, esses projetos são exercícios de relações públicas para a ala comercial do clube, com muita ênfase na construção de novos "mercados consumidores" e reconhecimento de talentos de jovens craques.

É perceptível que a cultura *fanzine* do Reino Unido e os movimentos sociais mais amplos de torcedores não se repetiram no exterior. "Projetos de torcidas" foram criados por autoridades locais em nações do norte da Europa, como Alemanha, Dinamarca e Suécia, para afastar torcedores jovens das atividades dos *hooligans* sem dissimular suas próprias atividades culturais (Pilz, 1996). Esses projetos também propiciaram um fórum e um local de encontro dos torcedores de clube jovens para discutir seus pontos de vista e produzir um material escrito resultante dessa função. No sul da Europa e na América do Sul, ao contrário, as estruturas autônomas dos *ultràs* e dos *barras bravas* resistiram a uma instituição pedagógica como essa. No sul da Europa, o grande número de meios de comunicação especialistas em futebol (como *Supertifo* e *Super Hincha*) ajuda a suprir a aporia crítica que os *fanzines* identificaram no Reino Unido. Além disso, os *ultràs* oferecem uma forma mais antiga de alternativa, uma organização de futebol não oficial para os torcedores do sul da Europa.

Difusão global e diversidade cultural: subculturas de torcedores e pesquisa no início do milênio

Portanto, as subculturas dos torcedores de futebol revelam diferenças geográficas e culturais significativas entre si. Historicamente, cada nação demonstra ter certas características únicas no desenvolvimento de formas militantes de torcida. Por isso, a genealogia do *hooliganism* no futebol na Inglaterra e na Escócia é diferente, exatamente como descobrimos que a Holanda, Alemanha, Bélgica e Suécia e outras nações do norte da Europa têm suas próprias histórias de rivalidade violenta e de oposição simbólica entre os torcedores.

No entanto, nessa crescente estrutura cultural global, é possível identificar algumas continuidades. No norte da Europa, os torcedores mais participativos podem ser, de maneira geral, dicotomizados como *hooligan* e "carnavalesco". No Reino Unido, os "descolados" do futebol representam a encarnação mais recente do estilo *hooligan*, enquanto os torcedores "carnavalescos" obviamente vêm das sociedades celtas e nórdicas quando torcem por suas seleções nacionais. Mais tarde, no Reino Unido, outra categoria de subcultura de torcedor surgiu de acordo com o modelo dos movimentos sociais politizados, tais como os *fanzines* de futebol e as ISAs. Esse processo weberiano de aumento da diferenciação entre categorias de torcedores não se dá nas sociedades de futebol latinas. No sul da Europa, os *ultràs* revelam elementos particulares do estilo *hooligan* e "carnavalesco", embora seja importante enfatizar a dinâmica específica cultural e historicamente além das características desses torcedores. As torcidas da América do Sul, tais como os Gaviões da Fiel ou A Raça, no Brasil, e os *barras bravas* na Argentina, aumentam essa fusão das pirotecnias espetaculares e da violência. A estrutura dos membros dos clubes da América do Sul intensifica o papel político desses grupos de torcedores militantes, principalmente na Argentina.

Ao mesmo tempo, há sinais crescentes de intercâmbios internacionais. Os *ultràs* extraíram e "crioulizaram" a cultura de arquibancada inglesa da década de 1970, utilizando-a em novas direções que eram localmente significativas. As subculturas dos torcedores do Reino Unido do final da década de 1990 começaram a experimentar aspectos do modelo do sul da Europa, por meio da utilização dos padrões de música latinos e de bandas musicais. Há uma clara evidência de que o *hooliganism* no futebol passou por processos semelhantes de globalização. Os grupos de *hooligans* do norte da Europa tendem a apresentar variações locais ou nacionais do modelo "descolado", enquanto os torcedores italianos e espanhóis experimentaram esse estilo. Os modelos dos torcedores do sul da Europa (principalmente os espanhóis) também estão envolvidos em trocas sociais e culturais de dimensão considerável com os torcedores da América do Sul, principalmente os *barras bravas* da Argentina. Na outra direção, uma revista relativamente nova dos torcedores ingleses, cheia de informações sobre o *hooliganism*, é intitulada *Ultra*. De modo mais geral, a globalização da literatura sobre futebol e da parafernália dos torcedores (como cachecóis, camisetas, emblemas, revistas etc.) significa que os torcedores individuais podem facilmente "comprar uma parte" das culturas dos torcedores de outras sociedades.

Academicamente, o corpo de pesquisa de âmbito mundial sobre subculturas de torcedores é um tanto desigual. As nações da Europa Ocidental são bem representadas; em outros lugares, há grandes lacunas no campo sociológico. Certamente, são necessárias mais pesquisas na América do Sul para se obter a genealogia particular das subculturas dos torcedores em cada região ou nação. O conhecimento das propriedades sociais e culturais de grupos de torcedores no Leste europeu também é relativamente fraco, embora a ex-Iugoslávia tenha chamado atenção (Lalic, 1993; Vrcan, 1992). De maneira ideal, a pesquisa futura nessas áreas será mais "congruente com a realidade" do que foi no Reino Unido até a década de 1990.

No Reino Unido, pelo menos, é possível periodicizar as formas sociais e culturais dessas subculturas dos torcedores por meio da introdução de categorias temporais do tradicional, moderno e pós-moderno. Como observei, há importantes diferenças nacionais entre a experiência inglesa e escocesa. Na Inglaterra, a tentativa de construir uma identidade normalizada, pacificada, "pós-*hooligans*", para os torcedores, muito dificilmente combina com as atividades contínuas dos *hooligans* reais, e com aqueles torcedores que são parte de movimentos sociais de torcedores. Uma questão-chave para muitos desses grupos de torcedores foi a reforma dos estádios pós--Hillsborough. Ao mesmo tempo que a segurança nos estádios e as instalações de modo geral foram aumentadas, essas melhorias podem ter sido à custa de preços mais altos dos lugares para sentar, de um controle associado das melhores áreas das arquibancadas e da perda da atmosfera nos jogos (Brown, 1998, p. 50-67). É exatamente às questões da reforma dos estádios e à organização espacial geral do futebol que me dedicarei agora.

Notas

[1] Ver *Sociological Review*, 1991; Giulianotti, Bonney & Hepworth, 1994; Redhead, 1993; Armstrong & Giulianotti, 1997, 1998a; Brown, 1998; Giulianotti & Williams, 1994; Williams & Wagg, 1991.

[2] Clare narrou um famoso documentário da BBC TV *Panorama* sobre os torcedores jovens do Millwall em 1978, em que identificou subdivisões e hierarquias estruturadas com base na idade e nas proezas na luta.

[3] Talvez de maneira um pouco pedante, Dunning (1994) e Redhead (1991b, p. 480) sugerem que esse cisma signifique que a denominação "Leicester School" não é mais aplicável. No entanto, seu trabalho ainda mantém um compromisso

epistemológico profundo com Elias, mesmo sem qualquer contribuição posterior de Williams.

[4] A discussão levou a uma resposta não publicada (Harris, 1992) e a uma declaração extraordinária dos editores do jornal (*Sociological Review*, 1992).

[5] Uma jornalista descobriu que ela mesma assistia aos mais famosos sociólogos na televisão quando estava fazendo um trabalho sobre os torcedores em um jogo na Irlanda. E declarou: "A maioria dos deboches de torcedores era reservada a vários professores de futebol, que faziam gestos de vitória com dois dedos. 'Oh, aqui vamos nós... Todos que se beneficiam da sociedade fodida e todo o resto'" (*Scotland on Sunday*, 19 de fevereiro de 1995). De maneira interessante, a reportagem retrata os torcedores como profundamente ofensivos, mas a jornalista não menciona qualquer ofensa a ela pelo fato de ser mulher ou de trabalhar em um jornal escocês.

[6] Ver, por exemplo, Armstrong (1994, 1998); Finn & Giulianotti (1998); Giulianotti (1998); Hobbs & Robins (1991).

[7] Por exemplo, os *hooligans* alemães têm uma "queda" pelos produtos de marca da Chevignon, enquanto seus equivalentes sérvios do Estrela Vermelha de Belgrado (os *Dieselistas*) preferem a etiqueta da moda da Diesel.

[8] Ver também o romance de Irvine Welsh (1993, 1994, 1995), John King (1996, 1998) e Gavin Anderson (1996).

[9] Por exemplo, os documentários sobre os *hooligans* no Millwall (*Panorama*, BBCTV, 1978), no West Ham (*Hooligan*, ITV, 1985), no Millwall & West Ham (*Inside Story*, BBCTV, 1994) e nos Campeonatos Europeus (*Inside Story*, BBCTV, 1996) são frequentemente encontrados em videotecas de *hooligans* do futebol e constantemente criticados.

[10] Por exemplo, os *ultràs* da Fiorentina e do Torino eram amigos entre si, mas ambos se dividiam no eixo da rivalidade Sampdoria e Genova. A proposta dos *ultràs* da Fiorentina para os da Sampdoria, de que os últimos deveriam melhorar sua posição em relação aos do Torino, não recebeu a menor atenção do Genova, uma vez que a aliança Fiorentina-Sampdoria foi subsequentemente transformada em rivalidade.

[11] No Peru, durante a década de 1920, o surgimento dos *barras* coincidiu com a maioria de demonstrações pirotécnicas e de confrontos violentos entre torcedores. Os jogos entre Atlético Chalaco e Alianza Lima eram negócios altamente voláteis. Muitos torcedores do Chalaco eram pescadores e, de vez em quando, jogavam varas de dinamite acesa no campo durante os jogos (Stein *et al.*, 1986, p. 70).

[12] A Charanga Rubro-Negra é assim denominada porque o vermelho e o preto são as cores do Flamengo e por ser uma banda de música com a qual os torcedores comemoram as jogadas de seu time.

[13] É possível fazer comparações com o comportamento carnavalesco do "Barmy Army", que acompanha o time de críquete inglês no exterior (MacQuillan, 1996).

[14] No caso dos torcedores irlandeses, por exemplo, uma importante dinâmica inclui a discutida no último capítulo: o crescimento da cultura do futebol de modo geral na Irlanda, o surgimento de um nacionalismo irlandês e o crescimento da influência política e social das mulheres (principalmente da classe média).

4 Campos de futebol: vínculos emocionais e controle social

Desenvolvimento dos estádios: as dimensões históricas e culturais

Na época anterior à regulamentação, a falta de uma área cercada para jogar futebol refletia a fraca legislação do jogo. O futebol "primitivo" era jogado nos centros e nos campos dos povoados, onde obstáculos naturais (como muros e valas) determinavam os parâmetros espaciais do jogo, talvez com as igrejas dos povoados servindo como áreas rudimentares de gol (Bale, 1989a, p. 146; 1993a, p. 123). Hoje, os limites casuais e imprecisos do jogo são encontrados no futebol improvisado pelas crianças nos pátios, parques e ruas. As jaquetas são colocadas para formar os lugares do gol; a altura imaginária da barra é resolvida por meio do diálogo; uma cerca circunda o jogo. No entanto, parece que a ontogenia dos jogadores jovens não reproduz a filogenia do futebol anterior. O uso de regras padronizadas e a competição honesta e imparcial entre os times mostram que os jogos infantis são, na prática, mais modernos que o futebol "primitivo".

No âmbito da elite, os espaços do futebol passaram por mudanças periódicas em todas as nações. A Grã-Bretanha construiu os mais antigos e maiores campos de futebol. Setenta dos 92 clubes da liga inglesa, em 1993, jogavam em campos construídos antes da Primeira Guerra Mundial; 34 jogavam "em casa" desde o século XIX (Duke, 1994, p. 130). Os campos de futebol escoceses não eram menos venerados: 28 dos 38 clubes da liga em 1990 funcionavam, antes de 1910, em seus próprios campos (Inglis, 1987, p. 10). Esses campos "tradicionais" tendiam a ser construídos perto dos terminais de transporte, principalmente das estações ferroviárias, permitindo aos torcedores chegar e sair com facilidade (Inglis, 1987, p. 12). Os construídos perto das principais indústrias estimulavam o crescimento de um grande número de torcedores locais (Fishwick, 1989, p. 54). O projeto arquitetônico dos campos tradicionais era extraordinariamente clássico. Os clubes do Reino Unido sempre contratavam o arquiteto Archibald Leitch para construir, em volta de todo o gramado, três arquibancadas abertas sobrepostas por uma grande arquibancada coberta, com duas fileiras. Os primeiros campos tinham frequentemente forma elíptica e uma arquibancada aberta inclinada que era vista como uma variação barroca dos majestosos anfiteatros romanos. Mais tarde, como as finanças e o espaço central das cidades levaram a limitações, os campos passaram a ser retangulares, acompanhando os parâmetros do gramado e colocando os espectadores mais perto do jogo.

As classes foram o centro da etnologia social dos campos de futebol tradicionais. Os diretores e o público de classe média apropriavam-se dos assentos mais caros da arquibancada coberta; o grande público da classe operária ficava em pé nas arquibancadas abertas. No norte da Inglaterra, muitos campos retangulares possuíam elevadas arquibancadas atrás do gol. A construção dessas altas extremidades inclinadas possibilitou aos guardiões da classe operária prestar homenagem a uma tragédia sem sentido que aconteceu com seus companheiros em uma batalha. Em janeiro de 1900, soldados britânicos receberam ordens de conduzir um ataque sem cobertura e suicida no Spion Kop, em poder dos bôeres durante a guerra do mesmo nome. Centenas dos que morreram ou ficaram feridos vinham de uma região central do futebol, Lancashire. Sua memória sobrevive por meio da denominação dessas extremidades do campo como *kops* (Bowden, 1995, p. 116).

Na Europa e na América do Sul, outros fatores estruturais influenciaram a localização e a arquitetura dos novos estádios. No norte da Europa, principalmente na Escandinávia, para todos os efeitos, os campos esportivos eram parte dos principais projetos de construção nas cidades e de responsabilidade das autoridades locais. Na Holanda, Alemanha e França, o estádio municipal tendia a ser, para todos os efeitos, parte de complexos esportivos mais amplos e localizados em áreas mais ricas (por exemplo, Dusseldorf, Mônaco, Viena). Os campos de propriedade privada ou aqueles em cidades menores que tendem a ser mais voltadas para o futebol tinham a forma retangular e, inicialmente, foram construídos aos poucos (tais como os de Eindhoven, St. Etienne, Bruxelas). No sul da Europa, grandes estádios foram tipicamente erguidos durante períodos de ditadura política, quando os espaços públicos eram constituídos para gerar sentimentos nacionalistas. Mussolini construiu o Estádio Olímpico para as finais da Copa do Mundo de 1934; Franco construiu o Bernabeu de 1944 a 1947; Salazar edificou o Estádio da Luz, em Lisboa, em 1954 (Lanfranchi, 1995, p. 127-128). Alguns municípios (principalmente na Itália) ergueram versões modestas de estádios estilo olímpicos; outras (como na Espanha) reconheceram a centralidade esportiva do futebol, dando assistência aos clubes para que construíssem campos retangulares.

Os estádios de propriedade dos municípios e arrendados para os clubes de futebol têm relativamente poucas chances de modificar os espaços. No majestoso estádio completado para a Copa de 1990 na Itália não há camarotes executivos que são, agora, obrigatórios nos campos modernos do Reino Unido. Os estádios italianos não incluem os restaurantes, as suítes para hospedar os convidados, salas de conferências, instalações de hotelaria e diversas saídas que podem também se unir ao campo de futebol padrão. Em vez disso, muitos estádios latinos localizam-se bem longe das áreas industriais; internamente, abrigam centros de treino e ginásios, assim como piscinas, quadras de tênis ou pistas para atletismo em volta do gramado. Na Ibéria e na América Latina, essas instalações podem ser facilmente utilizadas pelos sócios do clube como parte do pagamento de contribuições periódicas.

Nesse cenário global, o equilíbrio de poder foi mudado no que diz respeito às maiores capacidades dos campos de futebol (Bowden, 1995, p. 139-140). Na década de 1900, Glasgow abrigava os três maiores estádios, os "palcos tribais" de Hampden Park, Ibrox e Celtic Park. Atualmente, os vinte maiores estádios do mundo pertencem aos países desenvolvidos, exceto um. O grande estádio da América Latina foi construído com base no princípio de aglomeração de massas. O Maracanã, no Brasil, é a maior joia da coroa, embora as estruturas compatriotas admitam comparações: o Morumbi em São Paulo, que comporta 150 mil pessoas; os estádios em Belo Horizonte, Porto Alegre, Salvador e Maceió onde cabem mais de 100 mil; e os de Curitiba (180 mil), Belém (120 mil) e Fortaleza (120 mil) (Rachum, 1978, p. 198). As restrições, por motivos de segurança, reduziram significativamente essas capacidades, mas ainda prevalecem os princípios de informalidade e de massa relativos aos espectadores.

As diferenças globais no âmbito dos espectadores contrastam com as poucas correções feitas para possibilitar a acomodação de diretores de times. O "banco de reservas" ao lado da pista foi introduzido pela primeira vez no Aberdeen na década de 1930, construído com uma cobertura e escavado abaixo do nível do campo para permitir ao técnico uma visão estratégica (Webster, 1990, p. 22-23). Após o Everton adotar a região sul como conceito, o banco de reservas aos poucos tornou-se característica presente em todos os campos de futebol ingleses e no continente. A vantagem propiciada pela proximidade com o jogo foi contrabalançada pelos difíceis ângulos de uma visão menos panorâmica. Em muitos campos, há outro tipo de banco de reservas, ou seja, um "banco" protegido da chuva e do vento no mesmo nível do campo. Alguns *managers* refugiam-se na arquibancada coberta central, dando instruções a seus assistentes instalados ao lado da pista por meio de um *walkie-talkie*, embora a maioria prefira permanecer perto do gramado. Durante o tempo em que ocupou o cargo no Barcelona, Johan Cruyff introduziu uma medida potencialmente revolucionária, instalando monitores de TV em seu banco de reservas para analisar o desenvolvimento do jogo a partir de diversos ângulos (Radnedge, 1997, p. xv). Parece que a inovação desafiou a suposição de profissionais de que a administração é mais intuitiva do que lógica e, então, foi copiada em outros lugares.

No final da década de 1980, um importante hiato cultural abriu-se entre o Reino Unido e as outras nações europeias no que diz respeito ao desenvolvimento dos estádios. A Alemanha, Espanha, França e Itália melhoraram seus maiores campos de futebol para abrigar importantes torneios internacionais. O modernismo na arquitetura tendeu a enfatizar a utilização de fórmulas e a enfraquecer a particularidade dos campos. Exigências funcionais dominaram o pensamento arquitetônico: segurança, conforto e controle do espectador; acesso aos estacionamentos; toaletes e quiosques com alimentos; ângulos de visão. Enquanto isso, os velhos campos do Reino Unido tornaram-se cada vez mais incapazes de satisfazer as mais básicas necessidades humanas. Todavia, exatamente como no início do século, outras nações futebolísticas observaram a estética geométrica do jogo e a arquitetura dos campos do Reino Unido, agora, no novo milênio, os ingleses vão obrigar efetivamente o mundo a repensar os projetos dos estádios mediante três tragédias: Bradford, Heysel e Hillsborough. Vou tratar destes e de outros desastres em estádios posteriormente neste capítulo. Todavia, nessa etapa é importante esboçar algumas descobertas fundamentais feitas pelos pesquisadores que estudaram os campos de futebol. Particularmente, vou analisar o significado social do campo e a relação entre a composição da multidão e a geografia do estádio.

Espaço do futebol e as emoções: topofilia e topofobia

John Bale é o pesquisador e crítico que mais tem legitimado o estudo dos espaços esportistas na esfera acadêmica, por meio de sua magnífica série de monografias, coleções editadas e artigos[1]. O trabalho de Bale une a disciplina de geografia social com a de teoria cultural contemporânea e baseia-se na pesquisa de campo mundial. Sua contribuição mais significativa provém de seu uso de Tuan (1974) para explicar as dimensões afetivas dos campos de esportes (Bale, 1991b, 1994). Tuan utiliza o termo "topofilia" para descrever a profunda afeição das pessoas pelos espaços sociais particulares, ou "locais". Em contraposição, as pessoas podem também ter sentimentos de medo ou de ansiedade relativos a outros locais: Tuan (1979) aplica o termo "topofobia" para descrever esse sentimento. Em ambos os casos, emerge uma relação psicossocial com esses espaços, uma vez que adquirem um significado embutido para as pessoas que os descobrem.

As noções de Tuan têm uma forte ressonância na cultura do futebol. Para a maioria dos jogadores que desfrutam do jogo, entrar no espaço do futebol é uma experiência familiar, topofílica, não importa onde estão jogando. O jogador pode ser provocado pela não familiaridade do cenário, e sua mistura de grama e areia, céu e nuvens, arquibancadas cobertas e abertas ou pela paisagem aberta. Todavia, essa desorientação é logo compensada pelos sinais familiares do futebol; as marcas no gramado, as traves de gol opostas e a bola no centro do círculo evocam imagens e sons de jogos anteriores, memoravelmente desfrutados ou bem esquecidos.

Para os jogadores e espectadores, um importante estímulo é a "atmosfera" do jogo, especialmente no âmbito profissional: quanto mais intensa a "atmosfera", mais aprazível o jogo. Baudrillard (1996, p. 43) afirma que a "atmosfera é sempre de entusiasmo e distante"; uma inter-relação entre o natural e o cultural, e um confronto entre os opostos. Os torcedores do futebol expressam intenso entusiasmo e afeição em relação a seu time, mas uma distância categórica e física ainda os separa. Os times rivais podem expressar entusiasmo e respeito mútuo antes ou depois dos jogos, mas uma oposição competitiva básica permanece durante o jogo. Uma forte rivalidade entre os dois grupos de torcedores é tipicamente maior que sua amizade. A organização espacial do campo, permitindo ou enfraquecendo essas relações, desempenha papel importante na construção da "atmosfera". Jogos sem essa tensão entre entusiasmo e distância, talvez em que não haja torcedores "distantes" entre o público, em que poucos torcedores da casa compareçam, ou em que os jogadores não tenham uma vantagem competitiva, são considerados sem essa atmosfera. E as sensações topofílicas de participação são extraordinariamente reduzidas. Ao contrário, quando a balança tende para outro lado, considera-se que o jogo possui um excesso de atmosfera, tornando-se "venenosa" ou "diabólica".

No futebol profissional, sensações topofílicas ou topofóbicas são mais rapidamente associadas às relações do torcedor com o campo. Os torcedores refugiam-se nos sentimentos topofílicos diante do campo, inclusive diante daqueles em que não há estética ou refinamento funcional. Como Hopcraft (1988, p. 141) explicou no final da década de 1960, "os campos de futebol nem sempre são locais atrativos no sentido ornamental. Sua beleza é o tipo de ambiente especial, apreciado somente pelas pessoas que relacionam o cenário a seus vínculos emocionais". O campo enquanto local evoca memórias e estimula expectativas. Suas características idiossincráticas são particularmente idealizadas: a inclinação do terreno, as carvoarias vizinhas, a cor dos tijolos, a loucura arquitetônica de uma arquibancada. Cada uma significa o *status* especial do campo relativo a outros estágios. Consequentemente, considera-se que os campos de futebol possuem seu próprio caráter sociogeográfico, representativo da comunidade dos torcedores. No entanto, os torcedores de futebol da era moderna pertencem a uma "comunidade imaginária" dos que torcem pelo mesmo clube. Eles podem nunca encontrar esses companheiros torcedores, e nem mesmo comparecer aos eventos internos do clube, todavia o sentimento comunitário continua o mesmo. Assim acontece com os torcedores distantes e com suas relações com o campo. Sensações de topofilia vão atingi-los quando encontrarem um mero sinal do estádio. Esses aspectos imaginários, simbólicos, podem ser tão fortes, que uma visita efetiva ao campo pode provocar um desapontamento; sua "realidade" comum faz pensar (Eichberg, 1995, p. 323-324).

Da mesma maneira, as sensações topofóbicas vão atingir os espectadores quando imaginam visitar campos em que o time da casa normalmente é vitorioso, ou quando os torcedores têm notórias reputações. As relações topofóbicas podem existir entre o campo e seus vizinhos (Bale, 1989a, p. 129--137). Nos dias de jogo, a geografia social de toda a localidade é transformada. As ruas ficam congestionadas pelos carros, os torcedores urinam nos jardins, brigas esporádicas começam de repente, ocorre vandalismo, e aparece um comportamento arruaceiro (Bale, 1980, 1990; Penny, 1992; Walvin, 1986, p. 120). Essas "externalidades negativas" podem servir para determinar uma relação antagônica entre o clube e a comunidade local, promovendo uma topofobia em relação ao campo e ao dia de jogo (Humphreys *et al.*, 1983; Mason e Moncrieff, 1993; Mason e Roberts, 1991)[2].

Na Inglaterra, o clube que produz a maior ambivalência entre residentes locais e torcida oposta é o Millwall FC. Estabelecidos no centro da classe operária do sudeste de Londres, os torcedores do Millwall adquiriram uma reputação violenta que vai muito além do *status* de Segunda Divisão do clube. Sua longa história de bloqueio de campos, multas e repreensões por má conduta do espectador remete ao início da década de 1960. Para muitas torcidas opostas, principalmente os *hooligans* rivais, uma visita ao "Den" gerou uma extrema agitação e um profundo sentimento de "topofobia". Entre os residentes locais, uma confusão e um congestionamento da multidão eram problemas constantes em dia de jogo. Todavia, sentimentos de orgulho e de amor profundos em relação ao local garantiam o apoio dos torcedores do Millwall ao clube. O campo era uma pedra de toque fundamental para sua estética no futebol, para sua "estrutura de sentimento" local (Robson, 1996). Era fácil ridicularizar os ataques "paroquiais" ocasionais à desordem que envolvia esses torcedores (Williams, 1995, p. 235). A violência era uma manifestação de uma reverência profundamente protetora e ciumenta que sentiam em relação à sua "casa":

> O Millwall era como nossa casa. Você não deixaria alguém entrar nela pela porta da frente sem perguntar, deixaria? Você ia querer saber o que a pessoa estava fazendo lá. O Den é a mesma coisa. Coisa de homem no futebol, e brigar era uma questão de orgulho, orgulho de seu local, orgulho de seu campo. Nosso campo é um pequeno campo de pônei, mas nós o amamos. Tijolo por tijolo, pedra por pedra, morro por ele.
>
> (Torcedor citado por Lightbown, 1992, p. 14)

Para nutrir as relações com a vizinhança, o Millwall criou um plano de desenvolvimento da comunidade em 1986, propiciando uma série de contatos não comerciais com as pessoas do local. No entanto, no início da década de 1990, pressões econômicas mais amplas ditaram que o Millwall deveria construir um novo campo perto do Den original. A mudança foi profundamente impopular entre muitos torcedores do Millwall; alguns invadiram o gramado e jogaram lama nos diretores no último jogo no campo antigo. Após um longo período de residência no local, mudar de casa pode ser uma experiência traumática.

Enquanto os geógrafos culturais fizeram os melhores estudos sobre o significado cultural do local do campo, pesquisadores continentais produziram competentes etnologias das multidões dentro de estádios de futebol. Dal Lago (1990, p. 88) apresenta um rico retrato social do estádio San Siro, do Milan, antes de sua reforma para as finais da Copa do Mundo de 1990. Identifica diferentes tipos de torcedores, inicialmente de acordo com sua localização no campo. Neste sentido, os *amatori* (torcedores apaixonados) sentam-se no pé das arquibancadas, perto de seus ídolos no gramado; os *militanti* (torcedores militantes) ficam nas extremidades do campo, uns opostos aos outros, cantando para seu time. No entanto, as peculiaridades culturais dos torcedores italianos são mais bem expostas por meio da identificação de Dal Lago da *loggionisti* (fãs como os de teatro), que se sentam nas cadeiras mais baratas acima da plateia principal mais cara. Dal Lago compara esses torcedores aos amantes correntes da ópera e do teatro, que não têm condições de comprar os melhores assentos, mas ainda querem ficar perto do lugar que tem a melhor visão panorâmica.

O antropólogo francês Christian Bromberger realizou uma pesquisa qualitativa semelhante sobre os campos na França e na Itália. Bromberger (1992, 1995b, p. 221 e ss.) produz uma imagem etnológica dos espectadores no campo, detalhando sua classe social, idade, etnia, localização da residência dentro da cidade, interesses culturais e jogadores favoritos. Essas características da multidão são explicáveis de acordo com a parte favorita do campo para os torcedores. Por exemplo, no estádio San Paolo do Napoli, a curva A em uma das extremidades compreende os *ultràs* da classe operária dos bairros mais pobres da cidade. Os *ultràs* que ficam na curva B eram mais diferentes em matéria de idade, da localização da residência e da experiência de classe, e entre eles havia muitos estudantes e crianças da escola secundária. Os resultados mais substantivos vieram do estádio Vélodrome de Marseille. Os torcedores dos *arrondissements* do norte preferiam a extremidade norte do campo (e, em menor medida, a fileira mais baixa da arquibancada oeste); habitantes do sul ficavam na extremidade sul (e na fileira do meio da arquibancada leste). A extremidade norte é também o lugar escolhido pelos *ultràs* do clube, refletindo a pluralidade étnica dos lugares, a vibração juvenil e a liberdade de comportamento. As várias partes do campo também abrigam preferências fortes e específicas pelos diferentes jogadores. Em meados de 1980, Bell, o extravagante goleiro de Camarões, foi o herói da extremidade norte etnicamente misturada. O diligente meio-campo Giresse era mais apreciado pelas classes médias baixas (artesãos por conta própria ou pequenos comerciantes) nas arquibancadas centrais (Bromberger, 1995a, p. 297).

É possível pensar, aqui, como essas afeições são moldadas pelo fato de compartilhar atitudes comuns e características de personalidade entre a multidão do futebol, por seus *habitus,* para usar o termo de Elias (1978b) ou de Bourdieu (1984). Na França, as arquibancadas mais calmas ou mais baratas atraem os trabalhadores mais velhos, que apreciam a tenacidade de um zagueiro flexível ou de um jogador que domina a bola no meio de campo. As tradicionais classes médias nas principais arquibancadas podem usar sua visão panorâmica da mesma maneira como o líbero defensivo (que sempre tem o jogo em sua frente e "faz sua leitura" como um especialista). Seus companheiros da classe média baixa podem encontrar uma irmandade na hora extra trabalhada pelo produtivo meia-armador no meio do campo. O grandioso, mas imprevisível, espetáculo de pontas e centroavantes provavelmente deslumbra as classes trabalhadoras jovens que ficam nas extremidades do campo.

A homologia jogador-espectador faz sentido em termos de classe e de masculinidade. Todavia, isso pode ser um pouco reducionista e subestimar a heterogênese social dos códigos estéticos do futebol. No capítulo 7, argumento que a heterogeneidade dos estilos de jogos é corroída pela técnica e pelo pensamento tático modernos. A homogeneização no gramado pode também estar relacionada a um processo equivalente no terreno dos torcedores. O campo do futebol moderno é esculpido para acomodar uma categoria de torcedor menos diversa socialmente e mais burguesa. As questões de proteção e de segurança da multidão são a base dessas mudanças arquitetônicas fundamentais. Portanto, antes de continuar a examinar os aspectos sociais e culturais dos estádios contemporâneos, é importante observar a experiência histórica relativa a essas modificações dos campos. Nas duas próximas seções, examino, em primeiro lugar, o espantoso recorde de desastres associados aos campos de futebol; e, em segundo, os acontecimentos específicos que estiveram em volta do desastre de 1989 em Hillsborough, que pressionaram as autoridades nacionais e mundiais do futebol a padronizar as instalações nos campos.

Desastres nos campos de futebol: exemplos globais e no Reino Unido

Todos os continentes e sistemas sociais sofreram tragédias em estádios de futebol. Os primeiros em recordes são os desastres no Reino Unido, em Glasgow, 1902 (25 mortos e 517 feridos) e em Bolton (33 mortos e 400 feridos). Depois disso, os maiores desastres ocorreram no mundo em desenvolvimento e esses podem ser classificados de acordo com o tipo:

- Desastres naturais têm relativamente poucos casos de morte. Nove morreram em 1962, em Libreville, devido a um desmoronamento; 70 morreram após um temporal passageiro com relâmpagos e trovoadas, que provocou um repentino pânico.
- Instalações pobres e superlotações contribuem para muito mais desastres. 49 morreram em 1974, no Cairo, devido à queda de um muro, 15

em Gana em 1978 e 18 na Colômbia em 1981. Um telhado que caiu matou 10 em Argel em 1982; o desmoronamento de uma arquibancada (portanto, pânico) matou 30 em Tripoli em 1988; em Bastia, 15 morreram quando uma arquibancada temporária caiu. 81 morreram na Guatemala, em 1966, quando ingressos falsificados resultaram em uma superlotação nos lugares mais baratos[3].

- Pânicos na multidão mataram 24 na Nigéria em 1979, e depois outros 12 em 1989. Pânicos também mataram 24 pessoas na Grécia em 1981, 40 no Transvaal em 1991 e 9 na Zâmbia em 1996. Na Cidade do México, 10 morreram em 1985, depois de uma tentativa de entrada forçada por uma grande multidão, que entrou de maneira inadequada; em 1982, dois diferentes incidentes com pânico provocaram a morte de 46 pessoas em Cali. Depois, no mesmo ano, de acordo com os registros, 340 torcedores foram mortos em uma escadaria no jogo da Copa da Uefa no Spartak de Moscou entre o time da casa e o Haarlem da Holanda.
- É muito preocupante que algumas das maiores tragédias tenham sido precipitadas pelos ostensivamente empregados para proteger os espectadores. Em 1964, em Lima, 318 torcedores morreram quando uma multidão que fugia da polícia não conseguiu escapar do estádio. Circunstâncias semelhantes em um jogo em Buenos Aires, em 1968, levaram à morte de 74 torcedores. Em 1990, sete foram mortos, quando os guarda-costas presidenciais na Etiópia atiraram em uma multidão turbulenta.

Tilly (1985, p. 171) argumenta que, no mundo em desenvolvimento, o Estado pode funcionar como uma forma de crime organizado, infligindo violência no público e, em seguida, fazendo com que ele pague impostos para proteção. Podemos aplicar essa noção da atividade de proteção à "segurança" nos campos de futebol. No mundo em desenvolvimento, fatalidades anormais nas arquibancadas são mais comumente causadas pelas tentativas da polícia de controlar os torcedores "violentos" do que pela própria violência das torcidas. No mundo desenvolvido, a ilusão de segurança é elaborada de maneira mais organizada, de modo que a *falta de* ação da polícia pode ser ao mesmo tempo fatal. Em Hillsborough, morreram torcedores de futebol devido às "medidas de segurança" introduzidas pelo Estado ostensivamente para proteger os torcedores de seus excessos.

O Reino Unido certamente tem o pior recorde de proteção nos campos. O primeiro desastre, no Ibrox em 1902, mostrou que o desenvolvimento inicial do estádio não conseguiu acompanhar o passo da expansão comercial do futebol. Durante um jogo internacional lotado entre Escócia e Inglaterra, parte da nova arquibancada de madeira caiu, matando 25 e ferindo mais de 500 pessoas. Logo depois, as arquibancadas de madeira foram desestimuladas, e substituídas pelas de concreto reforçadas. O grande número de pessoas acidentadas na Copa da Inglaterra de 1923 provocou o primeiro relatório parlamentar sobre segurança um ano depois. Ele recomendou a introdução de "grades" em partes dos campos para separar multidões e reduzir seu movimento; o maior número de eventos deveria ser feito com ingressos numerados, de modo a controlar o tamanho do público. O desastre de 1946 no Bolton, que matou 33 e feriu centenas de pessoas, ocorreu quando alambrados laterais cederam sob a pressão da superlotação. Um relatório parlamentar requisitou uma abordagem mais científica para estabelecer as capacidades dos estádios. No entanto, em Glasgow, as tragédias continuaram: 1 morte no campo do Clyde's Shawfield em 1957; no Ibrox, 2 pessoas morreram e 44 ficaram feridas em 1961, com outras vítimas em 1967 e 1969 (Inglis, 1987, p. 32; Forsyth, 1990, p. 109).

Em 1971, o segundo desastre no Ibrox matou 66 e feriu 145. Os torcedores do Rangers saíram do campo aos bandos, após perderem no último minuto, para o Celtic, o que parecia um gol decisivo. Houve um inacreditável empate quase imediatamente depois; os torcedores que saíam voltaram em direção à multidão que descia; um grande número de pessoas rolou pela famosa escadaria 13. O subsequente Relatório Wheatley recomendou um alvará mais severo para os campos de futebol e preparou o caminho para a lei de proteção dos campos de futebol de 1975. Em uma década, o Rangers verteu grandes rendas de apostas para converter o Ibrox em um estádio com assentos para todos, exceto na arquibancada em frente à principal arquibancada coberta. Nenhum outro clube no Reino Unido tinha condições de uma reforma como essa, embora poucos – principalmente em Aberdeen e em Coventry City – tenham convertido seus campos menores em estádios com assentos para todos. O mais comum foi a permanência de arquibancadas cobertas e abertas dilapidadas, em muitos casos raramente alteradas desde sua construção durante a época do *boom* eduardiano do futebol.

Em 1985, dois desastres no futebol no mesmo dia impressionaram. No Bradford's Valley Parade, 56 morreram quando pegou fogo na velha arquibancada de madeira durante uma partida contra o Lincoln City. A queda de um simples fósforo ou cigarro incendiou pilhas de entulhos embaixo dos assentos. Muitos torcedores que morreram tinham tentado escapar das chamas, mas ficaram efetivamente presos pelos portões de saída trancados. Enquanto isso, no St. Andrews da cidade de Birmingham, um homem morreu com a queda de um muro, devido à confusão da torcida após uma partida contra o Leeds.

Nesse período, disseminou-se uma ecologia do medo em muitos campos ingleses, que passaram a ser vistos como espaços públicos caóticos topofóbicos que ameaçavam a segurança do torcedor. Mais da metade dos torcedores dos clubes tradicionais tinha sentido medo ou ansiedade em relação à segurança pessoal, enquanto assistiam aos acontecimentos "de longe" (Bale, 1989b, p. 7). Alguns estádios tornaram-se metonímias de futebol para *hooliganism*, todavia foi na Europa que a violência dos torcedores ingleses atingiu seu ápice, na final da Copa dos Campeões de 1985 entre o Liverpool e a Juventus no estádio Heysel, em Bruxelas. Antes do início do jogo, centenas de torcedores do Liverpool circulavam pelas arquibancadas, perseguindo e atacando seus adversários. Os torcedores italianos tomados pelo pânico correram para um lado da arquibancada, fazendo enorme pressão em um muro lateral fraco que, com a força, caiu. Os torcedores que estavam embaixo ficaram esmagados sob uma pilha de corpos que caíram; 39 morreram e 454 ficaram feridos. Argumentou-se que nenhum dos danos fatais foi infligido diretamente pelos torcedores do Liverpool. Foram feitas críticas também às autoridades do futebol por sua fraca organização relativa aos ingressos, pelo policiamento inadequado feito pela polícia militar e pela condição precária dos estádios. Todavia, quase não há dúvida de que as mortes continuam sendo atribuídas fundamentalmente ao ataque imprudente dos torcedores do Liverpool (Lews, 1989). A Uefa e a Fifa rapidamente expulsaram os clubes ingleses dos jogos no continente. As medidas podem ter violado a legislação da Comunidade Europeia sobre a "liberdade comercial", mas foram aceitas sem protesto pela Associação de Futebol inglesa (Evans, 1986).

O Relatório Popplewell de 1986 fez recomendações de segurança relacionadas a esses desastres. As restrições aos campos de futebol tornaram-se mais rígidas; a proibição de fumar em arquibancadas passíveis de combustão foi considerada uma prudência importante *a posteriori*. A filosofia social de Popplewell refletia o dominante espírito thatcherista que pairava no ar e que, lamentavelmente, não tinha conhecimento da cultura do futebol nem das exigências infraestruturais. Tragédias futuras poderiam ser evitadas, admitiu-se, controlando os *hooligans*. Advogou-se a utilização de circuitos fechados de televisão (CCTV) dentro dos estádios em uma época em que os agentes de polícia belgas já tinham assistido a sessenta horas de vídeo para descobrir os responsáveis pela tragédia de Heysel (Virilio, 1994, p. 44). O Relatório Popplewell contribuiu também para a introdução parcial de um esquema para os membros do clube do governo; o perímetro cercado foi mantido, mas aumentaram o número de portões. Para pagar essas modificações, os clubes passaram a pedir ao "público familiar" em um verdadeiro estilo thatcherista. Todavia, Popplewell não discutiu a infraestrutura insegura dos campos de futebol: as instalações decadentes das arquibancadas e as grades e cercas para o "controle da torcida" indomável que ainda são mantidas para enjaular os torcedores.

Hillsborough e a reforma do estádio

Nos três anos do Relatório Popplewell, o futebol inglês passou pelos piores desastres em estádios, em uma situação inteiramente sem *hooliganism*. O desastre de abril de 1989 no Sheffield Hillsborough começou com uma multidão se esmagando em uma área atrás do gol do Liverpool na semifinal de uma copa da FA contra o Nottingham Forest, e terminou com 96 mortos. Antes do início do jogo, milhares de torcedores do Liverpool, muitos deles sem ingressos, amontoaram-se do lado de fora na Leppings Lane. A polícia montada procurou aliviar o congestionamento, abrindo os portões externos do campo, permitindo aos torcedores entrarem amontoados.

A maioria dirigiu-se para a jaula da arquibancada central que já estava cheia. Quando o jogo começou, os torcedores comprimidos no perímetro cercado imploraram à polícia para abrir os portões da frente, simplesmente recebendo ordens, ridiculamente, para "recuar". Os policiais do comando finalmente mandaram abrir os portões e toda a extensão do desastre aos poucos tornou-se conhecida.

Uma rápida avaliação do contexto da tragédia inspira pouca confiança na previsão do Relatório Popplewell. Ela ocorreu em um dos melhores estádios do Reino Unido, descrito por uma conhecida autoridade como "um estádio com todas as ilustres conotações que o termo implica" (Inglis, 1987, p. 97). O local exato da tragédia, a arquibancada oeste, foi semelhantemente elogiada por sua visão e instalações "excelentes". Nenhum dos torcedores estava bebendo no campo; como testemunho das tendências familiares do Relatório Popplewell, as vítimas foram mulheres e homens, inclusive, por macabra ironia, duas irmãs. E o que é mais deprimente: o estádio vangloriava-se de um excelente sistema de CCTV que, na realidade, monitorou o desenrolar do desastre desde o começo. O agente de polícia que estava no comando assistiu à tragédia da sala de controle, seu julgamento foi obscurecido pelo perigo exagerado do *hooliganism* e a reputação estereotipada dos torcedores do Liverpool. Enquanto o desastre se desenrolava diante de seus próprios olhos, ele se recusou resolutamente a melhorar o sofrimento e a abrir os portões do perímetro, com medo de que os torcedores "invadissem" o gramado e atacassem os jogadores ou torcedores rivais. Nessas horas fatais, a guerra política contra o *hooliganism* no futebol chega ao fim; as "medidas" contra o *hooliganism* mostraram-se muito mais implacáveis do que seus alvos. Um inquérito insatisfatório sobre o desastre rendeu veredictos de mortes acidentais; o novo governo trabalhista recusou os diversos apelos para que fosse aberto um novo inquérito.

Um estudo detalhado do desastre criticou políticos, polícia, comentaristas da mídia, acadêmicos e autoridades do futebol por exagerarem a importância do *hooliganism* "em detrimento da organização da multidão e da segurança" (Scraton *et al.*, 1995, p. 17). Os pesquisadores atacaram os sociólogos John Williams, Kevin Young e Ian Taylor, cujas análises do desastre erroneamente o relacionaram à cultura da bebida, da masculinidade, do tribalismo e da violência da "galera do futebol" (1995, p. 294-300). Os pesquisadores sobre o Hillsborough argumentaram que esses comentaristas basearam suas análises em "argumentos sensacionalistas e infundados feitos pela imprensa contra os torcedores do Liverpool"[4].

O desastre teve mais impactos imediatos e (principalmente) muito bem-vindos sobre a reforma do campo. Ao contrário de seus predecessores, o relatório de Taylor em 1990 sobre o desastre recomendou que deveriam ser feitas mudanças estruturais importantes para humanizar o "hábitat hostil do futebol" (Walvin, 1994, p. 197). Lorde Taylor observou que enquanto os campos modernos no continente ofereciam instalações limpas e tranquilas, os do Reino Unido estavam deteriorados e se tornaram um alçapão de mortos. Recomendou que os clubes da primeira e segunda divisão da Inglaterra e o escocês da primeira divisão convertessem seus estádios em campos com assentos para todos no início da temporada de 1994-1995, uma proposta mais tarde decretada pelo Parlamento. Os campos que permanecessem com arquibancadas sem assentos deveriam ficar sem funcionar por um período de cerca de 4 anos. Taylor considerava inoperante o esquema do governo de apresentação de carteira de identidade; por isso alguns ministros aos poucos desistiram do plano. Para ajudar a enfrentar os custos, o governo anunciou uma redução de 2,5% do imposto sobre as apostas do futebol; as economias de 100 milhões de libras esterlinas foram para o truste do futebol na forma de subsídios para os clubes. No máximo 2 milhões eram disponíveis para cada clube; para a maioria, isso cobria menos que 1/4 do total dos custos de reforma. O decreto segundo o qual os clubes das divisões mais baixas deveriam se converter à condição de assentos para todos até agosto de 1999 foi relaxado em julho de 1992, mantendo com isso algumas áreas de arquibancadas sem assentos (Duke, 1994, p. 131).

Terminado o relatório, a primeira medida adotada por todos os clubes foi tirar as cercas. Para Bale (1993a, p. 131), essa medida arquitetônica representou o começo do "estádio pós-moderno" no Reino Unido. Significou também uma pequena, mesmo que atrasada, vitória dos torcedores sobre os cartolas, a polícia e as autoridades políticas, em relação ao controle do espaço do campo. Uma dificuldade maior estava em como os clubes fariam para instalar os assentos para todos. Muitos tinham a opção de entrar em um acordo para dividir um campo com outro clube enquanto reconstruía o seu, ou de se mudar para um estádio recentemente construído (Black e Lloyd, 1992, 1993, 1994). Frequentemente, a decisão era um fato consumado, determinado pelas circunstâncias particulares do clube. A maioria dos campos estava em péssimas condições, mas não incompatíveis com a decadência de seus vizinhos na área central da cidade. No auge do liberalismo thatcherista, o governo se eximiu da responsabilidade de restaurar esses bairros, confiando às autoridades locais a tarefa de atrair o investimento privado. A dificuldade dos clubes de futebol de modernizar seus clubes para satisfazer às novas exigências representou, portanto, um epílogo cultural do doloroso renascimento dos centros urbanos da Grã-Bretanha.

Uns poucos clubes, como o St. Johnstone e o Scunthorpe, venderam seus campos a empreiteiras e supermercados, para pagar a mudança. Posteriormente, a renda de televisão permitiu que clubes maiores, do norte, como o Bolton, o Sunderland e o Middlesbrough expressassem suas aspirações elitistas mudando para outro lugar. "Compartilhar campos" tendeu a ser a opção menos preferida. Se o campo era realmente um símbolo do clube e de suas comunidades vizinhas, com a mudança, esse aspecto socioespiritual acabaria. Por exemplo, em 1985, o Charlton Athletic entrou em um acordo de compartilhar o clube do Crystal Palace, mas o movimento dos torcedores conseguiu sua volta ao Valley sete anos depois (Bale, 1989a, p. 89-90; 1991b, p. 133-134). A opção preferencial foi a de reconstruir o campo no mesmo lugar em que ele se localizava.

Isso não aconteceu no continente europeu. Os estádios da Alemanha e da Itália, por exemplo, estavam em condições bem melhores e eram muito mais jovens, tendo em média menos que 50 anos (48 e 43, respectivamente) (Williams, 1995, p. 221). O grande novo estádio da Copa de 1990 na Itália inspirou os comentaristas e as autoridades do futebol, inclusive lorde Taylor, a defender uma abordagem mais continental para o projeto arquitetônico dos campos. O período pós-Hillsborough foi parte de uma conjuntura mais ampla e mais pró-europeia do futebol do Reino Unido e das políticas em geral. Todavia, é importante observar, aqui, que as maiores diferenças em relação ao estádio ideal estavam na Itália.

Alguns estádios italianos tinham todas as qualidades arquitetônicas do alto modernismo em matéria de instalações, proporções e brilho, mas sucumbiam aos defeitos da falta de vida e de instrumentalidade. Em Turim, a Juventus abandonou seu velho estádio Municipale para se mudar para o estádio Delle Alpi, construído para a Copa do Mundo. O novo campo vangloriou-se da paisagem de estilo americano, localização afastada e cobertura única (Inglis, 1990, p. 18-19), mas nem os jogadores nem os torcedores sentiam-se em casa. Faltava intimidade e ao mesmo tempo as autoridades cobravam um aluguel alto. Demonstrando sua insatisfação, a Juventus transferiu alguns de seus jogos internos para o San Siro do Milan durante a temporada de 1994-1995 (De Biasi, 1996, p. 126). Em compensação, o estádio Luigi Ferraris em Gênova, compartilhado pelo Genova e a Sampdoria, é o símbolo do estádio operacional. A arquitetura explora o estilo pós-moderno: blocos nos quatro cantos, pintados em um tom vermelho Pompeia, estruturam uma construção de geometria minimalista (Inglis, 1990, p. 25). O estádio fica no centro de Gênova e reflete a convicção do arquiteto Vittorio Gregotti de que deve ficar no coração da geografia urbana e ser construído tendo em mente a ideia de permanência e de utilidade. Felizmente, para a maioria dos clubes ingleses, reformar (muito mais que mudar) seus campos significa que mantêm a filosofia de cidadania de Gregotti, embora não tenham seus refinamentos estéticos.

Um estímulo importante para o programa de reconstrução foi o de que as Home Nations não teriam que arcar com os grandes torneios de futebol. Esses "megaeventos" ajudam a legitimar o gasto público nos estádios, aumentando as economias locais e nacionais por meio do "efeito multiplicador". Abrigar torcedores do continente por poucas semanas ou apenas por algumas horas pode gerar grandes e inesperados aumentos na renda, com o turismo, das indústrias de serviços, ajudando temporariamente a reduzir o desemprego local (Euchner, 1993). Os organizadores da Copa do Mundo de 1994 declararam ter propiciado um crescimento de 4 bilhões de dólares na economia americana (Lever, 1995). Cidades com *portfolios* internacionais pobres podem melhorar sua imagem. Áreas urbanas conhecidas pela falta de industrialização, pela privação e pelo crime (por exemplo, Liverpool) podem tentar um "renascimento cultural". Organizadores de torneios podem cultivar essa nova imagem da cidade, ocultando ou policiando severamente áreas de favelas e canalizando o pessoal da televisão estrangeira para histórias de experiências positivas. Um risco é a população local sentir-se excluída da exibição (Hannigan, 1995, p. 194-195)[5]. Esses sentimentos de alienação e de impotência em relação aos acontecimentos da comunidade não se dão durante os grandes torneios, mas surgem em contextos de futebol mais rotineiros, tais como os jogos de rua e as partidas de ligas.

As novas políticas de acesso ao futebol

No mundo contemporâneo do futebol, as mais importantes questões políticas de espaço dizem respeito ao acesso e ao controle dos espaços em que se realizam os jogos. Os grupos sociais menos influentes cada vez mais perdem essa batalha diária dos recursos; o acesso dos jovens à recreação barata (principalmente aos espaços de lazer) é notoriamente circunscrito. A reforma urbana e os projetos imobiliários reduzem o número de terrenos destinados ao futebol (Fishwick, 1989, p. 7). As instalações remanescentes continuam sob controle municipal, comercializadas para extrair dinheiro dos jogadores e alugadas para partidas de ligas organizadas por clubes e comitês de adultos. A qualidade das instalações reflete tipicamente o gasto público reduzido com as instalações esportivas no Reino Unido, enquanto o setor privado é ainda menos disponível. No final da década de 1990, as campanhas publicitárias feitas pela Nike tentaram ignorar as profundas desigualdades materiais entre os maiores profissionais do futebol e os jogadores de parques. Mas dificilmente qualquer renda do futebol profissional contribui para melhorar a infraestrutura para o cidadão. Enquanto isso, a ubiquidade do automóvel e o surgimento das placas "Proibido jogar bola" conspiram para enfraquecer a organização informal do futebol de rua.

Uma semelhante batalha por recursos é constantemente travada em busca de uma solução para o novo estádio de futebol pós-Hillsborough. O trabalho de reforma reduziu significativamente a capacidade dos estádios, durante e depois de sua execução. Os maiores clubes, como o Manchester United, o Liverpool, o Everton, o Arsenal, o Tottenham e o Celtic, viram, na ocasião, sua capacidade limitada a cerca de 30 mil pessoas ou menos[6]. Isso deu muita importância ao acesso aos eventos, principalmente no cenário da moda do futebol pós-1990 e seu apelo aos novos mercados. Os clubes passaram a considerar assentos como recursos escassos, aumentando o preço dos ingressos em temporadas e reduzindo a oportunidade de comprá-los na bilheteria. Alguns clubes, tais como os que renasceram no norte, ou seja, o Newcastle United e o Middlesborough, têm listas de espera para ingressos em temporadas. Esses aumentos de preços e o acirramento das desigualdades de renda, cortesia da administração Thatcher, garantem que, a partir de agora, cada vez mais é menos provável que os maiores estádios recebam seu antigo público da classe operária para os principais jogos (Horton, 1997).

Figuras da ala direita do futebol inglês sustentam que a média "aristocratização" dos campos e os preços de ouro têm nítidos benefícios sociais. O principal *manager* inglês, Terry Venables (1996, p. 136), argumenta:

> Sem desejar soar esnobe ou ser desleal à minha própria origem de classe operária, o aumento dos preços dos ingressos provavelmente exclui o tipo de pessoa que difamava o futebol inglês. Estou falando dos homens jovens, a maioria da classe operária, que aterrorizavam os campos de futebol, os trens ferroviários, as balsas que cruzam os canais e as pequenas e grandes cidades em toda a Inglaterra e na Europa.

Ao contrário, os novos movimentos sociais do futebol interpretam a afirmação de que os torcedores da classe operária são *hooligans* como uma cortina de fumaça retórica para mercantilizar mais o jogo. Merrills (1997, p. ix), por exemplo, diz que o Relatório Taylor "ameaçou sanear o jogo de tal forma, que a própria razão de sua existência – entretenimento para o povo – estava à beira de ser relegada a pouco mais que uma ideia após uma rápida consideração pelos homens do dinheiro que dirigem o futebol".

Uma recomendação fundamental do relatório, frequentemente esquecida por ambos os lados, era de que a reforma do campo não deveria ser usada para elevar o preço para torcedores menos ricos. Os movimentos dos torcedores que tentaram reconduzir esse processo encontraram pouco suporte em seus aliados "naturais". O Relatório Taylor recebeu total apoio dos partidos na Câmara dos Comuns, principalmente dos parlamentares de oposição, membros do Partido Trabalhista, que se divertiram com sua crítica ao esquema dos membros do governo. Para muitos comentaristas políticos, sociais e acadêmicos, o relatório cristalizou uma visão utópica de "regeneração" do futebol inglês. Estádios construídos deliberadamente para abrigar novamente eventos europeus, com rendas de negócios e de TV, enriqueciam os grandes jogadores e os diretores. O novo governo trabalhista resistiu estoicamente à reivindicação de muitas associações de torcedores independentes, para a restauração de algumas arquibancadas de futebol.

A exclusão de muitos torcedores comuns do mercado é, no entanto, uma característica do futebol profissional no continente. A Fifa e a Uefa elevaram muito o preço dos ingressos para as finais da Copa do Mundo e para os Campeonatos Europeus, aumentando o aspecto ilusório desses torneios, permitindo aos patrocinadores (que recebem enorme quantidade de ingressos) divulgarem algumas dessas preciosas mercadorias em campanhas publicitárias altamente competitivas. A "política" do novo ingresso possibilita aos executivos (seja no mercado negro ou legalmente) comprarem blocos de ingressos para venda individual, muitas vezes, acima do preço que pagaram[7]. Essa multiplicação perversa do valor de troca do ingresso ridiculariza a retórica das autoridades do futebol sobre "jogo honesto". Favorece o público rico, espectadores menos apaixonados em detrimento de torcedores devotos, e arruína as próprias estratégias de segregação e anti-*hooligans* das autoridades, estimulando um mercado desregulado de transações de ingressos (Giulianotti, 1991, 1995a, 1996a, 1996b). Finalmente, outra consequência da reforma dos estádios foi a pacificação dos torcedores que realmente assistem ao jogo.

Estádio e controle social: os aspectos do futebol baseados na teoria de Foucault

Examinar a fundo a reforma dos campos é útil para estudar as descobertas do teórico social francês pós-estruturalista Michel Foucault. Podemos começar explorando como o estádio moderno acomoda o "olhar" do espectador. O conceito do olhar foi usado pela primeira vez em sua forma inteiramente desenvolvida por Foucault (1975) em sua história social "arqueológica" da clínica. As origens da medicina clínica começam com o novo exame, ou "olhar", com o qual seus profissionais tentaram controlar o corpo de seus pacientes. Os especialistas médicos chegaram a "estudar seu objeto" em todos os sentidos da expressão. Durante o século XIX, outras profissões passaram a olhar para seus objetos como maneira de conhecer e exercer poder. Os psicólogos, os criminalistas, os diretores de penitenciárias e os donos de fábricas utilizaram o olhar para observar e controlar o corpo de outros. Hoje, o olhar funciona de modo mais versátil no âmbito local e internacional, uma vez que as pessoas tentam conhecer a identidade, os motivos e valores das outras olhando para seu rosto e para seu corpo. Seu aspecto disciplinar não deve ser subestimado: "nosso comportamento é controlado pelo olhar dos outros e por nossa própria autorreflexão" (Rojek, 1995, p. 61). Na prática, seu alcance se estende à cultura e ao lazer dos consumidores, que podem ser turistas, telespectadores, compradores de lojas da moda e espectadores de esportes.

No estádio de futebol, o "olhar" do espectador é contentado tecnicamente por meio de uma visão desobstruída e "ângulos de visão" panorâmica, permitindo o mais completo conhecimento dos acontecimentos no gramado. Além disso, o "olhar" obriga o espectador a adotar uma "distância crítica" em relação ao futebol, quando se encontra em espaços culturais burgueses como casas de óperas e teatros (Hargreaves, 1986). A perspectiva objetiva e distanciada do espectador moderno chega a suplantar a participação subjetiva do torcedor tradicional. Mais do que um processo de interação, o futebol torna-se um evento para se olhar. O *manager* do Manchester United, Alex Ferguson, observou enquanto escrevia o programa do clube: "O número crescente de pacotes turísticos trouxe para o estádio um diferente tipo de público. As pessoas se sentam, admiram o campo e não veem a hora de se divertir – exatamente como se fossem ao teatro ou a um musical" (Brick, 1997, p. 30)[8].

No início, muitos estádios não conseguiram dar uma boa perspectiva de visão como se pretendia. Somente as principais arquibancadas garantiam uma posição estratégica abrangente. A grande maioria, nas arquibancadas empilhadas, tinha uma visão obstruída da partida. No entanto, mais importante era sua participação nos acontecimentos das arquibancadas, cantando e desfraldando bandeiras; ou simplesmente oscilando entre a massa abarrotada de torcedores em harmonia com os acontecimentos distantes em foco no gramado. Hoje, essa experiência topofílica é comumente proibida dentro dos campos de futebol modernos do Reino Unido. Os seguranças expulsam aqueles que se levantam e obstruem a visão dos outros. Os torcedores que gritam nas partidas de futebol podem ser acusados de transgredir a ordem pública de acordo com a legislação recente.

Bale (1993b, p. 155) considera que os excessos da nova família acabam, nos campos britânicos, no mundo kafkiano de Foucault de vigilância e controle social. A família é um dos mais potentes ambientes de controle social, uma fonte crucial de reprodução do trabalho e uma agência de socialização para o mais passivo e dócil dos indivíduos. A "sociedade de lazer" do período pós-guerra está comprometida agora com a reprodução do consumo social, sendo a família um espaço fundamental de socialização das crianças para o uso futuro da indústria cultural (inclusive eventos esportivos). Nos setores do estádio ocupados por famílias, os pais podem reproduzir seu controle sobre as crianças, enquanto a "família" de supervisores e de administradores garante que todos mantenham padrões de comportamento pacíficos. Uma atmosfera silenciosa como a morte é inevitável, embora a saída dos torcedores, aos poucos, faça um barulho ecoante. Além disso, é possível observar como a família acaba contribuindo para a "privatização da paixão". Giddens (1991, p. 162-164) argumenta que, da mesma maneira que as sociedades ocidentais industrializadas e modernizadas, a liberação da emoção intensa mudou da arena pública de cerimônias religiosas para a residência particular da família através do sexo com um parceiro (Foucault, 1981). Algo semelhante ocorreu no futebol, uma vez que a liberação das emoções mais calma, mais pessoal ou familiar nas arquibancadas substituiu a antiga paixão quase religiosa do carnaval da torcida nas arquibancadas.

No início do século XIX, o filósofo utilitarista Jeremy Bentham desenvolveu o modelo de vigilância "panóptico" como uma visão utópica do controle social. Para aperfeiçoar a monitoração dos presidiários, Bentham argumentou que a arquitetura do prédio deveria maximizar a visibilidade dos presos e ao mesmo tempo minimizar o trabalho dos diretores. O ideal era que os interiores dos presídios fossem construídos com uma forma circular. Os corredores de celas do presídio ficariam na linha da circunferência; a "parede" interna de cada cela consistiria apenas em barras de ferro, tornando seu ocupante permanentemente visível. A torre do observatório no centro da penitenciária permitiria a um grande número de guardas inspecionar todas as atividades dos presos. Em sua forma perfeita, as janelas ao redor de toda a torre panóptica seriam de vidro fumê, de modo que os presidiários jamais percebessem que estavam sendo observados pelos guardas. No panóptico, a visão é a fonte de poder, e a "visibilidade é uma armadilha" (Foucault, 1977, p. 200).

Desde a utilização de Bentham por Foucault, o panóptico tornou-se metáfora recorrente de técnicas modernas de controle social. As instituições controladas por profissionais da educação, dos serviços de saúde e do direito são tipicamente instaladas em prédios onde o público é individualizado e passível de ser inspecionado. Além disso, o panóptico foi adaptado ao controle dos espaços públicos. Desde o final da década de 1970, a instalação de câmeras de vigilância deixou de ser exclusiva das instalações militares e de territórios ocupados e fábricas, e passou a ser usada nas grandes avenidas, em estacionamentos e *shoppings* modernos. O Reino Unido tinha mais de 500 mil câmeras de CCTV monitorando suas ruas no ano 2000.

O controle panóptico do espaço público foi testado em "condições normais", pela primeira vez, no campo de futebol (Armstrong e Giulianotti, 1998b). O *hoolivan* surgiu no início da década de 1980, um grande veículo com janelas escuras e câmera em uma pequena torre para filmar as torcidas. Os clubes de futebol e as unidades policiais também contrataram fotógrafos para filmar os torcedores circulando. Os operadores de câmera de TV entregaram os filmes dos jogos à polícia para ajudar a identificar os torcedores desordeiros. Inesperadamente, os torcedores atacaram as equipes de filmagem e os fotógrafos por terem entregue para a polícia as pessoas que os sustentam. Usualmente, enquanto o público chega e dispersa, helicópteros da polícia acompanham seu movimento. No alto, holofotes e câmeras de vídeo ajudam a iluminar e a focalizar de perto os torcedores, gravando cada movimento. Uma vez que os sistemas de CCTV estão espalhados nas vias públicas, os torcedores de futebol estão sob a câmera a muitos quilômetros do campo.

Nos estádios, a tecnologia de vigilância é avançadíssima. As câmeras de CCTV são ligadas a uma unidade central de controle equipada com inúmeros monitores. Dispositivos mais avançados são encaixados em globos de vidro fumê, tornando impossível saber para quem as lentes estão olhando. Antes da Eurocopa de 1996 na Inglaterra, os locais dos jogos foram equipados com "videofaxes", que transferiram gravações de filmes de torcedores de futebol por meio de linhas de telecomunicação comuns. Teoricamente, receptores de dados nas delegacias de polícia estariam preparados para comparar torcedores filmados com os arquivos de pessoas já "classificadas" pelo serviço de inteligência da polícia (Bale, 1993a, p. 127). Mais recentemente, Watford, um tranquilo clube inglês da primeira divisão, recebeu um novo sistema de segurança, que pode por si só comparar torcedores de futebol com os que se encontram nos arquivos policiais. É apenas uma questão de tempo para que equipamentos de segurança façam a triagem pela íris dos torcedores nas entradas dos campos do

Reino Unido. Portanto, de modo geral, a vigilância dos torcedores de futebol é intensificada quanto mais perto dos estádios eles chegam. Todavia, fatalmente devido a esse policiamento, os conflitos de *hooligans* têm acontecido bem longe dos campos de futebol, em uma tentativa deliberada de escapar da investigação (Armstrong e Giulianotti, 1995)[9]. Talvez o aspecto mais perturbador dessa estratégia de vigilância seja o fato de não haver nenhuma como ela em outros países. Na Europa continental e na América Latina, o controle espacial dos torcedores violentos tendeu a envolver um policiamento reativo no campo. Os dirigentes militares da América do Sul instalaram valas em volta do gramado, para evitar que torcedores o invadam; uma estratégia esteticamente antipática, mas que provavelmente não resulta na asfixia da massa.

Rumo a um ambiente pós-moderno de futebol

Neste capítulo, discuti as principais mudanças efetuadas nos estádios de futebol, particularmente nas estruturas mais vulneráveis do Reino Unido. A partir dessa discussão, é possível delinear de maneira bem genérica as características de "tipo ideal" desses campos, de acordo com sua fase histórica.

O campo "tradicional" foi construído antes da Primeira Guerra Mundial, com arquibancadas abertas, arquibancadas cobertas estilizadas e fácil acesso ao transporte público. No Reino Unido modernizado, essa localização do campo tornou-se mais central e ganhou importância simbólica ou "topofílica" cada vez maior para a comunidade vizinha. Com certa diferença, o estádio moderno situa-se em uma área campestre mais afastada do centro de fácil acesso pelas vias expressas. Caracteriza-se por arquibancadas com assentos para todos, instalações para diversos esportes, uma arquitetura funcional e, de certa maneira, estereotipada. O estádio moderno encontra-se principalmente no continente e foi construído especificamente para uso municipal ou para abrigar torneios importantes. A idade e o relativo abandono dos estádios do Reino Unido significam que esse modelo raramente foi erguido antes do Hillsborough. Em vez disso, a reforma gradual dos campos do Reino Unido aderiu a esse modelo casualmente, com o aumento da ênfase inglesa nas inovações anti-*hooliganism* ("currais" ou "jaulas" nos campos, cercas de segregação, câmeras de televisão).

No período pós-Hillsborough, os campos do Reino Unido chegaram a se assemelhar a esse modelo, embora se localizassem em áreas centrais não apropriadas e dilapidadas das cidades. A reconstrução dos campos tradicionais também permite sua "pós-modernização". Eles mantiveram as arquibancadas cobertas ou introduziram uma falsa "aristocratização" das novas arquibancadas. Por outro lado, a forma elíptica das arquibancadas, como as do Bolton ou do Huddersfield, consegue suavizar os ângulos retos e pontudos, que é o padrão dos campos modernos[10]. Um aspecto importante dessa pós-modernização dos campos envolve o aumento do controle panóptico pelas autoridades do futebol sobre o que os torcedores podem ou não fazer lá dentro. Consequentemente, a uniformidade das ações dos torcedores significa que a velha divisão etnológica dos espectadores, de acordo com sua localização no campo, passa a não ter sentido.

Há outros meios pelos quais as autoridades do futebol exercem um controle espacial pós-moderno sobre os torcedores. A transformação dos campos de futebol em grandes áreas de compras e lazer envolve a disponibilidade de lojas para a venda de mercadorias. Por isso, antes dos jogos ou no intervalo, o espectador não passeia mais apenas para observar o resto dos torcedores; em vez disso, ele ou ela torna-se um consumidor que sai para olhar vitrines, analisando os produtos do clube. No novo estádio Amsterdam Arena, do Ajax, esse processo chegou ao cúmulo de os torcedores terem de comprar mercadorias e refrescos dentro do complexo com uma moeda corrente especial, a única reconhecida como legal. Essa organização fiscal inevitavelmente aumenta os lucros dentro do campo; ao saírem, os espectadores podem manter um troco insólito como uma lembrança ou "para a próxima vez", enquanto o clube detém a moeda corrente holandesa. Isso também intensifica as divisões psicoespaciais entre os privilegiados dentro do estádio e o maior número do lado de fora. Outro aspecto dessa pós-modernização envolve a "museuficação" dos campos. Museus especiais são construídos nos estádios para visita pelos torcedores, detalhando a história do clube, exibindo antigos troféus e medalhas e, talvez, propiciem também aos visitantes algumas experiências interativas. Futuramente, os pais poderão levar suas crianças para ver ou experimentar como "realmente" era uma arquibancada lotada em que todos ficavam em pé.

Uma premonição provocativa do campo pós-moderno é exposta por Baudrillard (1993a, p. 79-80). Em uma análise comprovada por vários exemplos, ele prevê a ocasião em que partidas de futebol "hiper-reais" vão acontecer nos "vácuos" de estádios vazios. Do mesmo modo, o magnata que lidera o futebol e a mídia da Itália, Silvio Berlusconi, sugeriu que os torcedores de futebol vão preferir assistir aos jogos ao vivo pela televisão, e por isso os portões de acesso deverão ser abertos para o público entrar sem pagar (Giulianotti e Armstrong, 1997, p. 25). É claro que a televisão não é um meio de comunicação neutro para se assistir ao futebol. Ela constrói uma experiência de visão diferente da que se tem nas arquibancadas, da qual um aspecto pode significar a recusa a cobertura de acontecimentos altamente controversos ou "desviantes" que ocorrem no gramado (Gruneau et al., 1988, p. 274)[11]. A questão de Berlusconi ignora também a mercantilização contínua dos campos de futebol na Europa no final da década de 1990. A próxima etapa desse processo pode ser a de os proprietários de clubes de futebol europeus considerarem suas propriedades culturais como "franquias" de esportes potencialmente móveis como costuma acontecer na América do Norte. Se o estádio é muito pequeno e as autoridades locais não oferecem incentivos suficientes para que ele permaneça no local, o clube pode mudar de sua cidade de origem para uma maior, para um estádio mais lucrativo, em que outra base de torcedores o espera.

A mais longo prazo, continuando com a visão de Berlusconi, há tendências na cultura do futebol que parecem privilegiar a estética do acontecimento virtual (pela mídia) sobre a experiência "real" (espectador no estádio). Em primeiro lugar, a qualidade das instalações do estádio pode ser julgada não em comparação a outros modelos ou conceitos de associação pública, mas de acordo com o espaço de lazer privado e idealizado do sofá junto à família. Os torcedores de poltronas no estádio procuram o assento personalizado, que tem fácil acesso a um variado balcão de porções quentes, música quadrafônica para aliviar o tédio do intervalo, além de um ambiente calmo e com visão sem interferências. Os torcedores vão buscar também formas variadas de conforto, como um comentário sobre o jogo via fones de ouvido de rádios, *replays* de ações na tela gigante para rever os momentos principais em câmara lenta ou até mesmo espaços fechados em "camarotes executivos" que bloqueiam qualquer acesso do mundo externo (a partir deles, o espectador tem acesso a um bar com um farto estoque).

Em segundo lugar, existe o próprio jogo, sempre imperfeito, cheio de incertezas e falhas humanas. O perigo de viver na plateia chega quando o espectador prefere uma simulação do futebol real, algo "perfeito" mas "irreal". O esporte televisionado sempre produziu sua parcela de "atletas de poltrona" que assistem aos esportes avidamente, mas nunca os praticam. Hoje, já estamos no limiar da "hiper-realidade", em que a divisão psicoespacial entre o jogo e o espectador encontra-se perturbadoramente mal definida. A "pornografia do futebol" envolve múltiplos ângulos de câmera que nos possibilitam ver partidas em minúcias, mas frequentemente detalhes inúteis (Baudrillard, 1990, p. 31). A tecnologia moderna do computador pode simular jogos por meio do uso de velhas cenas de vídeo de partidas para "criar" novos. Usualmente, as crianças "jogam" futebol nas telas de televisão por meio de seus videogames muito mais do que nas ruas. Na época dos Campeonatos Europeus em 2008, os torcedores não vão precisar viajar para o torneio para desfrutar dos prazeres sensoriais de "estar lá". Um decodificador de fone de ouvido e televisão combinados capacitarão o espectador a participar de uma experiência interativa, "como se" estivesse no estádio (*World Soccer*, fevereiro de 1997). A "lógica paradoxal" dessa nova tecnologia tem um efeito desnorteante sobre os sentidos (Virilio, 1994, p. 63). Com uma circularidade pós-moderna, o futebol de fato "chega em casa".

Notas

[1] Ver Bale (1980, 1982, 1989a, 1989b, 1990, 1991b, 1992, 1993a, 1993b, 1994; Bale & Moen, 1995).

[2] Ao contrário, quando pesquisava com os colegas Greg Lloyd e Stuart Black na área local do Aberdeen, descobrimos que muitos residentes achavam que as "externalidades negativas" do comportamento desordenado dos torcedores e o

congestionamento do tráfego eram contrabalançados pelas "externalidades positivas", como sua alegria de ver as multidões movimentando-se em direção à localidade e influenciando a atmosfera da ocasião.

[3] Logo depois desse desastre, a Fifa pagou 4 mil libras esterlinas aos parentes de cada uma das 81 vítimas.

[4] Isso talvez torne a contribuição de Young menos condenável, uma vez que ele mora e trabalha na América do Norte. Ao contrário, Taylor e Williams têm relações pessoais com Hillsborough: Taylor é um grande torcedor do Sheffield, enquanto Williams torce para o Liverpool e testemunhou o desastre, pois estava em uma arquibancada ao lado.

[5] Ironicamente, a pesquisa sugere que a tentativa sem êxito de um importante torneio é mais um exercício de custo eficaz. Ela faz propaganda da cidade para estimular o turismo e o investimento, e evita a despesa de realmente abrigar o evento (Roche, 1992, p. 587).

[6] O maior impacto da reforma dos estádios se deu na modernização de Ibrox antes do Relatório Taylor, que caiu de cerca de 100 mil em 1977 para a cifra de 45 mil em 1981; uma ampliação de uma arquibancada elevou esse número para 52 mil.

[7] Antes da Copa do Mundo de 1998 na França, foi noticiado que um conhecido agente de ingressos da Fifa tinha tido um lucro de 10 milhões de libras esterlinas por vender "pacotes de futebol" para o torneio (inclusive ingressos para os jogos) por um preço acima do que deveria.

[8] Ao mesmo tempo que o "olhar" do estádio moderno enfatiza a visibilidade, Eichberg (1995, p. 339) observa como o inverso pode ocorrer. O gramado torna-se um mundo prostituído de invisibilidade, um símbolo profundo de topofobia, empregado para ocultar os excessos de quem o controla. No Chile, Pinochet usou estádios para "dar sumiço" em militantes políticos e adversários. O governo militar da Indonésia usou o estádio nacional Senayan como centro de prisão política de 1965 a 1970 (Colombijn, 1998).

[9] Fiske (1993, p. 84-85) descreve os estádios modernos como "panópticos invertidos". Em vez dos poucos no centro, que supervisionam as massas na periferia, os estádios são organizados de modo que o meio tenha todo seu movimento vigiado pelas massas. Enquanto isso, a maioria das instalações modernas oferece aos torcedores inúmeros monitores de TV, *replays* em câmara lenta e informações imediatas (tais como a velocidade da bola). No entanto, a metáfora do panóptico original ainda se aplica aos estádios de futebol. Os torcedores são constantemente supervisionados e filmados, e têm acesso limitado às informações do campo, que são mantidas pela polícia e pelos dirigentes de futebol.

[10] Eichberg (1986, p. 110-111) argumenta que as "Olimpíadas verdes" de Munique em 1972 foram realizadas em um dos estádios do início do período pós-moderno. A arquitetura celebrou a "verdificação" dos esportes, por meio dos espaços verdes em que as pessoas podem "voltar a ficar ao ar livre". Para apoiar o tema, as estruturas metálicas industriais do estádio foram pintadas de verde ou camufladas com arbustos transplantados.

[11] Por exemplo, durante as invasões do gramado pelos *streakers* ou pelos *hooligans*, os canais de esportes que televisionavam os jogos recusaram-se a transmitir a ação no campo, focalizando os torcedores que assistiam ao jogo.

5 O preço da vitória: as finanças do futebol e a revolução da TV

Desde a Copa do Mundo de 1990 na Itália, o futebol mundial passou por um crescimento financeiro inédito. No final de 1994, o presidente da Fifa, João Havelange, vangloriou-se de que o futebol gerava 225 bilhões de dólares por ano (Galeano, 1997, p. 147). Posteriormente, ele declarou que seu sucessor herdaria contratos no valor de 4 bilhões de dólares em 1998. No verão de 1997, a indústria do futebol europeu foi estimada em 10 bilhões de dólares. Os analistas financeiros de Londres, Deloitte e Touche, incluíram cinco clubes europeus confortavelmente em uma elite com negócios anuais de mais de 40 milhões de libras esterlinas. O Bayern de Munique, o Milan, a Juventus e o Barcelona foram todos dirigidos pelo Manchester United e seu orçamento de mais de 50 milhões de libras esterlinas (que aumentaram para cerca de 90 milhões um ano depois). Eles se juntaram, então, a muitos outros clubes importantes, tais como o Borussia Dortmund, a Internazionale e o Atlético de Madri.

Neste capítulo, examino algumas dinâmicas sociais e econômicas fundamentais que alimentam esse *boom* do futebol. Comecei observando algumas diferenças administrativas e relativas aos negócios tradicionais entre os clubes do Reino Unido, da Europa e da América Latina. A globalização do futebol e a circulação de capital internacional de esportes causaram a erosão de muitas dessas peculiaridades culturais. O aumento do comércio do futebol nos clubes foi uma forma de mercantilização no período relativamente inicial do pós-guerra, mas maiores mudanças financeiras e culturais inspiraram-se na televisão, principalmente no crescimento da transmissão por satélite e na possível televisão *pay-per-view*. Os clubes líderes da Europa transformaram seus negócios, aumentando o investimento por intermédio da entrada nos mercados de ações. Concluo analisando um declínio consistente dessa mercantilização, ou seja, as práticas corruptas de armação dos resultados e a negociação de transferências ilegais.

Estruturas de clubes tradicionais: comparações internacionais genéricas

No Reino Unido, o futebol foi uma das últimas indústrias a passar por uma mudança no modelo de "negócios familiares" do século XIX e início do século XX, em que os proprietários e controladores são a mesma pessoa, para o modelo subsequente de "acionistas", em que a propriedade e o controle são separados. Perto do final do século XIX, a atração do espectador de futebol estimulou os diretores dos clubes a voltar sua atividade recreativa para um investimento mais lucrativo. O novo *Companies Act*[*] possibilitou a transformação dos clubes de esportes em "companhias", convertendo-se de associações privadas em companhias limitadas (Birley, 1995a, p. 39). As ações foram criadas e distribuídas entre investidores, diretores e torcedores, em uma estrutura piramidal. Um grande número de ações ficou nas mãos de indivíduos ou famílias, de quem o controle dos clubes, baseado na participação acionária, foi reiterado pelo apoio de outros membros da diretoria; um amplo coletivo de investidores dividiu a proeminente minoria das ações. Poucas vezes o conselho de diretores delegou poder no cotidiano do clube indicando um profissional para chefe executivo. Essa estrutura associada familiar, envolvendo participação pessoal, é encontrada em outras poucas indústrias. Uma exceção podem ser os meios de comunicação de massa, ainda que esse caso seja explicado pela receptividade excepcional da indústria ao empreendimento e ao expansionismo; filosofias de mercado que não são tradicionalmente encontradas entre os proprietários de clubes de futebol. Até recentemente, os acionistas principais não esperavam lucrar muito com o futebol, embora seu *status* social melhorasse devido a sua influência pública sobre uma grande instituição cultural popular[1].

Na maioria das nações europeias, os clubes de futebol são organizações de propriedade privada, em que um pequeno número de grandes acionistas controla a diretoria. No entanto, na Península Ibérica e na América Latina, os clubes são organizados como associações de esportes privadas, controladas pelos sócios que pagam uma mensalidade ou anuidade. Com isso, os clubes mantêm uma forte, ainda que arcaica, tradição de democracia econômica e política. Os sócios elegem os diretores do clube (inclusive o presidente) anualmente ou de dois em dois anos, e destituem os que relutam em satisfazer suas demandas. Por isso os clubes raramente beneficiam-se de grandes investimentos pessoais, feitos por proprietários em outros sistemas. Em vez disso, os diretores eleitos frequentemente usam sua posição no clube como trampolim para eleições políticas mais convencionais.

---

[*] Código comercial inglês de regulamentação das sociedades por quotas. (N.T.)

Nos antigos sistemas socialistas estatais do Leste europeu, anteriores à revolução de 1989, os clubes eram habitualmente controlados pelas principais instituições estatais, como o Exército, as forças de segurança ou as ferrovias. O sucesso do futebol foi frequentemente auxiliado pelos patrões dos clubes, que ocupavam altos cargos na máquina do partido. Na União Soviética, os companheiros mais próximos de Stalin (principalmente seu filho, Vasilii, e o chefe da segurança, Beria) costumavam influenciar os resultados: as partidas eram forçosamente jogadas outra vez; jogadores eram enviados para os campos de trabalho forçado (*gulag*); e o time mais popular, o Spartak de Moscou, era constantemente perseguido (Edelman, 1993, p. 64--65, 83-85). Na Romênia, o filho do despótico presidente Nicolae Ceausescu interveio na final da Copa dos Campeões de 1986 em uma tentativa de evitar que seu time, a Steaua Bucareste, perdesse para o Dinamo Kiev.

A globalização do capital e a queda de tipos alternativos de sistema social significam que é cada vez mais difícil resistir à "privatização" dos clubes de futebol no mercado aberto. Alguns dos principais clubes do Leste europeu já foram comprados por empresários locais ou ocidentais. No Brasil e na Argentina, a legislação está sendo estruturada para permitir que os clubes acompanhem a demanda[2]. A revolução financeira na maioria das nações é dirigida pelo rápido crescimento da mercadoria mundial e das rendas da televisão. A globalização do futebol televisionado é refletida no alcance do Eurosport, o canal pan-europeu, que transmitiu em 12 línguas para mais de 170 milhões de telespectadores em 43 países durante os Campeonatos Europeus de 1996. As nações futebolísticas menores lutam no novo ambiente de negócios. Jogadores locais são vendidos para clubes *nouveau riches* de outros países; públicos para os frequentes jogos das ligas caem, uma vez que os telespectadores ligam a TV em casa para assistir aos jogadores e times superiores. Diante da discussão sobre o impacto recente da televisão sobre a economia política do futebol, é importante examinar a primeira onda de mercantilização moderna do futebol, especificamente o crescimento do patrocínio e da comercialização no clube.

A comercialização e a nova modernidade do futebol

Desde a década de 1960, a economia política do futebol passou por uma rápida modernização, uma vez que seus famosos jogadores e clubes foram incorporados mais profundamente na maior mercantilização da cultura popular. A experiência do futebol tornou-se cada vez mais sinônimo de placas de publicidade, patrocínio de camisas, comerciais de televisão, patrocínio de ligas e copas e a comercialização da parafernália do clube. Perto do final da década de 1980, os clubes mais profissionais do Reino Unido objetivavam ganhar mais dinheiro com suas atividades fora do campo do que com a renda da bilheteria paga pelo torcedor médio. Camarotes executivos foram construídos nas arquibancadas cobertas para atrair os patrocinadores empresariais locais. Algumas cidades cresceram e prosperaram muito por meio de um simples empregador na localidade, que deu apoio ao time de futebol local como parte de seu investimento cultural. Na França, o Sochaux desfrutou de um longo patrocínio da indústria automobilística Peugeot local. Na Alemanha, o grande clube VfL Wolfsburg recebeu 8 milhões de libras esterlinas da Volkswagen local. Posteriormente, os clubes Uerdingen e Leverkusen beneficiaram-se de sua propriedade pela multinacional de produtos farmacêuticos Bayer; os dois clubes têm o prefixo "Bayer" em seus nomes oficiais e os jogadores são listados como "empregados da companhia" (Merkell,1998) Mais conhecido, na Itália, o pequeno clube Parma foi transformado quando a multinacional de laticínios, Parmalat, responsabilizou-se por ele. Todavia, usualmente, essa opção das empresas locais não estava imediatamente disponível para os clubes europeus. Para melhorar os ganhos fora do campo, os diretores de clubes introduziram uma série extra de administração dos negócios, criando "departamentos de publicidade" e indicando executivos para chefiá-los.

Exceto o Barcelona da Catalunha (que recusou qualquer patrocínio de camisas), todos os clubes modernos profissionais buscaram esse apoio. Ao mesmo tempo que, inevitavelmente, havia divisões no dinheiro adicionado (grandes clubes agora atraíam mais de 1 milhão de libras esterlinas por ano dos patrocinadores de camisas), outras diferenças encontravam-se no tipo de produto anunciado. Produtos tecnológicos exibidos em camisas e em placas de publicidade multiplicaram-se e serviram para ligar o futebol a uma rápida modernidade (Métoudi, 1987). Há diferenças fundamentais entre clubes que dizem algo sobre o hábito de mercado de seus torcedores. Os clubes ingleses com "públicos nacionais", como o Arsenal ou o Manchester United, anunciam empresas baseadas em tecnologias globais, como a Sharp ou a JVC. Clubes menores anunciam empresas mais paroquiais e menos modernas como, por exemplo, o West Ham United (Dagenham Motors). Na Escócia, são inúmeras as propagandas de distribuidoras locais de automóveis, de firmas de construção civil ou de cervejarias, sendo o álcool fortemente proeminente no patrocínio das grandes competições. Mesmo os jogadores europeus de outras épocas, Glasgow Rangers, exibiram durante muito tempo um anúncio de um tipo de cerveja leve escocesa, refletindo a séria simbiose do jogo nacional com a bebida. A produção do *kit* do time tornou-se cada vez mais uma apreciada fonte de renda para os clubes. Em 1996, o Manchester United assinou um contrato por cinco anos com a Umbro no valor de 10 milhões de libras por ano. Em julho de 1997, o Real Madrid garantiu um contrato semelhante por dez anos com a Adidas. Dizem que o contrato de dez anos da Nike com a seleção brasileira é no valor de 250 milhões de libras esterlinas. Esses arranjos são altamente lucrativos para as indústrias transnacionais; clubes como o Real Madrid e o Manchester United são símbolos de mercadorias globais, reconhecidas e consumidas universalmente. Enquanto isso, a indústria manufatureira cria uma variedade de novos modelos de camisas para serem usadas pelo time em cada temporada, obrigando os torcedores "leais à marca" a pagar altos preços por cada uma.

A importância crescente do patrocínio provoca conflitos mais profundos entre jogadores, clubes e nações. Até há pouco tempo, os jogadores eram pouco mais que o "homem-sanduíche" para anunciar os produtos dos patrocinadores dos clubes (Brohm, 1978, p. 176). A mercantilização do corpo foi intensificada quando a maior empresa mundial de produtos esportivos, a Nike, entrou no futebol. A base de vendas e o poder financeiro da Nike cresceram rapidamente por meio da assinatura de contratos com as personalidades americanas de esportes, principalmente Michael Jordan, Tiger Woods e Pete Sampras. A Nike estava certa de que o basquete desalojaria a supremacia global do futebol depois que o *Dream Team** americano de jogadores de basquete estrelou nas Olimpíadas de Barcelona em 1992 (Katz, 1994, p. 29). O acontecimento não conseguiu provocar um grande impacto nas vendas, de modo que a Nike, em vez disso, voltou a atuar nos mercados de futebol locais (idem, 1994, p. 203). Inevitavelmente, a empresa esteve no centro da maior especulação quando assinou um contrato com Ronaldo, do Brasil, em 1996, considerado seu patrimônio do futebol. O contrato rende a Ronaldo um mínimo de 10 milhões de libras esterlinas durante mais de dez anos e, supostamente, 120 milhões de libras durante sua vida pós-futebol. Isso também deixou o jogador em conflito de mercado imediato com seu empregador na época, o Barcelona (patrocinado pela Kappa) e seu possível empregador, a Lazio (patrocinado pela Umbro). Finalmente, Ronaldinho assinou um contrato com a Internazionale, que convenientemente passou a ter a Nike como patrocinadora de suas camisas. A Internazionale vendeu, então, 35 mil camisas com a estampa de Ronaldo nos dez dias da transferência, recuperando assim parte dos 19 milhões de libras esterlinas. A questão de quem era o "dono" do jogador, Inter ou Nike, foi temporariamente muito mais evitada do que questionada. Posteriormente, houve uma controvérsia global centrada em por que Ronaldinho havia jogado na final da Copa do Mundo de 1998 contra a França, tendo sofrido poucas horas antes uma convulsão e recebido medicamento sedativo. Alguns jogadores brasileiros sugeriram que o contrato secreto entre a Nike e as autoridades brasileiras do futebol continha uma cláusula estipulando que o patrimônio da empresa deveria atuar os noventa minutos inteiros em todos os jogos internacionais.

Outros conflitos de patrocínio surgiram entre jogadores individualmente e times nacionais. Na preparação para as finais da Copa do Mundo na França, a Federação Francesa de Futebol assinou um contrato de chuteiras com a Adidas até 2002, estipulando que todos os jogadores deveriam

---

* Expressão usada pelos americanos para falar de sua seleção nacional de basquete. (N.T.)

usar o calçado da empresa. Mais da metade dos jogadores de futebol franceses naquela época mantinha contratos de patrocínio com outras empresas (*Independent on Sunday*, 1º de junho de 1997). Da mesma maneira, antes das finais de 1994, jogadores, *managers* e associações de futebol da Irlanda mantinham contratos assinados e conflitantes, com uma série de empresas, principalmente com instituições bancárias. Nenhum desses casos resolveu a questão do controle do patrocínio.

O cenário financeiro global do futebol de clubes contemporâneo produz também, atualmente, conflitos de interesses internacionais. Notoriamente, os trabalhadores de fábricas no mundo em desenvolvimento recebem salários muito baixos para produzir mercadorias de futebol para o mundo desenvolvido. Em maio de 1996, a Confederação dos Sindicatos Livres noticiou que o trabalho infantil, no Paquistão e em outras nações asiáticas, estava produzindo bolas de futebol para os jogos profissionais, deixando a Fifa na situação embaraçosa de formular políticas antiescravocratas. O patrocínio de times de futebol no mundo em desenvolvimento é também voltado para os interesses ocidentais. Por exemplo, a Parmalat foi um dos principais personagens na transnacionalização do patrocínio do futebol. Em meados da década de 1980, a Parmalat estabeleceu-se como a maior indústria de laticínios do sul da Europa, com um movimento anual de 1 bilhão de dólares. Em 1987, a empresa comprou o clube local Parma, financiando a importância de 66 milhões de dólares durante dez anos. Ao mesmo tempo, a Parmalat voltou sua atenção para contratos de patrocínio internacionais. A maior parte do dinheiro (cerca de 24 milhões de dólares) foi para o Palmeiras, de São Paulo, enquanto outros contratos com o Peñarol (Uruguai), Boca Juniors (Argentina), Santa Cruz e Juventude (Brasil), Benfica (Portugal), Dinamo de Moscou (Rússia), Parmalat (antes denominado Videoton, Hungria) e, mais tarde, Atletico Chacao (Venezuela) fez a Parmalat desembolsar mais de 100 milhões de dólares em oito anos de envolvimento com o futebol (*World Soccer*, novembro de 1995). Esses clubes consideraram o investimento da Parmalat como comercialmente inspirado, para familiarizar mercados distantes com o nome de marca da empresa. Todavia, as beneficências podem vir com imposição de restrições. Por exemplo, a companhia tentou usar sua influência sobre o Palmeiras para facilitar a venda de dois jogadores para o Parma, a joia em sua coroa do futebol.

Um caso de imperialismo cultural observado durante muito tempo parece ter se desenrolado entre o Brasil e o Japão. O famoso brasileiro Zico é proprietário do time de um clube em crescimento no Rio de Janeiro, patrocinado por seu clube anterior japonês, Kashima Antlers. O arranjo permite que os jogadores circulem entre os dois clubes. O lucro líquido favorece apenas o clube japonês, enquanto seu parceiro brasileiro é transformado em um campo de treino glorioso. Os jovens japoneses têm o benefício de jogar com os jogadores e técnicos brasileiros. Mas o Kashima Antlers tem o direito de escolher todos os craques do clube: o *status* de Zico no Brasil garante que milhões de jovens jogadores aspirem juntar-se a ele. Uma situação mais sinistra prevalece na África ocidental. Um agente do futebol italiano fundou um clube em Gana para recrutar jovens jogadores que possam ser, então, vendidos para a Europa quando atingirem dezesseis anos de idade, um sistema denunciado pelas autoridades do futebol italiano como "escravidão" (Broere e van der Drift, 1997, p. 94-97). Portanto, o envolvimento ocidental no desenvolvimento dos esportes no Terceiro Mundo tende a mascarar casos de imperialismo clássico, transformando o atleta em mercadoria como o grão de café ou a banana. Agentes ocidentais constroem campos de treino para refinar o material bruto e rico de talento nos esportes, que aceita a oferta específica. Os produtos mais finos são enviados para serem consumidos pelo afluente mercado ocidental; o resíduo inferior é deixado para a população local (Klein, 1991). Essas desigualdades profundas devem crescer, uma vez que o dinheiro da TV aumenta o poder financeiro dos clubes ocidentais.

O futebol no Reino Unido e a revolução da TV

O casamento do futebol com a televisão nem sempre foi apaixonado. Durante muito tempo, os diretores de clubes do Reino Unido suspeitaram da transmissão ao vivo do futebol pela TV, desconfiados de que poderia afetar adversamente o público das partidas, especialmente quando as opções de lazer multiplicaram-se a partir da década de 1960 (Hargreaves, 1986, p. 116; Crissel, 1997, p. 155). No entanto, no final da década de 1970, os diretores se tranquilizaram com a ideia de que a televisão constantemente controlada ajudava a atrair o público para os jogos. Uma pesquisa nos Estados Unidos confirmou que o esporte televisionado aumentou a renda das bilheterias, intensificando o reconhecimento e a lealdade ao time (Horowitz, 1974). Outros sustentaram que a fundação de qualquer liga de esportes moderna dependia de um acordo de transmissão (Scully, 1995, p. 28-29).

As associações de futebol na Inglaterra e na Escócia tenderam a desfrutar um relacionamento próximo com a BBC e com a ITV, que compartilharam grandes momentos do futebol (Szymanski e Smith, 1997, p. 150). As quantias pagas, por partida, pela televisão eram extraordinariamente baixas. Em 1978, a BBC assinou um contrato por quatro anos com a Liga de Futebol por apenas 9,8 milhões de libras esterlinas (Cameron, 1997). Cinco anos depois, o primeiro contrato para transmitir ao vivo o futebol da liga inglesa envolveu a modesta soma de 2,6 milhões de libras. O "duopsônio" terminou durante o final da década de 1980, quando a televisão por satélite surgiu com três canais dedicados ao esporte (Whannel, 1992, p. 59). O principal jogador tornou-se logo a BSkyB, uma empresa satélite por assinatura, que nasceu da fusão das empresas rivais BSB e Sky TV. Seu controlador, de fato, é Rupert Murdoch, de quem o império da mídia transnacional, a News Corporation, é dono de 40% da BSkyB (Fynn e Guest, 1994, p. 63).

Em maio de 1992, a BSkyB e a BBC assinaram um contrato de 304 milhões de libras esterlinas, por cinco anos, com a nova English Premiership. A BSkyB pagou 191,5 milhões de libras para transmitir ao vivo sessenta partidas em cada temporada; a BBC pagou 22,5 milhões de libras para partidas regulares; os outros 90 milhões chegaram de patrocínios e de direitos da TV no exterior. O contrato efetivamente excluiu a ITV da cobertura dos principais jogos domésticos, exceto as partidas da Copa dos Campeões em que os clubes ingleses fracassaram. Em resposta, em novembro de 1995, a ITV assinou um contrato de 60 milhões para cobrir ao vivo as partidas da Copa FA, durante quatro temporadas a partir de 1997. A BSkyB foi novamente um parceiro importante, pagando 55 milhões de libras pelas partidas ao vivo, exceto a final, com a BBC limitada a um pacote de 15 milhões. Sete meses depois, a BSkyB anunciou um novo contrato de 670 milhões de libras com a English Premiership para cobertura ao vivo das partidas de mais de quatro temporadas. De maneira significativa, o acordo incluiu uma cláusula de *pay-per-view*. A BBC continuou como parceiro junior, pagando mais 73 milhões por grandes momentos gravados (*The Observer*, 4 de maio de 1997). A ITV foi mais uma vez excluída. Alguns grandes executivos dos principais clubes ingleses criticaram o contrato por vender seu produto por um preço depreciado.

Grandes avanços tecnológicos na transmissão por satélite foram vitais, mas o novo ambiente social e político do futebol inglês foi extremamente importante para possibilitar esses contratos monumentais. O enorme desembolso inicial da BSkyB foi efetivamente subsidiado por lucros de entretenimentos de outras operações da News International, fundamentalmente o império que incluía os principais tabloides, o *Sun* e o *News of the World*. Desde então, o futebol da BSkyB e de outros serviços por satélite desfrutaram de lucros fabulosos (314 milhões de libras esterlinas em 1997), possibilitando à News Corporation iniciar uma guerra de preço dos jornais contra os títulos rivais.

Enquanto isso, a FA capitalizou as desigualdades entre os clubes da Liga Inglesa, formulando um "Plano de ação para o Futuro do Futebol". O documento propôs a fundação de uma Primeira Liga de 18 times separadamente, que deteria a renda total da televisão, em vez de passá-la para todos os 92 clubes seniores. A nova liga iniciou os negócios em agosto de 1992. Foi favorecida particularmente pelos clubes que não participavam da elite "Big Five", que lutaram para ganhar a cobertura da TV mundial, ao mesmo tempo que times como o Arsenal e o Liverpool ganharam 1 milhão de libras esterlinas por ano com as placas de publicidade muito televisionadas. O novo contrato BSkyB garantiu uma divisão mais equilibrada das rendas da televisão e, assim, seguiu os princípios estabelecidos em outras grandes nações europeias, como a Itália[3].

Pay-per-view no jogo global

O incentivo a longo prazo para os organismos do futebol assinarem contratos com as emissoras por satélite é a televisão *pay-per-view* (PPV). Nesse sistema, os assinantes da TV pagam por um único evento de esportes (como uma simples partida de futebol) em vez de assinarem um canal de esportes por uma quantia mensal ou anual. Teoricamente, os telespectadores podem fazer um pagamento separadamente, talvez de 10 libras esterlinas por partida; anteriormente, um pagamento mensal de 30 libras cobria o mesmo jogo e, talvez, outros nove. O sistema PPV é certamente mais popular (e lucrativo) quando o jogo envolve grandes atletas: o campeonato de boxe, especialmente peso-pesado, foi sua principal fonte de renda nos Estados Unidos e no Reino Unido.

Em 1996, a pesquisa Harris, feita com os telespectadores do Reino Unido, descobriu que o PPV poderia cobrar 10 libras por partida de clube inglês, tirando um lucro líquido com a Primeira Liga de 2,5 bilhões de libras por ano. Os grandes clubes, como o Manchester United, renderiam até 380 milhões de libras. Compreensivelmente, os economistas comemoraram essas projeções com certo ceticismo. Outras pessoas indicaram renda anual de 700 milhões de libras; continuava também a incerteza a respeito da elasticidade da demanda relativa ao preço do PPV (Cameron, 1997). No entanto, sem dúvida, o PPV vai aumentar mais do que reduzir a renda bruta dos principais clubes ingleses.

O sistema PPV para jogos de futebol foi introduzido, pela primeira vez, pela empresa francesa Canal Satellite em setembro de 1997. Oferecia aos telespectadores qualquer partida da Primeira Divisão francesa por 50 francos; todos os jogos seriam televisionados por 25 francos a mais, enquanto um ingresso para a temporada dos jogos custava 1 000 francos. O papel revolucionário do canal francês não foi por um acaso, uma vez que a televisão já contribuía mais para a renda dos jogos domésticos do que as rendas de bilheteria (Guest e Law, 1997). Embora sua qualidade fosse bem inferior ao *status* das outras continentais rivais, o PPV francês atingiu um núcleo de 500 mil assinantes no primeiro ano de funcionamento. Mais tarde, na mesma temporada, a empresa de televisão italiana Telepiù 2+ pegou a mesma estrada para cobrir todos os jogos da Série A por meio de transmissões digitais.

Subjacentes à dinâmica de PPV estão as dimensões nacionais e transnacionais do público em potencial. Nos grandes mercados de televisão, como Inglaterra, Itália, Alemanha, França e Espanha, imagens para um público altamente lucrativo são garantidas, mesmo se ele constituir apenas 2% do total de telespectadores[4]. Mercados menores, tais como Holanda, Escócia, Portugal, Bélgica e Suécia, não esperam competir com essas rendas. Todavia, essas nações têm também, pelo menos, um ou dois clubes com maiores aspirações europeias. Seu dilema talvez possa ser mais sucintamente ilustrado pelo Glasgow Rangers, o maior clube da Escócia com uma cifra de negócios de mais de 30 milhões de libras, confinados em uma liga doméstica, que aumenta apenas 4 milhões com direitos de televisão. Abaixo da fronteira, clubes ingleses bem menores percebem que sua renda é multiplicada pelo dinheiro da televisão que o Rangers não consegue tocar. Para corrigir esse crescimento financeiro atrofiado, clubes como o Rangers mudaram sua atenção para competições europeias mais consistentes, à medida que a participação na liga doméstica torna-se uma questão secundária.

Um possível resultado é uma Liga Europeia mais desenvolvida, uma vez que a Europa segue o modelo da América do Sul, mediante sua obsessão pela TV com torneios subcontinentais muito mais do que com os nacionais[5]. É possível alcançar, aqui, uma aproximação entre os maiores clubes dos mercados mais amplos de televisão, uma vez que suas associações de futebol nacional se esforçam para satisfazer as demandas desses clubes por uma parte maior dos ganhos imprevistos da televisão. Em agosto de 1998, a Uefa agiu para evitar a proposta de uma Liga Europeia separada, reestruturando as competições continentais existentes para aumentar a renda de televisão dos maiores clubes europeus. Uma segunda alternativa é a criação de novos torneios que envolvam nações vizinhas. As possibilidades incluem a sempre proposta Copa Britânica ou Liga Britânica, ou a tentativa mais concreta feita pela Bélgica e pela Holanda para participar de um torneio de ligas. Ao mesmo tempo que o futebol continua nessa fase de transição entre o nacional e o global, os jogadores líderes acham que há demandas exageradas para seu trabalho. A introdução de uma liga mundial de clubes e de inúmeros novos torneios (como a Copa das Confederações) pode aumentar a renda de televisão da Fifa e das associações nacionais, mas os jogadores lutam para ter umas férias para recuperação. Enquanto isso, os conflitos do clube *versus* país emergem, uma vez que essas estrelas altamente remuneradas recebem ordens para perder os jogos das ligas domésticas para dar crédito a essas charadas internacionais.

Os organismos que governam o futebol têm *eo ipso* encorajado essas desconstruções das fronteiras nacionais baseadas na televisão. Um princípio-chave na Uefa era de que as associações nacionais tivessem poder para decidir o número de partidas de futebol de outros países que poderia ser televisionado. Por exemplo, a Associação escocesa queixou-se do baixo público nos jogos das pequenas ligas que foram jogados na mesma hora que a BSkyB estava transmitindo ao vivo as partidas inglesas na Escócia. No entanto, junto com a desregulamentação governamental da mídia, aquele princípio foi descartado, de modo que, no Reino Unido, é possível assistir a várias partidas disputadas em outros países ao mesmo tempo que os times inglês ou escocês estão jogando. Em segundo lugar, a designação dos locais das finais de torneios também desconstruiu fronteiras nacionais. A Uefa decidiu que as finais do Campeonato Europeu no ano 2000 seriam na Holanda e na Bélgica, e considerou uma candidatura conjunta das nações nórdicas para o torneio[6] de 2008. Para acalmar os ânimos políticos, a Fifa decidiu que a Copa do Mundo de 2002 será no Japão e na Coreia do Sul, antes de passar a persuadir futuros candidatos de que, a partir de agora, nenhuma proposta conjunta será considerada.

Na Europa ocidental, dois fatores garantiram as redes de televisão que dominavam a transmissão dos torneios internacionais de futebol. Em primeiro lugar, os organismos governamentais comprometeram-se publicamente a conseguir o máximo de telespectadores. Em segundo lugar, a EBU, formada pelas maiores estações nacionais de TV, foi capaz de pagar o suficiente para a Uefa e para a Fifa de modo a garantir que elas não reconsiderassem sua postura democrática. No entanto, a proliferação de novos canais por assinatura multiplicou o poder de oferta de rivais da EBU e descobriu o preço da democracia semiótica dos organismos governamentais. O contrato global para a Copa de 98 na França rendeu nada mais que 120 milhões de libras esterlinas com a EBU ganhando os direitos europeus. Os direitos para as duas próximas finais em 2002 e 2006 foram ganhos por uma oferta associada do grupo alemão Kirsch e da ISL (agentes de publicidade da Fifa, instalados em Lucerne) no valor de 1,45 bilhão de libras esterlinas. Particularmente, a EBU não conseguiu uma oferta por direitos semelhantes que atingisse 1 bilhão de libras. Embora a Fifa sustente que todos veriam as finais livres de encargos, efetivamente vendeu o direito para colocar em prática essa política; com as mudanças necessárias, é inevitável o *pay-per-view* para as principais partidas.

Reações críticas à revolução da TV

A oposição à influência crescente da televisão centrou-se em seus efeitos nitidamente negativos sobre o futebol. A crítica mais constante é de que o futebol vai se tornar igual ao esporte americano, em que a televisão "controla o tempo e o horário do jogo" (Brailsford, 1991, p. 156). O calendário do futebol pode ser alterado para se adaptar aos horários da TV e as próprias partidas fragmentadas para permitir os intervalos comerciais (Hoch, 1973). E o que é mais sério, argumenta-se que a televisão acelerará a transformação dos torcedores de "membros" do clube para "consumidores" (Critcher, 1971, p. 116-117). O novo espectador pode escolher "fazer a comparação entre preços" no supermercado do futebol para descobrir o time com as melhores características (Alt, 1983, p. 100). A base do torcedor de pequenos clubes de futebol será irrevogavelmente corroída. Os clubes da segunda ou terceira divisão desaparecerão da mesma maneira que o dialeto ou o sotaque da localidade. A próxima geração de torcedores de futebol desarraigados pode chegar a praticar formas de linguagem e de torcida sem referências locais, fomentadas pela cobertura espetacular dos times principais pela TV.

Uma crítica relacionada é a ameaça feita pela televisão a uma das maiores atrações do futebol: "a incerteza do resultado". O futebol profissional sempre tendeu economicamente em favor dos grandes clubes que têm condições de comprar e de pagar os melhores jogadores. Isso ficou mais óbvio desde a abolição do velho "sistema de passe e de transferência". Alguns economistas sugeriram que o futebol deveria seguir o modelo *reverse draft* de recrutamento do jogador utilizado no futebol americano, mas a pobre integração estrutural do jogo com o sistema de educação impede essa opção (Leifer, 1990, p. 658)[7]. A distribuição desigual dos pagamentos feitos pela televisão entre os clubes resulta em uma concentração ainda maior da riqueza financeira e do sucesso no futebol. O sistema PPV acelerará esse processo, mas outros acontecimentos televisionados podem contribuir para isso. Alguns clubes, especialmente o Manchester United, introduziram seus próprios canais de TV por assinatura, permitindo comerciais de produtos do clube e a reprodução da lealdade dos torcedores, mediante a apresentação de antigas partidas e de times de jogadores jovens.

A longo prazo, um canal de TV estimularia o clube a deter o *copyright* de todos os seus jogos. Os grandes clubes receberiam muito mais *royalties* mediante o fim dos contratos de televisão coletivos e a fragmentação dos pacotes de transmissão ao vivo e dos grandes momentos. Na Holanda, em 1997, os quatro clubes principais (PSV, Ajax, Feyenoord e Vitesse Arnhem) quebraram sua associação em liga nacional, assinando um contrato de televisão separadamente com o Canal Plus. Embora outros clubes holandeses tenham iniciado uma ação legal, o acordo foi apoiado pelo representante da União Europeia, Karel van Miert, com base na competição do livre mercado. O poder televisual resultante desses pequenos cartéis pode ser determinado por processos de integração vertical, uma vez que as empresas de televisão começam a comprar parte dos clubes de futebol. Em setembro de 1998, a oferta da BSkyB de 623 milhões de libras esterlinas para o Manchester United incitou um frenesi de negociações, envolvendo clubes ingleses e transmissoras por satélite[8]. Os que têm êxito em suas ofertas podem sentar-se dos dois lados da mesa em que os clubes e as estações de televisão negociam novos contratos. A Uefa e a Fifa devem ter seus poderes constitucionais desafiados pelos interesses de transmissão dos maiores clubes enquanto satélites das redes por satélite.

No âmbito nacional, há suspeita de que os resultados das partidas podem ser diretamente influenciados pelos interesses da televisão. Na América Latina, isso já ocorreu. A empresa argentina T y C tem direitos exclusivos de transmitir jogos ao vivo na Argentina, no Uruguai, no Paraguai e no Chile. Seu contrato com a Federação argentina, estranhamente, é válido até 2011, possibilitando à T y C televisionar quatro partidas ao vivo todo fim de semana, de sexta a segunda-feira. Isso desperta o público no sentido de que a perseguição dos telespectadores pela TV induzirá em favor dos principais clubes e acabará com a integridade da competição. Em 1993, em um movimento que, na melhor das hipóteses, foi sem ética e, na pior, corrupto, a T y C interveio na última semana do campeonato da liga. Com uma simples vitória do grande clube River Plate sobre o Velez Sarsfield, a

T y C movimentou-se para comprar o melhor jogador dos adversários na partida final contra o River, Argentinos Juniors, e o vendeu para o River – que oportunamente venceu a partida e foi confirmado como campeão. No México, a Televisa dominou os jogos internos desde 1969 (Orozco, 1994, citado em Arbena, 1998), e teve papel importante na atração das finais da Copa do Mundo de 1986 para lá (Glanville, 1997, p. 271). A Televisa controla três grandes clubes da nação, mantém os direitos das partidas da seleção nacional e é dona do estádio Azteca. Em meados da década de 1990, considerou-se que a seleção foi manipulada pela empresa. O *manager* do time mexicano, Bora Milutinovic, foi favorecido pela Televisa; a simpatia foi retribuída em parte por sua curiosa recusa de selecionar o principal artilheiro da nação (Hermosillo), que jogava para um clube de propriedade de uma rede concorrente.

A tendência a um declínio da "incerteza do resultado" parece contrariar os interesses da televisão, uma vez que o público de poltrona prefere partidas competitivas. O livre mercado do futebol na cobertura da televisão acelerará o movimento dos grandes jogadores para os clubes de maior prestígio, desestabilizando o princípio básico do jogo, ou seja, a competição. Como essa contradição é percebida pelo triunfo rotineiro dos superclubes sobre os enfraquecidos rivais domésticos, é provável que a televisão reaja focalizando mais a maneira como os principais clubes se preparam internacionalmente, para regenerar alguma incerteza dos resultados. As competições de cartel que envolvem grandes clubes continentais serão cada vez mais atraentes para as empresas de televisão, que se fecharam em uma rede de contratos internacionais para controlar o desenvolvimento da televisão digital. A anunciada Liga Mundial Fifa-Adidas, inicialmente marcada para começar em 2008, promete ser a maior atração televisual centrada nos clubes.

Um possível perigo para a revolução da televisão é o argumento político relativo à justiça social de acesso aos principais eventos esportivos na TV. Em síntese, fazer os telespectadores pagarem mais para assistir ao futebol simplesmente enfatiza as desigualdades de acesso a esses produtos de lazer. Não há nada na lógica econômica do PPV ou da TV por assinatura para evitar que a ampla maioria dos telespectadores perca algo que assistiria com prazer se não fossem os encargos adicionais.

Por trás desses protocolos para uma democracia semiótica encontra-se uma reafirmação do "interesse nacional". A aquisição pela televisão por satélite das maiores competições provocou um inquérito parlamentar no Reino Unido sobre a necessidade de garantir que os eventos de esportes "de primeira", de importância nacional, continuem disponíveis na TV aberta. Os eventos listados incluem não só as finais da Copa dos Campeões, mas as corridas de cavalo Derby, os campeonatos de tênis em Wimbledon, os Jogos Olímpicos e a Copa do Mundo (Hargreaves, 1986, p. 199). Todos esses são rituais políticos e profundamente simbólicos, em que emblemas nacionais (bandeiras, hinos, líderes políticos, aristocracia) são exibidos na abertura. O controle desses eventos esportivos pela TV por assinatura pode ser visto como violação dos direitos culturais dos cidadãos a assistir-lhes de graça. A repentina exclusividade dos esportes mais importantes ameaça também fragmentar a dimensão unificada que esses eventos têm em relação à identidade nacional[9].

Paradoxalmente, a legislação parlamentar vai salvaguardar a TV aberta somente no que se refere a poucas partidas de futebol importantes do Reino Unido. Os grandes partidos políticos nitidamente favorecem a desregulamentação da mídia. Os governos tentam demonstrar seu interesse público na mercantilização do futebol, mas se isentam da responsabilidade política do ato. A criação de um "grupo de trabalho"[*] especificamente voltado para o futebol em agosto de 1997 foi ilustrativa. Embora o "grupo de trabalho" pretenda representar o ponto de vista dos torcedores em particular, é dirigido pelo controverso antigo membro conservador do Parlamento, David Mellor. Nas palavras de Habermas (1987b), o "grupo de trabalho" é mais orientado para a ação "estratégica" do que para a ação "comunicativa". Ele facilita uma política governamental defensiva, voltada para o futebol, mais determinada pelas opções e soluções "técnicas" do que pelo debate político ou moral. Idealmente, facilitaria a troca de ideias e de perspectivas amplas e francas, sustentadas por todos na comunidade do futebol. Seu objetivo seria possibilitar uma "contribuição intersubjetiva" e um consenso entre todas as partes. Na realidade, está envolvido com a obtenção de "resultados" técnicos; estratégias de custo-benefício ocupam a cena central, com os mais poderosos empresários do futebol (principalmente a televisão por satélite) flexionando seus músculos.

Por outro lado, uma das análises mais perspicazes sobre o futuro do futebol foi feita por Mark Perryman (1997) em um panfleto sensato para a Fabian Society[**]. Perryman esboça algumas políticas sociais radicais destinadas ao jogo contemporâneo, solicitando aos clubes que adotem uma estratégia mais comunitária. Argumenta que eles deveriam se tornar muito mais envolvidos no trabalho de caridade e contribuir mais, pelo menos, para a educação nos esportes e para os projetos de treinos comunitários. De maneira crítica, ele demanda a criação de um controle do futebol para salvaguardar os interesses dos torcedores, de modo que as indústrias monopolizadas sejam monitoradas e regulamentadas.

---

[*] Também conhecido como "força-tarefa", em tradução literal de *task force*. A ideia é de grupos criados para uma tarefa bem específica. No caso do exército, são grupos enviados para negociar em locais em crise militar. (N.T.)
[**] Organização fundada em 1884, na Inglaterra, para difundir princípios socialistas aos poucos e pacificamente. (N.T.)

Os clubes de futebol e o mercado de equidade: França, Reino Unido e outros mais distantes

A mercantilização do futebol dos clubes europeus foi determinada por um grande número de fatores conjunturais pós-modernos. Os lucros projetados da televisão por satélite/PPV coincidiram com o modismo crescente do futebol no período pós-1990, chamando assim a atenção dos mercados financeiros. Nesta seção, discuto os importantes acontecimentos financeiros no mercado do futebol pós-moderno.

Vamos começar observando que o futebol passou por períodos anteriores de "*boom* e quebra". A montanha-russa do futebol francês durante a década de 1980 é um bom exemplo disso. O rápido crescimento baseou-se na areia movediça financeira. O colapso subsequente do futebol francês tornou-se uma lição sobre as políticas corruptas e desestabilizadoras do livre-mercado propostas pelos regimes ocidentais de direita, inclusive pelo presidente Mitterrand e sua pálida administração socialista. Para sustentar as indústrias culturais da França, os socialistas introduziram as políticas de impostos *laissez-faire* para os que tinham mais lucro, inspirando os clubes franceses a atrair craques do exterior mediante pagamentos de alguns dos salários mais altos da Europa. As maiores rendas da televisão estavam por vir (embora em parte alguma chegassem perto da escala do sistema PPV), enquanto o futuro financeiro do jogo nacional parecia garantido depois de vencer o direito de entrar em cena nas finais da Copa do Mundo de 1998. E o que é mais importante, vários empresários carismáticos tomaram o controle dos grandes clubes. Bernard Tapie chegou ao Olympique de Marseille, Jean-Luc Lagardère ao Racing Matra de Paris, e Claude Bez ao Bordeaux; o investimento de peso do príncipe Rainier, no Mônaco, também é digno de nota. Entre 1977 e 1988, as rendas do futebol francês saltaram de 37 milhões de francos franceses para 870 milhões. A estrutura corporativa dos clubes franceses mudou de tradicional para impetuosamente moderna. Durante o final das décadas de 1960 e 1970, o St. Etienne foi o clube de maior êxito na França, chegando à final da Copa dos Campeões em 1976. Ele pertencia a uma empresa local e funcionava de acordo com a ética familiar de negócios, que se traduzia em disciplina, trabalho árduo e contínuo. O declínio do St. Etienne coincidiu com a ascendência do Olympique no final da década de 1980 sob o controle de Bernard Tapie, proprietário da cadeia de esportes Adidas. Em Marseille, Tapie introduziu sua fórmula de negócios inteiramente moderna. As empresas com dificuldades financeiras foram compradas a preço de banana; toda a empresa passou por uma auditoria, sendo os galhos mortos cortados; profissionais honestos foram contratados para a obtenção de resultados imediatos, paralelamente a uma intensa campanha publicitária (Raspaud, 1994).

A repentina expansão financeira do futebol francês não teve o menor referencial cultural ou econômico. A torcida francesa era volúvel, caracterizada por um público reduzido e poucos gastos. Subornos nas salas de reuniões e escândalos provocados pelas armações dos resultados agitaram o Olympique de Marseille, o Toulon e o Bordeaux. O Racing Matra foi liquidado no meio de dívidas volumosas. Grandes déficits, em francos franceses, foram anunciados pelo Bordeaux (242 milhões), Brest (80 milhões), Toulon (70 milhões), Niort (47 milhões) e Laval (9 milhões) (Broussard, 1991). Em 1991, a renda dos jogos chegou a 1,2 bilhão de francos franceses, mas o déficit era de 800 milhões. O Olympique de Marseille e o Bordeaux foram forçosamente rebaixados e o futebol francês entrou em sua fase pós-expansionista de rápida "versão reduzida". Os clubes pequenos, baseados em princípios rígidos de negócios e fortes times jovens, tais como o Nantes e o Auxerre, emergiram para competir com êxito contra os maiores sobreviventes, como o Mônaco e o PSG. De maneira notável, com exceção do PSG, todos os clubes franceses estão, agora, firmemente em outra posição na oferta do mercado europeu de grandes jogadores.

O futebol inglês enfrentou períodos de austeridade moderna nas décadas de 1970 e de 1980. A base de sua torcida e a vigilância das dívidas dos clubes garantiram que a experiência pela qual a França passou raramente se repetisse. Em meados da década de 1990, os clubes do Reino Unido estiveram sob severa pressão do Relatório Taylor, que aumentou os preços das transferências e os salários dos jogadores. Para aumentar seu capital investido em trabalho, muitos dedicaram-se a uma expansão da propriedade acionista e tornaram-se membros da Bolsa de Valores de Londres. No início de 1997, dezenove clubes levantaram mais de 2 bilhões de libras esterlinas no principal mercado de ações e em suas ramificações menores (Sloane, 1997). A maioria desses clubes desfrutou de aumentos de mais de 200% nos preços das ações; clubes, como Aston Villa, Liverpool e Glasgow Rangers ganharam 500 por cento de seu valor original. Esses lucros espetaculares foram garantidos pela extrema lealdade dos acionistas: muitos pequenos investidores eram torcedores com um envolvimento emocional com o clube, impedindo a rápida e lucrativa venda de ações (McMaster, 1997). As instituições financeiras foram induzidas a comprar ações devido ao crescimento potencial do futebol fora do campo e logo adquiriram a maior proporção das ações.

No entanto, os resultados do jogo tiveram impacto sobre os preços de todas as ações. Durante a temporada de 1996-1997, o Millwall foi obrigado a pedir ajuda aos administradores e a demitir vinte empregados do clube, passando a ter um fraco desempenho. O valor de mercado do Sheffield United caiu 31% (mais de 9 milhões de libras), quando o time perdeu sua partida na rodada classificatória final (*Independent*, 28 de maio de 1997). Além disso, o entusiasmo das instituições financeiras pelas ações do futebol foi acalmado pela notícia da Coopers and Lybrand no Ano-Novo de 1997 de que o setor do futebol havia sido superestimado em 1 bilhão de libras. Durante todo o ano de 1998, muitos clubes que investiram na Bolsa do Reino Unido perderam entre um terço e metade de seu valor original, mas o impulso foi logo recuperado após a oferta astronômica da BSkyB para o Manchester United.

Antes do *boom* do final da década de 1990, as pessoas ligadas aos negócios do futebol administravam clubes locais mais pelas recompensas emocionais e sociais do que pelas financeiras. No entanto, a capitalização multiplicou seus investimentos iniciais em ações. Na Escócia, os investimentos de 6 milhões de libras de David Murray no Glasgow Rangers transformaram-se, em uma década, em um valor investido de 100 milhões. Os 13 milhões de libras de Fergus McCann investidos no Glasgow Celtic, em 1994, atingiram o valor de mais de 50 milhões três anos depois. Os lucros dos maiores clubes ingleses foram igualmente altos. John Hall pagou 8 milhões de libras pelo Newcastle United em 1991; após a venda de ações para o público, em abril de 1997, esse valor tornou-se mais de 100 milhões. No mesmo período, o investimento de 2,7 milhões de libras de Alan Sugar no Tottenham foi reavaliado em mais de 50 milhões. Doug Ellis tinha uma fortuna estimada em mais de 50 milhões de libras no Aston Villa, baseada em seu magro investimento de 500 mil em 1982. O mais espetacular de todos foi o caso de Martin Edwards, que conseguiu ganhar mais de 100 milhões de libras a partir de uma venda gradual de todas as suas ações do Manchester United, menos de uma década depois de ter concordado em vender seu título por 10 milhões de libras a um suposto comprador que não conseguiu o dinheiro (Sloane, 1997). Em todos esses casos, o "investimento público" não significou perda real alguma de controle executivo do clube.

A capitalização no futebol não se restringiu ao Reino Unido. O "cenário financeiro" internacional estimula positivamente os clubes continentais a explorar suas possibilidades de investimento em outros mercados de ações. Vários clubes espanhóis entraram em negociação com administradores de fundos de investimento em Londres, inclusive o Real Betis, o Deportivo La Coruña e o Atlético de Madri (*Independent on Sunday*, 30 de agosto de 1997). Os estatutos legais dos clubes alemães foram reestruturados com o objetivo de facilitar a capitalização. No mínimo seis grandes clubes italianos passaram por austeridade financeira para satisfazer as exigências legais antes do investimento público. A venda de ações da Lazio no verão de 1998 possibilitou-lhe a compra de grandes craques internacionais como Vieri, Salas, de la Peña, Mihajlovic e Stankovic. Sete clubes noruegueses capitalizaram-se, gerando uma renda de aproximadamente 11 milhões de libras esterlinas. Clubes dinamarqueses líderes ignoraram a lição da venda de ações desastrosa do Brondby no início da década de 1980, declarando suas intenções no mercado de ações.

O frenesi da capitalização atraiu o investimento de algumas importantes instituições de negócios em diferentes clubes estrangeiros. Por exemplo, a English National Investment Company (ENIC) mantém uma participação na propriedade do AEK Atenas e do Slavia de Praga que permite seu controle e um grande número de ações minoritárias do time italiano Vicenza e do Glasgow Rangers. Uma das primeiras regulações no futebol do Reino Unido impediu os indivíduos de investir em mais de um clube, para evitar conflitos de interesses e possíveis armações dos resultados. Esses velhos perigos parecem voltar à tona, mas com maior acuidade, uma vez que clubes "irmãos" podem se opor em competições europeias de alto risco. Na seção final deste capítulo, continuo com esse tema para explorar as dimensões ilícitas ou corruptas do mercado do futebol.

Ganhos ilícitos: o lado corrupto do futebol contemporâneo

Basicamente, a prática corrupta no futebol tem duas dimensões. A primeira, a atividade mais tradicional, envolve a armação ilegal dos resultados antes das partidas; a segunda diz respeito à atividade ilegal no âmbito do mercado do futebol, sobretudo no que diz respeito às transferências de jogadores.

A armação dos resultados tem duas motivações categóricas: a satisfação de vínculos emocionais, garantindo vitórias do time favorecido, ou assegurando o ganho financeiro com o resultado. Frequentemente, os dois motivos estão interligados. O maior caso de corrupção na Europa envolveu o Olympique de Marseille, de Bernard Tapie. Um inquérito francês descobriu que muitas partidas foram "armadas" durante todo o ano de 1993, quando o clube venceu a Liga Francesa e a Copa dos Campeões. Finalmente, Tapie foi detido, enquanto o Olympique de Marseille foi forçosamente rebaixado em 1994 e, logo depois, foi decretada sua falência, com dívidas de 48 milhões de dólares. Após um longo inquérito, o Milan foi rebaixado por armação dos resultados; seu presidente e goleiro foram suspensos *sine die*, assim como um jogador da Lazio. Outros oito jogadores foram suspensos de três a cinco anos, inclusive Paolo Rossi, para quem o prazo mínimo foi reduzido a dois anos, permitindo-lhe jogar de maneira decisiva, na Copa do Mundo de 1982. A Internazionale, o Milan e a Juventus estiveram entre esses times, no centro de outros inquéritos da Uefa durante as décadas de 1960 e de 1970. Finalmente, surgiu uma evidência convincente em 1983 de que a Inter havia se aproximado do Groningen da Holanda para entregar um jogo. A Roma foi acusada de "bater" nos árbitros logo depois de sua vitória sobre o Dundee United na semifinal da Copa dos Campeões de 1984; e o Torino foi considerado suspeito de ter contratado prostitutas para atuarem como "intérpretes" nas partidas oficiais europeias.

Outros escândalos fraudulentos concentraram-se, entre outros países, na Bélgica, Hungria, Portugal e Romênia. Em 1983, o grande jogador internacional belga, Eric Gerets, esteve entre os 16 jogadores e árbitros expulsos por armação do resultado da partida Standard Liège *versus* Waterschei. Um ano depois, o Anderlecht subornou o árbitro para vencer o Nottingham Forest na semifinal da Copa da Uefa. Sua admissão em 1997 estimulou os jogadores do antigo Forest a requerer mais de 1,5 milhão de libras esterlinas de prejuízo nos tribunais belgas. Em meados da década de 1980, o estado crônico de corrupção na Hungria foi investigado pela Federação nacional: 260 jogadores e 14 árbitros foram suspensos e, mais tarde, 75 condenados nos tribunais. Em Portugal, o Porto foi acusado de subornar o árbitro romeno para vencer a semifinal da Recopa de 1984 contra o Aberdeen. Na própria Romênia, a Federação nacional admite que a armação dos resultados é endêmica, uma vez que os grandes clubes compram os resultados dos menores, que não têm capacidade de pagar os salários dos jogadores. Uma comissão especial foi criada na Iugoslávia para investigar problemas como esses.

No futuro, quando a economia do futebol se expandir e os vínculos institucionais se tornarem mais complexos, os pagamentos ilegais diretos aos jogadores serão considerados naturais e ineficientes. Os acionistas dos maiores clubes também serão os maiores jogadores em outras áreas da indústria de entretenimento, como a televisão, o rádio, os jornais e as revistas, ou em relações públicas. Eles podem oferecer um grande número de oportunidades aos jogadores para aumentar sua renda proveniente do futebol, abrindo uma loja em *shopping* ou fazendo uma entrevista paga. Em vez de entregar o dinheiro diretamente aos adversários corruptos, nessas indústrias, há inúmeras tramoias possíveis para subornar indiretamente.

De acordo com a ética tradicionalista do futebol, a corrupção do trio de arbitragem da partida provavelmente é mais chocante do que a dos jogadores. A noção de que o árbitro e seus assistentes são "imparciais" é a pedra angular de qualquer jogo. A introdução de árbitros no futebol moderno refletiu o pensamento burguês sobre a posição geral de juízes no esporte que julgam a "neutralidade" e a preservação do "jogo limpo", assim como a conduta de cada time em relação ao outro. Os próprios trios de arbitragem das partidas vêm, em diferentes proporções, da classe média clássica e de profissões da classe média baixa, tais como direito, contabilidade, bancária, ensino e administração média. Tradicionalmente, o *status* "profissional" do árbitro foi tratado com certo ceticismo pelos torcedores de futebol, uma atitude que, desde então, foi fortalecida por uma profunda suspeita como parte de uma desmitificação mais ampla de outras "profissões" da classe média. Se o público torce muito, o árbitro torna-se "simplesmente humano" e é incapaz de suportar a pressão emocional ao tomar decisões fundamentais. Se o clube local está jogando, laços pessoais e a torcida de infância influenciam o árbitro. Histórias populares sobre árbitros influenciados são recicladas em toda a cultura do futebol e adquirem uma força mitológica[10].

Normalmente, os árbitros estão envolvidos na agitação de seu contexto socioeconômico mais amplo. Na Colômbia, alguns foram assassinados por recusar a aceitar subornos ou então se sujeitam às ameaças dos traficantes de drogas, que investem pesadamente nos clubes e "apostam" nos resultados (Olivier, 1992, p. 650; Vélez, 1995, citado em Arbena, 1998). No

Brasil, a evidência veio à tona pelos subornos diretos que mudavam de mãos, mas permanece a imagem de que os juízes são "neutros". No entanto, o sistema de pagamento dos árbitros acaba com sua imparcialidade. Em vez de receber uma soma padrão por partida, os árbitros brasileiros são pagos com uma porcentagem da renda de bilheteria, o que os estimula a evitar serem hostis aos clubes dos melhores torcedores. Grandes clubes tipicamente vencem partidas decisivas controversas contra times menores. Quando dois grandes rivais se encontram, o árbitro batalhará para parecer imparcial e, assim, "equilibrar" qualquer desvantagem encontrada durante os jogos. Por exemplo, se um jogador for expulso, o time contrário tem muita probabilidade de perder um jogador pela menor das faltas, de modo que nenhum time obtenha grande vantagem sobre o outro.

A evidência de suborno e corrupção nas partidas internacionais é muito mais difícil de se identificar. Essas partidas tendem a ser investigadas mais de perto pelas autoridades do futebol e pelos torcedores; há também poucas partidas internacionais em que um jogo potencialmente apertado não seja "significativo" para um time e, assim, mais facilmente "comprado". Além disso, os encarregados das associações nacionais de futebol têm uma posição mais administrativa e menos interativa que os presidentes do clube. As suspeitas mais fortes caíram em uma partida da Copa do Mundo de 1978 na Argentina, quando a seleção da casa precisava vencer o time peruano, que estava com a vantagem, no mínimo por quatro gols para chegar à final. Antes da partida, a Argentina despachou 35 mil toneladas de cereais de graça para a junta peruana e liberou 50 milhões de dólares em crédito bancário. Essas armações foram feitas pelo organizador da Copa do Mundo da Argentina, que era também vice-presidente da Fifa, e a Argentina conseguiu vencer por 6 a 0, após os peruanos terem entrado em campo com quatro reservas e perdido várias chances fáceis (Kuper, 1994, p. 175--176; Arbena, 1990).

Um problema fundamental nesse caso foi que a Argentina sabia exatamente de que resultado precisava para se qualificar no lugar dos adversários, que haviam jogado antes. Quatro anos depois, na Copa do Mundo na Espanha, amigavelmente as nações futebolísticas, Alemanha e Áustria, visivelmente tramaram permitir a vitória da Alemanha por 1 a 0, possibilitando que ambas se qualificassem em detrimento da Argélia, que já tinha jogado sua partida do grupo final. Para combater essas armações escandalosas, a Fifa decretou que a rodada final das partidas por grupos em todos os torneios deveria ser jogada simultaneamente.

Por isso, a armação de resultados nos jogos internacionais atualmente tem menos possibilidade de dar origem a subornos. Em todas as culturas do futebol, o valor dos clubes é superado por suas indústrias de jogos associadas. Em 1997, só a indústria de apostas no futebol do Reino Unido envolveu 427 milhões de libras esterlinas, tendo suas rendas alcançado 823 milhões de libras a mais do que a Loteria Nacional[11]. Na Itália, o Totocalcio, que é patrocinado pelo Estado, ainda atrai mais dinheiro que qualquer loteria rival (Lanfranchi, 1994, p. 142). Apostas adicionais são feitas no momento da primeira cobrança de escanteio, cobrança de falta, substituição ou arremesso lateral, podendo ser facilmente fixadas sem instigar a curiosidade. A aposta ilegal é particularmente corrupta e muito difundida nos países do Sudeste Asiático. Para acabar com os cartéis de apostas ilegais (e ajudar a pagar as novas ligas nacionais), o governo da Cingapura legalizou as apostas durante os jogos. No entanto, permanecem os interesses que a globalização do futebol inevitavelmente coloca em contato com os enormes cartéis de aposta nos países do Sudeste Asiático. Emissários desses cartéis certamente viajaram para a Europa para fazer as armações dos resultados, subornando jogadores profissionais.

A globalização do capital do futebol facilitou também um segundo tipo de corrupção, que envolve atividades fora do campo e que se tornaram mais complexas e menos controláveis. O mercado de transferências dos profissionais é notoriamente obscuro e, nele, conversas informais, palpites anônimos e encontros secretos são vitais para garantir as negociações. Após as revelações nos jornais de que grandes somas não declaradas foram pagas a alguns cartolas como "adoçantes" de transferências, a FA inglesa moveu uma investigação nos bastidores de diversas transferências. Suas descobertas mais interessantes foram relativas à complexidade das transferências de jogadores de outros países, salientando um possível conflito de interesses entre alguns diretores de clubes. Anteriormente, as transferências podiam se dar com três participantes básicos – os *managers* dos dois clubes e o próprio jogador. Atualmente, as relações de mercado são mais complexas; agentes são mediadores dos jogadores, enquanto *managers* assistentes ou descobridores de talentos podem representar o clube nas negociações. Às vezes, a posição das partes pode tornar-se mais confusa. Por exemplo, um importante agente dos jogadores escandinavos desenvolveu uma relação financeira com o descobridor de talentos do Arsenal, que então se tornou crucial na "apresentação" desses profissionais para os *managers* ingleses. Uma vez que a divisão de trabalho do futebol torna-se cada vez mais complexa, intermediários com conhecimento de especialistas e contatos são capazes de garantir uma renda de ambas as partes para a "barganha". O campo para a prática corrupta é evidente.

Agentes dos jogadores tornaram-se cada vez mais importantes durante as décadas de 1970 e de 1980. As transferências de jogadores estrangeiros tornaram-se populares e surgiram dificuldades em torno do papel dos agentes de negociar com diferentes clubes. Para exercer certo controle sobre esse desenvolvimento, a Fifa exigiu que todos os agentes obtivessem "licenças" pagando-lhe uma fiança de 100 mil libras esterlinas e passando por uma entrevista com a relevante Federação nacional. No início da temporada de 1997 havia 286 agentes registrados, mas fugas da licença eram comuns. Frequentemente, os jogadores mantinham seus agentes como "contadores" ou "advogados", evitando assim as sanções da Fifa. Enquanto isso, esses agentes efetivos podiam ignorar as regras da Fifa falando com diferentes clubes ao mesmo tempo que o jogador tinha um contrato de longo prazo com outro clube.

Futebol e estratégia de negócios: rumo ao milênio

Concluindo, podemos dizer que o desenvolvimento dos negócios do futebol passou pelas fases tradicional, moderna e pós-moderna em todas as nações. No Reino Unido, seguindo a transformação dos clubes em companhias, o arranjo "tradicional" compreenderia a propriedade de um número decisivo de ações do clube pela diretoria. Ganhos fora do campo tornaram-se cada vez mais importantes na era moderna do período pós-guerra. Surgiu uma divisão mais ampla da propriedade e do controle, embora as decisões fundamentais continuassem nas mãos dos presidentes dos clubes e de seus assistentes. Desde a Copa do Mundo de 1990, na Itália, a indústria do futebol europeu entrou em uma fase diferente, a pós-moderna. A renda de televisão revolucionou a economia política do jogo, possibilitando que os clubes buscassem novos e mais ricos torcedores para se sentarem no confortável estádio reconstruído. Após a capitalização, os diretores dos clubes acumularam fortunas particulares fenomenais e ao mesmo tempo mantiveram a maioria das ações de seus clubes. Posteriormente, os limites nacionais modernos foram ameaçados por meio de propostas contínuas para uma Super Liga Europeia, independente dos órgãos de futebol reconhecidos, envolvendo oito clubes. Mais uma vez, as rendas de televisão forneceram a inspiração para esses projetos separados, com até 20 milhões de libras esterlinas garantidos para cada clube (*The Australian*, 7 de agosto de 1998).

Outros aspectos dos negócios do futebol, tais como relações entre o clube e o jogador e armações dos resultados, continuaram por meio desse processo. Discuto a posição das relações entre o clube e o jogador mais detalhadamente no próximo capítulo. No entanto, aqui, é suficiente apontar que, tradicionalmente, os jogadores foram efetivamente "propriedades" do clube. Maior liberdade de contrato foi obtida, aos poucos, na Europa, a partir da década de 1960, como um processo de modernização do mercado de trabalho. No entanto, a supremacia do clube em seu relacionamento com os jogadores refletiu-se no fato de usá-los para fazer propaganda dos produtos dos patrocinadores do clube. Mais tarde, um novo período, o pós-moderno, traduziu-se na tendência dos produtores de artigos esportivos contratarem o jogador para os comerciais de suas mercadorias, frequentemente em detrimento dos compromissos de negócios do clube. Fundamentalmente, o jogador é considerado um símbolo da mercadoria mais potente e fidedigno que o clube. Da mesma maneira, em relação à armação dos resultados, sempre houve suspeitas tradicionais sobre a aparente falibilidade dos árbitros e essa prática ilícita. Durante as décadas de 1970 e de 1980 divulgações mostraram que a prática era sofisticada, moderna e amplamente difundida. As regulamentações das apostas ajudaram a mantê-las sob controle dentro das nações. No entanto, na época global pós-moderna do futebol, a fácil circulação do capital e dos cartéis de apostas internacionais acabou com esse controle.

A virada financeira pós-moderna é refletida na mercantilização da "herança" cultural do futebol. Os torcedores hostis podem voltar à "autenticidade" do passado, mas ainda não podem evitar o consumo de uma simulação mercantilizada. As camisas de futebol "clássicas", do período anterior à época em que os nomes dos patrocinadores foram estampados na frente, podem ser compradas pelo correio. Antigas partidas são recicladas em retrospectivas na TV por assinatura. Os museus do futebol introduzem as próximas gerações de torcedores na arquibancada no velho estilo, por meio de modelos simulados e interativos.

Alguns novos comentaristas argumentam que é possível resistir à mercantilização do futebol intensificada pela televisão. Sua premissa central é que os torcedores de futebol não mudam sua lealdade e, portanto, não podem ser definidos como "consumidores" ou "clientes". Uma afirmação ingênua como essa requer uma educação sobre a imaginação sociológica básica. Nenhum torcedor de futebol encontra-se hermeticamente fechado, de modo a impedir a entrada do novo sistema de marketing. A complexidade das relações econômicas do futebol significa que todos os "torcedores" estão vinculados a esse processo de mercantilização. Qualquer um, que paga pela televisão por satélite (diretamente, em casa, ou indiretamente, comprando uma bebida em um *pub* para ali assistir ao jogo), está colocando dinheiro nas mãos dos clubes cujos times estão sendo televisionados, não importa quem ele ou ela apoie. Os torcedores que compram mercadorias de seu clube podem contribuir financeiramente para seu time favorito. Eles também estão colocando dinheiro nas mãos da Umbro, Adidas ou Nike, que pode ser usado para assinar contratos de comercialização maiores com clubes rivais. Um torcedor do Manchester United, que comprou um copo de cerveja Carlsberg em 1996 estava efetivamente pagando ao Liverpool via patrocinador da camisa do clube. Além disso, muitos torcedores de futebol que mantêm para sempre uma afeição por um clube pequeno provavelmente também vão favorecer, no mínimo, a um grande clube. A partir da relação final, o dinheiro ainda é extraído pela mercadoria do clube, pela assinatura de televisão por satélite, assistindo à TV (ajudando assim o preço de venda da placa de publicidade do clube) etc.[12]

Sem dúvida, há uma dimensão de classe nesse processo. A televisão e as empresas de publicidade têm em mira, com êxito, uma nova audiência jovem, de classe média, cujas filiações aos clubes são as mais flexíveis possíveis. Mesmo o campeão dos torcedores da "verdadeira" classe média, Nick Hornby (1992), demonstra como essa torcida especialmente volúvel pode ser. Embora clamando ser um fiel torcedor do Arsenal, Hornby raramente saiu de Londres e viajou para assistir aos jogos do clube; na universidade, sua lealdade foi sacudida pelo Cambridge United. De modo geral, o aspecto da cultura de classe dessa torcida pós-moderna é satisfatoriamente condensado pela oposição entre o "local" e o "cosmopolita" de Hannerz (1990). As classes operárias e as classes médias baixas são ligadas às práticas culturais e identidades (inclusive o time de futebol da comunidade) "locais". As classes médias e as altas tendem a ser mais móveis, geográfica e intelectualmente, e mais "cosmopolitas" em seus compromissos, sustentando um interesse em times de futebol grandes, mas movendo-se para outros lados (ou esportes) quando convém.

Na verdade, o maior perigo para os novos vendedores do futebol é que esse novo torcedor cosmopolita pode abandonar o jogo tão rapidamente quanto ele ou ela ali chegou. Os clubes e os meios de comunicação de massa estão tentando todos os tipos de entretenimento para segurar seu público transicional. Todavia, ultimamente, pode ser que apenas os tipos de jogo mais espetaculares sustentem interesse. Neste sentido, táticas de ataque mais do que de defesa podem chegar a ter mais que um valor estético para os puristas do futebol. Podem também melhorar o nível de "periodicidade do cliente" do clube (entre os espectadores ao vivo e o público de televisão) e, assim, refletir favoravelmente no preço de mercado de seu estoque.

O cenário mais pessimista surge quando essa nova classe, enquanto grande acionista de futebol, põe muito mais ênfase nos dividendos financeiros do que nos emocionais. Permitirão ao clube se endividar por comprar jogadores necessários ao time? No Newcastle United e na Juventus há indícios de que a ala de negócios do clube (de olho em seu valor de mercado) pode entrar em conflito direto com a estratégia do futebol a longo prazo (em termos de investimento pesado no mercado de transferências). Os jogadores são vendidos sem que se encontrem substitutos, enquanto os dividendos filtram dinheiro permanentemente fora do jogo. No mundo do futebol pós-moderno, os craques ganham mais, os diretores e acionistas lucram e as emissoras da mídia criam novos mercados. Surge uma nova classe de torcedores sem direito de voto, que não participa da lucratividade do clube, sem condições de entrar nos estádios e reduzida a assistir ao jogo espetacular na TV do *pub*. Esse é o privilégio dos mercados de futebol "centrais". As nações europeias menores na semiperiferia vão lutar para entrar nele. As nações periféricas (inclusive as ligas latino-americanas) serão cada vez mais atormentadas pela exportação de suas mais preciosas mercadorias que jogam, disseminando as sementes para o futuro subdesenvolvimento de seu velho jogo "nacional".

Notas

[1] O time em jogo espelhava essa rudimentar divisão de trabalho da diretoria. O *manager* controlava todos os negócios do time, inclusive o recrutamento e as transferências, a seleção do time, a disciplina dos jogadores e até mesmo os testes de preparo físico. Nos clubes maiores, o *manager* podia indicar vários

subalternos para controlar os times de reserva e dos jovens e para descobrir talentos. Não existia a menor separação entre ser técnico do time e administrar seus negócios, como se tornou a prática padrão no continente desde a guerra.

[2] Devido a essa estrutura de corporações, os clubes argentinos lutaram para competir no mercado de transferências com o poder de compra e o nível de salários dos grandes clubes europeus. Em 1997, o Boca Juniors introduziu um esquema para atrair o capital privado sem comprometer a influência de seus sócios. Foi criado um fundo de investimento público para comprar jogadores com menos de 26 anos de idade e emprestá-los ao clube; os lucros das compras de jogadores seriam divididos igualmente entre o clube e o fundo. Os organizadores do fundo esperavam que os investidores fossem torcedores genuínos do Boca que não desejassem um lucro rápido por meio da venda dos craques. O objetivo imediato era levantar cerca de 12 milhões de libras esterlinas para o *manager* do Boca entrar no mercado de transferências.

[3] O contrato da BSkyB com o futebol inglês estipula que metade da renda é dividida igualmente entre os clubes membros; um quarto é alocado de acordo com a posição final da liga; o restante é dividido de acordo com o número de vezes que o clube aparece na televisão.

[4] Por exemplo, na Itália, se o número total de telespectadores é de 30 milhões na hora em que um jogo é televisionado ao vivo pelo sistema PPV, e sua audiência é de 2% (ou 600 mil telespectadores), estabelecer um preço de 20 mil liras (aproximadamente 10 libras esterlinas) para ter acesso a ele ainda resulta na soma altamente lucrativa de 16,8 bilhões de liras (ou 6 milhões de libras esterlinas).

[5] No momento em que escrevo, há quatro torneios sul-americanos entre grandes clubes do continente. Todos recebem cobertura substancial da televisão.

[6] As nações candidatas foram Dinamarca, Finlândia, Noruega, Islândia, Suécia e Ilhas Feroe.

[7] No futebol americano, o sistema *reverse draft* possibilita aos times que têm o pior desempenho fazer a primeira seleção dos jogadores que saem da faculdade. No caso de transferência de um jogador, o clube que fez a venda recebe uma recompensa por seu jogador no valor por ele estipulado.

[8] Outros exemplos encontram-se na Inglaterra, com a compra de Caspian do Leeds United; na França, o Canal Plus comprou o Paris St. Germain; na Alemanha, o envolvimento de Bertelsmann no Hertha de Berlim; na Espanha, a Antenne 3 comprou o Real Madrid; na Turquia, a propriedade da Star TV pelo presidente do Istambulspor, Cem Uzan; a gigantesca eletrônica Philips holandesa comprou o PSV Eindhoven; e, com mais êxito, a Fininvest de Silvio Berlusconi adquiriu o Milan.

[9] Para avaliar o crescimento da televisão privada, o governo de direita da Espanha permitiu que a emissora estatal, Telefonica, adquirisse os direitos dos jogos da liga espanhola, após estes terem sido vendidos para uma empresa privada. A disputa contratual levou a uma intervenção da União Europeia. Qualquer das emissoras que ganhe a disputa a longo prazo, não se sabe se os grandes clubes espanhóis serão seriamente afetados. Mesmo antes da televisão digital, o Barcelona ganhou 23 milhões de libras esterlinas da televisão na temporada de 1996-1997, bem mais que os 9 milhões de libras esterlinas garantidos anualmente para os clubes ingleses pela BSkyB.

10 Na Escócia, existe o "mito" de que os árbitros são frequentemente membros das casas maçônicas protestantes e, assim, provavelmente favorecem o Glasgow Rangers em relação a qualquer outro time. Certa evidência sedutora a essa teoria conspiratória vem da famosa admissão, feita em um jantar maçônico, por um árbitro que desempenhou sua função durante muito tempo, de que nunca havia permitido o Rangers perder uma partida que ele tivesse arbitrado.

11 As apostas de futebol apareceram pela primeira vez no Reino Unido em 1923 e no período entre as guerras tornaram-se um método popular de apostar, um prazer que, por outro lado, era muito circunscrito. As companhias de apostas gastavam bastante no "recrutamento", nos avisos na imprensa, e contratando celebridades para a entrega de grandes prêmios, aumentando com isso seu "fantástico" potencial, ao entregar para pessoas pobres em momentos de desemprego maciço. Em meados da década de 1930, foram gastos anualmente 30 milhões de libras esterlinas em apostas (Jones, 1992, p. 52). Enquanto os protestantes da classe média e a ala de esquerda séria criticavam seus aspectos corruptos, a ousadia cultural da classe operária considerava as apostas uma diversão popular (Fishwick, 1989, p. 132-133). Em 1949, as apostas continuaram nos meses de verão incluindo partidas da liga australiana. Elas foram completamente institucionalizadas em 1959, quando as autoridades do futebol determinaram uma distribuição dos lucros.

12 Alguns torcedores boicotaram produtos anunciados por clubes rivais. Torcedores do Sunderland boicotaram um cereal para o café da manhã, anunciado pelos jogadores do Newcastle; em Portugal, produtos da Parmalat foram boicotados por torcedores de todo o país, devido ao contrato de patrocínio das camisas com o Benfica; a cerveja de McEwan foi boicotada em toda a Escócia, devido a seu investimento no Glasgow Rangers. Essas ações diretas são relativamente raras e normalmente têm um efeito limitado sobre os padrões de consumo nacionais e internacionais.

6 Jogadores de futebol: de heróis locais a estrelas internacionais

Neste capítulo, voltarei a examinar a posição histórica e cultural dos jogadores de futebol. Uma abordagem genealógica continua a ser importante para traçar a emancipação econômica e industrial dos jogadores. O período de relações de trabalho "tradicionais" no futebol deve ser considerado seu período "amador". No Reino Unido, o amadorismo acabou no final do século XIX, mas o debate ressoou até a década de 1930. A transição do amadorismo para o início da modernidade de jogadores pagos refletiu uma estrutura social enrijecida no futebol: a aristocracia e a classe média alta, que cuidavam das regras; os homens de negócios da classe média, que controlavam os clubes; os profissionais da classe operária, que jogavam.

O profissionalismo ofereceu aos jogadores da classe operária uma rota para o reconhecimento social em um ambiente meritocrático, oportunidades de vida (negadas em qualquer outro lugar) na política, no comércio, e um nível de educação mais alto (Baker, 1988, p. 126). Todavia, como seus irmãos na indústria, os jogadores profissionais tinham pouco controle sobre sua força de trabalho. As relações de trabalho no futebol lutaram para sair de uma "modernidade inicial" que durou até o início da década de 1960; em toda a parte, jogadores eram vinculados ao clube, trabalhavam nos limites de um teto salarial e tinham poucas perspectivas de aposentadoria. Antes da Primeira Guerra Mundial, os cerca de 6 mil profissionais do Reino Unido estavam em um "mercado e em uma situação de trabalho quase feudal", comparável apenas àquela encontrada entre os militares (Hargreaves, 1986, p. 69). O Sindicato dos Jogadores de Futebol de repente clamou que os "jogadores profissionais são escravos de seus clubes que, na verdade, fazem praticamente o que querem com eles". A negociação coletiva foi arruinada porque 90% dos jogadores não se juntaram ao sindicato (Vamplew, 1988, p. 255).

Essa atmosfera opressiva, em grande medida, continuou no período pós-guerra. Os diretores de clubes eram como proprietários de fábricas locais, austeros e desconfiados ao tratar com jogadores e *managers*. O desdém dos cartolas foi refletido pelo presidente da Liga de Futebol, Alan Hardaker, quando declarou em 1961 que "não enforcaria um cachorro, referindo-se a um jogador de futebol profissional" (Fynn e Guest, 1994, p. 31). Como um mercado de trabalho, o mundo do futebol era muito desigual (Dabscheck, 1979, p. 232).

No Reino Unido, o período "moderno" posterior das relações de trabalho no futebol foi marcado pela gradual emancipação industrial dos trabalhadores. O teto salarial foi abolido em 1960-1961, ao mesmo tempo que o sistema de "passe e de transferência" foi julgado uma "restrição irracional do comércio" para a temporada de 1963-1964. Uma lenta modernização significou que os clubes continuaram permanentemente controlando o destino de seus jogadores até a temporada de 1977-1978. O princípio da "liberdade de contrato" deu direito, então, aos jogadores sem contrato de negociarem sua transferência. Os principais clubes de jogadores receberiam uma compensação financeira, estabelecida por um comitê de arbitragem especial com jurisdição em cada Home Nation (Thomas, 1996, p. 21). Posteriormente, na Europa, a era "pós-moderna" das relações de trabalho no futebol foi proclamada quando o caso Bosman foi disputado e vitorioso nos tribunais europeus.

Jogadores de futebol e a experiência industrial: maximização do capital corpo

Estudos sociológicos anteriores sobre as relações de trabalho no futebol basearam-se fortemente em uma perspectiva marxista. Objetivamente, o futebol profissional era visto como uma empresa capitalista e, portanto, o jogador tornava-se um trabalhador alienado de seu trabalho de produção. O clube extrai mais-valia (lucro) de seu trabalho produtivo. No futebol, assim como na indústria, o trabalhador adapta-se à divisão de trabalho, desempenhando o papel que lhe cabe e que é distribuído continuamente para facilitar o sistema de jogo do time. "Toda descrição da posição contém uma lista de características que implicam um padrão de comportamento prescrito para o jogador individualmente" (Rigauer, 1987, p. 51). Como as máquinas, os jogadores de futebol são programados por seus treinadores para desempenhar somente movimentos predeterminados muito mais do que para jogar criativamente sem ensaiar (Vinnai, 1973, p. 38). Os treinadores procuram ter uma influência absoluta sobre seus empregados, contratando os jogadores com a "mentalidade certa", que tenham uma personalidade atrofiada e uma obediência à autoridade. Essa obsessão pela ação controlada e dirigida é parte da não liberdade do esporte (Adorno, 1967), a predominânia da "ação racional-determinada" sobre a "ação comunicativa" consensual (Habermas, 1970). No futebol, isso significa planejamento para evitar derrota muito mais do que um debate a respeito de como o jogo deveria ser praticado. Aos jogadores é negada a oportunidade de superar o desempenho de seus adversários individuais; o objetivo maior de sucesso do time, seguindo as instruções do técnico, tem prioridade (Overman, 1997, p. 197). Ao mesmo tempo, "o fetichismo da mercadoria" aflige os jogadores mais bem remunerados, uma vez que se tornam conhecidos e apreciados por seu valor da "etiqueta de preço" muito mais do que por suas qualidades técnicas ou por seu valor intrínseco (Marx, 1963, p. 183).

Essa interpretação das relações entre clube e jogador tem muitas semelhanças com as de Foucault e Bourdieu sobre a subjugação e disciplina do corpo. Embora altamente recompensados por seu trabalho, líderes profissionais ainda sentem os principais clubes como organizações carcerárias. Nesses cenários, o indivíduo é removido das relações sociais rotineiras e deslocado para um espaço confinado. O corpo é sujeitado a novas e rígidas disciplinas, e examinado por "especialistas" ou por outras figuras de autoridade científica (Foucault, 1977; Goffman, 1961). A dieta e o preparo físico dos jogadores são constantemente monitorados. Relações sexuais são proibidas nas vésperas das partidas; alguns clubes tiram os jogadores de suas casas, onde moram com a família, e colocam-nos em campos especiais de treino. Durante o treino os jogadores são obrigados a um regime completo de exercícios repetitivos diariamente; não chegar na hora ou sair antes de terminar os exercícios resulta em perda de prestígio. O controle do *manager* sobre o corpo na instituição de futebol é semelhante ao do diretor do presídio, da escola ou do sargento nas casernas. Autorizado a construir um sistema de vigilância elaborado, ele delega responsabilidades a seus subordinados: técnicos do time de reserva e dos jovens, o *kit manager*, "descobridores de talentos" do clube ou mesmo (no caso de jovens jogadores) a proprietária do imóvel alugado. No Reino Unido, até o início da década de 1960, a convocação para o serviço militar ou nacional garantia aos jogadores uma experiência direta dessa institucionalização total. *Managers* severos na disciplina, como Bill Struth do Glasgow Rangers, ou Stan Cullis e Major Buckley[*] do Wolves, foram comandantes substitutos de seus jovens recrutas[1]. Os *managers* continuam a favorecer os "verdadeiros profissionais" obedientes, que fazem dieta cuidadosamente, treinam e praticam outras "atividades do ego" fora do campo.

De acordo com a interpretação de Wacquant (1995, p. 66-67), o jogador é um empreendedor que investe em capital corporal, um jovem *free--lance* que trabalha com os pés. Todavia, o capital físico dos jogadores é central para sua relação produtiva com o clube. Se não passar no exame médico, nenhum contrato é proposto. No treino pré-temporada, o corpo é aprimorado, de mercadoria flexível é transformado em capital futebol. Durante a temporada, ele é perfeitamente afinado pelo treinamento e pela estética do sacrifício. Ao passar pelas últimas etapas de uma partida ou de

---

[*] Frank Buckley lutou na Primeira Guerra Mundial, quando foi promovido a major. Desde então, ficou conhecido como Major Buckley. (N.T.)

uma carreira profissional, o corpo é considerado como uma máquina, um instrumento de "trabalho morto" com uma existência finita. Os jogadores com "grande mecânica" continuam correndo até o apito final; aqueles que visivelmente são mais vagarosos não têm "nenhum combustível". Essas metáforas mecânicas predizem uma conclusão fatal e irresistível: "Uma máquina funciona ou não. Assim, a máquina biológica está morta ou viva" (Baudrillard, 1993b, p. 159). A constante criação de novos torneios de futebol de âmbitos continentais e globais coloca uma pressão maior no corpo e na mente dos jogadores, enquanto as instituições de futebol extraem o máximo de mais-valia desses empregados.

Ao mesmo tempo que os clubes convencem seus empregados da necessidade de obter resultados, os jogadores enfrentam consequências legais e físicas decorrentes da aplicação fiel dessas instruções (Wickham, 1992, p. 227). O futebol combativo inclui o risco de sanções de árbitros de partidas e de autoridades do futebol; cartões amarelos e cartões vermelhos acumulados levam a períodos de suspensão. O clube pode multar o jogador por suas imprudências sem hesitar e dar maiores explicações; bonificações de partidas evaporam ao mesmo tempo que o jogador substituto garante a vaga no time. Em outras circunstâncias excepcionais, as autoridades do futebol podem penalizar o jogador por meio de multas adicionais, prolongamento das suspensões ou uma suspensão *sine die*. Faltas durante o jogo, que resultem em sérias contusões, cada vez mais podem provocar processos criminais e cíveis contra um ou mais jogadores (Redhead, 1986a; Evans, 1989, p. 8). Ao contrário, o controle do clube sobre o corpo do jogador pode fazê-lo correr o risco de contusão e de debilitação física permanente. Pesquisadores italianos descobriram que os meninos que jogam futebol com regularidade, quando chegam à puberdade, têm probabilidade de ter forças reprodutivas mais fracas, particularmente em termos de quantidade mais baixa de espermatozoides. Os jogadores de todos os níveis, em sua maioria, são socializados para aceitar que essa exposição ao dano à saúde faz parte totalmente do jogo. Tentativas de minimizar esses riscos são consideradas conflitantes com a estética masculina do esporte, arriscadas para a causa do time, e devem inevitavelmente refletir mal no caráter moral do indivíduo (Young *et al.*, 1994). Alguns jogadores são efetivamente instruídos de que seu corpo é uma arma para parar adversários, ganhar a posse de bola ou marcar gols. E como indica Messner (1990, p. 211), "o corpo como arma finalmente resulta em violência contra o próprio corpo".

Uma agressiva psicologia ocupacional aumenta a probabilidade de danos. Ficar fora do jogo é o maior medo individual do profissional; de repente, os danos acentuam a fragilidade física sobre a qual sua carreira é construída. A afirmação de Pickering (1994, p. 158) de que, anualmente, cinquenta jogadores aposentam-se por danos físicos certamente é uma subestimação considerando apenas a Inglaterra. Durante períodos de recuperação, os jogadores deparam com outros riscos devido à pressão para voltarem em nome da "saúde do jogo". "Injeções de analgésicos" permitem que os jogadores terminem a partida, mostrando-se assim vantajosos para o clube, mas talvez com sérios prejuízos pessoais a longo prazo. Durante o início da década de 1960, Allan McGraw era um atacante proeminente do Morton na Escócia, mas injeções antes do jogo o mutilaram e o deixaram em eterna agonia antes dos trinta anos de idade. Marco van Basten jogou sua última partida em 1993 devido a uma contusão no tornozelo, que o melhor tratamento médico não conseguiu curar. Mais tarde, declarou que o cirurgião lhe havia infligido a maior contusão física ao declarar que ele estava em boas condições de saúde para jogar outra vez. Habitualmente, o futebol deixa os jogadores com contusões crônicas que arruínam suas mobilidade e qualidade de vida futuras. Aparelhos ruins enfraquecem as juntas das pernas do joelho para baixo; cartilagens do joelho são fragmentadas pelas corridas e torções constantes; goleiros aposentam-se com as mãos cheias de calos e as costelas enfraquecidas; lesões cerebrais e senilidade resultam de cabeçadas no futebol, principalmente quando o clima está úmido. Drogas como *erythropoietin* (EPO)[*], creatina e até mesmo estriquinina podem ser administradas ao jogador para melhorar seu desempenho ou ajudá-lo a um relaxamento mental entre os jogos. O desenvolvimento dos músculos e o crescimento do corpo podem ser intensificados por meio de uma administração regular de esteroides anabolizantes, mais conhecidos no caso do adolescente Zico. Todavia aqui, outra vez, "testes de doping" são usados no caso dos profissionais, para restabelecer o controle do corpo pelas autoridades do futebol. Os jogadores condenados pelo abuso de substâncias ficam proibidos de atuar durante muitos anos ou descobrem que sua carreira entrou em queda livre, por exemplo, os jogadores internacionais franceses Patrick Guerin e Bernard Lama.

Um ponto final aqui diz respeito ao capital corpo e suas relações com a identidade dos jogadores de futebol. A estrutura esquelético-muscular dos jogadores é determinante para as posições em que eles jogam com base nas hipóteses corporais tradicionais do futebol. O núcleo da defesa (goleiros e zagueiros-centrais) é tipicamente dominado por jogadores em torno de dois metros de altura. Zagueiros requerem velocidade mais do que altura. Meio-campistas tendem a requerer boa força corporal para se movimentar continuamente e lutar pela bola. Mais excepcionalmente, nos últimos anos, o meia-armador deve ser um jogador mais ágil, que dança para tomar e passar a bola de maneira inteligente e com precisão. O centroavante requer tipicamente qualidades excepcionais, tais como força e precisão ao chutar, boa altura para dominar a bola no ar e velocidade para atravessar distâncias curtas e ultrapassar a defesa. Nas laterais, os jogadores podem ser mais baixos e ligeiros, sendo a agilidade mais uma vez uma qualidade importante.

---

[*] Hormônio que estimula a formação de glóbulos vermelhos e de hemoglobina na medula óssea. (N.T.)

Ao mesmo tempo que esses físicos "naturais" podem influenciar as possibilidades físicas do jogo, a contribuição "cultural" não pode ser subestimada. As nações frequentemente se diferenciam sobre que constituição física é apropriada a uma posição particular. Os jogadores podem também transformar seu físico, adotando diferentes rotinas de treino e identificando os músculos específicos que devem ser desenvolvidos. Do ponto de vista crítico, existe a questão de saber como o jogador "aprende" sua posição com os colegas e com os técnicos, e que habilidades são conscientemente moldadas. O preparo desse capital corpo pode aumentar os ganhos do profissional fora do campo. Disputas esportivas na televisão ao vivo (principalmente futebol) aumentaram muito a visibilidade do corpo e o tempo gasto pelos telespectadores e pelos *voyeurs* olhando para suas qualidades e defeitos específicos (Kirk, 1994, p. 174). Os jogadores atraentes fisicamente são recrutados pelas lojas de moda, pelo mundo dos negócios e pelos meios de comunicação de massa para serem modelos, relações públicas e apresentarem programas de entretenimento.

No entanto, a cultura popular do futebol continua a exaltar os jogadores que não correspondem a um modelo de corpo estereotipado altamente atlético. O baixinho internacional escocês Gordon Strachan, responsável pelos êxitos do Aberdeen, do Manchester United e do Leeds United, durante a década de 1980 e início da de 1990, foi considerado um meia-armador "visionário", mas é parcialmente cego de uma das vistas. O modo de andar de Stanley Matthews, com sua magreza e seus joelhos protuberantes, significava uma vulnerabilidade física que, junto com suas habilidades esquisitas, cativou o público nacional (Mason, 1989b, p. 15). O grande jogador austríaco do período entre as guerras, Mathias Sindelar, era conhecido como *der Papierene* (o Papel), devido a seu físico fraco. Mais famoso, o brilhante ponta brasileiro, Garrincha, deixava a defesa do time adversário deslumbrada, apesar da paralisia infantil, que o deixou com a perna direita torta. A mitologia desenvolvida em torno desses grandes jogadores, de talento inato que triunfa determinadamente sobre a debilidade física, sem dúvida, pertence ao reino do heroico. É sinal também, para os torcedores de futebol, de como esses jogadores são pessoas comuns, e que ele mesmo, com seu físico igualmente inapropriado, teria possibilidade de se juntar a esses heróis. Esses corpos "desviantes" são a prova irrefutável de que, por mais que o clube tente, não é possível ensinar as habilidades excepcionais do futebol de maneira mecânica.

A falta de atacantes: futebol e conflito industrial

A subordinação corporal dos jogadores profissionais reflete sua longa história de fragilidade nas negociações. Enquanto indivíduos, os jogadores raramente defendem seus interesses contra os empregadores. As disputas dentro dos clubes normalmente surgem, mas costumam ser resolvidas seja por meio de "demissão", "disciplinando" o jogador, ou ainda vendendo-o para outro clube. Os jogadores podem assistir à abdicação de um *manager* que "perdeu o controle do vestiário", mas os diretores podem reforçar a ordem indicando um disciplinador como sucessor.

Coletivamente, os profissionais têm a opção de fazer greve. Os jogadores ingleses já ponderavam essa estratégia no início de 1909, com o temível Billy Meredith, um protagonista-chave na disputa (Birley, 1995a, p. 39). Desde então, pouquíssimas vezes se pensou em greves, devido às habilidades industriais insubstituíveis dos jogadores e ao alto nível de simpatia do público. A ameaça de greve mais recente da PFA fez com que seus membros obtivessem, de 1992 em diante, a porcentagem que queriam nas negociações futuras com a televisão. Sem dúvida, a greve ameaça as autoridades do futebol e dos esportes com perda da renda de bilheteria, mas também impede a renda proveniente da televisão e dos impostos das apostas. Em março de 1996, uma semana de greve de jogadores italianos resultou, para o Comitê Olímpico Italiano, órgão estatal, em uma perda de 33 milhões de libras esterlinas nas rendas da loteria esportiva.

A aversão dos jogadores profissionais ao sindicalismo pode ser explicada por suas divisões internas. A PFA representa também jogadores de elite da primeira divisão, mas muito mais quem luta para ganhar o mínimo para viver. Poucos mudaram desse último grupo quando o "teto salarial" foi abolido e surgiu um "contrato de liberdade" maior (Polley, 1998, p. 116--117). Autobiografias de jogadores "experientes" comprovam inseguranças financeiras, físicas e emocionais que continuam a sentir[2]. Os jogadores profissionais médios e de elite podem se unir no sindicato, mas são empregados por clubes com interesses econômicos incomensuráveis. Os principais clubes tentam monopolizar a renda do futebol (grande parte dela vai para os salários mais altos); pequenos clubes procuram sobreviver (e pagam a seus jogadores salários indeterminados), mantendo uma parte da renda de televisão, dinheiro da loteria esportiva e outras rendas. A divisão pode ser melhorada pela PFA, conquistando mais poder na Federação e na Liga de Futebol, ou garantindo melhores esquemas de pensão para seus membros. Uma prolongada luta com os empregadores assistiu à PFA ganhar maior seguro contra acidentes para seus membros durante meados da década de 1960 (Dabscheck, 1979, p. 236-237). Mas há pouca chance de ela garantir uma greve de jogadores de elite para salvar um clube inferior da liga cheio de dívidas.

Enquanto a PFA inglesa fez algumas conquistas para seus membros, sua equivalente escocesa não conseguiu atrair suficiente interesse dos jogadores (Morgan, 1996). Não só o "bolo" econômico é bem menor no futebol escocês do que em seu equivalente do sul, como as diferenças financeiras entre os principais clubes (e jogadores) e os demais são muito maiores. Os jogadores do Rangers e do Celtic, às vezes, participam de partidas em homenagem a jogadores de ligas mais baixas; mas estabelecem planos de pensão privada em vez de ter seu investimento diluído em um fundo de jogadores nacionais.

No âmbito mais global, o futebol resume as diferenças fundamentais nas relações de trabalho entre o Ocidente e o mundo em desenvolvimento. Greves durante as décadas de 1940 e de 1950 agitaram o futebol na Argentina e no Uruguai, aumentando a migração para a Europa de jogadores importantes, como Di Stefano, e a criação da liga rebelde Di Mayor na Colômbia[3]. Na Argentina, jogadores lutaram em 1997, após a AFA ter estendido a temporada por um tempo maior que a duração de muitos contratos. A intervenção presidencial trouxe rapidamente uma resolução, como havia feito em uma disputa anterior em 1931 (Mason, 1995b, p. 76). Em outros lugares, em matéria de questões contratuais, os clubes efetivamente são donos dos jogadores. A história atormentada do tráfico de escravos e da servidão feudal no Brasil é reproduzida no futebol profissional. Jogadores jovens que desejam construir uma carreira no futebol profissional devem ceder seu passe para o clube, removendo efetivamente toda possibilidade de negociação salarial e direitos de transferência até completarem trinta anos de idade e se tornarem novamente agentes livres. Os jogadores que desafiam o sistema de passe são evitados por outros clubes e ignorados quando a seleção nacional é escalada. O passe oferece aos jogadores pouca segurança financeira durante os tempos difíceis. Aqueles que não jogam da maneira esperada ou sofrem contusões que os debilitam têm seu passe devolvido pelo clube, e assim são descartados como força de trabalho exaurida.

Dada essa escala de desigualdades dos jogadores encontradas em cada nação e entre as diferentes sociedades, é compreensível que o novo sindicato mundial de jogadores profissionais não tenha evoluído muito. Pode ter contribuído para uma resolução positiva do caso Bosman na Europa (posteriormente discutido). Mas foi incapaz de estabelecer uma série de direitos universais relativos às condições e às relações de trabalho, da mesma maneira que a Fifa, por exemplo, padronizou com atraso as instalações de segurança nos estádios. O sindicato certamente não conseguiu acompanhar outros esportes, como o tênis ou o golfe, ao tomar a iniciativa de representar os profissionais do esporte.

Verdadeiros profissionais: a subcultura ocupacional dos jogadores

Ao mesmo tempo que sua consciência de classe é consideravelmente limitada, os jogadores têm muitas características em comum para constituírem uma "subcultura ocupacional esportiva". Em primeiro lugar, usualmente os jogadores profissionais têm aproximadamente de 20 a 30 e poucos anos de idade. Prevalece uma forte e ativa cultura heterossexual: ou os jogadores são solteiros em contato regular com mulheres solteiras, ou um "homem de família" com mulheres de respeito e atraentes. Desde a década de

1960, os grandes profissionais adquiriram um *status* de "classe do lazer", caracterizada por uma renda alta, cheia de tempo livre e com uma tendência visível ao consumo (Kerr *et al.*, 1973; Veblen, 1925). No Reino Unido, os jogadores profissionais têm rotinas ocupacionais comuns: levantam-se de manhã para o treino, têm a tarde livre para esporte recreativo e lazer, e uma vida mais social à noite (ainda que dentro de uma rede particular de relacionamento). O caráter peculiar altamente competitivo, frequentemente violento, do futebol profissional é aceito como "parte do jogo". Existem amizades e sentimentos de empatia entre os jogadores de diferentes clubes, mas para os "verdadeiros profissionais", quando começa o jogo, esses sentimentos "voam pela janela"[4]. Certo desvio é tolerado, mas os jogadores que não "se entrosam" nas brincadeiras no vestiário são socialmente marginalizados. Os jogadores tendem a ter a mesma experiência educacional limitada, valores sociais conservadores e códigos de comunicação "restritos" ao sentido de companheiros profissionais (como, por exemplo, o senso de humor que compartilham). Os jogadores do Reino Unido utilizam um repertório limitado de metáforas obsoletas e de chavões durante entrevistas da mídia, reforçando a subcultura ocupacional e, ao mesmo tempo, reduzindo a compreensão do público. Além disso, a subcultura é reproduzida no tempo e no espaço. Os jogadores passam por padrões de carreira comuns e compartilham semelhantes objetivos profissionais. Mudam de clube regularmente, e acham que os *managers* constantemente tentam inculcar uma camaradagem dentro do time.

A criação da subcultura ocupacional moderna contém em si uma tensão para o clube. Ao alimentar um espírito de solidariedade no grupo, consegue estabelecer disciplina, mas pode acabar com a individualidade dos jogadores e com sua habilidade para reagir a acontecimentos inesperados e fora da partida. Esse paradoxo dá uma atenção particular ao processo de recrutamento do jogador e à forma como ele está relacionado a valores culturais mais amplos sobre a individualidade e a identidade do jogador.

Até a década de 1970, a maioria dos principais clubes usava um sistema de levantamento de informações para recrutar jovens jogadores nitidamente tradicional. Uma rede informal de descobridores de talentos monitorava o progresso de jogadores jovens nos níveis juvenil e júnior. Os clubes famosos ainda aguardam na porta de escolas para fazer o convite; as assinaturas de contratos eram amenizadas por uma doação, aos pais, de mobílias para casa ou de um carro. No Reino Unido, esse arranjo tradicional foi modernizado por meio da emancipação gradual de jogadores na década de 1960 e pela criação dos mercados de transferência nacional e internacional. Os clubes mais ricos evitavam o aspecto de loteria do recrutamento de jovens comprando os talentos disponíveis dos clubes mais pobres. Os jogadores recrutados nas fileiras jovens lutavam para modificar o talento adquirido ou para descobrir alguma outra carreira melhor que a de futebol para o qual tinham sido mal preparados.

Os clubes europeus, aos poucos, modernizaram o recrutamento de seus jovens. O clube holandês Ajax esteve na vanguarda, vencendo três vezes consecutivas a Copa dos Campeões, no início da década de 1970, com um conjunto de jogadores cuidadosamente selecionados em sua infância e capacitados para a excelência profissional. A avaliação clínica de jogadores infantis do Ajax envolve, a partir de então, uma sessão de teste anual de milhares de garotos de toda a Holanda pelos técnicos jovens do clube. Poucos são solicitados a voltar. O sucesso do Ajax continuou com a vitória na Copa dos Campeões de 1995 e uma derrota na final um ano depois.

O sistema do Ajax se assemelha a um fato consumado econômico. As finanças do futebol holandês não podem pagar os salários oferecidos pelos principais clubes europeus. No entanto, o que é mais importante, o sistema do Ajax tem êxito porque se beneficia do sistema educacional holandês, que produz jovens cidadãos viajados e poliglotas receptivos a outras culturas. A Internazionale de Milão alcançou a proposta altamente moderna do Ajax. Foram criados em toda a Itália quarenta "Campos da Inter", nos quais o clube organiza e monitora as habilidades para o futebol de 6 mil garotos com 12 anos de idade ou menos. O processo dura no máximo 12 anos para os poucos melhores jogadores que são indicados profissionalmente pela Inter. O esquema custa em torno de 1 milhão de libras esterlinas por ano e mais da metade desse dinheiro vem dos patrocinadores de *kits* (*Sunday Telegraph*, 2 de fevereiro de 1997). Como o sistema do Ajax, a chave do esquema da Inter baseia-se em sua harmonização com os valores culturais nativos. A Inter proclama ter três virtudes: escolaridade, vida em família e sucesso do clube, nessa ordem de importância. Por outro lado, riqueza e prestígio garantem à Inter uma posição saudável no mercado dos jogadores. Mas a estrutura do time a longo prazo requer continuidade e comprometimento do jogador. Há indícios de que os clubes do Reino Unido estão seguindo o mesmo processo por meio do estabelecimento de relações formais com escolas locais para educar jovens jogadores promissores.

A prudência da Inter é justificada pela história do futebol. A velha estratégia moderna de usar a riqueza para recrutar jogadores mostrou-se, com frequência, insuficiente para preparar um time vencedor. As técnicas de treino modernas presumem que o clube seja responsável apenas pelo ensino das práticas do futebol ao jogador, tolerando assim que ele não tenha habilidades sociais elementares. Ao contrário, as técnicas de treino pós-modernas do Ajax e da Inter adotam uma estratégia educacional holística, cultivando uma individualidade mais plenamente desenvolvida e intelectualizada em cada jogador. Também produzem resultados altamente satisfatórios em matéria de custo-benefício. Por exemplo, em 1997, o multimilionário time Glasgow Rangers foi facilmente vencido pelo time sueco Gotenburg na rodada pré-classificatória para a Copa dos Campeões. Mais tarde, o técnico do líder sueco, Peter Keeling, argumentou que os clubes britânicos ainda eram rapidamente seduzidos pela indicação de jogadores caros por sua imagem muito mais do que por sua utilidade no time, atrasando seu desenvolvimento social com efeitos perniciosos no campo:

> Porque os jogadores na Suécia jogam apenas em tempo parcial, eles têm muita consciência do que acontece no mundo fora do futebol. Eles costumam tomar decisões por si só na vida cotidiana e as consideram em seu futebol. Os jogadores na Grã-Bretanha são mimados. Em alguns clubes eles nem sequer têm a preocupação de cuidar de seus próprios passaportes. Quando eles param aos 32 ou 33, podem ter muita experiência em boates, mas nenhuma experiência real no mundo externo.
>
> (*Independent*, 29 de agosto de 1997)

Uma estratégia educacional holística pós-moderna prepara os jogadores para a vida fora do futebol. Uma pesquisa realizada por Luschen (1984; Rutter, 1991) confirma a utilidade dessa estratégia. Luschen analisou a "cristalização de *status*" de atletas como um caminho para medir sua impossibilidade de gerar identidades sociais equilibradas. A cristalização de *status* (também conhecida como "congruência de *status*" ou "consistência") refere-se ao relativo prestígio social de indivíduos em diversas atividades, como educação, renda, ocupação, atividades esportivas, participação em comunidades e em associações voluntárias. Luschen descobriu que a cristalização de *status* era inversamente proporcional à realização nos esportes. Aqueles que tinham pouca cristalização de *status* em outras áreas da vida social tendiam a mergulhar em esportes como o futebol como forma de compensação. Atletas no auge de suas carreiras (de 27 a 32 anos de idade) tinham os mais baixos níveis de congruência de *status* em outras áreas da vida social, como educação ou envolvimento na comunidade. O desequilíbrio aponta para o fato de que as técnicas de treino modernas acumulam problemas não só dentro como fora do campo de futebol. Os jogadores enfrentam problemas psicossociais graves quando são obrigados a abandonar o futebol, seja por contusão, final de contrato ou aposentadoria[5].

Em síntese, devemos observar que a subcultura ocupacional dos jogadores emerge de suas características comuns industriais, sociais e culturais. As práticas de recrutamento e educacionais dos clubes contribuem para essa subcultura. Tradicionalmente, muitos clubes do Reino Unido mesclavam o recrutamento de jovens jogadores com a compra de veteranos de outros clubes. A importância da última aumentou, uma vez que o mercado de transferências moderno se estabeleceu. Os clubes modernos do Reino Unido consideravam seus empregados exclusivamente como jogadores de futebol, ignorando as outras necessidades educacionais desses homens jovens, diferentemente de alguns clubes nos diversos continentes. As técnicas educacionais holísticas pós-modernas comprovaram funcionar para se obter resultados e para ajudar a preparação dos jogadores para a vida fora do futebol. Para terminar este capítulo, elaboro essa questão analisando o crepúsculo de carreiras de jogadores. Antes disso, precisamos avaliar dois possíveis para-choques que podem proteger os jogadores de uma aposentadoria muito baixa. O primeiro está relacionado às mudanças de *status* cultural de profissionais; o segundo diz respeito às novas liberdades legais e financeiras de que os grandes jogadores desfrutam agora.

De heróis a estrelas: jogadores de futebol e cultura do consumidor moderno

Sem dúvida alguma, a posição financeira dos melhores jogadores de futebol mudou drasticamente durante a década de 1960. Na Inglaterra, o salário máximo era de 20 libras esterlinas por semana no início da década de 1960; em seu final, o famoso jogador George Best recusou 250 mil por um trabalho de publicidade (Wagg, 1984, p. 143). O debate real está em saber que fatores estruturais fundamentavam essas transformações. Sociólogos de esquerda, como Critcher (1979) e Taylor (1970, 1971), apontaram para os efeitos da emancipação econômica de jogadores, precedida pelo caso Eastham, que acabou com o teto salarial para os profissionais ingleses em 1963 (Evans, 1989, p. 9). Grandes somas de transferência e salários provocaram maior mobilidade, deslocando jogadores de seus contextos locais de classe operária. Jogadores famosos, como Stanley Matthews, mantiveram um vínculo social próximo e simbólico com seu público da classe operária, personificando as virtudes do artífice e do artesão (Hopcraft, 1988, p. 28-30; Mason, 1989b, p. 15). Uma renda mais alta provocou rápida mudança dos jogadores para territórios inexplorados. O processo se ampliou bastante com a migração de jogadores muito famosos de todas as gerações: de Aberdeen para Huddersfield, para Manchester, para Turim (Denis Law); de Scunthorpe para Hamburgo (Kevin Keegan); de Gateshead para Londres, para Roma, para Glasgow (Paul Gascoigne). Critcher (1979, p. 167-68) argumenta que um efeito adverso desse novo estrelato foi um aumento da esperteza, da discórdia e uma flagrante quebra das regras.

De maneira um pouco diferente, os historiadores argumentaram que as mudanças nas fortunas (econômica e social) dos jogadores foram inicialmente muito mais quantitativas que qualitativas (Walvin, 1994; Vamplew, 1998). Antes da Primeira Guerra Mundial, os grandes jogadores complementavam seus salários com comerciais e escrevendo artigos para serem publicados em nome de outros. Quando, no Reino Unido, a austeridade pós-guerra chegou ao fim com o surgimento da cultura do consumidor da década de 1960, o valor dado aos jogadores (em libras esterlinas e em *status*) não parou de se multiplicar. Em 1951, Stanley Matthews recebeu cerca de mil libras esterlinas por ano para fazer o comercial de uma chuteira (Walvin, 1994, p. 177). Em 1996, Diego Maradona assinou um contrato de 7,2 milhões de libras esterlinas com a Puma para usar seus calçados durante dois anos. Um ano depois, David Beckham assinou um contrato de 7 milhões de libras esterlinas para usar uma chuteira. Mesmo a afirmação de que o jogo tornou-se "mais sujo" na década de 1960 é questionada. Walvin (1994, p. 136) observa que, logo no início da década de 1930, o surgimento de "um sentimento indesejável de esperteza foi explicado de acordo com o novo senso de "determinação profissional" entre os jogadores.

Certamente, o patrocínio e a publicidade de jogadores não são inteiramente novos. No entanto, o tipo de relação existente entre os jogadores e o seu público deve ser explicado. Jogadores, como Matthews, foram figuras públicas muito diferentes de Gascoigne ou de Maradona. Matthews pode ter sido um "herói" da classe operária, mas Law, Best, Gascoigne e Beckham são "estrelas" da mídia internacional. Essa transformação deve ser pensada em um contexto cultural mais amplo. Featherstone (1995), por exemplo, observa como o papel social e os atributos reconhecidos de pessoas famosas mudaram ao longo do século. Tradicionalmente, os *heróis* incorporaram qualidades eternas e objetivos extraordinários; "a busca da virtude, da glória e da fama, diferente da busca menor diária de riqueza, de propriedade e de amor terrestre" (1995, p. 58-59). Neste sentido, o heroico é intrínseco, uma parte do caráter moral do indivíduo e, assim, adquirido por meio do fado. Os maiores heróis do futebol incluem os charmosos "jogadores naturais", como Puskás e Di Stéfano; ou os líderes honestos e gloriosos, como Charles e Blanchflower.

Os jogadores heroicos personificaram os valores do ambiente em que são os melhores. Nos tempos eduardianos, "os jogadores eram heróis locais, que representavam a comunidade local contra todos os que vinham de fora"; eram "fundamentalmente homens comuns decentes, decididos, estáveis e respeitáveis com um talento extraordinário" (Mason, 1996, p. 84). Lanfranchi e Wahl (1996), por exemplo, discutem dois heroicos jogadores de futebol da França pós-guerra, Raymond Kopa e Rachid Mekloufi, que representaram os mais amplos valores sociais de sua época. Durante a década de 1950, Kopa simbolizava a mobilidade social, a integração dos imigrantes, a harmonia social com certa rebeldia; pouco depois, Mekloufi tornou-se um símbolo do nacionalismo argelino e do espírito esportivo internacional.

Inglis (1977) enfatiza a relação dos tradicionais heróis dos esportes com o processo de envelhecimento, argumentando que eles mantiveram sua dignidade como homens após a aposentadoria. Heróis verdadeiros são vulneráveis à derrota na batalha; a natureza também tem efeito sobre seus poderes. Quando assim desafiado, deve-se permitir ao herói sair de cena e demandar sua privacidade, como alguém que "não se alimentará simplesmente de seu passado" (1997, p. 89). Nessa mitologia romântica, a aventura e a busca de glória podem acabar em um desastre wagneriano que serve também para aumentar o *status* do herói por meio de uma circularidade virtuosa. Mortes prematuras "estimulam a criação de mitos e lendas por gerações futuras, elevando os mortos à posição de heróis imortais e irrepreensíveis (Horak e Maderthaner, 1996, p. 152). No futebol, os pensamentos voltam-se, nesse caso, para os grandes talentos interrompidos no auge, sustentados na memória e na despedida. A lista de desastres aéreos tem grande peso sobre os heróis do futebol: Valentino Mazzola e o time Torino morreram em 1949; Duncan Edwards e os jogadores do Manchester United morreram em Munique em 1958; o time Alianza Lima morreu em 1987; e a seleção nacional de Zâmbia em 1993.

Ao contrário, a variante mais moderna do *status de celebridade* é extrínseca, encontrando-se na personalidade (não no caráter), e na prática e aperfeiçoamento de uma atraente e brilhante imagem perante a avaliação do olhar dos outros. O papel da mídia em promover o estrelato e o *status* de celebridade é crítico e recíproco; para o maior comunicador, "Personalidades são centrais para a televisão" (Lusted, 1991, p. 251). Em um artigo, Critcher (1971, p. 117) mostrou a transformação que se deu na cultura do futebol inglês por intermédio do inevitável comunicador, George Best. Um longo documentário de televisão durante uma hora sobre Best consagrou meros três minutos a esse sublime talento. "A tentativa foi de transformar um herói em uma celebridade: a legitimidade não foi mais a da realização humana singular, mas do estilo de vida estereotipado". Ao mesmo tempo, o Chelsea emergiu como o primeiro clube com *glamour* no West London, apoiado por celebridades do *showbiz* e influenciado pela vizinha King's Road (Taylor e Ward, 1995, p. 176-187).

As celebridades do futebol reuniram as jovens estrelas em outras indústrias culturais, principalmente na televisão e na música popular. Como C. Wright Mills observou sobre os esportes americanos e as personalidades de Hollywood em meados da década de 1950: "Todas as estrelas de qualquer outra esfera são atraídas pela nova estrela e vão em direção a ela ... para habitar o mundo da celebridade" (Mills, 1956, p. 74). A produtividade criativa desses entretenedores é mercantilizada e reempacotada como um produto cultural fantástico para ser comprado por qualquer consumidor (Tolleneer, 1986). A publicidade e os meios de comunicação populares apresentam seus estilos de vida como "glamourosos". Os consumidores recebem mensagens paradoxais; grandes estrelas jovens são comuns embora extraordinárias, acessíveis embora distantes, práticas e realistas embora ilustres. Desfrutam de grande admiração do público e de recompensas, ambas alcançadas ("Ele chegou de um lugar desconhecido", "Ele é um rapaz comum"), todavia inatingível ("Nunca em seus sonhos mais impetuosos ele pensou") (Featherstone, 1991a). Essas mensagens sutis, contraditórias, ampliam a atração do público pelas estrelas. A ilusão cultural é alimentada de que, um dia, o consumidor individual "comum, mas especial" poderá realizar suas qualidades singulares, e se juntar ao sempre mutante templo de celebridades. O esporte desempenha um papel particularmente forte nessa formação ideológica. Apresenta-se como intrinsecamente atraente e meritocrático, onde talento e dedicação fazem esse estrelato parecer muito mais atingível do que em outros meios de mobilidade social, onde desigualdades de classe são consideradas importantes (Ehrenberg, 1991).

Diferentemente dos atributos eterno e predestinado, as celebridades vivem correndo o risco de ter outros aspectos de sua personalidade expostos como mundanos ou comuns. O problema das indústrias publicitárias é que as estrelas do futebol são também um recurso precário e indefinido. Os jogadores estão sujeitos a perder aquela "qualidade de estrela" no campo, se ficarem fora de forma ou comprometidos por contusões de longo prazo. Alguns podem não se classificar ou ser selecionados para os principais torneios internacionais que têm maior audiência. Fora do campo, os jogadores devem alcançar também um cuidadoso equilíbrio entre o carismático e a retidão moral. A vida privada dos craques é monitorada incessantemente pelos meios de comunicação de massa. Reportagens sobre comportamento exagerado, em matéria de bebida, briga ou sexo, podem manchar suas relações de mercado com o público "de família". Por outro lado, se os jogadores não aparecerem regularmente nas páginas sobre a "vida noturna" dos jornais e revistas, podem adquirir uma personalidade pública "entediada", enfraquecendo a venda dos produtos de que fazem propaganda.

Aqui, um problema central diz respeito às lealdades entre o craque e o jornalista que escreve sobre ele. Ambos têm um comprometimento básico para manter o interesse do público em seu esporte. Devem estabelecer uma relação mútua para solidificar sua reputação profissional. O jogador terá problema com os *managers*, com os agentes, os patrocinadores e os torcedores, se brigar com a comunidade através da mídia que alcança seus mercados. O jornalista terá problema se não conseguir as fontes primárias disponíveis à mídia concorrente. O vínculo comum que, na sequência, se desenvolve entre o jornalista e o jogador pode se tornar bem forte no âmbito privado, uma vez que se misturam em boates, cassinos, festas particulares, clubes de golfe e viagens de férias. No entanto, questões de confiança atormentam sua relação. O jornalista deve ganhar e manter a confiança de sua fonte, sem ser visto como excessivamente simpático a ela por seus leitores ou empregadores. O jogador deve tomar cuidado para que o jornalista não priorize os interesses dos leitores ou empregadores, e apresente-o sem brilho (Bourgeois, 1995, p. 197). Essa vigilância é baseada no conhecimento de que, para os jornalistas de tabloides, "a melhor história popular é uma história negativa sobre um jogador famoso" (Tunstall, 1996, p. 188).

A criação e a propaganda de certa identidade pública podem claramente não estar em harmonia com a identidade privada tímida que indivíduos famosos podem tentar preservar (Chaney, 1993, p. 143-144). Os jogadores do futebol moderno podem participar de comerciais e divulgar produtos que enfatizam de maneira nada realista uma dimensão pessoal individual (como suas características "firme", "excêntrico" ou "honesto"), que será totalmente estigmatizada por qualquer desvio em público desse papel. Além disso, os jogadores reconhecem que seu *status* de celebridade pode emergir por intermédio do capricho dos repórteres e de outros profissionais da mídia ou via momentos inesquecíveis de desastres no futebol. Ninguém procura ativamente, como um papel comovente, o jogador para sempre associado a um gol decisivo, a um pênalti perdido, ou a uma grande mancada do goleiro. Todavia, esses lapsos estabelecem uma identidade desviante para o jogador, que destrói totalmente a imagem profissional positiva que pode ter gasto muitos anos para construir (Schimitt e Leonard, 1986, p. 1097-1098).

No entanto, a expansão da mídia de esportes pode futuramente dar emprego e segurança aos jogadores modernos. Diretores dos meios de comunicação são atraídos por ex-jogadores por uma simples razão: "A celebridade é significativa. A fama empresta autoridade" (Inglis, 1995, p. 2)[6]. As famosas proezas e o "conhecimento profundo" dos grandes jogadores reforçam seus argumentos (Hargreaves, 1986, p. 145). Ocasionalmente, a diferença entre habilidades de jogar futebol e de falar são muito grandes. Os jogadores podem possuir uma "consciência prática" para usar no campo; depois dos jogos, podem se esforçar para igualá-la a uma "consciência discursiva" com palavras eloquentes (Giddens, 1984, p. 41-45).

Há indícios de uma virada pós-moderna nessa construção social do jogador enquanto celebridade. A pós-modernidade possibilita que os jogadores reflitam mais sobre as armadilhas e os riscos da modernidade. Clubes, jogadores, meios de comunicação de massa e torcedores podem adotar novas estratégias para se opor aos aspectos prejudiciais do futebol moderno. Muitos clubes colocam seus jogadores jovens em cursos educacionais de pequena duração que ensinam a se apresentar efetivamente e sem controvérsia em suas negociações com a mídia. A direção do clube pode batalhar muito para defender seus protegidos da avaliação pública prematura (por exemplo, a "ideia" que Alex Ferguson faz de Ryan Giggs do Manchester United, ou a proteção de Raul do Real Madrid diante de Jorge Valdano). As tumultuadas carreiras de George Best, Tanju Çolak, Diego Maradona e outros servem como ponto de referência para a diretoria do clube quando assume o papel de "empresário moral". Esses jogadores são descritos como "selvagens" ou "rebeldes", autodestrutivos e responsáveis por envergonhar a família e os amigos (Wagg, 1984, p. 144). O *stress* pessoal que resulta dessas situações pode levar o jogador a um processo de decadência mais rápido, como testemunhou o vício em droga de Maradona, o alcoolismo de Best e a prisão de Çolak na Turquia por roubo de automóvel (Blake, 1996, p. 153).

Por outro lado, alguns jogadores criticados por seu comportamento que ofendem o lado hipócrita da autoridade foram sempre tolerados ou tranquilamente admirados pelos torcedores da classe operária (Hargreaves, 1986, p. 147). Há indícios de que os meios de comunicação de massa chegaram a reconhecer essa popularidade, adotando uma postura menos sacramentada e condenatória em relação à controvérsia sobre jogadores como Paul Gascoigne, Eric Cantona e Vinnie Jones. Na Argentina, o tratamento complexo, com muitas idas e vindas, de Maradona pela imprensa nacional é explicado por crenças populares relativas às qualidades dos jogadores famosos: eles devem ter *aguante*, uma espécie de resistência mental ou uma capacidade de sobreviver, tradicionalmente expressa pelos vícios da classe operária enfraquecida relacionados à bebida, ao sexo, ao jogo a dinheiro, às relações sociais turbulentas e, ultimamente, ao abuso da ingestão de drogas. Ao mesmo tempo que atiça toda a indústria dos meios de comunicação a comentar sua carreira, Maradona ainda é capaz de fazer com que o trabalho de toda a mídia e de relações públicas seja como ele quer (Burns, 1996; Archetti, 1997a).

A cultura "retroativa" pós-moderna do futebol permite que os jogadores continuem a reproduzir seus grandes momentos nos jogos, muito tempo depois da época em que eram fisicamente capazes de jogar enquanto profissionais. Os jogadores mais famosos mantêm-se em forma, permanecendo disponíveis para *replays* de partidas clássicas, jogadas, pela primeira vez, anos antes[7]. É provável que nunca haja um grande público, embora os patrocinadores e a televisão demonstrem interesse. Diferentemente dos jogadores de golfe mais velhos, cujas forças em declínio são camufladas por avanços tecnológicos nos equipamentos, os jogadores de futebol não podem disfarçar a perda de rapidez para correr, a perda de força para chutar, a resistência e o equilíbrio. Na maior parte das vezes, os jogadores de futebol vivem em uma cultura retroativa por meio de eternas imagens fotográficas e filmadas de sua excelência. Para preencher as lacunas em horários de televisão, muitos momentos memoráveis são constantemente buscados nos arquivos da emissora e transmitidos novamente, de modo que esses talentos esquecidos possam recapturar seus momentos de glória no passado. Todavia, esses encontros nostálgicos servem também para obscurecer o brilho das primeiras estrelas. Originalmente, as distâncias espaciais e ideológicas entre os torcedores nas arquibancadas e os jogadores no gramado eram pequenas. O processo de envelhecimento sozinho confirma um acordo comum entre os dois. Momentos idênticos no futebol são relembrados; em primeiro lugar, vivenciados a partir de diferentes pontos de vista, mas relembrados com uma sentimentalidade mais parecida com a posição do público de TV mais velho.

Finalmente, outra estratégia torna-se disponível para os jogadores famosos em sua aposentadoria: um "desaparecimento" da celebridade criada pela mídia. No passado, essa obscuridade tinha todos os tipos de conotações negativas em relação ao *status* financeiro e social. Agora, o caso Bosman possibilita que os melhores jogadores europeus desfrutem da proteção financeira que de fato os prepare para a vida fora do futebol, sem necessidade de a mídia bolar *remakes* de jogos em que eles fizeram sucesso.

A era pós-moderna da mobilidade do jogador: o caso Bosman e o que vem depois

Em dezembro de 1995, o sistema de transferências europeu foi revolucionado quando o Tribunal de Justiça europeu deu sustentação ao caso Bosman contra a Federação de Futebol da Bélgica[8]. Os precedentes exatos do caso são complexos, ainda que subsequentemente tenham dado origem a uma simples ação cível em relação à liberdade de movimento de Bosman como trabalhador europeu. Bosman foi um jogador medíocre, empregado pelo time belga da primeira divisão Liège e seu contrato expirou em junho de 1990. A ele foi oferecido um novo contrato pelo preço mínimo permitido pela Federação belga, na prática reduzindo seu salário em 75%. Ele se recusou e entrou em contato com o Dunkerque, um clube francês da segunda divisão, que então concordou em fazer um empréstimo ou um acordo de transferência com Bosman e o Liège. No entanto, o Liège suspeitou da posição financeira do Dunkerque, cancelou o acordo e suspendeu o jogador. Em resposta, Bosman entrou com uma ação na Justiça, demandando mensalmente pagamentos do Liège e a anulação do preço de seu passe, enquanto procurava um novo clube. Os tribunais belgas encaminharam seu caso para o Tribunal europeu, dando início ao fim do sistema de transferências europeu.

Bosman declarou que as regulamentações das transferências europeias contrariavam o artigo 48 do Tratado de Roma, que garantia a liberdade de movimento a todos os trabalhadores europeus contra qualquer discriminação baseada na nacionalidade. A Corte lhe foi favorável[9]. Alegou também que a "regra 3 + 2" da Uefa para o jogador estrangeiro era ilegal[10]. A Uefa não teve outra opção senão abandonar a "regra 3 + 2" e todas as regulamentações existentes sobre a transferência internacional dos jogadores da União Europeia que estavam sem contrato. Os princípios do livre-mercado de Bosman foram logo aplicados às transferências dos jogadores das nações da União Europeia. Na verdade, algumas associações de futebol já trabalhavam com essa estrutura há muito tempo[11].

O caso Bosman causou três impactos fundamentais. Em primeiro lugar, a mobilidade dos jogadores cresceu bastante, especialmente em uma escala europeia. A maioria dos grandes clubes europeus tem vários jogadores famosos em seus livros. Surgiram novos padrões de migração de trabalho; por exemplo, os jogadores italianos agora deixam a Itália para clubes do Reino Unido, da França e da Espanha. Em segundo lugar, a balança de poder no futebol europeu pendeu cada vez mais para os clubes mais ricos, que abriram caminho para o melhor trabalho profissional. Em terceiro lugar, a renda dos grandes jogadores cresceu muito, embora ainda existam enormes abismos entre os salários dos jogadores das principais divisões europeias[12]. Os clubes que contratam jogadores por meio dos princípios de Bosman estão dispostos a sacrificar alguns de seus enormes ganhos fora do campo em troca de somas de contratos e salários mais altas. No final da década de 1990, os melhores jogadores dos principais clubes tinham renda anual de mais de 1 milhão de libras esterlinas. Os economistas e os consultores sugeriram duas soluções para a espiral dos salários dos jogadores (Campbell e Sloane, 1997). Em primeiro lugar, o "teto salarial", como existe em alguns esportes nos Estados Unidos e na Austrália, que colocaria um limite básico nos vencimentos dos jogadores. Em segundo lugar, uma distribuição mais equilibrada da renda de bilheteria ampliaria a renda dos jogos entre clubes, reduzindo diferenças no poder de barganha e, assim, diminuindo pressões inflacionárias na negociação salarial. No entanto, nenhuma medida foi aceita pelos clubes mais poderosos, que se desenvolvem com base nas desigualdades econômicas. Além disso, se pelo menos uma dessas medidas fosse introduzida em algumas nações europeias, sucederiam problemas adicionais. Os melhores jogadores ainda maximizariam sua remuneração, mudando-se para clubes em mercados mais livres.

No âmbito local, é difícil calcular o impacto econômico exato do caso Bosman. A maioria dos clubes ficou ansiosa para avaliar o valor real dos jogadores contratados, uma vez que grandes fatias desse capital humano podem desaparecer sem recompensa. Alguns clubes, como o Tottenham Hotspur, incluíram os jogadores como ativos em seu balanço financeiro anual. Um problema importante, aqui, é que, enquanto procedimentos contáveis contam com uma objetividade e uma possibilidade de verificação, as avaliações dos jogadores contam com estimativas subjetivas (Morrow, 1992, p. 19). Outro aspecto incalculável do "passe livre" diz respeito a seu impacto sobre o público torcedor. O passe livre é mais estabelecido no beisebol americano; economistas avaliaram que a perda de um jogador médio custa ao clube de bola por volta de 4 a 5% do público total, e 500 mil dólares por ano. Novos jogadores que conseguem atrair seu próprio público ajudam times a vencer jogos e a envolver os torcedores. No entanto, os pesquisadores sustentam que se o "rol" ou o time de jogadores permanecer estável durante toda a temporada, a média de público pode aumentar mais do que 20% (*Washington Post*, 6 de janeiro de 1997).

Para combater o livre mercado, é possível utilizar contratos de longo prazo para criar um vínculo do jogador com o clube (Simmons, 1997, p. 17). Esses arranjos garantem aos profissionais seus altos salários como uma preparação para a perda de forma ou contusão, e dão direito a uma remuneração ao clube em caso de venda. Na Espanha, vários clubes coibiram seus ativos humanos inserindo "cláusulas de controle acionário" enormes em contratos lucrativos[13]. No entanto, entre as nações há sérias desigualdades relativas ao impacto do caso Bosman. A maioria dos clubes espera que Bosman simplesmente enfatize a importância do mercado de transferências para os jogadores da casa, ainda que seu aspecto "pós-moderno" se faça sentir na nova internacionalização de transferências. Para os grandes clubes, ele possibilita uma oportunidade de "acumulação flexível", contratando jogadores por um ou dois anos para tarefas específicas sem a necessidade de oferecer segurança a longo prazo (Harvey, 1989). Consequentemente, grandes clubes italianos, como o Milan e a Juventus, abandonaram seus times de jovens. Ao contrário, nações com forte história de talentos internos têm feito muitos esforços. A França e a Espanha consideram-se entre os países mais afetados na era pós-Bosman. Os grandes clubes espanhóis, como o Sporting Gijon, o Athletic Bilbao, o Nantes e o Metz, lucraram no passado, lapidando jovens talentos para vendê-los para clubes maiores, mas o caso Bosman acabou com essa possibilidade[14]. Para aliviar essa dificuldade, os clubes franceses continuam a expandir sua rica herança de contratar jogadores estrangeiros do Leste europeu ou das antigas colônias (Guttmann, 1994, p. 52). Na Espanha, o problema é complicado, devido ao grande número de canarinhos (brasileiros) e outros sul-americanos recrutados por clubes como o Deportivo La Coruña. Esses "estrangeiros" adquirem dupla nacionalidade, após dois anos na Espanha, e deixam de ser incluídos nos cálculos que objetivam limitar o número de jogadores não europeus em todos os times. Todas essas pressões dificultam a manutenção de programas de treinamento dos jovens locais e reduzem uma série de escolhas disponíveis para o *manager* do time nacional.

No entanto, podemos identificar algumas características positivas mais profundas do caso Bosman, que se adaptam às técnicas de treinamento holístico e de recrutamento dos clubes. As liberdades legais dos jogadores são inúteis, se eles não conseguem se adaptar a ambientes desconhecidos. Um processo de aprendizado holístico estimula essa adaptabilidade à mudança. Do ponto de vista das seleções nacionais, jogadores móveis são capazes de assimilar mais conhecimento de habilidades técnicas e estilos de jogo. Os jogadores das pequenas nações da Escandinávia, como a Suécia e a Dinamarca, são preparados para atuar no exterior, tomando consciência de todos os benefícios do cosmopolitismo com o time internacional (Andersson e Radmann, 1998). Do ponto de vista do clube, a melhor estratégia é fazer contratos de longo prazo com jogadores "essenciais" e, ao mesmo tempo, lançar no mercado aberto os jogadores de menor valor.

No final do jogo: estrelato ou volta à obscuridade?

Os avanços econômicos e culturais obtidos pelos jogadores profissionais representam uma longa revolução. Durante o longo período "inicial moderno" do futebol profissional, os jogadores podem ter sido pagos por seu trabalho, mas sua relação feudal com o clube era inevitável. Essa situação ainda prevalece em muitas nações futebolísticas avançadas no mundo em desenvolvimento, particularmente no Brasil, com reformas às quais as autoridades do futebol doméstico resistem firmemente. No Reino Unido, os principais jogadores complementam sua renda controlada participando de comerciais, mas seu *status* como "heróis" locais ou nacionais significa que tendem a cair na obscuridade após a aposentadoria. A idade totalmente "moderna", para os jogadores de futebol, foi marcada, na década de 1960, pela abolição do teto salarial; aos poucos, surgiu a liberdade de transferência. Grandes craques mudaram-se de seu ambiente natural; adquiriram um *status* de celebridade internacional como "estrelas" da maior indústria de entretenimento, com os novos meios de comunicação e a cultura do consumidor aumentando a seu brilho. Carreiras pós-aposentadoria abrem-se na mídia e nas atividades de relações públicas. A era "pós-moderna", para os jogadores, foi marcada pelo caso Bosman, por benefícios do livre mercado que se traduzem em uma renda mais alta, na possível mobilidade internacional e no aumento da consciência de que a celebridade no futebol tem suas próprias armadilhas.

Esses avanços foram obtidos pelos jogadores, apesar de uma relutância coletiva em negociar com os patrões. Greves são relativamente raras, embora movimentos reivindicatórios sejam altamente caros para a indústria de esportes como um todo. Certamente, os jogadores representam uma subcultura ocupacional, mas esta tende a ser definida pelos interesses do clube. Uma perspectiva sociológica crítica salienta como os clubes têm controle sobre sua força de trabalho, exigindo desempenho, uma vez que arrisca o capital corpo do jogador nas suspensões ou contusões. Além disso, o recrutamento "moderno" e as práticas do técnico fazem pouco para estimular as habilidades sociais de jogadores ou suavizar o vento da aposentadoria. Os clubes europeus apontaram o caminho das abordagens mais holísticas em relação ao recrutamento e à educação dos jogadores.

Concluirei, aqui, colocando algumas questões sobre a natureza da fase pós-futebol para os jogadores. Não importa quão profissional o clube é ao preparar os jogadores para esse momento, a experiência real da aposentadoria pode ser semelhante a uma forma de morte pública. Pendurar as chuteiras pode garantir a privacidade e o relaxamento mental que o jogador almejava antes. Mas comumente anuncia o fim de uma camaradagem institucionalizada com os membros de seu time e a quebra de um espelho público em que se tornou tão familiar (Gearing, 1997). Para a maioria, a opção dourada de passar a ser *manager*, técnico ou a trabalhar na mídia não é disponível. Mesmo se fosse, as sensações existenciais de jogar não durariam. O romancista e escritor de futebol Brian Glanville (1976, p. 21) capta o desespero da aposentaria na fala de um de seus jogadores ficcionais.

> Enquanto ando, acelero o passo e corro, jogo do início ao fim da partida; estou novamente no Wembley, em Roma, em Liverpool e em Budapeste. Não há nenhum reserva para jogar; não deixe ninguém te enlouquecer. Uma vez você foi tão bom quanto eu, uma vez você sentiu o gosto do sucesso, você nunca o perde. No dia em que parei de trabalhar, chorei; estou falando sério. Sentei no vestiário e chorei como um bebê.

Essa "morte" pública do jogador aposentado ganha uma violência maior com o sentimento de perda que os espectadores sentem. Os torcedores de futebol passam suas memórias personalizadas para torcedores mais jovens, caindo em uma nostalgia, uma vez que o passado torna-se romantizado diante da banalidade do presente. Enquanto isso, os sujeitos dessas mitologias caem na obscuridade pública. Frequentemente, o anúncio da morte de grandes jogadores do passado leva a uma melhor reavaliação da memória coletiva que deve imortalizar carreiras gloriosas. Em algumas situações, as sensações de perda também abrigam sentimentos de culpa e de cumplicidade. O público, antes admirador, pode perceber o fracasso e recompensar suas memórias com dinheiro e afeição durante o resto da vida de seus heróis.

Na Inglaterra, a morte de Bobby Moore trouxe certo espanto, o de como uma figura verdadeiramente heroica que se dedicara à Copa do Mundo de 1966 poderia ter flertado com a insolvência, além de um papel de celebridade medíocre que não lhe era apropriado (*The Observer*, 26 de fevereiro de 1993). Um lamento mais evidente sucedeu à morte de Garrincha, a figura heroica, arruinada, um produto das favelas e fábricas do Rio, e o mestiço driblador sustentáculo das seleções brasileiras que venceram as Copas do Mundo de 1958 e de 1962 (Leite Lopes e Maresca, 1987; Leite Lopes, 1997). A idade da aposentadoria viu Garrincha cair temerariamente em um alcoolismo fatal. Todavia sua morte tornou público um clamor popular em uma cerimônia final para celebrar sua presença e memória. Seu corpo foi velado em sua "casa", o estádio do Maracanã, antes de ser enterrado em sua cidade natal.

Portanto, na morte, o valor simbólico desses heróis se expande incalculavelmente e entra para o reino da mitologia. O significado social da morte torna-se problemático e aberto à renegociação. A volta de Garrincha ao Maracanã encerra o problema, convertendo-o em um símbolo mítico. Representa uma maneira de recuperar sua memória para o Brasil como país do futebol. De modo mais profundo, entrega-o ao Brasil enquanto religião do futebol, à casa espiritual do jogo nacional, como preparação para deixar o mundano (como alcoólatra, no passado um gênio) para entrar para a eternidade (como símbolo nacional mítico). Hobbs (1993) escreve de maneira semelhante, em sua homenagem póstuma a Bobby Moore, no passado ídolo do time West Ham, do bairro East End, em Londres. A aposentadoria de Moore, em meados da década de 1970, simbolizou a morte do velho mítico East End, refletida na migração de sua classe operária branca. "Significou que a década de 1960 tinha acabado, as docas foram fechadas, e realmente nada nos pertencia dali em diante. Então, nós todos mudamos para Essex." Somente com a morte de Moore esse processo tornou-se totalmente reflexivo, algo que demanda reflexão e interpretação em termos mitológicos. Somente agora "Bobby Moore" passa a ser parte de um sistema semiológico (as docas, o time, as ruas, os locais excêntricos, o estilo de jogo), que nunca mais tem uma presença material, exceto por sua provocação de uma nostalgia sedutora.

Cada vez mais há menos probabilidade de que os maiores craques contemporâneos despertem esse sentimento localizado de perda quando morrerem. O estrelato, o sistema de transferência e o envolvimento da mídia servem para desarraigar os jogadores, transformando-os em símbolos internacionais, que compartilham uma subcultura ocupacional com outras celebridades transnacionais. No âmbito nacional e internacional, certamente sua morte será lamentada. Mas não será um lamento pelo indivíduo heroico e pela era que o fez. Em vez disso, o público lamentará a morte de uma simulação, o fim de uma vida televisual, como ocorreu em uma escala mais grandiosa com a morte da princesa Diana em agosto de 1997.

Notas

[1] Os regimes totalitários podem transferir jogadores insatisfeitos ou "antissociais" para instituições totais mais sinistras. Muitos craques soviéticos foram transferidos para os *gulags* de Stalin. No Iraque, duas rodadas de tortura na prisão foram realizadas em jogadores da seleção nacional depois que não se classificaram para a Copa do Mundo de 1998 (*The Observer*, 20 de julho de 1997).

[2] Ver, por exemplo, Dunphy (1976) e Nelson (1995).

[3] A liga rebelde durou quatro anos e incluiu surpreendentemente um grande número de talentos, tais como os jogadores internacionais ingleses (Mason, 1994). A riqueza financeira por trás desse empreendimento foi tamanha, que foi apelidada El Dorado, ainda que a não filiação da Colômbia à Fifa permitisse que os jogadores da liga incorressem em proibições internacionais (Del Burgo, 1995, p. 59-60).

[4] Wagg (1984, p. 192) observa que, em certa medida, existe esse vínculo comum entre os *managers* do futebol, embora universalmente se saiba que a vitória de um pode significar o desemprego de outro.

[5] Alguns paralelos alarmantes existem entre o futebol e a academia. Pressões sobre o profissional que segue carreira ou sobre o pesquisador significam que os acadêmicos também mostram claros sinais de cristalização do baixo *status*. A vida em família pode ser limitada, o lazer e a recreação tendem a ser construídos em torno de interesses de pesquisa, congressos tornam-se férias, enquanto os acadêmicos dão uma pequena contribuição ou nenhuma para as associações políticas e culturais locais.

[6] De maneira semelhante, Sorlin (1994, p. 130) observa que "O estrelato é um aspecto crucial da relação entre a mídia e a sociedade em que ela se desenvolve. A própria existência de estrelas é vital para a mídia".

[7] Por exemplo, a final da Copa do Mundo de 1982 entre a Itália e a Alemanha foi "jogada novamente" treze anos depois, em junho de 1995, e televisionada ao vivo na Itália.

[8] Caso C-415/93 *Union Royale Belge des Sociétés de Football Association ASBL and Others versus Jean-Marc Bosman and Others* [1995] ECR I-4921, [1996] 1 CMLR 645, [1996] 1 CEC 38, depois conhecido como caso Bosman.

[9] A Corte considerou que, independente de qualquer coisa, razões urgentes de interesse público podiam justificar as regulamentações. Um contra-argumento tinha sido que as somas de transferências funcionavam para salvaguardar o equilíbrio competitivo e financeiro entre os clubes, e o recrutamento e treinamento de talentosos jogadores jovens. Mas em uma declaração mais crítica

sobre a infraestrutura do futebol europeu, a Corte aplaudiu esses ideais, ao mesmo tempo que acabou com o sistema de transferências como incapaz de atingi-los de fato.

[10] A "regra 3 + 2" permitia aos clubes europeus jogarem com no máximo três jogadores "estrangeiros" e dois "assimilados" durante os jogos. Jogadores "assimilados" eram os estrangeiros que tinham jogado por um período de cinco anos, inclusive os três como júnior, na nação pertinente (Greenfield & Osborn, 1998, p. 16, 22).

[11] Antes do caso Bosman, os clubes de futebol franceses e espanhóis estabeleceram um sistema de "passe livre" para todos os jogadores que tinham completado longos contratos (Thomas, 1996, p. 24; Campbell & Sloane, 1997, p. 3).

[12] Por exemplo, na temporada de 1997-1998, os salários mais altos anuais na Alemanha eram de 2 milhões de libras esterlinas e os mais baixos 25 mil; na França, o salário mais alto era de 1,9 milhão de libras esterlinas e o mais baixo 15 mil; na Itália, o mais alto era de 3,5 milhões de libras esterlinas, e o mais baixo 13 mil (*World Soccer*, março de 1998).

[13] O Real Madrid imobilizou Clarence Seedorf impondo uma cláusula de compra de uns 91 milhões de libras esterlinas. A compra recorde mundial pelo Real Betis de Denilson (brasileiro) por 35 milhões de dólares contém, no contrato por 11 anos, uma cláusula de garantia de 260 milhões de libras esterlinas, que deverão ser pagos ao clube por qualquer outro que compre seu contrato.

[14] Pelo menos, no Bilbao, os craques jovens acham que o apelo comercial do caso Bosman deve ser contrabalançado por outras normas sociais enraizadas: a atração ideológica de jogar pelo clube local, que é a incorporação institucional do nacionalismo basco (MacClancy, 1996a).

7 O objetivo de vencer? Futebol, ciência, tática e estética

Além do funcional: a estética do futebol

Após ter discutido a formação social e econômica dos jogadores, procurarei neste capítulo analisar os vários aspectos históricos e culturais do futebol. A minha primeira impressão é a de que os acadêmicos contribuíram relativamente pouco para a nossa compreensão dos estilos de jogo e das técnicas do futebol. O aspecto esportivo já atraiu muita atenção, mas sociólogos e antropólogos parecem ter ignorado suas dimensões táticas e estéticas. Excepcionalmente, Norbert Elias empregou uma metáfora do futebol para elaborar a sua perspectiva de "processo sociológico". A competição entre companheiros de equipe e seus adversários ilustrava a natureza de toda a vida social: a interdependência dos seres humanos e a "rede de tensão flexível" gerada pela sua ligação social. O poder flui entre os jogadores fazendo manobras visando à posse e movendo-se entre o ataque e a defesa (Elias 1978b, p. 130-131).

Talvez a dissidência sociológica de Elias tenha impedido que essa metáfora fosse explorada mais completamente. Ainda assim, para qualquer sociólogo, o futebol ilustra como a tensão ontológica entre ação e estrutura social é dramatizada eternamente. Os jogadores são limitados em relações estruturais que enfatizam o coletivo sobre o individual: divididos em times, com sua própria divisão de trabalho (as posições em campo), e programados para manter esse "formato". Mesmo ao receber a bola, os jogadores visam ao interesse coletivo e seguem o procedimento, "livrando-se do perigo" na defesa ou passando para os companheiros. Mesmo assim, ao fazê-lo, o "ator" deve selecionar uma entre várias opções – para quem passar a bola exatamente, a que velocidade ou ângulo, e acompanhado com quais instruções. Ocasionalmente, sair dessa "posição preestabelecida" também pode beneficiar a equipe, mas a decisão continua sendo como o jogador analisa a jogada, e a sua vontade de adequar-se ao seu padrão. O aspecto da interferência dos jogadores oferece um antídoto teórico à visão opressora marxista discutida no capítulo 6, de que as ações dos jogadores são predeterminadas pelo técnico. Ainda assim, seus expoentes mais individualistas são limitados pelo coletivo; sua criatividade "livre" deve ser direcionada para ajudar a causa do time.

Entre os dirigentes futebolísticos, existe uma interdependência similar entre a tomada de decisão inspirada e as fortes redes sociais. Os dirigentes britânicos mais bem-sucedidos (Alex Ferguson, Bill Shankley, Matt Busby e Jock Stein) foram educados nos centros de mineração e construção naval da Escócia, onde uma rica tradição de valores pragmáticos, "comunitários", existia *avant la lettre*. A cultura calvinista dizia que os indivíduos deviam explorar os seus talentos, principalmente no esporte, para ampliar os seus estreitos horizontes. Os dirigentes do Liverpool Bob Paisley e Kenny Dalglish foram criados em circunstâncias parecidas em Tyneside e Glasgow, respectivamente. O *status* carismático desses heróis do futebol pode sugerir que suas manobras administrativas magistrais tenham sido puramente instintivas. Porém, a sua mistura de jogadores ou sua adaptação a estilos de jogo foram consolidadas através de socialização anterior, quando aprenderam como índoles específicas reagiam a tratamentos diferentes, e como personalidades particulares se misturavam mais efetivamente.

Esse equilíbrio entre individual e coletivo, ação e estrutura, sugere outro problema sociológico ao explicar estilos e técnicas de jogo. Por um lado, a perspectiva estética aprecia que o futebol gere a sua própria panóplia de ações, estilos e criatividade produtiva. Por outro lado, a posição mais funcional vê a cultura do futebol como uma reprodução direta de relações sociais mais amplas. Aqui, tento ao máximo trilhar entre essas duas posições. O futebol é certamente modelado por e dentro de uma sociedade mais geral, mas ele produz o seu próprio universo de relações de poder, significados, discursos e estilos estéticos (Wren-Lewis e Clarke, 1983). Eu estou, então, em divergência com uma tendência de estudos culturais que explicam a cultura popular das classes mais baixas em termos de sua necessidade funcional, ao invés de seu conteúdo estético (Willis, 1990; Fiske, 1992, 1993). (Um problema similar é aparente no trabalho de sociólogos como Lash (1990) que, ao escrever sobre a pós-modernidade, privilegia a classe média com uma sensibilidade estética que é intangível para outras classes.) Esse tipo de funcionalismo crítico identifica uma conexão latente entre a prática da cultura popular e as condições materiais de exploração e opressão. Assistir a uma novela ou tocar numa banda de rock não envolve realmente um exercício de distância crítica, apreciação estética ou "gosto" adquirido. Ao invés disso, o telespectador ou o músico popular está meramente "consolidando" cultura de acordo com suas condições "objetivas". O problema desse ponto de vista é seu tom arrogante e sua epistemologia privilegiada. Como Banck (1995) e outros antropólogos argumentaram, a posição dos estudos culturais se apoia na asserção indefensável de que as "pessoas comuns" são de certa forma incapazes de produzir ou apreciar uma estética dentro de suas práticas culturais[1]. Para aqueles entre nós que cresceram com o futebol, o jogo é repleto de aspectos de beleza e graça.

Ao examinar o desenvolvimento técnico e estético do futebol, descobrimos que a cultura do corpo e o ambiente social estão intimamente relacionados. As habilidades do futebol emergem de um "complexo biopsicos-sociológico de técnicas de corpo" (Loy *et al.*, 1993, p. 72). A técnica, nesse sentido, é baseada na definição maussiana, ou seja, a ordem de "ações tradicionalmente eficazes" que são psicologicamente permitidas, definidas culturalmente e (re)produzidas através da socialização. Similarmente, a dimensão estética do futebol não é dada historicamente, mas sim obtém o seu significado do contexto sócio-histórico mais amplo. Conforme Walter Pater notou em 1873, "O crítico estético deve se lembrar que a beleza existe em muitas formas. Para ele, todos os períodos, tipos, escolas de gosto são por si só iguais. A pergunta que ele se faz é sempre: em quem o movimento, o gênio, o sentimento do período encontra a si próprio?" (citado em Lambourne, 1996, p. 12). Sociologicamente, devemos acrescentar que a estética refletirá as lutas políticas e os interesses ideológicos de grupos dominantes e subalternos: jovens contra velhos, cientistas contra artistas, classe média contra classe operária, o mundo antigo *versus* o mundo novo. A estética do futebol é ao mesmo tempo um meio de controle ideológico e uma arma de resistência de tal dominação. Em resumo, trata-se de um "fenômeno eminentemente contraditório" (Eagleton, 1990, p. 3).

Nesta discussão, portanto, eu começo com um estudo histórico da estética e das mudanças táticas do futebol. No processo, procuro periodizar essas mudanças nas fases "tradicional", "moderna" e "pós-moderna". Alguns dos maiores problemas inerentes a essa historiografia são explorados, particularmente aqueles relacionados à formação de equipes; desenvolvimentos estilísticos individuais são menos problemáticos. A globalização do futebol assegurou uma rápida difusão de inovações táticas e estéticas, embora ela inicialmente tenha dramatizado diferenças culturais. As últimas duas partes discutem os impactos de outros esportes no futebol: primeiro, em termos de táticas de futebol; segundo, mais organizacionalmente, com relação a mudanças de regras e ao gerenciamento de novas tecnologias. Minha intenção principal é gerar debate entre acadêmicos do futebol, uma vez que técnicas de jogo, estilos e sua apreciação estética têm sido notavelmente ausentes de trabalhos eruditos.

Do "chutar e correr" para a WM: a transformação do estilo de futebol no Reino Unido

O estilo de jogo do futebol primitivo refletia o "imprimátur" da classe média em favor dos valores bastante empresariais de risco e ataque individualista. Até a década de 1880, o futebol inglês era predisposto esteticamente para a demonstração da habilidade individual de cada jogador, notadamente os dribladores exibicionistas que deixavam o grupo para trás. Conforme o futebol se tornou uma paixão da classe operária, o gosto da multidão logo migrou da pseudoarte da classe média para vitórias conseguidas profissionalmente (Walvin, 1994, p. 74-5). Uma forma de jogo mais bem-sucedida, racionalizada – o "passe de bola" –, ganhou predomínio, apresentando uma divisão mais avançada de trabalho na qual os jogadores recebiam posições regionais para executar suas tarefas determinadas. Apenas gradualmente esse tipo de estilo de jogo influenciou o futebol na Inglaterra, onde a abordagem mais atávica, de "chutar e correr", predominava. O passe de bola realmente exibia uma forte simetria com a experiência industrial de seus proponentes escoceses de classe operária, mas ela também foi incentivada pela popularidade repentina do próprio futebol. Mais e mais jovens jogadores aprendiam os rudimentos do controle e do passe da bola, habilidades que foram essenciais para que esse estilo de jogo sobrevivesse e se tornasse esteticamente significante. Portanto, esse período "tradicional" estabeleceu uma tríade de virtudes táticas e estéticas: trabalho em equipe, habilidade técnica e resultado final.

A manobra de ataque continuou sendo a principal preocupação tática e estética do futebol, embora equipes mais prescientes dessem cada vez mais atenção à defesa. O Ayrshire da Escócia já havia estabelecido o modelo de quatro defensores e seis atacantes na década de 1880[2]. No Victorian England, os oito atacantes foram gradualmente reduzidos para sete e depois seis, para apoiar a defesa e o meio de campo. Após a Segunda Guerra Mundial, quando os clubes desejavam novamente aumentar a presença do público e consequentemente os lucros, a atenção se virou para a lacuna aparentemente expandida entre a estética popular do ataque e o pragmatismo da defesa. Para corrigir a situação, os dirigentes dos clubes buscaram alterar a estrutura de jogo do futebol, para "espetacularizar" o jogo. Especificamente, a manobra do "impedimento" dos zagueiros foi tida como um grande problema, embora observadores continentais tenham argumentado que apenas os atacantes ingleses não sabiam neutralizá-lo (Meisl, 1955). Em 1925, a FIFA aceitou a alegação dos ingleses e instituiu a nova regra; os jogadores agora estariam impedidos se menos de dois adversários estivessem entre eles e o gol (antes eram três adversários).

A mudança de regra forneceu um novo sistema para a organização das equipes, coincidindo com uma receptividade global à diversidade tática e estilística. Muitos técnicos de futebol nascidos no Reino Unido mas exilados em outros países conseguiram ganhar o apoio de seus clubes e países. Excursões ao exterior e competições internacionais permitiram que eles testassem seus sistemas de jogo inovadores. Enquanto isso, no Reino Unido, os dirigentes de futebol tomavam conhecimento gradativamente dos benefícios de delegar poderes maiores aos técnicos.

Na Inglaterra, a nova regra de impedimento trouxe novas modificações defensivas. O meio-campista recuou do meio de campo para se tornar o *stopper* (algo como "bloqueador", uma espécie de terceiro zagueiro). O novo pivô defendia os ataques com firmeza; a distância entre atacantes e defensores aumentou. As equipes não precisavam mais atacar em grande número, como soldados pulando das trincheiras, em ondas de cinco atacantes e três médios-volantes. Ao invés disso, enquanto os atacantes permaneciam na linha de ataque, os zagueiros patrulhavam a defesa.

A primeira forma genuína de modernização veio de Herbert Chapman, que venceu cinco campeonatos e duas copas da FA como diretor do Arsenal, durante as décadas de 1920 e 1930. Chapman fundou a formação "WM": três atacantes e dois médios-volantes que também atacavam eram apoiados por dois médios-volantes defensivos e uma última linha de três zagueiros (incluindo o *stopper*). Chapman foi o "Ford" do futebol e seu primeiro dirigente moderno. "Sob seu ponto de vista, todos os artifícios utilizados pelo industrial para agilizar a produção de bens poderiam ser usados igualmente para agilizar a produção de gols" (Davies, 1992, p. 30). Ele estabeleceu a sua autonomia gerencial no clube, gastou pesadamente no mercado de transferência e moldou o seu time para explorar as novas leis. Ele alimentava a publicidade concedida aos dirigentes na imprensa popular, promovendo habilmente o clube e seus jogadores para o público geral (Holt, 1989, p. 311)[3]. Uma marca do estilo de jogo do Arsenal era o autocontrole na defesa, tranquilos por saber que seu contra-ataque devastador provavelmente venceria a partida. Assim, Chapman contava muito com a falta de sofisticação dos adversários do Arsenal, que se sentiam obrigados a atacar no velho estilo, corajosamente mas de forma imprudente.

No sul da Europa, os maiores clubes sob a tutela dos técnicos danubianos desenvolveram respostas similares à mudança de regra. Durante a década de 1930, os times espanhóis e italianos introduziram três defensores obstinados, liderados pelo destrutivo *stopper*. A semifinal tensa, em duas partidas, da Copa do Mundo entre as duas seleções em 1934 forneceu a ilustração mais completa dessa nova mentalidade tática em campo, com a Itália vencendo por 1 a 0, após a primeira partida ter terminado em 1 a 1 (Lanfranchi, 1995, p. 133). Na Itália, esse sistema se tornou conhecido como *il metodo* ("o método"). As diferenças com o futebol inglês se centravam na noção fascista da época de que os jogadores de futebol eram os guerreiros sem armadura da nação, e de que a habilidade individual continuava sendo importante estética e praticamente (De Biasi e Lanfranchi, 1997, p. 89). Alguns clubes italianos continuaram a jogar o *sistema*, mantendo o "centromédio" com um jogador de meio de campo genuíno (Meisl, 1955, p. 27). O debate tático continuou até o começo da década de 1940, quando a Fiorentina e o Genova copiaram o sistema "WM" da Inglaterra e *il metodo* venceu. A essa altura, o futebol já havia estabelecido o seu próprio sistema global de circulação de planos táticos e enunciados estéticos. Frequentemente, a WM seria modificada para se adequar às condições locais. Durante a década de 1940, ela foi bastante embelezada pela mentalidade tática dos russos. Iakushin, o técnico do Dinamo de Moscou, introduziu maior flexibilidade a esse sistema "burguês" de jogo. Ele encorajava os seus cinco atacantes a mudar de posição constantemente durante a partida, para desnortear os adversários. A estratégia foi um sucesso notável durante a excursão pelo Reino Unido em novembro de 1945, embora ela tenha deixado os analistas futebolísticos se esforçando para explicá-la taticamente. Alguns argumentaram que Iakushin antecipou a formação 4-2-4 depois popularizada pelo Brasil (Edelman, 1993, p. 91); como alternativa, eu sugiro que a grande mobilidade dos jogadores pressagiou o modelo do "futebol total" holandês da década de 1970.

O declínio do Reino Unido no pós-guerra e as táticas do futebol moderno

As maiores inovações táticas e estéticas do pós-guerra vieram de fora do Reino Unido, refletindo o declínio de seu prestígio no futebol mundial. Sob a tutela de Karl Rappan, a Suíça da década de 1950 adicionou outra variação defensiva ao "WM". O sistema do "Raio Suíço" resultante era excepcionalmente fluido e difícil de descrever geometricamente. Dois defensores centrais (com um "varrendo") eram apoiados por zagueiros atacantes; dois protomeio-campistas controlavam o centro, enquanto os dois atacantes eram assistidos por alas. Os jogadores nunca eram posicionados estaticamente em três linhas de jogo, mas deviam sim avançar ou recuar de acordo com o fluxo do jogo, dessa forma exigindo alto nível de inteligência tática.

A maior influência do Raio Suíço foi a sua criação do "varredor", o qual o sistema *catenaccio* depois desenvolveu. O *catenaccio* foi criado por Helenio Herrera, inicialmente no Barcelona, depois na Internazionale durante a década de 1960, e dominou os princípios técnicos e estéticos do futebol italiano por mais de duas décadas[4]. O sistema de Herrera foi implantado no ultraprofissionalismo do futebol moderno: disciplina, concentração, treinamento regimental, planejamento minucioso e um uso astuto da posse. Mas era também uma forma híbrida, explorando as capacidades estéticas e técnicas dos jogadores defensivos, exigindo um uso mais completo de suas capacidades intelectuais e criativas. O líbero (do italiano *libero*, "homem livre") varria atrás da defesa, analisando a jogada com astúcia para localizar e extinguir o perigo antes que ele se espalhasse. O primeiro líbero foi Armando Picchi, que jogou pelo Internazionale no início da década de 1960 (Wolstenholme, 1992, p. 307-9). Seu maior expoente talvez tenha sido o finado Gaetano Scirea, do Juventus e da seleção italiana. No entanto, não devemos ignorar os companheiros do líbero na defesa, os "marcadores" empregados para deter os atacantes seguindo-os durante todo o lance. Esses beques analisavam a jogada do adversário, sabiam como desmontá-los psicologicamente, e eram altamente perspicazes em calcular e pesar as suas investidas. O surgimento do *catenaccio* refletiu o crescimento do comércio e do *status* futebolísticos durante a década de 1960, na qual a ansiedade com a derrota havia suplantado a orientação de atacar da velha estética. A enchente de gols do início do pós-guerra foi reduzido a um gotejar. De modo geral, o *catenaccio* mimetizou a política cultural da Guerra Fria, a guerra falsa por atrito, com blefes e investidas sem ânimo diante de enormes estoques de defesa.

Duas outras estratégias de jogo foram apresentadas com grande sucesso durante as décadas de 1950 e 1960. A primeira foi o ousado sistema 4-2-4 tornado famoso pela seleção brasileira em sua campanha vitoriosa na Copa do Mundo de 1958. Esse estilo simbolizou a sobrevivência do compromisso estético do futebol em atacar e marcar gols dentro da era moderna. Embora o seu pragmatismo não deva ser subestimado, devido aos ilustres atacantes que estavam em sua ponta de lança, esse estilo de ataque brasileiro ainda é visto em todo o mundo como a forma mais pura e encantadora de futebol enquanto o próprio exemplo de "alta modernidade" do esporte. Embora os brasileiros gradualmente tenham acomodado um atacante no meio de campo, a fluência do ataque permaneceu. O seu apogeu foi em 1970 na Copa do México, com o massacre de 4 a 1 sobre a Itália na final. Significantemente, a cobertura televisiva em cores trouxe, pela primeira vez, o espetáculo completo para milhões de telespectadores na Europa e nas Américas, com o primeiro superastro global do esporte, Pelé, em seu epicentro. Os *replays* televisivos constantes do triunfo do Brasil fornecem um referencial crucial para a mitologização do maior time de futebol.

A segunda estratégia de jogo era o 4-3-3, a "Maravilha Sem Alas" inventada por Alf Ramsey quando foi treinador da seleção da Inglaterra durante a Copa do Mundo de 1966. O estudo de Ramsey do empirismo anglo-saxão dispensava os jogadores individualistas e dava preferência ao "suor e versatilidade" de trabalhadores do meio de campo (Critcher, 1994, p. 83). Sua filosofia lembrava a retórica igualmente científica e destinada ao fracasso de Harold Wilson com sua tecnologia "incandescente" que salvaria a economia do país. Embora os campeões de Ramsey tenham sido derrotados em Wembley um ano antes pela exuberante seleção da Escócia, sua herança simplista foi seguida por seus sucessores. O estilo gerencial altamente "fordista" de Don Revie levou a reprodução de conhecimento a novos horizontes na preparação antes de partidas cruciais durante a década de 1970. Equipes de profissionais (às vezes mais de cinquenta deles) encontravam-se em reuniões. Dossiês sobre o time adversário da grossura de uma tese circulavam entre os jovens jogadores ingleses, muitos dos quais nem haviam completado o segundo grau. Enquanto isso, uma rica linhagem de jogadores talentosos e alas habilidosos eram ignorados para as camisas 7 e 10.

Nessa época, as abordagens "científicas" dominavam o futebol. O técnico supremo da FA, Charles Hughes, estava divulgando a pureza funcional do "futebol direto" (Macdonald e Batty, 1971; Batty, 1980). Através do método simplificado do gerenciamento por metas (MBO, "management by objectives"), as equipes eram instruídas a jogar com "bolas longas", porque a análise de dados havia "provado" que 90% dos gols saíam de menos de cinco passes (Wilkinson, 1988, p. 93, 107). Essa estética taylorista acabou com o trabalho com os diferenciais entre jogadores que ocupavam posições diferentes; coletivamente, isso resultou num nivelamento industrial (Braverman, 1974). Ela não dizia nada sobre os 88 minutos restantes sem gol das partidas (Taylor e Ward, 1995, p. 295-297); nem pôde explicar seu efeito desastroso sobre a seleção inglesa durante as décadas de 1970 e 1980; ou por que times como o Glasgow Celtic conseguiram triunfar na Europa jogando um futebol fluente, de ataque. Todavia, fora de campo, até o Brasil foi influenciado: para a sua campanha fracassada na Copa do Mundo de 1966, eles gastaram o equivalente a R$ 1 milhão em sua "preparação científica", incluindo campo de treinamento durante quatro meses, com os jogadores monitorados por uma equipe médica de 200 pessoas. No mundo todo, psicólogos começaram a pesquisar os hábitos dos jogadores; alguns eram contratados para dar palestras ao time antes das partidas, embora os jogadores desdenhassem com humor o blá-blá-blá psicológico (Yaffé, 1974; Sik, 1996)[5].

Durante o fim da década de 1960 e na de 1970, a equipe holandesa Ajax criou o "futebol total", um estilo de jogo mais fluido e de ataque. Todos os jogadores do time precisavam estar completamente adaptados e capazes de jogar em qualquer posição avançada. A filosofia industrial do futebol total estava mais próxima de um modelo de "desnivelamento" do que de "nivelamento". Ele lembrava as práticas operárias do Japão (então começando a causar impacto nos mercados globais), que exigia que todos os gerentes de fábrica fossem peritos nas linhas de montagem, enquanto os operários contribuíam com novas ideias para aumentar a produtividade. Sua superioridade em relação à "ciência" inglesa era baseada na relação madura entre os jogadores e os técnicos holandeses, comparada à ultrapassada distinção de classe entre o "Chefão" inglês e seus "rapazes". Embora a Holanda tenha produzido alguns craques (principalmente Cruyff), a maioria adquiriu uma virtuosidade técnica básica que a permitia jogar em qualquer parte. O estilo resultante de movimento constante e realinhamento de posições era notavelmente similar ao "estilo do futuro" previsto por Willy Meisl (1955) mais de uma década antes. O estilo "redemoinho" de Meisl foi antevisto para "girar com a individualidade, baseado na versatilidade". Para que ele fosse executado com uma "troca constante" durante a partida, o "redemoinho" precisava de jogadores "versáteis"; "todos os homens devem ser capazes de assumir a tarefa do outro temporariamente sem nenhum alvoroço" (1995, p. 189).

Não obstante a atração do modelo holandês, por volta do meio da década de 1980 a maioria dos clubes e das seleções havia se tornado taylorista por suspeitar da importância produtiva dos alas. As variações táticas envolviam tentar deixar a defesa mais forte: seja jogando com um "varredor"/líbero ou com "quatro recuados"; seja jogando com um ala (dois seriam desperdício) ou com um homem extra no meio de campo. O fim da modernidade do futebol viu o sistema 4-4-2 predominar, principalmente na Inglaterra, com o qual as antigas esquadras britânicas do Liverpool, Nottingham Forest e Aston Villa venceram uma sucessão de Copas Europeias. Numa era de nivelamento e de desaparecimento de diferenciais de habilidade, o zagueiro que dava cobertura podia jogar como ponta, enquanto os meias-armadores eram forçados a trabalhar na defesa.

No final da década de 1980, o bastão do poder dos clubes europeus passou para a Itália. Lá, o sistema *catenaccio* encontrou sua vingança no estilo por zona, o preferido por Arrigo Sacchi no Parma e no AC Milan. O jogo por zona copiou os "quatro recuados" do futebol inglês moderno e adicionou uma rigorosa tática de "pressão" pelo meio-campista contra o adversário com a posse. Ele abandonou as habilidades, a sutileza e a psicologia situacional do *catenaccio*, e despachou os jogadores para patrulhar espaços específicos no campo. O devaneio de Sacchi prevê os jogadores se encaixando no sistema (e não ao contrário). Eles aprendem uma série exaustiva de ações e manobras através da simples repetição. De acordo com um dos seus críticos mais ferozes, o ex-dirigente italiano Enzo Bearzot, os robóticos jogadores são vistos, não no futebol real, mas num "futebol virtual, baseado num esquema geométrico"[6].

Os estilos do futebol pós-moderno: um retorno à criatividade?

No início da década de 1990, o futebol europeu passou por um período de *perestroika* técnica por uma série de motivos circunstanciais. Após a dureza defensiva da Copa do Mundo de 1990, a FIFA se convenceu de que um jogo mais fluente, de ataque, seria necessário para conquistar novos mercados na América do Norte e no Extremo Oriente. Os árbitros foram instruídos a endurecer com as ofensivas "profissionais" mais violentas (Blake, 1996, p. 209)[7]. Ao mesmo tempo, os técnicos começaram a desfazer o modelo "fordista" fixo do 4-4-2, para criar um sistema de jogo "pós-fordista", mais flexível, para se adequar a circunstâncias específicas nas partidas. Novamente, as atenções se viraram para a formação defensiva das equipes. Em algumas, o acréscimo de um terceiro beque-central (jogando como líbero) permitia que os zagueiros atacassem mais consistentemente. O italiano Maldini foi o expoente máximo da nova posição *fluidificanti*; outros foram o finado Fortunato, do Juventus, Petrescu, da Romênia, e os brasileiros Jorginho (do Bayern Munique) e Roberto Carlos (do Real Madrid). No Reino Unido, o termo *wing-back* ("beque-ala") é usado de forma simulada para designar essa nova especialidade, embora a formação do time seja frequentemente igual ao velho 4-4-2, com zagueiros móveis.

Introduzir os *wing-backs* não é necessariamente uma tática de ataque, já que eles podem tumultuar o meio de campo. Ao fazer o 3-5-2, os treinadores precisam decidir onde estão suas vantagens, escolhendo jogadores treinados como zagueiros tradicionais ou como alas ortodoxos.

Na Itália, desde o fim da década de 1980, a solução pós-moderna foi encontrada no ataque. Muito se falou do papel do *mezzopunta*, que faz um papel criativo entre o meio de campo e o ataque. Geralmente, o *mezzopunta* tem a visão excepcional, o controle de bola e a habilidade para driblar do centroavante clássico. Ele recebe a bola cedo e com certo espaço, de cara com o adversário, as invés de com as costas para o gol. Os zagueiros se veem diante de escolhas incertas quando confrontados com esse jogador anômalo, que é de certa forma "sem posição", não sendo nem atacante (para ser marcado de perto) nem meio-campista (para ser deixado para os companheiros de meio de campo). Os grandes jogadores *mezzopunta* incluem os talentosos italianos da década de 1990, como Mancini, Baggio e Zola; todos aprenderam suas posições numa época em que o inigualável Maradona estava reinventando o Napoli. A influência do *mezzopunta* é vista agora na geometria numérica das táticas do futebol, quando técnicos e torcedores falam igualmente da formação dos times com quatro dígitos, como haviam feito com a WM.

No entanto, talvez a maior ruptura entre os pensamentos táticos moderno e pós-moderno seja um ceticismo pós-moderno em relação à possibilidade de previsões científicas no treinamento e gerenciamento dos times. Os técnicos contemporâneos conformam-se com o fato de que, no final das contas, o resultado está fora de seu controle. O técnico e *penseur* argentino Jorge Valdano capta bem esse sentimento: "Nenhum técnico pode garantir resultados, o melhor que você pode fazer é garantir uma forma de jogar; o resultado está nas mãos do destino" (citado em King e Kelly, 1997, p. 1).

Para resumir, podemos notar que o desenvolvimento tático e estético do futebol contém as fases "tradicional", "moderna" e "pós-moderna". O jogo tradicional misturava individualismo, o trabalho em equipe no esforço e no passe de bola e a pressão por resultados. Na Inglaterra, isso foi manifestado na ênfase na força, particularmente no estilo "chutar e correr", enquanto na Escócia o trabalho em equipe de jogadores menores era importante. O início do período moderno é sinalizado pela mudança na lei de impedimento de 1925, a criação do sistema tático WM para tirar vantagem dela e pela nova homogeneidade de estilos pela Europa, evidenciada principalmente na transferência do antigo centromédio para a defesa. A "modernidade" completa do futebol do pós-guerra introduziu abordagens científicas no esporte, embora as diferenças culturais tenham permanecido importantes. Na Itália, o *catenaccio* foi a ciência da defesa, baseado numa vontade inquebrável de vencer. Na Inglaterra, o deselegante "futebol total" se agarrou à confiabilidade produtiva do moderno 4-4-2. A filosofia centrada na habilidade do "futebol total" foi obscurecida pelo sistema brasileiro do 4-2-4, de maior ataque, mas igualmente eficaz, e que continua sendo a forma estética da "alta modernidade" do futebol. Mais tarde, estilos "pós-modernos" afrouxaram as algemas científicas através de sua flexibilidade "pós-fordista". Mais uma vez, os jogadores essenciais são aqueles em posições marginais, seja entre o meio de campo e o ataque, seja atuando nas pontas. Geralmente, esses jogadores necessitavam de atributos excepcionais, como grande habilidade técnica ou ritmo, mas ainda assim precisavam ser "jogadores de equipe", no antigo sentido moderno, defendendo, correndo muito e organizando os companheiros.

Escrevendo as histórias dos estilos do futebol: alguns problemas analíticos

A essa narrativa histórica, eu anexarei algumas advertências analíticas. Primeiro, além do estilo tático ou estético que é formulado, há também as circunstâncias e exigências do jogo para considerarmos. Uma pergunta essencial aqui é se ajuda jogar "agressivamente" ou de forma mais tranquila. Pesquisas sugerem que a resposta depende de qual time está jogando em casa. Estudos mostraram que as equipes tendem a jogar agressivamente longe de casa (já que se sentem num ambiente hostil), e quando têm uma posição baixa na pontuação geral (devido a suas habilidades inferiores e circunstâncias desesperadoras) (Yaffé, 1974). Mesmo assim, o jogo agressivo parece sair pela culatra e atingir o time de fora. Uma pesquisa sobre o hóquei sobre o gelo norte-americano descobriu que a agressão era eficaz, principalmente quando utilizada no início das partidas (Widmeyer e Birch, 1984). Estudos subsequentes indicaram que os times de casa levavam mais vantagem; um jogo agressivo levava os torcedores locais a maior participação, em detrimento da equipe visitante (McGuire et al., 1992). Logo, enquanto um sistema de jogo seja crucial para estruturar o time, a psicologia social dos jogadores (principalmente sua "postura") influenciará muito os seus resultados.

Segundo, precisamos levar em conta a disponibilidade de atletas. Apenas as melhores nações futebolísticas ou os clubes mais ricos têm condições de escolher entre o "futebol total", o 4-4-2, o 3-5-2 ou o 4-2-4. As exigências econômicas do futebol levam a maioria dos treinadores a agir como *bricoleurs*, adequando sua estética e sua tática aos jogadores disponíveis. Os mais valiosos são os jogadores "de utilidade", que servem de zagueiros numa partida e de centroavante na outra. Os técnicos mais atentos podem detectar um talento latente na segurança ou no toque de um jogador, e transformá-lo com sucesso, por exemplo, de centromédio para centroavante.

Embora os melhores treinadores *bricoleurs* não possam ser facilmente copiados, eles não têm como disfarçar as mudanças táticas que introduzem. Diferentemente de outras indústrias do "conhecimento", não existe patente de estilos de jogo inovadores. Seu maior elogio talvez esteja na imitação, mas os treinadores correm o risco de perder para o seu estilo original, e depois descobrir que o vencedor exige o crédito pela inovação. Gilles Deleuze (1995, p. 132) notou que "o esporte mostra incrível ingratidão com os inventores". Assim como em outras formas de história, a do futebol é escrita pelos vencedores contra os vencidos.

Uma vítima notável desse processo é o pequeno país sul-americano do Paraguai. Em 1926, enquanto competia no campeonato sul-americano no Chile, os paraguaios apresentaram a ideia de um "terceiro defensor" como parte da formação 3-2-5. Esse sistema logo se tornou muito discutido em todo o mundo, mas a contribuição do Paraguai foi ignorada. Mais momentosamente, os paraguaios inovaram ainda mais no campeonato sul-americano de 1953, introduzindo a formação 4-2-4 para derrotar o Brasil na final. O técnico do Brasil, Feola, adotou o sistema na sua seleção vitoriosa na Copa do Mundo de 1958 e foi equivocadamente aclamado pela tática (Giulianotti, 1997b).

Conseguinte, a minha terceira observação é a de que as origens exatas da maioria dos paradigmas ou gêneros culturais são muito difíceis de ser estabelecidas. O *status* do futebol como uma das primeiras práticas culturais verdadeiramente transnacionais significa que determinar um estilo no tempo e no espaço é um exercício perigoso. Roy Hodgson, o treinador cosmopolita do Blackburn Rovers e antes da Internazionale, viu a posição do *mezzopunta* ser jogada pela primeira vez por Eric Gates no Ipswich Town na década de 1970 (*World Soccer*, junho de 1997). Outros apontam para a magnética seleção da Hungria da década de 1950 como a primeira demonstração da arte do atacante avançado (Duke, 1995, p. 98). Isso vai de encontro ao argumento de que Puskás, Kocsis e seus companheiros inspiraram não o *mezzopunta*, mas o sistema 4-2-4 do Brasil (Taylor, 1996). E essa última afirmação, claro, opõe-se à minha sobre os inovadores paraguaios (a quem os brasileiros encontravam muito mais frequentemente do que os húngaros).

Uma dificuldade aqui é que um "sistema" de jogo lendário de uma equipe não pode ser classificado facilmente pelas categorias modernas. A tentativa de fazê-lo torna-se um exercício de um tipo histórico de etnocentrismo. Nós começamos a esperar que os jogadores e técnicos tenham consolidado noções geométricas e táticas que são "senso comum" no esporte contemporâneo, mas que na época eram desconhecidas ou indefinidas. Nós acabamos racionalizando esses estilos com termos quase científicos, reiterando a sua inevitabilidade histórica. Mas a grandeza desses times e de seus jogadores está em sua *criatividade* imediata, sua capacidade de transpor as barreiras do que era considerado possível dentro do futebol e levá-lo para novas direções.

Isso nos leva a refletir por que certos estilos de jogo acabam sendo vistos como melhores do que outros. O modelo de "paradigmas" científicos de Thomas Kuhn (1962) tem bastante peso aqui. Aplicando esse modelo, podemos argumentar que os admiradores do futebol de qualquer época são levados a valorizar um ou dois estilos "tradicionais" de jogo. Uma revolução ocorre nessa comunidade futebolística quando a tradição dominante perde poder para um novo modelo. A comunidade de fãs, uma vez assentada firmemente na velha tradição, experimenta uma "transferência gestaltiana" epifânica e debanda para o novo estilo. Essa perspectiva ajuda a explicar mudanças repentinas em estilos de futebol. Ela também esclarece por que as nações e os clubes podem deliberadamente abandonar sua tradição de jogo, e tentar adequar seus pontos de vista táticos e estéticos aos que são bem-sucedidos em outro lugar, como, por exemplo, a mudança do Brasil do "futebol arte" para o duro "futebol força" no início da década de 1970 (Helal, 1994, p. 9), ou a mudança da Itália do *catenaccio* para a defesa por zona na década de 1980.

Significantemente, podemos falar com muito mais convicção sobre as origens individuais de habilidades particulares. Duas grandes inovações na cobrança de faltas vieram do Brasil, refletindo a profunda ênfase cultural na habilidade individual e sua demonstração pública. Na década de 1950, o centroavante Didi desenvolveu a arte do chute em curva, ou a "folha seca". Uma geração de seus compatriotas, especialmente Rivelino, demonstrou essa habilidade em torneios internacionais, e ela virou uma arma comum em muitas equipes. No fim da década de 1970, o centroavante Zico acrescentou um segundo movimento aerodinâmico à bola. O tiro de Zico combinava um movimento horizontal em curva com um movimento lateral subindo ou descendo. Para conseguir esse feito extraordinário, Zico acertava a bola na parte do centro para cima, à maneira de um jogador de tênis, e não de futebol. Tiros livres diretos desorientavam goleiros menos experientes. Num amistoso entre Brasil e Escócia no Rio em 1977, por exemplo, Alan Rough ficou embasbacado quando um chute de Zico que parecia certamente ir para fora desviou e entrou em sua rede[8]. Desde então a "folha seca" dupla de Zico se tornou uma nova técnica a ser aprendida e dominada por especialistas em tiros livres[9].

Alguns comentaristas já argumentaram que o chute não teria sido possível sem a bola nova, sintética, que é mais receptiva a variações de golpe. Na mesma época, o mundo do futebol havia ficado impressionado com os gols espetaculares, de longa distância, feitos com essa nova bola nas finais da Copa do Mundo de 1978. Tal número de gols superava em muito o número alcançado nas alturas do México oito anos antes. Conforme o chute de Zico se estabelecia nos círculos futebolísticos do mundo, ele foi aperfeiçoado por especialistas em cobrança de falta como Maradona e os brasileiros Branco e Roberto Carlos. Enquanto Branco se valia principalmente da força, Roberto Carlos combinava velocidade com desvio. Depois do seu gol espetacular num amistoso entre Brasil e França em junho de 1996, notou-se que ele sempre colocava a bola de forma a atingir a sua válvula de ar, e assim aumentar o movimento em curva. Ainda assim, seria mesquinho enfatizar o peso ou a textura da bola ao explicar essa linhagem de inovação brasileira. Todos esses mestres especialistas demonstram suas consideráveis capacidades fisiológicas (em força, controle e *timing*), adquiridas através de instrução criteriosa e de prática constante. A isso, eles acrescentam sua vontade de desafiar os parâmetros culturais e históricos que inicialmente os confrontam no futebol tradicional.

Estética e modernidade: jogando com o outro

A globalização da informação e do conhecimento no futebol pode obscurecer as origens de estilos particulares de jogo, ao mesmo tempo permitindo a sua circulação. Todavia, lugares e sociedades diferentes geram percepções diversas dos estilos, táticas e estéticas do futebol. A globalização permite que clubes, nações e continentes tenham a experiência dessa dimensão exótica do futebol, ou seja, o encontro com as abordagens e filosofias do "outro". Ao discutir esses diferentes estilos, nós frequentemente nos deparamos com uma fina linha entre a celebração da diversidade e a reiteração de velhos estereótipos racistas. Os sociólogos rotineiramente atacam as mídias nacionais por serem racistas com atletas estrangeiros, mas os acadêmicos também podem cair nesse léxico[10].

Historicamente, os conflitos mais graves com os "outros" mais exóticos geralmente refletiram a empatia cultural limitada entre as equipes. A grande seleção do Uruguai do período entreguerras fez uma excursão bastante violenta na Europa em 1936; há também a batalha de Highbury em 1934 entre Inglaterra e Itália, e as muitas partidas violentas da Copa do Mundo nas décadas de 1930, 1950 e 1960. A partir da década de 1960, o crescente número de competições internacionais pode ter sido disfarçado pelo discurso "marqueteiro" da fraternidade internacional e do intercâmbio cultural. Porém, os eventos no gramado frequentemente abandonaram o confronto psicológico de estilos de jogo para virar ilustrações da famosa frase de Orwell, de que o esporte é "uma guerra sem os tiros". Curiosamente, os mais prejudicados (e feridos) nesses confrontos foram frequentemente os jogadores escoceses. Podemos lembrar aqui da partida pelo Mundial de Clubes de 1968 entre o Glasgow Celtic e o Racing Club da Argentina; da semifinal pela Copa Europeia de 1974 entre o Celtic e o Atlético Madrid; da partida entre Escócia e Uruguai na Copa do Mundo de 1986 no México. Partidas realizadas na América do Norte entre clubes europeus e sul-americanos como parte da North American Soccer League (NASL) nas décadas de 1960 e 1970 eram muitas vezes apimentadas com violência indisfarçada (Murray, 1994, p. 267-268).

Esses confrontos demonstram que o futebol transmite significados sociais e simbólicos muito diferentes para os adversários e suas culturas. Do ponto de vista do Oeste, é fácil fulminar contra as equipes do sul da Europa e da América Latina por seu jogo "violento" ou "desonesto". Todavia, nessas últimas sociedades, o significado do futebol é repleto de valores mediterrâneos provincianos que envolve machismo, masculinidade, honra e vergonha (Goddard, Llobera e Shore, 1995, p. 4-11). O futebol é apenas uma das manifestações culturais através das quais esses valores são dramatizados; a música folclórica e as touradas são outras duas. De fato, podemos acrescentar que o *futbol da muerte* brutal praticado pelo Atlético Madrid e outros times latinos representa uma rica fusão entre futebol e tourada. Para os povos do Oeste, a tourada é um evento selvagem e doentio, excessivamente real em sua representação da morte. Mas, para os espanhóis ou para os mexicanos, a *corrida* possui muitas qualidades e funções ritualísticas, através das quais o medo pessoal da morte pode ser confrontado e controlado. Ela dramatiza a fragilidade natural da força e da virilidade masculinas, e fantasia as consequências mortais de relações sociais competitivas (Pitt-Rivers, 1984; Zurcher e Meadow, 1967). Aplicar alguns desses aspectos da tourada numa análise do futebol pode ajudar a explicar com mais empatia o raciocínio cultural e as crenças estéticas acerca dos estilos físicos de jogo dos latinos.

    Nem discursos populares nem sociológicos têm condições de formular uma discussão neutra, ainda que celebrativa, multicultural mas não racista, dos estilos e identidades sociais do futebol. Para que isso seja possível, a análise deve se concentrar mais na construção das identidades raciais e nacionais. A "análise de discurso" é uma ferramenta metodológica útil sob esse aspecto, e foi empregada para escavar os padrões narrativos que são comuns à maioria das mídias esportivas internacionais (Blain, Boyle e O'Donnell, 1993). Existe uma forte relação entre a localização geopolítica dos países e sua tipologia esportiva. As nações mais poderosas, "centrais", aparentemente têm povos de moralidade, caráter e temperamento sólidos; as nações periféricas são o oposto. Os países do Norte (Escandinávia, Reino Unido, Alemanha) produzem indivíduos calmos, confiáveis e cultos. Quanto mais ao sul você vai, mais esse estereótipo muda. Europeus do sul são "emocionais"; sul-americanos são "fogosos"; africanos são "mágicos" e "irracionais". Embora seja possível destacar as contradições ou anomalias dentro desses discursos internacionais, os estereótipos continuam impérvios a uma mudança fundamental (O'Donnell, 1994)[11].

    De todas as disciplinas sociais, a antropologia produziu as análises mais sofisticadas das tradições futebolísticas dentro de clubes ou nações. No Mediterrâneo, Bromberger (1993, p. 129) descobriu que, esteticamente, "os estilos do Olympique Marseille e da Juventus são fortemente opostos, cada qual refletindo uma visão particular do mundo, da humanidade, da cidade". Ele discute detalhadamente o sistema de valores da Juventus conforme simbolizado nos três "s": simplicidade, seriedade, sobriedade. *La Vecchia Signora* ("A Velha Senhora") é compromissada com o rigor e a disciplina industriais defendidos pela família Agnelli, que é dona do clube e do império automobilístico Fiat (Bromberger, 1995b, p. 148-153). Esse estilo da Juventus foi expressado no empenho de Cabrini e Tardelli e, o mais famoso de todos, na força graciosa de Charles.

Na América do Sul, Archetti (1996, 1997a) escreveu com perceptividade sobre a importância simbólica dos jogadores de futebol que se recusam a se encaixar no profissionalismo da posição fixa e dos sistemas táticos. Jogadores como Maradona, Valderrama e Romário são celebrados como *pibes* ("rapazes") pelos torcedores, não apenas por sua habilidade sublime, mas também pelo seu estilo de jogo despreocupado e alegre, que desperta memórias pessoais de jogos infantis e experiências formativas, abafadas pelos fardos da vida adulta. As origens pobres desses jogadores também ajudam a confirmar o mito alimentado coletivamente de que o gênio no futebol é encontrado e cultivado mais facilmente nos *potreros* (terrenos baldios) e favelas de Buenos Aires e do Rio de Janeiro. A tese de Archetti encontra provas concretas no Reino Unido através da adulação de "garotos de rua" geniais como Paul Gascoine, George Best e Jimmy Johnstone (Inglis, 1977, p. 122-123). Sem dúvida, é comum dizer, numa espécie de "contramito" para explicar o desaparecimento repentino de jogadores assim, que o hábitat natural que os cultivava, as ruelas dos bairros pobres, há muito se foi.

No folclore do futebol brasileiro, a relação entre privação urbana severa e estilo de futebol fantástico é representada pelo "malandro", outra figura mitológica. As qualidades do malandro são encontradas em sua persistência, em sua habilidade como trapaceiro esperto, experiente em sobreviver driblando a sorte e a autoridade.

> Se você vai a uma favela... você verá uma mulher – não há homem na casa – que cuida de seus cinco ou seis filhos. O mais esperto desses meninos, que sabe escapar da polícia se precisar, que sabe brigar, é um bom jogador de futebol. Ele sabe driblar as dificuldades da vida. Ele sabe trazer comida para a sua mãe. Há uma profunda ligação entre enganar zagueiros no futebol e ser um menino esperto na vida real. Esse garoto é um malandro.
>
> (Prof. Muniz Sodré, citado por Kuper, 1994, p. 197-198)

Todavia, as vastas diferenças econômicas, sociais e geoclimáticas do Brasil significam que a posição do malandro no imaginário cultural é cortada transversalmente por outras tradições regionais. Os times do Rio são os verdadeiros pioneiros da estética sul-americana, através de um estilo exibicionista e rítmico, fluindo entre a construção cuidadosa e o ataque repentino. Na imensidão urbana de São Paulo, o futebol é mais industrioso, rotinizado e geometricamente fixado. As equipes de Porto Alegre empregam uma abordagem mais "uruguaia", jogando sem astros e frequentemente com uma determinação violenta de vencer, não importando os meios[12].

Além disso, assim como o futebol espanhol se intercala com a tourada, o futebol latino-americano se posiciona entre um grupo de outras práticas culturais, mais notadamente a dança nacional. O ritmo carioca é uma extensão do samba. O atacante colombiano Faustino Asprilla é um renomado fã da salsa e outras formas rodopiantes de cultura corporal. Durante as finais da Copa do Mundo de 1978, as habilidades de balé de Oswaldo Ardiles foram comparadas às de um dançarino de tango pela imprensa estrangeira. De fato, uma compreensão mais profunda da complexidade do estilo do futebol argentino é fornecida através de uma apreciação mais completa do tango. Segundo Archetti (1993, 1994), uma das poéticas corporais do tango centra-se num drama ritual de honra masculina. O *compadrito* é um homem jovem, um sedutor de mulheres, com um passado criminoso, forte e potencialmente violento, mas com a predisposição de trapacear se necessário. Ao manter sua mulher, e repelir a atenção de rivais, o *compadrito* pode se confrontar com a perda humilhante da honra, e com "a escolha entre a coragem e a morte ou o perdão". Portanto, enquanto uma plateia burguesa possa ser cortejada pela graça da segurança do dançarino, a semiótica violenta de seus movimentos permanece igualmente instrutiva. Dentro dessa linguagem, uma investida violenta num adversário perigoso exala tanto o tango quanto um giro habilidoso com a bola, e julgado igualmente adequado pela multidão.

Ao assinalar as "tradições" desses estilos, nós devemos, é claro, evitar concluir que elas digam algo essencial sobre a própria nação. O florescimento das tradições futebolísticas no Brasil e na Argentina deve muito à polinização internacional, principalmente pelas primeiras equipes britânicas e pela exploração na década de 1960 da "ciência" europeia. Talvez esse processo seja mais visível no relativamente pequeno país da Suécia, que alcançou as últimas quatro finais da Copa do Mundo em três ocasiões, e venceu a final olímpica em 1948. O futebol sueco coloca uma ênfase decididamente nórdica, coletiva, no *esprit de corps*, através disso estendendo a antiga cultura esportiva nacional e o regime de ginástica ensinado há muito no sistema educacional (Levine e Vinten-Johansen, 1981, p. 24). Porém, no início do período do pós-guerra, muitos jogadores suecos atuaram no exterior, sob sistemas táticos diferentes. A FA sueca adotou o estilo de treinamento inglês a partir da década de 1960, e adquiriu o hábito defensivo germânico de marcar de perto com um líbero. Técnicos ingleses trabalhando nos clubes da Suécia desenvolveram o jogo por zona no final da década de 1970, antes de Sven Goran Eriksson no IFK Göteborg encorajar os jogadores a atuar com mais criatividade (Peterson, 1994). O sucesso sueco parece, dessa forma, estar na adaptabilidade e na abertura a influências externas, uma estratégia de futebol pragmática que também representa uma avaliação intelectual honesta de sua posição nacional dentro do panorama global.

O estilo na pós-modernidade: a globalização do esporte e a resposta do futebol

A globalização do futebol então há muito envolve a interpenetração de estéticas, técnicas e táticas do esporte. Tal hibridismo só pode expandir conforme entramos no campo pós-moderno de crescente migração de trabalho, cobertura televisiva e competição internacional. Porém, pode ser que a pós-modernização da estética do futebol seja experimentada mais fortemente dentro das relações estruturais dele com outros esportes. No capítulo 1, eu discuti gênero comum do futebol associativo e de outros esportes com bola. Na verdadeira tradição modernista, a partir do meio do século XIX, o futebol e outros esportes se tornaram cada vez mais diferenciados e especializados em termos de regras, posições em campo, tática e técnica corporal. A integridade cultural de cada esporte moderno foi protegida pela suposição de que cada um deles fosse *sui generis*.

No entanto, a diferenciação desses esportes "modernos" era sempre incompleta. Os jogadores de futebol tendiam a ter a mesma idade e aptidão física que praticantes de outros esportes; na verdade, já se argumentou que a modernidade homogeneizou ainda mais esses esportes, ao exigir "níveis de desempenho" particulares e corpos atléticos dos profissionais. Espacialmente, com exceção do críquete pré-industrial, a maioria dos esportes coletivos ao ar livre compartilha quase o mesmo tamanho e o formato retangular do campo. Temporalmente, os esportes ingleses seguem calendários programados para coincidir com outros esportes populares.

Há vários modelos empregados pelos sociólogos para explicar a globalização dos esportes. Um modelo importante é o da "americanização" e ele certamente tem ramificações no futebol. Algumas cidades ou países são bastante receptivos à entrada de esportes americanos e outros. Isso fica mais aparente onde o *status* dos times profissionais de futebol decaiu acentuadamente ou onde eles não conseguem competir efetivamente com adversários mais potentes. Na Grécia, por exemplo, o basquete virtualmente tomou o lugar do futebol como esporte nacional, principalmente pela posição pobre do futebol grego no mundo; uma situação similar acontece na Polônia (Andrews e Mazur, 1995). Na Argentina, a dominação dos clubes de Buenos Aires encorajou as cidades do interior a adotar outros esportes nos quais elas possam ser mais competitivas[13]. Como o futebol europeu também está cada vez mais dominado por uma elite, pode ser que os torcedores de clubes menores, invariavelmente encontrados nas províncias, façam o mesmo.

Apesar disso, a americanização de esportes globais não precisa ser antagônica ao futebol. No final da década de 1980 e no início da de 1990, a Nike transferiu as suas estratégias de marketing da National Basketball Association (NBA) para o futebol, que logo foram adotadas por empresas mais estabelecidas no futebol, como Reebok e Adidas. A maioria das ligas europeias adotou a prática americana de numerar cada jogador em cada clube como parte de sua esquadra (ou rol), ao invés de para jogos individuais. Por conseguinte, uma das camisas mais desejadas pelos jovens jogadores não é mais a número 10 (imortalizada por Pelé) ou a número 14 (de Cruyff), mas sim a número 23 (aposentada pelo Michael Jordan no Chicago Bulls).

Mais importante, alguns técnicos argumentam que uma relação tática próxima existe agora entre o futebol e outros esportes. Por exemplo, o estilo abrasivo da seleção da Irlanda no fim da década de 1980 e na de 1990 pode ter imitado o "futebol direto" da Inglaterra, mas ele também se inspirou muito na defesa dura e nas habilidades de chute encontradas no futebol gaélico, o *hurling* (Giulianotti, 1996b). No sul da Europa e nas Américas, é aceito que o basquete tenha influenciado significativamente as técnicas e táticas do futebol. O calor relativo serve para promover jogos com equipes reduzidas, como o futebol de salão, que é jogado ao ar livre, na praia ou em pequenas quadras poliesportivas iluminadas durante as noites mais frescas. Os jogadores se veem atuando dentro dos mesmos parâmetros espaciais e competitivos que o basquete, o jogo de quadra fechada *par excellence*. A área de jogo é do mesmo tamanho, a marcação tende a ser apertada, os times têm cinco membros incluindo um jogador de defesa/goleiro cuidando da cesta/gol, enquanto o jogo se movimenta repetidamente de ponta a ponta. Na busca por habilidades e estratégias que derrotarão os adversários, parece lógico observar outro esporte onde as soluções para problemas similares são muito mais desenvolvidas. Hoje, os exemplos mais óbvios da influência do basquete incluiriam padrões de passe de bola em forma de triângulo ou de diamante, para segurar a posse ou manter o ataque; sistemas de defesa zonal; e o uso do passe cruzado pelo campo durante contra-ataques rápidos.

O futebol procurou abreviar o apelo dos esportes americanos ao ir ele próprio para a ofensiva em termos de "americanizar" os princípios estéticos e técnicos para atrair novas plateias (principalmente as americanas). Ao fazer isso, a Fifa acabou se prendendo ao velho modo de pensar modernista, taylorista, que supõe que os aspectos estéticos do futebol podem ser medidos e tornados mais eficientes em termos de tempo e movimento. A produtividade no gramado foi considerada essencial: o desperdício de tempo e o fingimento de contusões foram atacados; atrasar a bola para o goleiro foi banido; o tempo de espera para jogadores machucados só chega a cinco ou seis minutos; várias bolas colocadas ao redor do campo mantêm o ritmo. As mudanças de regra mudaram os padrões de geometria e o tempo do futebol, mas contribuíram pouco para o prazer de jogar ou assistir. O aumento do tempo efetivo de jogo apenas confirmou a ênfase do futebol na preparação física dos jogadores e a padronização das jogadas. A nova pressão sobre os jogadores para manter a bola rolando lhes deu menos tempo, seja para pensar antes de fazer passes, seja para descansar um pouco durante as interrupções da partida. Outras mudanças foram igualmente controversas: trocar lançamentos laterais com a mão por chutes e banir qualquer forma de obstrução. Esta última medida destruiria uma das habilidades mais elementares do futebol e parte de sua atração estética para todos, exceto para os espectadores mais inexperientes.

Tais mudanças de regra têm como objetivo "taylorizar" a estética do futebol para que ele se encaixe no entretenimento veloz tipicamente preferido pelos passivos consumidores de televisão. Algumas inovações já se provaram bem-sucedidas: especificamente, os relógios digitais na Itália mostrando quanto tempo o árbitro está concedendo para um jogador machucado, e os intervalos usados no Brasil para publicidade e para que os técnicos intervenham entre os jogadores. Apesar disso, as mais altas autoridades do futebol têm grandes problemas em limitar o impacto político da televisão e de novas tecnologias de mídia sobre o esporte. *Replays* em câmera lenta são quase tão antigos quanto o próprio futebol televisionado e há muito se concentra em decisões cruciais de arbitragem sobre bolas rechaçadas na linha do gol, pênaltis, faltas, escanteios e laterais. Inevitavelmente, muitos tiveram seus erros revelados, mas a "falibilidade humana" era aceita pela maioria das associações como parte do jogo. No entanto, algumas associações (incluindo a Fifa e a Uefa) começaram a aceitar provas em videoteipe como parte de investigações de partidas, assim implicando que a televisão deveria ser usada ao tomar decisões cruciais durante as partidas. Desde 1994, a Associação Alemã de Futebol (DFB) já ordenou que três partidas da liga fossem jogadas novamente por causa de erros de arbitragem revelados por provas televisivas. As decisões da DFB fizeram com que ela entrasse em conflito direto com a Fifa, que continua compromissada com o princípio pré-televisão de que as decisões do árbitro são definitivas e irrevogáveis. Algumas ligas fizeram experiências com um "segundo árbitro" nas arquibancadas, usando monitores de televisão para julgar incidentes cruciais. Os especialistas em arbitragem da Fifa ficaram relutantes em apoiar tais mudanças, temendo que isso criasse dois níveis diferentes dentro do esporte (onde a ajuda estaria disponível na maioria dos jogos profissionais, mas não em jogos semiprofissionais ou amadores), e institucionalizasse efetivamente a crença de que os problemas nas partidas acontecem por causa do árbitro e não dos jogadores. Além disso, uma visão "humanista" foi defendida por alguns técnicos, principalmente Javier Clemente, de que a tecnologia destruiria a alma interpretativa do futebol, acabando com os debates e discussões sobre as ações dos jogadores e as reações dos árbitros. Ironicamente, a empatia de Clemente com os árbitros foi minada pela regra autoritária da Fifa impedindo que telas gigantes dentro dos estádios passassem jogadas controversas para os espectadores. Novos programas de computador já estão confrontando ainda mais a posição da Fifa. Uma inovação recente é um simulador que traça a duração e a projeção exatas de chutes ou passes, e que é usado por redes de televisão em análises após as partidas. O programa de computador mede a velocidade e o ângulo de chutes, mas também determina a veracidade de decisões sobre impedimento de ângulos de visão oblíquos ao simular a provável trajetória da bola.

Para o espectador, a relação da televisão com a estética do futebol pode enfatizar desigualdades de classe. Jogadores ou partidas de futebol emitem certa "aura" que não pode ser reproduzida pela fotografia, pela televisão ou por nenhuma outra mídia (Benjamin, 1975, 1979). Esse elemento de aura do futebol envolve uma "estranha teia de tempo e espaço"; a proximidade real e imediata é essencial para senti-la. A "aura" do jogo não pode ser sentida assistindo-se das laterais, por isso tão poucos ex-profissionais vão a partidas. A "aura" de "estar lá", no estádio, não pode ser sentida assistindo de casa, não importa quão avançada a tecnologia. Todavia, como eu assinalei na conclusão do capítulo 4, o acesso a essa estética fundamental de assistir ao vivo é cada vez mais controlada por interesses comerciais. A afirmação de "ter estado lá" é cada vez mais restrita aos ricos. Mesmo a melhor simulação da "aura", a televisão de alta tecnologia, exige um gasto financeiro considerável. Para aqueles que não têm condições de pagar o ingresso, o meio "antiaurático" da televisão comum nem chega perto do "aurático" jogo. Não é de se espantar, então, que tantos torcedores privados de ver os jogos tentem encurtar a distância assistindo aos jogadores de seus clubes em treinos durante a semana. Nisso, ao menos, a estética do futebol pode ser imaginada ou estudada em sua oficina, embora a exibição pública do trabalho completo continue sendo uma experiência para poucos. Eu examinarei mais completamente o papel dessas distinções contemporâneas de classe no capítulo 8.

Notas

[1] Os antropólogos fizeram as interpretações mais completas da estética do futebol até hoje. Archetti (1996) e Hognestad (1997) argumentam que o futebol permite que indivíduos expressem sentimentos profundos como a alegria, o riso e a tristeza, e explorem temas existenciais e morais, como a sorte, a mortalidade e a identidade de gênero.

[2] Meus agradecimentos a Gerry Finn por esse fato histórico.

[3] Numa demonstração pioneira de marketing através de um meio público, Chapman pressionou o metrô de Londres a mudar o nome da estação próxima a Highbury de "Gillespie Road" para "Arsenal".

[4] Grozio (1990) argumenta que uma mistura de defesa rígida e rápido contra-ataque (*contropiede*) foi essencial para a cultura do futebol italiano da década de 1920 até a de 1980.

[5] Na União Soviética, os jovens jogadores passavam por exames psicológicos básicos antes de serem recrutados para os times juvenis.

[6] Citado por Brian Glanville na revista *World Soccer* de novembro de 1997.

[7] A mídia esportiva internacional foi particularmente crítica do processo que permitiu que uma seleção argentina "física" chegasse à final da Copa do Mundo. A Fifa tentou anular muitas das táticas visíveis dos argentinos, como fingir contusões, ficar na "banheira" e fazer muitas faltas.

[8] Meus agradecimentos a Rafael Bayce por ter me contado sua memória desse gol de sua cadeira no Maracanã.

[9] Uma terceira inovação brasileira parece ter sido a famosa "bicicleta" de Pelé. No entanto, a técnica foi inventada no Chile por Ramón Unzaga e exportada para a Espanha durante a década de 1920 por David Arellano, onde se tornou conhecida como *la chilena* (Galeano, 1997, p. 48).

[10] Por exemplo, Clarke & Clarke (1982) criticam a mídia por usar estereótipos sobre os "impenetráveis chineses", os "bravos galeses", os "astutos e instáveis latinos", a "casualidade irresponsável dos brasileiros" e assim por diante. No entanto, uma década mais tarde, Sugden & Tomlinson (1994) usaram metáforas racistas similares para falar inocentemente da "agressividade dos argentinos, o espírito livre dos camaroneses, ... o empenho dos escandinavos, a volatilidade dos italianos".

[11] Um problema aqui diz respeito à forma como alguns povos rotulam a si próprios. Por exemplo, os franceses antes da guerra explicavam seu sucesso no futebol através de suas características "raciais". Os jogadores franceses eram vistos lançando ataques frenéticos aos adversários mais disciplinados e organizados, que assimilavam essa energia impulsiva e golpeavam decisivamente perto do final. O futebol e a identidade da França eram então relacionados simbioticamente às nações celtas da Escócia, País de Gales e Irlanda, cheias de inspiração e coragem, ao invés do mecanismo teutônico da Alemanha ou da força impassível da Inglaterra.

[12] Meus agradecimentos aos meus amigos brasileiros José Sergio Leite Lopes e seus colegas por essa informação.

[13] Por exemplo, Mendoza é conhecida por seus ciclistas, Córdoba e Bahía Blanca pelo basquete, Tucumán pelo *rugby* e San Juan pelo hóquei sobre patins.

8 A política cultural do jogo: etnia, gênero e a mentalidade do "pós-torcedor"

Neste capítulo, veremos como a política cultural de classe, gênero e etnia está reformulando a condição social do futebol. Ao discutir a dimensão "classe", enfatizo a natureza em constante mudança das torcidas de futebol no Reino Unido, particularmente na Inglaterra, mas também em outras *Home Nations*. Historicamente, a cultura do futebol do Reino Unido esteve presente exclusivamente nas classes trabalhadoras urbanas modernas. A nova sociedade pós-industrial e a notável mercantilização do futebol profissional do primeiro escalão dão suporte a um possível realinhamento da identidade de classe do jogo. A noção de "pós-torcedor" é uma heurística de grande importância: essa nova categoria de torcedor trabalha em escritórios, e demonstra maior capacidade de reflexão e um distanciamento crítico ao participar de uma cultura popular.

Adotamos uma perspectiva um pouco mais global para discutir a política cultural no que tange a etnia e gênero no futebol. Os principais problemas de machismo e racismo estão na principal vertente da cultura do futebol, entre torcedores, treinadores e demais funcionários. Suposições preconceituosas influenciam a determinação do papel a ser desempenhado pelas mulheres e não brancos nas culturas de futebol no Reino Unido e no exterior. A principal contribuição histórica das mulheres e dos não brancos no futebol tende a cair no esquecimento. As novas culturas de futebol, como a dos Estados Unidos, parecem incentivar a participação das mulheres, mas à custa de um jogo realmente "multicultural". Concluo afirmando que os recentes movimentos contrários ao machismo e racismo que receberam ampla publicidade no futebol do Reino Unido refletem a transformação da classe no futebol e não uma revolução estrutural no que tange a gênero ou etnia.

Futebol e classe social: notas introdutórias

Nos capítulos anteriores, mencionei constantemente que a classe social é um tema importante no desenvolvimento histórico e estrutural do futebol. De modo geral, o caráter moderno e urbano do futebol revela que seu significado social foi altamente influenciado pelos processos de construção de uma nação, pela industrialização e pela criação de uma grande força trabalhista. No sul da Inglaterra e na América do Sul as elites da antiga classe média alta ainda exercem grande controle sobre o jogo, embora a influência cultural tenha sofrido forte diluição em consequência da "massificação" do futebol no decorrer do século XX. Por sua vez, o futebol sul-europeu sempre teve um caráter relativamente descaracterizado de classe, embora as classes trabalhadoras tenham participado em maior número. As questões de classe e a "burguesificação" receberam análise crítica significativa por parte dos sociólogos durante os anos 70 e no início dos anos 80[1]. Portanto, me comprometo a evitar uma recapitulação direta desses trabalhos. Minha preocupação reside em avaliar as principais mudanças na cultura de classes no futebol no contexto do recente *boom* econômico do esporte.

Desde 1990, a ligação estrutural entre o futebol e as classes trabalhadoras enfraqueceu muito. Os clubes e a polícia estão menos tolerantes a formas expressivas de apoio. Reformas nos estádios substituíram as antigas arquibancadas por acomodações mais confortáveis para as famílias. Os excluídos têm de se submeter a uma salgada taxa de assinatura para assistir aos jogos pela televisão. O *merchandising* e as questões acionárias levam a crer que os clubes têm como público-alvo um grupo de torcedores do futebol com poder aquisitivo superior. Em campo, os heróis que representam um clube de determinada região se tornaram "celebridades" nacionais ou internacionais itinerantes, vindos predominantemente de regiões mais abastadas em vez da periferia.

Ao mesmo tempo, a classe trabalhadora em si passou por grandes mudanças estruturais desde a década de 1970. O processo de desindustrialização e o crescimento da economia no setor de serviços reduziram a classe trabalhadora industrial provocando aumento no número de colarinhos-brancos. A fronteira estrutural que separava a antiga classe média baixa da classe trabalhadora alta deixou de ser nítida. Uma subclasse isenta de posses ocupa a base da nova hierarquia de classes. Na era pós-moderna, esta subclasse e a classe imediatamente acima são mais visivelmente excluídas do admirável mundo do futebol na atualidade. O público-alvo do futebol no Reino Unido hoje inclui grupos de famílias, a classe média alta e os jovens da elite metropolitana. Esses desenvolvimentos sem dúvida estimularam a política cultural do futebol. A nova classe média contribuiu particularmente com o estilo atraente dos jogos no Reino Unido durante a década de 1990. E é a essa análise da nova classe e sua cultura material que voltamos nossa atenção a seguir.

Os "pós-torcedores": propriedades culturais e de classe

Para iniciar esta análise, vale a pena considerar a cultura das torcidas de futebol que está em processo de mudança no Reino Unido. Isso está especificamente relacionado ao surgimento de uma nova categoria de espectadores das partidas de futebol, que denominei anteriormente "pós-torcedores" (Giulianotti, 1993)[2]. O conceito de "pós-torcedor" deriva do reemprego que fiz da noção de "pós-turista" criada por John Urry (1990) adaptada ao futebol. De acordo com Urry, devem-se diferenciar "pós-turistas" de turistas em virtude de sua capacidade de reflexão, experiência e ironia. Eles são extremamente esclarecidos em relação à natureza construída e artificial das experiências turísticas. Por trás da fachada de um "autêntico encontro turístico" com outra cultura, existe uma grande organização comercial que produz a sociedade anfitriã visando corresponder às expectativas estereotipadas dos ocidentais. Os "pós-turistas" têm consciência de que o turismo tem seu lado negativo para os "adoráveis anfitriões": coloca os habitantes locais em uma posição de dependência em relação ao Ocidente, enfraquece a cultura indígena e causa um efeito desastroso sobre o ecossistema local. Os "pós-turistas" reconhecem que, na indústria multimilionária do turismo, a capacidade deles gerarem mudanças significativas é bastante limitada. No entanto, os "pós-turistas" buscam estratégias alternativas de viagem fugindo de roteiros convencionais, participando de passeios ecológicos ou educacionais.

Os "pós-torcedores" do futebol compartilham esta capacidade de reflexão, ironia e participação. Eles representam uma ruptura epistêmica nas formas mais antigas de torcida, particularmente na passividade do "torcedor". Os "pós-torcedores" têm consciência da natureza construída das reputações dos torcedores e da tendência da mídia em exagerar ou inventar tais identidades. Eles adotam uma abordagem reflexiva ao interpretar as posições relativas de poder dos jogadores e clubes nas estruturas políticas do futebol nacional e internacional. Eles mantêm uma postura irônica e crítica em relação à propaganda que tem origem junto à direção e contra a relação que em geral é de simpatia entre este último e os meios de comunicação de massa. Os comentários dos "pós-torcedores" sobre seu jogador ou clube favorito frequentemente acabam virando piada. Eles estão no epicentro dos movimentos das torcidas que pleiteiam a mudança da política do clube e de jogadores ou diretores. Contudo, reconhecem que sua influência continua sendo muito limitada nos corredores do poder do futebol.

Urry (1990) afirma que os "pós-torcedores" surgiram com importantes mudanças ocorridas na estrutura de classes nas sociedades ocidentais no período pós-industrial. Especificamente, os "pós-torcedores" fazem parte da "nova classe média" de colarinho-branco (Bourdieu, 1984). Muitos deles tiveram formação acadêmica, especialmente em ciências sociais; eles tendem a conseguir emprego nas novas "indústrias de conhecimento", tais como vendas, pesquisa de mercado e mídia. Diferente da burguesia tradicional, essa nova classe abraça a cultura popular em vez de rejeitá-la, frequentemente misturando futebol ou rock com interesse por literatura e artes cênicas. No entanto, esse consumo cultural que praticam está longe de ser passivo. A nova classe média é educada e assume uma postura crítica diante de todas as formas de cultura popular. Muitos trabalham como "agentes culturais" no setor de serviços, definindo tendências ou instruindo o público sobre como consumir produtos específicos (Featherstone, 1991b).

A nova classe média e atual mídia do futebol

Há fortes evidências de que a nova classe média detém uma parcela considerável na produção, mediação e consumo de cultura de futebol dos "pós-torcedores". As organizações de novos torcedores, como a Associação dos Torcedores de Futebol (FSA) ou as Associações dos Torcedores Independentes (ISAs), tendem a contar com grande número de indivíduos que trabalham em escritório. Escritores de *fanzines* tiveram empregos comuns à nova classe média, como nas áreas de vendas, gerência ou setor acadêmico (Giulianotti, 1997c, p. 219). Além disso, o conteúdo principal do *fanzine* é rico em ironias e paródias (Curren e Redmond, 1991; Haynes, 1992).

A nova classe média está no centro da produção e do consumo presentes na mídia do futebol, que cresceu rapidamente na década de 1990. Relativamente forte em renda disponível, entendendo como funciona a mídia e particularmente insatisfeita com revistas de futebol como *Shoot!* e *Goal*. O sucesso dos *fanzines* de futebol, especialmente do *When Saturday Comes*, encorajou editoras populares a publicar seus próprios títulos, como *Four-Four-Two, Total Football* e *90 Minutes*, e copiar as estratégias de acúmulo flexível adotadas pelos *fanzines*: organização rápida, despesas baixas, planos flexíveis de gerenciamento e produção e liquidação imposta facilmente (neste caso, pela matriz, sobre prestadores de serviços contratados em regime de curto prazo). Essas editoras também recrutaram muitos jornalistas dos *fanzines* e mergulharam em suas páginas à procura de histórias e fofocas (Rowe, 1995, p. 28, 40)[3]. As emissoras de televisão (via satélite e terrestre) do Reino Unido lançaram uma série de programas de debates sobre futebol, como *Standing Room Only, The Rock and Goal Years* e *Fantasy Football*. Este último, uma versão televisiva da liga "Fantasy Football", o grande sucesso citado em todos os jornais e que conta com a participação de milhares de leitores. Na verdade, o jornal que organiza a *Fantasy Football League* oficial, o *Daily Telegraph*, que é líder de mercado, conta com um corpo de leitores que envelhecem com o jornal; e é considerado o carro-chefe do conservadorismo na cobertura de novos eventos (Tunstall, 1996, p. 16). Seu uso do futebol reflete não só a busca pela popularidade junto a leitores mais jovens como também o crescente interesse de leitores jovens de classe média. Por fim, a grande aceitação deste jogo permitiu que um jovem empresário fundasse a *Philosophy Football*, que atrai consumidores mais pensantes com uma série de camisas expondo grandes frases sobre o futebol assinadas por Baudrillard, Camus, Wittgenstein e outros.

A nova mídia lucrou com algumas mudanças fundamentais na natureza associativa das torcidas. Os antigos espectadores pertencentes à classe trabalhadora foram criados para discutir futebol de forma intersubjetiva, no trabalho, em um bar, na rua ou em casa. Eles vão às partidas em grupos, com a família ou colegas de trabalho (Clarke, 1978). Por outro lado, o futebol representa uma experiência mais solitária para a nova classe média. As relações primárias e secundárias são menos centradas no futebol. O comparecimento às partidas de futebol ocorre em grupos menores, especialmente com acompanhantes do sexo feminino. Jornalistas mulheres são convocadas em parte para encorajar os "outros importantes" do gênero masculino a se interessar pelo jogo.

Algumas qualificações se fazem necessárias ao estabelecermos um elo entre a "pós-torcida" e a nova classe média. Primeiro, uma torcida crítica ou irônica não é puramente a prioridade dessa fração da classe. A base do futebol sempre abrigou um elemento "pós-torcedor", pronto a espalhar injúrias irônicas e questionamentos que se esvaem com o tempo. Segundo, a "pós-torcida" pode ser praticada por diversos tipos de torcedores. Na Escócia, por exemplo, o diplomático *Tartan Army* é muito competente em construir uma reputação no exterior. Alguns *hooligans* também são peritos em manipular a polícia ou a imprensa com informações errôneas fornecidas de forma premeditada (Armstrong e Giulianotti, 1998c). Terceiro, os "agentes culturais" ou os "criadores de estilo" do futebol nem sempre partem da nova classe média. Conforme mencionei no capítulo 3, outras subculturas (até mesmo de *hooligans*) podem gerar identidades de novos torcedores consolidadas pelos torcedores mais antigos. E, por fim, devemos estar cientes da tendência que os sociólogos culturais têm de exagerar a importância social e cultural de sua classe específica. O futebol ou outras formas de cultura popular agora podem ocupar um posto dentre os temas legítimos em conversas sociais, mas isso não confirma por si só uma virada no sentido social e significado estrutural dessas práticas.

Ainda assim, as dimensões críticas e reflexivas mais duradouras da "pós-torcida" estão cada vez mais associadas à nova classe média. Essa classe possui o capital intelectual e tecnológico para transferir o impulso crítico das multidões do futebol, do contexto socrático das arquibancadas a céu aberto aos meios mais permanentes dos *fanzines*, páginas na Internet ou histórias sobre futebol. À medida que os tipos de mídia voltadas ao futebol se multiplicaram, a influência intermediária da nova classe média expandiu seu espectro.

Classe e geografia: norte *versus* sul, tradicionalistas *versus* arrivistas

Um ponto crítico aqui diz respeito ao fato de que, no contexto do futebol, a nova classe média não representa uma entidade homogênea. Existem diferenças internas importantes nas linhas geográficas e de classe social. Em um nível local, especialmente ao norte da Inglaterra e Escócia, há forte subcorrente tradicionalista nos *fanzines* e Associações de Torcedores Independentes que é profundamente crítica da mercantilização do futebol e marginalização de torcedores mais antigos. Os torcedores provenientes da nova classe média associados a esses movimentos tendem a se envolver profundamente com o futebol. Mesmo para atores, músicos e escritores do norte que se mudam para o sul, o elo que se estabelece com o clube para o qual torcem tende a ser indissolúvel (por exemplo, Sean Bean com o Sheffield United, Noel Gallagher com o Manchester City ou Harry Pearson [1994] com o Middlesborough).

Ao mesmo tempo que os *fanzines* e as Associações de Torcedores Independentes no sul da Inglaterra compartilham impulsos tradicionalistas, foram ofuscadas pela gênese de um quadro metropolitano de seguidores do futebol. Na vanguarda dessa nova classe de futebol reside uma oligarquia de jornalistas metropolitanos e diplomados em Oxbridge que adquiriu hegemonia pelo conhecimento sobre o jogo. A formação pessoal que têm em futebol em geral é bastante limitada; as afiliações ao clube também são bastante flexíveis. Chamados de "os *soccerati* de Londres", esse grupo inclui escritores como Martin Amis, Bill Buford (1991), Nick Hornby (1992) e Roddy Doyle (1993); os jornalistas Simon Kuper (1994, 1997), Emma Lindsey e Anne Coddington (1997) e comediantes como David Baddiel (Giulianotti, 1997a). Os *soccerati* favorecem a reformulação dos estádios de futebol em benefício de sua classe embasando-se no fato de que isso contribuiu para erradicar a ação de *hooligans* e possibilitar a participação de mais mulheres e minorias étnicas. Os *soccerati* são particularmente populares entre os *arrivistas* do futebol, uma camada de colarinhos-brancos de Londres que "adotam o futebol" para preencher a dimensão cultura popular de seus currículos. Usando a nova mídia voltada ao futebol, eles podem aprender o léxico do jogo e se informar muito bem sobre os jogadores e os sistemas de jogo. Este conhecimento é do tipo obtido pelo autodidata e não conquistado com o tempo, reflexão ou experiência pela prática do jogo.

Aqui tem início um sério conflito surgido nas políticas culturais do futebol de forma semelhante à disputa norte-sul de um século atrás. Ao contrário da abordagem protecionista da nova classe média do norte, a elite do sul ataca abertamente a torcida da classe trabalhadora. Simon Kuper, por exemplo, declara:

> *essa ideia de que venho acompanhando meu time por 30 anos e que meu pai o fez antes de mim e meu avô antes dele, que o futebol está no sangue, no suor e na sensação de fazer parte. Isso é muito perigoso por duas razões. Primeiro, o futebol é mais do que a comunidade a fazer parte, tem a ver com arte e grandes momentos: George Best enfrentando três zagueiros em campo; um chute livre do Platini. Segundo, faz os torcedores asiáticos,*

os torcedores negros, as torcedoras mulheres se sentir excluídos. Como você pode entrar, se nunca fez parte?

(citado em Coddington, 1997, p. 74-75)

A opinião sedutora de Kuper cristaliza muitas das falsas suposições e preconceitos sobre a natureza e as tradições da torcida da classe trabalhadora. É possível resumir alguns dos sofismas: a de que os torcedores da classe trabalhadora não mudam de time entre as gerações; a de que os torcedores da classe trabalhadora são incapazes de apreciar ou praticar a estética do jogo; que um senso de "fazer parte" impede o reconhecimento da genialidade no futebol; que os torcedores da classe trabalhadora são os mais racistas e que têm maior preconceito quanto ao gênero; que o chauvinismo da classe trabalhadora, muito mais do que as desigualdades econômicas e culturais, impede que grupos sociais com menos poder se envolva com o futebol. Na verdade, Kuper culpa um grupo social menos poderoso (a classe trabalhadora) pela exclusão social vivenciada por outros (minorias étnicas e mulheres). Sua análise simplesmente espelha o mesmo tipo de retórica no estilo bode expiatório empregada por grupos de direita para apoiar o próprio racismo, no qual uma comunidade fraca (uma minoria étnica) é culpada pelos problemas de outra (a classe trabalhadora).

De forma significativa, surgiu um movimento contra-hegemônico na nova classe média para desafiar tanto a elite quanto a maior mercantilização do futebol. O projeto cultural satírico denominado CRASH (a sigla representa "Criando Resistência às Hemorroidas da Sociedade") publicou panfletos criticando a "nova camaradagem" da classe média em relação às celebridades do futebol na televisão (*Independent on Sunday*, 3 de agosto de 1997). Surge resistência dos grupos de pressão, movimentos sociais e comentaristas mais críticos, como Horton (1997) e Conn (1997). O grupo de pressão Torcedores de Futebol contra a Lei de Justiça Criminal (FFACJA) foi fundado para se opor à legislação que ampliava os poderes da polícia sobre os torcedores. Uma famosa rede de torcedores chamada Libero! Foi formada por "aqueles que se opunham à crescente regulamentação do nosso belo esporte", organizando uma série de fóruns de torcedores divergentes que contaram com grande comparecimento em Londres. O sucesso de livros sobre *hooligans* e a mercantilização do futebol sugerem que é possível desafiar a hegemonia de Oxbridge sobre "boas produções literárias" a respeito do jogo.

Esses conflitos contemporâneos indicam que as questões de classe permanecem centrais no que tange à política cultural do jogo. O fato de a maioria dos conflitos agudos ocorrer na nova classe média nos diz algo instrutivo sobre o futebol pós-moderno no Reino Unido após a década de 1990 e a marginalização dos torcedores da classe trabalhadora. Entretanto, classe não é a única questão, e nem sempre a questão principal na política cultural do futebol. Outros dois conflitos fundamentais são aqueles relacionados a questões de gênero e etnia que trataremos a seguir.

As mulheres e o futebol: o contexto histórico

Na ampla estrutura global e histórica, a exclusão geral das mulheres no futebol ocorreu bem recentemente e foi notada particularmente em sociedades mais "civilizadas". Guttmann (1991, p. 47-8) relata que do século XII em diante as mulheres assumiram papel bastante proeminente na "turbulência lúdica" do futebol. Em algumas ocasiões, os times de mulheres se formavam uns contra os outros conforme o estado civil; o jogo não era menos ousado do que o dos homens e elas sofriam os mesmos ferimentos.

Após a criação de associações de futebol, as mulheres foram cada vez mais excluídas das partidas britânicas. Muitos clubes haviam admitido mulheres sem cobrar nada por isso, mas à medida que surgiu a profissionalização, em meados de 1890, apareceram também as taxas de admissão, que delas geralmente era cobrado metade da taxa dos homens. Mason (1980, p. 152-153) afirma que multidões da próspera classe trabalhadora viram mulheres saírem das arquibancadas e ocuparem acomodações melhores[4]. Por volta de 1930, essa migração deu lugar ao estereótipo de que as mulheres torcedoras do futebol pertenciam necessariamente à classe média (Fishwick 1989, p. 57-8). Embora as peculiaridades culturais do futebol inglês sejam notáveis, parece que este processo se repetiu em outro lugar. No Brasil, por exemplo, Lever (1983, p. 40-1) concluiu que a presença da classe trabalhadora no futebol na década de 1910 erradicou a presença de "mulheres elegantes"[5]. Enquanto isso, na América do Sul, as barreiras de gênero eram quebradas fora dos estádios de futebol, à medida que os jovens jogadores se tornavam heróis em *barrios*, atraindo um número constante de admiradoras especialmente em bailes (Carvallo *et al.*, 1984, p. 22-23).

Na Inglaterra, há evidências dos anos do entreguerras de que as autoridades do futebol viam a ascensão do futebol feminino como ameaça ao futebol masculino. O "Dick, Kerr Ladies XI" ganhou sucesso embarcando em excursões internacionais e demonstrando ser insuperável em casa. Em 1921, elas jogaram 67 partidas no Reino Unido diante de 900.000 espectadores; uma partida em Liverpool no Natal de 1920 contou com 53.000 torcedores (Newsham, 1994, p. 61, 55). Porém, em um ano, a Associação de Futebol inglesa proscreveu as principais partidas de futebol feminino instruindo os clubes a não ceder espaço a elas. O decreto assegurou o domínio masculino futuro do futebol comercial e representa uma derrota da qual o futebol feminino na Inglaterra nunca se recuperou totalmente (Lopez, 1997, p. 6-7).

As mulheres, a violência das torcidas e a presença nos jogos

Grandes debates norteiam a relação do comparecimento das mulheres às partidas e diferentes níveis de *hooliganism* no futebol. Os sociólogos ingleses afirmaram que a presença das mulheres faz com que os homens suavizem ou "feminizem" seu comportamento, reduzindo assim a frequência e seriedade de incidentes de violência ou tumulto (Jennifer Hargreaves, 1992, p. 174-5; Taylor, 1991a; Williams, 1986). Uma solução possível para o *hooliganism* entre torcedores reside na promoção do futebol como um jogo moderno, "para a família" (Murphy *et al.*, 1990, p. 224-225)[6].

Diversos aspectos podem ser abordados para ilustrar esse ponto de vista. Primeiramente, a indústria do futebol é perspicaz ao atrair as mulheres para o negócio, por razões outras que não o pró-feminismo. Depois de enfrentar o declínio das bilheterias a partir da década de 1960 até a de 1980, os controladores das empresas de futebol buscaram um "exército reserva do lazer" para preencher as lacunas deixadas pelos homens (Russell, 1998). Em segundo lugar, podemos questionar a ética do emprego das mulheres para solucionar o problema do *hooliganism* no futebol já que tal fenômeno é um problema puramente masculino (Clarke, 1992, p. 217). Em terceiro lugar, a tese de "feminização" assume erroneamente que os torcedores *hooligans* são os mais machistas. Muitos dos gritos de torcida ou adjetivos mais machistas e antigos do futebol surgiram com torcedores e oficiais do sexo masculino. Os *hooligans* do futebol raramente são os mais volúveis ao gritar bordões como "Mostrem os Peitos para a Galera". Enquanto isso, os treinadores e espectadores geralmente expressam o encorajamento aos jogadores em termos classicamente masculinos, pedindo que parem de "jogar como maricas" ou "marcar como mulherzinha". Em quarto lugar, precisamos questionar a suposição um tanto essencializada e vitoriana de que a feminilidade está ontologicamente arraigada a um papel centrado na família e fisicamente inerte. Há até evidências sugerindo que as mulheres podem participar ou apoiar ativamente comportamentos de torcidas violentas ou tumultuosas. Dando sequência aos relatos de Mason (1980, p. 158-159) sobre o "mau comportamento" da mulher vitoriana em partidas de futebol, podemos notar a participação das mulheres em grupos "militantes" ou de *hooligans* até o presente; por exemplo, na Escócia (Finn, 1994b, p. 123n), Alemanha e Itália (Roversi, 1994, p. 375-777)[7]. Ao buscarmos evidências sul-americanas, descobrimos que a ligação entre o *hooliganism* e o comparecimento das mulheres é igualmente inconclusiva. No Brasil, Lever (1995, p. 13) sugere que a violência das torcidas durante a década de 1980 era um fator que afastava as mulheres, enquanto outra pesquisa indica que a redução do comparecimento das mulheres refletiu um declínio estrutural mais profundo no jogo (Helal, 1994). Em sua vizinha, a Argentina, o *hooliganism* entre torcedores aumentou substancialmente durante a década de 1990, mas também aumentou o comparecimento de torcedoras mulheres (Alabarces, 1998).

No Reino Unido, há sérias dúvidas no que diz respeito ao aumento do comparecimento das mulheres em partidas de futebol. Algumas pesquisas demonstram que a "modernização" do futebol inglês *aumentou* o interesse das mulheres pelo esporte: mais mulheres são atraídas pelas partidas (SNCCFR, 1995, p. 14) e um grande número delas assiste aos jogos pela televisão (Woodhouse e Williams, 1991, p. 87). Durante o início da década de 1980, a maioria das pesquisas sobre torcedores de futebol demonstrou que as mulheres compunham de 12 a 20% da multidão (Canter *et al.*, 1989, p. 20; SNCCFR, 1983, p. 124). Pesquisas subsequentes em Aberdeen sugerem que as mulheres constituem 13% da multidão (Giulianotti, 1992, p. 13). Pesquisas anuais para a Associação de Futebol inglesa apontam conclusões semelhantes atualmente. Coddington (1997, p. 1) afirma que até 25% dos novos torcedores de futebol são mulheres, embora isso possa significar apenas que existe uma rotatividade mais elevada de torcedoras mulheres em relação a torcedores homens. Em casa, mais mulheres estão assistindo aos jogos pela televisão. Também é mais fácil os homens assistirem jogos televisionados se for possível partilhar isso com as mulheres ou se eles "negociarem" assistir ao futebol uma vez em troca de assistirem ao programa favorito da parceira em outra ocasião (Gantz e Wenner, 1995). Proponentes modernos da transformação de gênero no futebol parecem ignorar uma conclusão importante obtida no início da década de 1970, de que a presença de espectadoras mulheres indica uma transformação mais fundamental do futebol para um esporte de classe média (Taylor, 1971, p. 149). Uma protagonista da "revolução sexual" criticou essa posição declarando que "nossa suposta classe está sendo usada como máscara conveniente para agredir o nosso gênero" (Coddington, 1997, p. 13). Mas ela se esforça pouco para sustentar essa opinião, já que a grande maioria das entrevistadas, como amostra de torcedoras modernas, tem diploma universitário e/ou empregos de colarinho-branco[8].

Masculinidade e futebol: questões analíticas e de classe

Ao discutir a política de gênero no futebol, o poder masculino e o cultivo à masculinidade dentro do esporte também são aspectos cruciais. Inicialmente, as evidências todas levam a concluir que a masculinidade hegemônica do futebol é uniformemente agressiva e chauvinista. Os capítulos anteriores enfatizaram o domínio masculino no futebol. As escolas públicas masculinas criaram as regras das associações de futebol, enquanto as hierarquias organizacionais presentes no jogo continuam tendo representação do poder masculino. O futebol profissional tornou-se representação exclusivamente masculina da comunidade fundadora. Até a década de 1960, o futebol ajudou a reproduzir a divisão sexual moderna do trabalho e lazer. Os homens dominavam os ambientes de trabalho e o espaço público (tais como estádios de futebol), enquanto às mulheres era relegado o domínio particular da casa. A estética do jogo de futebol prega uma masculinidade tradicional; "Afinal, trata-se de um jogo de homens... os jogadores devem aceitar umas pancadas"[9]. A subcultura ocupacional dos jogadores é dominada pela ávida busca por conquista sexual. A cobertura do futebol pelos meios de comunicação de massa satisfaz continuamente o olhar masculino. As manchetes dos jornais "expõem" os segredos sexuais dos astros do esporte; as páginas finais misturam histórias do mundo do futebol com anúncios de serviços de sexo por telefone, casas noturnas e lingerie; as páginas intermediárias trazem fotos de modelos seminuas em poses provocantes tendo como tema o futebol.

As áreas centrais da indústria do futebol moderno podem estar tipificadas como locais de trabalho árduo, onde se reproduz normas rígidas por causa do futebol. Alguns exemplos incluem as cidades de estaleiro da Escócia; os pesados centros industriais ao norte da Inglaterra; as cidades do aço (Lens) e cidades portuárias (Marselha, Roterdã) da França e Holanda; a área industrial de Ruhr na Alemanha; o estilo forte e inflexível dos times da classe média dessas regiões ou mesmo da América do Sul (como o Boca Juniors da Argentina).

Muitas culturas simpatizantes celebram linguagens tradicionais de identidade masculina por intermédio de uma castração ou feminização dos "outros" (tais como árbitros, torcedores e jogadores adversários). Os torcedores adotam adjetivos como "veado", "bicha" e "boiola" por causa da alegada fraca masculinidade dos jogadores e árbitros. Os torcedores gesticulam insultando os adversários chamando-os de "punheteiros" (homens sexualmente inativos) ou "cuzões" (homens tolos). Os *hooligans* do futebol geralmente usam metáforas gráficas de poder sexual ("Fodemos os caras", "Botamos no cu deles") para afirmar sua superioridade masculina sobre o oponente. Até mesmo os torcedores carnavalescos anti-*hooligans* têm uma cultura masculina convencionalmente intoxicada e declaradamente heterossexual.

Enquanto essas características da cultura do futebol demonstram a forte presença de normas e identidades masculinas tradicionais, sua condição preeminente torna-se duvidosa com a presença de outras construções mais complexas de masculinidade. Podemos notar, inicialmente, que existem importantes diferenças culturais na masculinidade que o futebol dramatiza. Times europeus do norte e do sul redimem suas diferenças na agressão que trazem para os jogos. Existem diferenças mais sutis nas cantorias de diferentes torcedores, no que se refere a metáforas de poder sexual que usam para afrontar os "outros". No Reino Unido, locuções "realistas" e performáticas são usadas para reafirmar o poder masculino sobre os outros[10]. É comum o emprego de categorias convencionais de identidade sexual "normal" e "depravadas". Os grupos de torcedores mais reflexivos podem denominar a si mesmos com identidades absurdamente depravadas, fazendo quaisquer adjetivos atribuídos a eles pelos adversários soarem patéticos[11]. Da mesma forma, no sul da Europa, uma gama mais ampla e figurativa das impurezas sexuais está associada aos oponentes através dos gritos das torcidas. Na América Latina, imagens alegóricas de controle sexual (incluindo estupro de homem) servem para feminizar o outro (especialmente torcedores adversários) (Guttmann, 1996, p. 67)[12].

A identidade masculina é múltipla e multifacetada em todos os grupos de torcedores. Os *hooligans* não são os eternos prisioneiros da "masculinidade agressiva" (Dunning, Murphy e Williams, 1988) ou uma "cultura de arruaceiros". Longe do futebol, eles adotam outros papéis masculinos como companheiros, pais, filhos, colegas de trabalho e amigos. Dentre os torcedores carnavalescos, as formas convencionais de masculinidade também são invertidas e satirizadas. Músicas e comentários sobre sua bravura sexual frequentemente são menos escandalosas[13]. Além disso, com relação à estética do jogo de futebol, a maioria dos clubes e torcedores da classe trabalhadora sempre teve forte propensão a formas não violentas e não agressivas de masculinidade. Os jogadores mais técnicos e "artísticos" são venerados, especialmente suas habilidades sofisticadas que os permitem driblar ou ridicularizar adversários "fortes" ou "que entram duro"[14]. Muitos times da classe trabalhadora tradicionalmente enfatizam um estilo de futebol fluente e interessante, muito mais do que um estilo "agressivo e violento" (por exemplo, West Ham, Glasgow Celtic, Newcastle, Napoli). Jogadores observados por seu estilo "agressivo" ou "sujo" são ridicularizados por falta de malícia, graça e destreza. Conforme o estudo simplista *Pace* realizado por Williams e Taylor (1994) sobre a mudança nas normas masculinas, não se pode reduzir os significados contraditórios e diversos de um jogador como Paul Gascoigne para uma cultura de "camaradas" ou "arruaceiros" dos anos 90.

Em termos gerais, assim, podemos observar que as culturas de futebol sempre permitiram a expressão e apreciação de diferentes formas de masculinidade. Um aspecto particular dessa identidade masculina não deve ser enfatizada em detrimento das outras. Não se pode fixar uma estética exclusivamente masculina sobre os hábitos de uma classe, assim como não se podem restringir expressões extremas de domínio masculino (como bater em mulheres) a uma única classe social[15]. Devido à tendência de alguns sociólogos de gênero personalizarem o debate, devo acrescentar que não estou de forma alguma buscando uma desculpa ou forma de tolerância às formas de identidade masculina mais extremistas. Minha intenção aqui é somente enfatizar que as identidades masculinas contemporâneas estão longe de ser unidimensionais, não importando a classe social[16].

A investigação crítica sobre a masculinidade faz lento progresso na sociologia. Através da virada pós-feminista, surgiu um novo campo nos últimos anos à medida que os acadêmicos do sexo masculino passaram a refletir sobre as consequências críticas e epistemológicas do feminismo sobre o seu gênero. Infelizmente, em vez de proceder a uma análise crítica e ao mesmo tempo imparcial das questões sobre masculinidade, muitas investigações estiveram preocupadas demais com as políticas do estilo de vida ou com puro egocentrismo. Os fantasmas de gênero do passado dos escritores já foram exorcizados, a narrativa passa a um estilo solipso e confessional de prosa. A opinião de Cohen (1990) sobre a masculinidade é inspirada e colorida por sua própria experiência de divórcio. Redhead (1995, p. 108) vai contra a cultura "machista e dominada pelo homem", acrescentando paradoxalmente que o jogo representava o refúgio do "macho feroz e ameaçador da escola e da rua" que o fez sofrer quando garoto. Os sociólogos americanos Messner e Sabo (1994) produzem uma análise excepcionalmente onanística da masculinidade e do esporte[17]. Os sociólogos mais críticos e sofisticados às vezes passam por essa autonarrativa[18]. Se a reflexão pessoal sobre o "eu interior" realmente traz um entendimento mais profundo sobre a masculinidade, esses "sociólogos" se abstiveram disso. Os gurus da Nova Era ou psicoterapeutas são mais capazes, conforme a cultura ocidental contemporânea, de identificar a fenomenologia do *eu* e mapear seus contornos. Escritores e ensaístas profissionais possuem as credenciais *à la* Leavis da "boa escrita" para desmascarar as propriedades pessoais das experiências emocionais e sociais. Os sociólogos que vêm analisando a identidade masculina devem voltar a escrever de forma crítica e objetiva sobre o tema, em vez de proclamar seu valor pessoal como "machos corrigidos".

As mulheres e sua participação na cultura do futebol

Enquanto os acadêmicos criticam as políticas de gênero de seus colegas e de si próprios, as mulheres lutam para abrir caminhos dentro do futebol. No Ocidente, mais mulheres estão jogando e cobrindo o esporte. O aumento de jogadoras registradas foi repentino, chegando a 25.000 só na Inglaterra, com um número maior de clubes organizados em ligas femininas (Lopez, 1997, p. 235-6; Duke e Crolley, 1996). Já em 1978, a Associação de Futebol inglesa (FA) foi apoiada pelo Tribunal de Apelação ao excluir as mulheres dos times de futebol. Um juiz, Lord Denning, decretou que uma opinião divergente seria um "absurdo", afirmando ser o Ato de Discriminação Sexual de 1975 "uma idiotice" se fosse aplicado estritamente ao futebol (McArdle, 1996, p. 157). Hoje, a maioria das escolas encoraja as alunas a jogar nas aulas de Educação Física ou em torneios escolares.

Tais avanços provavelmente não revolucionarão a relação das mulheres com a cultura física. Elas continuam sendo mais dedicadas do que os homens ao exercício físico e à modelagem do corpo do que a competições como o futebol (Buñuel, 1991; Markula, 1995). As jogadoras de futebol ainda recebem o mesmo tratamento que as atletas e as jogadoras de tênis. Tanto homens quanto mulheres fazem comentários sobre suas "tendências lésbicas" e sua "masculinização" física através do "desenvolvimento exagerado" dos membros no centro das competições "não femininas" (Griffin, 1992). Tecnicamente, entre crianças, geralmente há pouca diferenciação entre os sexos. Nelson (1996, p. 78-9) cita o caso de uma goleira de 10 anos de idade em Baltimore que atuava tão bem que os pais, pasmados, insistiam para que ela abaixasse as calças para provar o seu sexo. Em casos separados na Virgínia e em Ohio, times femininos foram reconhecidos pelos técnicos como sendo superiores aos times masculinos, fazendo com que os garotos se recusassem a competir em torneios mistos. No entanto, no treinamento do esporte, o "telhado de vidro" permanece intacto nas nações futebolísticas mais antigas, assim como é com outros esportes internacionais (Theberge, 1993). Em 1997, a *Equal Opportunities Commission* (Comissão para Oportunidades Iguais) apoiou uma técnica inglesa num caso de discriminação sexual contra a FA nacional (*The Guardian*, 24 de setembro de 1997).

As ligas femininas de futebol profissional continuam a sofrer de baixo *status* econômico e social. As jogadoras das ligas principais (Itália e Escandinávia, por exemplo) ganham uma pequena fração das fortunas recebidas por seus colegas homens. Apenas 2.200 torcedores compareceram em Oslo para assistir à final do Campeonato Europeu Feminino de 1997, entre Itália e Alemanha, embora o evento tenha sido televisionado para 135 países. O futebol feminino internacional recebe a maior cobertura da mídia global durante as Olimpíadas, onde o interesse do público e das grandes empresas no torneio masculino permanece relativamente baixo. A mídia do futebol feminino ainda não produziu uma estrela que tenha acesso total a contratos de publicidade, a entrevistas importantes e a circuito das celebridades. As primeiras estrelas mulheres que surgirem no futebol se seguirão a celebridades femininas de outros esportes (como "FloJo" no atletismo, Gabriella Sabatini no tênis ou Manon Rhéuame no hóquei sobre o gelo), que são recompensadas comercialmente pela beleza feminina e não pelo talento esportivo (Laberge, 1995, p. 142). Assim, o sistema patriarcal retém o seu poder como preço pela admissão a um mundo esportivo exclusivamente masculino.

Outras barreiras sexuais são erguidas através de apresentações e discursos sobre o futebol na mídia. O "papo de futebol" dos apresentadores esportivos inventa um "mundo do futebol" exclusivamente masculino. Comentaristas ex-profissionais empregam discursos baseados no mundo masculino do trabalho público, ao invés de entrarem no campo feminino da intimidade e da emoção (Johnson, 1994). Na década passada, algumas mulheres tiveram destaque dentro da mídia futebolística. No sul da Europa, repórteres mulheres frequentemente entrevistam personalidades do futebol ou apresentam programas de televisão. No entanto, sua atração visual e não sua habilidade analítica é o que conta; poucas mulheres preenchem a posição de especialistas em tática ou de principal entrevistadora, cedendo o espaço para os colegas homens mais velhos. No Reino Unido, jornalistas como Eleanor Levy (ex-editora da revista *90 Minutes*) conseguiram destaque entre os jornalistas do futebol. De novo, contudo, isso talvez explique mais sobre a relativamente baixa autoestima das revistas e das mulheres dentro da imprensa do que qualquer igualação dos papéis sexuais.

Eu notei no capítulo 2 que o desenvolvimento do futebol no século XX dependeu enormemente da modernização dos países e do estabelecimento relacionado das identidades de classe e gênero. Na Europa e na América Latina, o esporte foi dominado pela classe operária e, mais particularmente, pelos homens. De modo oposto, descobrimos que as novas culturas do futebol pós-moderno passaram a favorecer mais as mulheres.

No Japão, as mulheres estão na vanguarda das novas tendências culturais, e passaram a assistir a mais futebol do que os homens (Horne, 1996, p; 541-2). Nos Estados Unidos, as mulheres perfazem 40% de todos os jogadores de futebol (Andrews *et al.*, 1997, p. 265); o esporte tem por volta de 27 milhões de "participantes familiares envolvidos", e é particularmente apreciado entre mães brancas e suburbanas, as "mamães do futebol", que foram alvo explícito da campanha de reeleição de Clinton em 1996. Grande número de mulheres participa da cultura carnavalesca na Irlanda, na Noruega e na Dinamarca, incluindo as inclinações tipicamente "masculinas" à bebedeira, à linguagem chula e à farra (Giulianotti, 1996a e 1996b; Eichberg, 1992).

Em outros lugares, fortes pressões culturais minam o envolvimento das mulheres. Na África sub-Saara, a participação feminina nos esportes é proibida no nível local; nas circunstâncias mais extremas, como na guerra ou na fome, o cuidado da família é priorizado (Richards, 1997, p. 150). Em antigas sociedades socialistas como a Polônia, o campo de futebol permaneceu sendo o espaço público predileto dos homens; o teatro ou outros eventos sociais eram preferidos pelas mulheres (Ciupak, 1973, p. 97). Mulheres de origem oriental, como as muçulmanas e as hindus, vivenciam uma divisão cultural absoluta entre os espaços masculino/público e o feminino/privado. Mesmo entre a segunda ou terceira geração de imigrantes orientais, enormes barreiras impedem ou desaconselham as mulheres a se interessar por futebol, e muito menos jogá-lo (Zaman, 1997, p. 62). No entanto, alguns relatos do mundo muçulmano sugerem que a participação no futebol pode ajudar as mulheres a desafiar seu papel sexual tradicional. Em Zanzibar, o time Mulheres Guerreiras foi reconhecido formalmente pela associação de futebol nacional, embora as jogadoras sejam obrigadas a usar o tradicional *higab* e algumas serem espancadas por parentes homens "desonrados" (*New Internationalist*, dezembro de 1997). No Irã, as mulheres desafiaram uma lei de 18 anos que as bania dos estádios esportivos ao invadir o Estádio Azadi em Teerã para celebrar a classificação da seleção nacional para a Copa da França de 1998.

De modo geral, importantes divisões culturais e de classe delimitam a experiência das mulheres no futebol. A habilidade de mulheres jovens, de classe média, de ganhar maior liberdade no campo do estilo de vida e de políticas de lazer não é espelhada nas mais velhas, de classe operária, que possuem menos capital econômico e cultural. Maiores diferenças tendem a ser culturais. As novas culturas futebolísticas do Ocidente (reconhecidamente com participação maior da classe média) favorecem mais o envolvimento da mulher. De modo oposto, as novas nações do futebol no mundo em desenvolvimento tendem a obstruir o envolvimento das mulheres no esporte por razões culturais, embora em nível nacional algumas equipes femininas atuem com notável sucesso (por exemplo, na China e na Nigéria). A intolerância racial e étnica pode ser uma fonte incisiva de desigualdades, o que eu examino abaixo com mais detalhes.

O racismo no futebol: a extensão do problema

O racismo dentro do futebol parece ser culturalmente universal, ocorrendo entre e dentro de agrupamentos étnicos. Expressões elementares de racismo envolvem o tratamento abusivo e discriminatório a jogadores não brancos. Um racismo mais complexo inclui o tratamento preconceituoso do poderoso em relação ao relativamente fraco dentro da mesma comunidade étnica e nacional, como os insultos *terroni* feitos aos italianos do sul pelos compatriotas do norte, ou os maus-tratos dos antigos alemães ocidentais com os *ossies* da Alemanha Oriental (Merkel, 1998).

A ubiquidade do racismo no futebol é ilustrada de forma mais grave no Brasil. A princípio, o país parece ser um "caldeirão" étnico: o futebol nacional é etnicamente misturado; a palavra "raça" tem um significado forte dentro da cultura do futebol, designando vigor e energia, ao invés de uma hierarquia "racial" darwiniana. Todavia, a complexa história de escravidão, divisões raciais e grandes desigualdades econômicas do Brasil deixam uma profunda marca no futebol (Leite Lopes, 1997). Ao contrário da crença popular, o futebol "não oferece quase nenhuma oportunidade para uma melhoria social significativa" (Evanson, 1982, p. 403)[19]. As elites brancas brasileiras resistiram a uma dissipação organizada entre as populações negras[20]. Apenas o pragmatismo gerencial persuadiu os principais clubes a admitir jogadores negros. O Vasco da Gama foi o primeiro a colocar em campo jogadores não brancos em 1923 e imediatamente entrou no campeonato da liga carioca, encorajando outros times a fazer o mesmo (Oliver, 1992, p. 615). A seleção brasileira continuou a excluir jogadores negros, como na semifinal da Copa do Mundo de 1938, na qual o Brasil perdeu para a Itália por 2 a 1 (Allison, 1978, p. 219-20). A derrota comovente do Brasil nas finais da Copa do Mundo de 1950 foi frequentemente atribuída aos jogadores negros, principalmente ao goleiro. (Significantemente, os times brasileiros ainda preferem goleiros brancos, por suas características "raciais" de confiabilidade e racionalidade). Os jogadores negros foram essenciais nas vitórias do Brasil durante as décadas de 1960 e 1970, embora a hegemonia branca, de classe média, nas posições de poder fosse reafirmada. Enquanto isso, o futebol doméstico ainda destaca as divisões etnorregionais do Brasil; os afluentes sulistas ridicularizam os nordestinos mais pobres como "paraíbas", devido à sua constituição majoritariamente negra.

No Ocidente, o racismo no futebol é particularmente agudo em períodos de reestruturação política e econômica. Na Itália, as tensões *mezzogiorno* mostram as populações do norte e do sul frequentemente se definindo contra "o outro", como os africanos e os afro-caribenhos; por isso os insultos rotineiros (*"Negro di Merda"*) dirigidos a jogadores negros como Abedi Pele e Paul Ince. No Reino Unido, o abuso racial era frequentemente direcionado a jogadores como Paul Elliot, Mark Walters, Ian Wright e, mais conhecidamente, a John Barnes durante as décadas de 1970 e 1980 (Hill,

1989). Enquanto isso, o governo Thatcher alimentava a animosidade contra imigrantes entre a classe trabalhadora branca. Na Alemanha, o racismo de plataforma é associado à subida da extrema-direita, principalmente na antiga Alemanha Oriental, onde uma profunda instabilidade social e econômica prevalece (Lash, 1994, p. 131, 168). Mesmo em países tradicionalmente liberais como a Suécia e a Holanda, explosões de racismo entre os torcedores refletem em muito o crescente ressentimento contra os imigrantes dentro das principais sociedades (Bairner, 1994, p. 213).

Campanhas antirracismo: forças e limitações

No Reino Unido, campanhas antirracismo foram iniciadas, principalmente entre organizações de espectadores e entre os próprios jogadores profissionais. Grupos de torcedores do Leeds United, Leicester City, Newcastle United, Hibernian e Hearts estiveram entre os primeiros a formar organizações antirracismo (Thomas, 1995, p. 98). Muitos *fanzines* de clubes foram inspirados por torcedores fartos do abuso racial dirigido a jogadores, e fizeram campanha para que outros torcedores combatessem tais ataques (Giulianotti, 1997c; Holland *et al.*, 1996, p. 178-83). A Comissão para a Igualdade Racial e a Associação dos Jogadores de Futebol Profissionais (PFA) lançaram uma campanha conjunta em agosto de 1993, intitulada "Vamos Chutar o Racismo do Futebol". A Lei de Crimes do Futebol de 1991 criminalizou as canções e o abuso raciais (Armstrong, 1998, p. 127-8). Na Alemanha, campanhas de conscientização reagiram contra o aumento perceptível do racismo entre os torcedores nas partidas. Em dezembro de 1992, todos os clubes da *Bundesliga* usaram camisas com a frase *"Mein Freund ist Ausländer"* ("O Meu Amigo é Estrangeiro"), enquanto torcedores de Frankfurt carregaram bandeiras anunciando "A Alemanha sem estrangeiros é como um piano sem as teclas pretas" (Merkel, 1994, p. 113). A associação dos jogadores italianos organizou a *"No al Razzismo"* ("Não ao Racismo") em demonstrações antes das partidas, e geraram um debate mais amplo sobre a questão. O antirracismo mais militante vem de grupos específicos de torcedores. O St. Pauli, clube de Hamburgo da segunda divisão, atrai seguidores de esquerda, que distribuem *fanzines* e adesivos antinazistas, e combatem os torcedores racistas mais fisicamente (Benson, 1993, p. 57). Grupos de torcedores do Manchester United e do Celtic também já lutaram contra membros de movimentos fascistas.

Uma fraqueza recorrente dessas campanhas é sua concentração no racismo visível dos *hooligans* (Fleming e Tomlison, 1996, p. 83). Tipicamente, isso exagera grosseiramente a prevalência de grupos racistas ou neonazistas entre os *hooligans*. Poucos *hooligans* são ideologicamente racistas ou membros de movimentos de extrema-direita. Na verdade, os grupos de *hooligans* são mais propensos a incluir alguns amigos negros, para quem a retórica racista é um anátema. Além disso, a maioria dos *hooligans* trairia sua determinação em evitar chamar a atenção da polícia se eles fossem associados abertamente com movimentos racistas ou neonazistas[21]. O crescente racismo entre os torcedores alemães é frequentemente atribuído a grupos de *hooligans*, principalmente aos do Leste. Mas, parece que seu uso de símbolos e *slogans* nazistas refletem uma alienação mais profunda e generalizada em relação aos habitantes mais ricos do Oeste do que uma ideologia política popular e coerente. Os *punks* da década de 1970 também usavam suásticas para chocar e provocar, não para anunciar sentimentos fascistas (Hebdige, 1979, p. 116-17)[22].

Atribuir a culpa a grupos de *hooligans* prejudica a real complexidade do racismo entre torcedores. Isso alimenta a dedução autoindulgente de que os torcedores "comuns" não concordam com tal extremismo antissocial. Muito mais insidioso é o racismo arraigado e "normalizado" dentro das principais instituições do futebol. Primeiro, há o vernáculo racista mais rotineiro das multidões do futebol, usado estereotipadamente para explicar o esporte para os amigos e influenciar a atuação de jogadores. Os jogadores de futebol ainda são alegremente discutidos com termos racistas ("baianinho", "negão" etc) (Back *et al.*, 1996a; 1996c, p. 58). Interpretações acadêmicas e liberais do racismo dos torcedores são ávidos demais em condenar ao invés de entender tais propriedades culturais. Por exemplo, quando John Barnes se tornou o primeiro jogador negro do Liverpool da era moderna, os torcedores exclusivamente brancos do Everton zombavam de seus rivais cantando "Nigger-pool, Nigger-pool" (*nigger* = "preto"). Tal abuso pode receber condenação, mas ele possuía uma força ulterior. Certamente sua intenção era atrapalhar Barnes. Mas também tinha a intenção de afrontar a grande maioria dos torcedores do Liverpool, já que eles (como sabiam os torcedores do Everton) eram igualmente "racistas" (Back *et al.*, 1996b).

Segundo, o racismo dos torcedores é menos problemático para os jogadores negros do que os maus-tratos de figuras mais poderosas do futebol. Os técnicos e os oficiais do futebol decidem quando o jogador não branco pode jogar e em que posição. Para atletas não brancos, a experiência do racismo começa na escola. Os professores esperam um nível acadêmico relativamente limitado dos alunos negros, tacitamente conscientes de que suas oportunidades de trabalho são pequenas. O currículo é modificado para maximizar sua habilidade esportiva "natural". Vince Hilaire, tido durante a década de 1970 como o futuro primeiro jogador negro internacional da Inglaterra, relata a sua experiência escolar: "Eu era empurrado para determinados esportes na escola, como atletismo. Os professores naturalmente pensavam, como você é negro, você deve ter alguma habilidade atlética; mas eu não tinha a menor vontade de fazer atletismo" (citado em Cashmore, 1982, p. 98). De modo oposto, os professores fazem a mesma dedução racial de que os asiáticos não são atletas "naturais", assim desencorajando-os de praticar esportes competitivos (Dimeo e Finn, 1998). A resposta positiva dos alunos negros a tal tratamento parece, na superfície, apoiar estereótipos sobre a sua etnia. No entanto, o alto desemprego e a carência de modelos de sucesso dentro das principais sociedades realçam o grande potencial do esporte para permitir uma rápida ascensão social.

Jogando com o homem branco: o racismo dentro das instituições do futebol

Uma vez estabelecidos dentro do futebol, os jogadores negros jovens têm menos chances de compartilhar das brincadeiras e da camaradagem dos colegas de equipe brancos. Estereótipos raciais sobre as habilidades atléticas e a baixa inteligência dos negros continuam durante a seleção do time. Como em outros esportes de equipe como o *rubgy* e o beisebol americanos, os jogadores de futebol são amontoados em posições "centrais" ou "não centrais"/"periféricas". Jogadores centrais formam a espinha dorsal do time, como o goleiro, o volante, o meia-armador, o centroavante. Eles representam o "centro inteligente", dando o formato do jogo de acordo com as habilidades do time e as exigências de cada partida. Os jogadores periféricos, como os zagueiros e alas, são valorizados intelectualmente, embora sua força física e seu individualismo sejam vitais em explorar a extensão, principalmente no ataque. Os jogadores negros tendem a ser "empilhados" nessas posições periféricas, devido às crenças raciais dos técnicos de que eles não possuem a capacidade de tomar decisões nem a consistência dos jogadores brancos, embora sua velocidade e seu estilo imprevisível sejam essenciais nas pontas (Maguire, 1988; 1991, p. 102-113). Dessa forma, os técnicos de futebol e a mídia tendem a concluir que os jogadores negros possuem qualidades erráticas ("habilidade natural"), enquanto os jogadores brancos têm habilidades mais controladas ("trabalho duro" ou "dedicação") (Murrell e Curtis, 1994). Os jogadores africanos são vistos como "mágicos" e "irracionais" no Ocidente (Hoberman, 1997, p. 70, 117); os clubes europeus os importam para trazer algo de "imprevisível", um toque de "exotismo", para quebrar as defesas organizadas cientificamente dos ocidentais. Acentuando o contraste, jogadores asiáticos que avançam nas ligas juvenis ou em testes nos clubes profissionais descobrem que são colocados constantemente fora de suas posições por técnicos brancos que ainda esperam pouco deles (Holland *et al.*, 1996, p. 166).

Um problema em elucidar tais fatos é que os técnicos de futebol e os jogadores há muito tempo associam certas nacionalidades com qualidades de jogo específicas. Mesmo na cosmopolita França, os clubes praticam o que pode parecer uma estereotipagem grosseira: no gol, temos iugoslavos; nas alas, africanos e sul-americanos; no ataque, o sul-americano ou o iugoslavo; no meio de campo, austro-húngaros ou holandeses; na defesa, alemães ou dinamarqueses (Lanfranchi, 1994, p. 69-72). Pesquisas futuras sobre a segregação e o racismo das escalações fariam por bem reconhecer a complexidade do assunto.

Os discursos dominantes dentro do esporte profissional reproduzem deduções racistas. Na década de 1970, o dirigente inglês Ron Atkinson "brincou" sobre os três "sambos" em sua equipe do West Bromwich Albion (Redhead, 1986b, p. 28). Ao fazer comentários para a televisão sobre a partida entre Inglaterra e Camarões em 1990, Atkinson descreveu os africanos como desprovidos de profissionalismo, atribuindo isso a sua descida recente das árvores. O dirigente galês Bobby Gould foi acusado de racismo por um de seus jogadores, Noel Blake, que depois se retirou da seleção nacional enquanto Gould manteve a sua posição (Back *et al.*, 1998). O técnico da Nigéria, o holandês Clemens Westerhof, colocou seus jogadores virtualmente em prisão domiciliar nas finais da Copa do Mundo de 1994, afirmando que eles eram "imaturos e facilmente distraídos" (Hoberman, 1997, p. 120-1)[23]. Nos escalões mais altos do futebol, o presidente da Uefa, Lennart Johannson, fez piadas racistas sobre os "pretinhos" da África do Sul para um jornal sueco (Sugden e Tomlinson, 1998). No Reino Unido, até a primeira metade da década de 1970, tal racismo significava que pouquíssimos jogadores negros chegavam às principais ligas, principalmente na Escócia (Holland, 1995, p. 571; Horne, 1995, p. 38-39). Jogadores de sucesso tendiam a ser apagados das histórias oficiais do futebol, embora a linhagem dos jogadores negros se inicie com Arthur Wharton em 1889 (Cosgrove, 1991; Vasili, 1995). Mesmo recentemente, pesquisadores da Middlesex University descobriram que os principais clubes britânicos ficaram relutantes em participar de campanhas antirracistas (*Independent on Sunday*, 7 de setembro de 1997).

Os jogadores negros jovens utilizam-se de certas estratégias para conseguir poder. Alguns promovem sua etnia formando clubes ou ligas só de negros ou só de asiáticos (Williams, 1993, 1994). Jogadores de alto nível como Ruud Gullit e Brendan Batson usam sua glória profissional e seu intelecto para fazer campanhas públicas contra o racismo (Orakwue, 1998). O governo britânico anunciou sua intenção de criminalizar o racismo em todos os níveis do esporte. Ainda assim, o racismo, o preconceito e a intolerância social podem ser expressados de formas bastante insidiosas que são difíceis de estabelecer claramente. Se um técnico afirma que os piores jogadores da sua equipe "por acaso" são os paquistaneses, como você "prova" legalmente o seu racismo? Podemos concluir que os jogadores não brancos continuarão a ser discriminados na seleção dos times, continuarão mal pagos em relação a seus méritos e permanecerão sem usufruir de outras fontes de renda, como em trabalhos de relações públicas e contratos de publicidade. Nesse sentido, as estratégias antirracismo continuam a fracassar quando buscam soluções "técnicas" (como um código penal para o racismo), ao invés de um debate moral completo e objetivo envolvendo todas as pessoas do futebol sobre os princípios sociais do esporte.

Além do milênio: as novas políticas culturais de classe

Claramente, as culturas futebolísticas ao redor do mundo têm muito trabalho a fazer para estabelecer a igualdade social. Tradicionalmente, as mulheres e as minorias étnicas têm sido os grupos sociais mais marginalizados, particularmente porque os homens restabeleceram sua hegemonia no futebol durante o período do entreguerras. Recentemente, alguns números sugerem que a presença feminina nos jogos aumentou, embora as provas permaneçam ocultas. Ao invés disso, a repentina abundância de jornalistas esportivas reflete o crescente interesse no futebol de mulheres jovens e de classe média. Os preconceitos e estereótipos masculinos tradicionais continuam a ser dirigidos às participantes mulheres, mas as novas culturas futebolísticas "pós-nacionais" do Japão, dos EUA e da Irlanda destacam o potencial da participação das mulheres.

Minorias étnicas e não brancos lutam contra o tratamento preconceituoso dentro do esporte. No Ocidente, desigualdades estruturais e antagonismos culturais fundamentam tanto as formas declaradas quanto as latentes de racismo. Mesmo no Brasil, onde os não brancos usam o futebol para conseguir avanço social e econômico, as elites brancas predominam. No Reino Unido, uma legislação política e campanhas antirracismo foram introduzidas. Todavia, enquanto essas medidas fracassarem em confrontar o racismo arraigado no futebol profissional, torcedores e técnicos continuarão a discriminar os jogadores.

Enquanto a "raça" e o gênero permanecem importantes por si só, cada qual é fortemente influenciado pelas vicissitudes das relações entre as classes sociais. Para a maioria dos jovens afro-caribenhos e asiáticos, os aspectos "raciais" de sua desvantagem são substituídos por uma dinâmica de classe. Muitos habitam uma "subclasse" urbana, pós-moderna, que não consegue se juntar à pequena camada emergente, de classe média, de afro-caribenhos e asiáticos que os "marqueteiros" do futebol estão atraindo para as arquibancadas (Wilson, 1987)[24].

Uma constatação similar pode ser feita sobre os milhões de mulheres no Reino Unido que se veem aprisionadas num labirinto de salário baixo, trabalho de meio expediente, despesas com creche e benefícios governamentais magros. As instituições do futebol talvez afirmem que esses homens e mulheres recebem uma oportunidade "não discriminatória" para participar do esporte contemporâneo. No entanto, um rendimento disponível mínimo é essencial para comprar os equipamentos ou pagar o aluguel das quadras para jogar futebol, ou para poder pagar o ingresso ou a assinatura mensal da TV para assistir aos jogos. Os clubes de futebol e as autoridades não são, claro, responsáveis pela educação e moradia de padrão inferior, ou as chances abismais de emprego que caracterizam as "chances de vida" (sic) dessa subclasse. Mas eles reproduzem essas profundas desigualdades ao abrir o futebol para um desagrilhoado sistema de mercado, prejudicando as pessoas por causa de sua classe (e, da mesma forma, de sua "raça" ou gênero). Podemos notar que a crítica "liberal" da "masculinidade tradicional" do futebol também beneficia a comercialização do esporte, já que contém um ataque dissimulado à sua cultura masculina de classe operária.

O conceito do "pós-torcedor" cristaliza esses conflitos de classe de duas formas particulares. Primeiro, ele destaca o fato de que as "tradições" de classe operária do futebol não são unidimensionais. Elas podem incluir fortes elementos de machismo e racismo (assim como encontramos na sociedade de forma geral), Mas elas também incluem ironia, perspicácia, humor e uma perspectiva crítica sobre o clube, as autoridades do futebol e o estado do esporte em geral. Essas características do "pós-torcedor" já estavam presentes entre os admiradores do futebol muito antes da nova classe média descobrir o esporte.

Segundo, mais importante, a pós-torcida aponta para divisões entre a nova classe média do futebol. Há os torcedores da nova classe média "tradicionalista", que busca proteger os interesses de seus patrocinadores publicando *fanzines* críticos e formando associações de torcedores independentes. Alternativamente, uma elite metropolitana de *arrivistes* ignora os impulsos do "pós-torcedor" dentro das torcidas de classe operária, exagerando, ao invés disso, os aspectos reacionários desta. Esta classe procura assumir um monopólio sobre as "boas matérias sobre o futebol" ou sobre as visões críticas do esporte contemporâneo. O futuro da cultura futebolística no Reino Unido e em outras sociedades ocidentais depende em muito da influência relativa desta nova classe.

Notas

[1] Ver o trabalho de Jean-Marie Brohm, Chas Critcher, John Hargreaves, Ian Taylor e Gerhard Vinnai.

[2] O termo "pós-torcedor" adquiriu certa permanência acadêmica. Eu introduzi o termo num trabalho que era parte de uma série para o *Institute for Popular Culture* da *Manchester Metropolitan Univerity* (Giulianotti, 1993). A ideia do "pós-torcedor" foi depois utilizada, sem que eu recebesse crédito, por um dos editores da série, Steve Redhead, e apareceu no título de um de seus textos sobre o futebol. Eu recupero o termo aqui.

[3] Há fortes paralelos aqui com a indústria da música. Durante o fim da década de 1970 e início da de 1980, muitos selos "independentes" surgiram em resposta às grandes gravadoras. No entanto, as últimas usaram seu poder financeiro para recrutar as melhores bandas "independentes" e copiaram o estilo gerencial dos novos selos ao criar pequenas unidades de produção e delegando poderes no dia a dia.

[4] Tranter (1998, p. 79) faz a observação relacionada de que, até a Primeira Guerra Mundial, as mulheres de classe média, e não as de classe operária, jogavam futebol muito mais frequentemente.

[5] Os clubes da América do Sul ainda cobram meia-entrada para as mulheres.

[6] Numa entrevista de televisão, um sociólogo famoso recomendou que os clubes promovessem o envolvimento feminino em todos os níveis do futebol. Tal medida ajudaria, segundo ele, a transformar a atmosfera entre as multidões futebolísticas (Patrick Murphy, "Chamem as Irmãs", *World in Action*, ITV, janeiro de 1990).

⁷ Enquanto fazia uma pesquisa na Alemanha, eu vi uma garota no centro da violência entre torcedores de times rivais. Na Itália, as mulheres no comando dos *ultràs* de Sampdoria apoiam o comportamento violento tanto quanto os seus colegas homens.

⁸ Em outra parte, Coddington denuncia um preconceito sulista, metropolitano, ao argumentar que o futebol não devia ser apenas "homens com lenço na cabeça marchando para o jogo direto de um dia duro na fábrica" (1997, p. 18).

⁹ Derek Dooley, famoso atacante durante o fim da década de 1940 e início da de 1950, é citado em Hopcraft (1988, p. 63-64). O comentário de Dooley é particularmente pungente porque a sua carreira no esporte foi abreviada tragicamente aos 22 anos; um sério ferimento fez com que a sua perna direita fosse amputada na altura da coxa.

¹⁰ Por exemplo, os adversários são insultados através de acusações públicas de saírem do campo das relações heterossexuais: "Ele é *gay*, ele é veado, seu cu está arrombado, Ian Durrant" (torcedores do Aberdeen referindo-se a um controvertido jogador do Rangers).

¹¹ Por exemplo, os torcedores do Aberdeen frequentemente cantam, "Nós fodemos ovelhas, nós fodemos ovelhas". Os torcedores do Hartlepool criaram uma música absurda: "Temos a má reputação de aliciar garotinhos/De estuprar velhinhas e quebrar o brinquedo das criancinhas/Somos os pervertidos da nação, os piores que você já viu/Somos um bando de bastardos de boca suja/E nosso nome é Hartlepool!" (Merrills, 1997, p. 145).

¹² Por exemplo, os torcedores do Boca cantam contra seus rivais: "Huracán, Huracán/Vamos botar no seu rabo; Torcida, torcida só tem uma/A torcida do Boca/Vamos arrombar o cu de todos eles; Cordoban, Cordoban/Limpem bem a bunda/Porque vamos te comer" (Archetti, 1992). Os argentinos imaginaram a Guerra das Malvinas de 1982 e a "revanche" da Copa do Mundo de 1986 sobre a Inglaterra como uma batalha sexual entre os respectivos líderes dos dois países. Por isso, uma cantoria popular era: "Thatcher, Thatcher, Thatcher/Onde ela está?/Maradona a está procurando/Para comê-la" (1992).

¹³ Por exemplo, no Campeonato Europeu de 1992 na Suécia, o sujo *Tartan Army* escocês geralmente cantava, no estilo absurdo: "Nós somos *sexy* demais para os suecos".

¹⁴ Como ilustração aqui temos David Cooper e Jimmy Johnstone na Escócia; George Best, Tony Currie e Denis Law no norte da Inglaterra; Chris Waddle e Dejan Stojkovic no Marselha, Gullit no Feyenoord; Maradona e Caniggia no Boca Juniors.

¹⁵ De fato, vale a pena notar aqui que os torcedores de futebol fazem gozações com jogadores que são acusados publicamente de terem batido na esposa.

¹⁶ Num artigo de jornal, um sociólogo fez uma referência oblíqua ao meu relativamente baixo interesse na questão do gênero. No entanto, ele depois me explicou que não apoiava de fato tal crítica, mas se sentiu pressionado a fazê-la por um avaliador do jornal. Se ele não a tivesse feito, acreditava que todo o artigo poderia ter sido recusado. Desnecessário dizer, o dogmático avaliador preferiu o anonimato. Em resposta e esse adversário, eu diria que nenhum texto sociológico sobre o futebol contém mais que algumas poucas páginas sobre a mulher no

esporte. Quem critica um colega pesquisador sob esse ponto de vista deve procurar o equilíbrio em seu próprio trabalho. De minha parte, eu me esforcei para promover o trabalho de pesquisadoras mulheres em meus trabalhos anteriores sobre o futebol. De fato, a única exceção é a coleção *Game Without Frontiers*, co-editado por John Williams, que tem um grupo de pesquisadores só de homens.

[17] Cada capítulo começa com um episódio de "masculinidade em ação" envolvendo um dos autores. Talvez o que cause mais constrangimento seja o que descreve as quedas de braço de Don Sabo com os prisioneiros negros de um "xilindró" local ("como eu gosto de chamar"). Sabo (1994, p. 161-162) "gosta do contato físico com outros homens", a competição "me permite sair da casca burguesa da minha vida"; "os fluidos viris começam a correr novamente... Eu quero aprender que não há problema em estar vulnerável à derrota".

[18] Tony Jefferson (1998), por exemplo, começa uma crítica excelente dos estudos sociológicos do corpo masculino ao relatar duas histórias sobre a dor de seus impulsos liberais quando ensinava educação física na juventude.

[19] Pesquisas realizadas no Caribe mostraram que a pobreza de fato permitia que jogadores negros tivessem tempo, espaço e uma cultura propícia para que desenvolvessem as habilidades do futebol, mas ela também impedia a continuidade organizada de times de classe baixa (que geralmente não conseguiam se tornar "clubes" regularizados) e levava os jogadores a entrar em clubes de classe média por causa do salário (Austin, 1990).

[20] No Peru, a brilhante equipe do Alianza Lima da década de 1920 sofreu de preconceito similar, pois muitos de seus jogadores e torcedores eram negros (Stein *et al.*, 1986, p. 75-77).

[21] Back, Crabbe e Solomos (1998) fazem essa observação, confirmando trabalhos anteriores que destacaram as frágeis ligações entre os *hooligans* do futebol e o racismo organizado (Armstrong, 1998; Giulianotti, 1996c).

[22] O caso do FC Berlim pode ser instrutivo. Anteriormente conhecido como Dinamo Berlim, o clube havia sido o veículo esportivo das forças policiais e de segurança da Alemanha Oriental, especialmente da odiada *stasi* (polícia secreta) e de seu chefe, Erich Mielke. A perda de torcedores depois da reunificação das Alemanhas deixou o Dinamo com um resto de torcedores arruaceiros, principalmente em partidas fora de casa. Esses torcedores ficaram conhecidos por cantar um repertório absurdo de canções nazistas e comunistas, refletindo através da hipérbole a arraigada alienação dos antigos alemães ocidentais em relação à nova situação junto aos vizinhos orientais (Kuper, 1994, p. 17-18).

[23] Westerhof afirmou que há dois tipos de nigerianos: "os que jogam futebol e os demais, que traficam drogas pelo mundo todo" (Hoberman, 1997, p. 120-121).

[24] Solomos e Back (1996, p. 70-71) notam que a descoberta de uma classe inferior racista ocorreu primeiro nos Estados Unidos. Eles argumentam que tanto no Reino Unido quanto nos Estados Unidos houve um "endurecimento da segmentação racial e étnica entre os grupos sociais mais baixos", acrescentando que "a situação dos 'bairros pobres' da Grã-Bretanha pode estar se aproximando daquela que predomina nos Estados Unidos" (1996).

Posfácio

Para concluir, eu pretendo limitar esta discussão em três tópicos particulares. Primeiro, eu busco condensar os pontos cruciais dos capítulos anteriores para fornecer uma genealogia da cultura do futebol. Ao fazê-lo, eu aplico as periodizações que foram discutidas no prefácio e depois utilizadas no decorrer do livro – ou seja, as fases "tradicional", "moderna" e "pós-moderna" do futebol. O segundo desses períodos (a modernidade) é dividido em três estágios mais curtos: "início da modernidade", "modernidade intermediária" e "fim da modernidade". Depois, eu delineio alguns assuntos específicos de pesquisa que os acadêmicos podem analisar no início do novo milênio. A parte final organiza alguns dos temas essenciais da pesquisa do futebol de acordo com a lógica estratégica do próprio esporte. Metaforicamente, eu imagino o exercício de pesquisa geral como uma partida de futebol; logo, os temas centrais devem ser localizados nas posições do futebol para que o estudo sociológico tenha procedimento.

Uma genealogia concisa da cultura do futebol

Ao construir uma genealogia do futebol, devemos afirmar que o período tradicional durou até depois da Primeira Guerra Mundial. Ele é marcado pelo estabelecimento das regras do jogo, sua difusão internacional e a formação de associações internacionais para administrar o esporte, sob a égide das elites dominantes. Na Grã-Bretanha, os ex-alunos das escolas públicas e a classe média alta preservam sua influência política. Os "estilos de jogo" nacionais são formulados; torneios internacionais são irregulares, exceto quando entre nações vizinhas. A hegemonia da *Home Nation* é aceita no mundo todo; os times britânicos representam o referencial de nível para as equipes estrangeiras, enquanto a participação britânica ajuda a legitimar o poder global da Fifa. O inglês continua sendo a linguagem oficial do futebol na América Latina. O futebol se torna extremamente popular entre as novas classes operárias urbanas, mas as consequências estruturais são colocadas pelas elites dominantes em cada país. Grandes campos são construídos, segregando as classes sociais enquanto a renda dos jogos aumenta. As *Home Nations* legalizam o profissionalismo, mas ressentem-se da prática e culpam as confusões do jogo. Na América Latina, o profissionalismo se mantém oficialmente barrado; os clubes principais banem a contratação de jogadores negros ou mulatos. A posição do treinador continua subdesenvolvida, assim como as dimensões táticas do futebol; a ênfase se mantém no ataque, embora existam diferenças culturais significantes (por exemplo, o passe de bola escocês ou o "chutar e correr" dos ingleses). Culturalmente, os jogadores têm o *status* de "heróis locais"; os maiores jogadores internacionais chegam a ser contratados para promover produtos que são normalmente associados com saúde e fisiculturismo.

O "início da modernidade" dura do começo da década de 1920 até o final da Segunda Guerra Mundial. Os Jogos Olímpicos e a Copa do Mundo consolidam o *status* global do futebol e exibem as nações latino-americanas e do sul da Europa. O esporte se torna fortemente associado com o nacionalismo. Torneios internacionais unem nações individuais e simbolizam as rivalidades e os conflitos entre elas. Estádios enormes são construídos pelo mundo todo, geralmente com dinheiro público, ressaltando o orgulho cívico através das seleções. O rádio transmite os jogos para todos os cantos do país. O Reino Unido luta para sustentar sua hegemonia dentro de campo, enquanto os países do sul da Europa (principalmente a Itália) exploram os países latino-americanos contratando seus maiores talentos e "naturalizando-os" como *oriundi*. O simbolismo cultural dos principais jogadores continua a subir, conforme eles se tornam figuras nacionais, filmados e entrevistados para noticiários de cinema e rádio. Eles recebem salários mais altos do que a média, mas não têm segurança a longo prazo ou liberdade industrial. Dirigentes se tornam bem mais estabelecidos; Herbert Chapman (Arsenal) e Vittorio Pozzo (Itália) simbolizam sua eficácia em maximizar a "produtividade" de suas equipes. A nova lei de impedimento inspira inovações táticas (por exemplo, a WM, levando o centromédio para a defesa); a divisão de trabalho do time se torna mais complexa e fordista. Nesse período, o futebol se torna o esporte nacional na Europa e na América Latina, cercado de uma cultura popular masculina e de classe operária. O declínio econômico, o desemprego e o conflito militar atestam as difíceis circunstâncias sociais do torcedor de futebol. Todavia, ele se mantém notavelmente não violento e passivo em sua identidade "de torcedor" durante as partidas, e mostra apenas um envolvimento limitado com políticas esquerdistas fora do esporte. Intelectuais começam a refletir sobre o efeito ideológico do futebol, ao distrair as massas de sua condição abjeta, ou ao permitir que elites e fascistas explorem o público através dos eventos esportivos como se eles fossem comícios nacionalistas.

Muitos desses aspectos do início da modernidade continuam durante todo o período pós-guerra de 1945 até o início da década de 1960, que constitui a "modernidade intermediária" do futebol. Outros desenvolvimentos modernos incluem a fundação de associações continentais de futebol, como a Confederação Asiática de Futebol (AFC) e a Confederação Africana de Futebol (CAF); e a criação de competições europeias. Os países criadores entram nas finais da Copa do Mundo com um comprometimento cada vez maior. As derrotas traumáticas da Inglaterra e da Escócia pelos países da Europa Central e da América Latina marcam um divisor de águas no *status* do futebol britânico. A televisão se torna mais presente nos lares. O talento das melhores equipes mundiais (Hungria, Brasil, Real Madrid) é reconhecido globalmente. Jogadores internacionais como Puskás, Di Stéfano, Garrincha e Pelé se tornam heróis globais, cuja identidade pública é marcada por sua maestria em campo, e não por seu estilo de vida fora dele. As grandes seleções brasileiras vencedoras de Copa do Mundo representam a ligação entre o período moderno e o fim do modernismo; sua antiga formação 4-2-4 e seu estilo de jogo vibrante constituem a "alta modernidade" do futebol.

O fim da modernidade do futebol vai do início da década de 1960 até o final da década de 1980. A cultura do consumo e a cultura jovem têm forte impacto sobre o esporte. Jogadores se tornam "celebridades" e "superastros"; financeiramente, eles se tornam mais seguros conforme sua emancipação na Europa aumenta gradualmente. Os clubes e os torneios de futebol visam mais e mais à mercantização. Diretores executivos aparecem para analisar e coordenar o "negócio" do futebol. O lucro com a publicidade nos estádios, o patrocínio nas camisas e o *merchandising* dos clubes começam a superar a renda dos ingressos. As nações futebolísticas mais ricas perdem muitos torcedores de classe operária para outras indústrias do entretenimento. As competições globais são reconhecidas como o teste supremo do *status* no futebol. "Modas" táticas mudam de poucos em poucos anos: 4-3-3 (Inglaterra), *catenaccio* (Itália), 3-4-3 (Holanda), 4-4-2 (clubes ingleses). O medo de perder e a esterilidade da defesa predominam. O poder administrativo sobre o futebol muda para o Novo Mundo; o desenvolvimento do mundo assegura maior predominância da Copa do Mundo através das maquinações de Havelange. A modernização dos estádios enfatiza a segurança, a solidez e a funcionalidade, embora existam variações culturais: a América Latina constrói teatros de massa; o Reino Unido e o norte da Europa preferem o formato retangular; o sul da Europa e outras grandes cidades escolhem estádios multiesportivos com pistas de corrida. O desastre em Hillsborough atesta o fracasso das autoridades britânicas em modernizar os estádios, assim como as *Home Nations* haviam fracassado para atualizar outros aspectos do esporte. Como em outras formas da vida cultural, o futebol experimenta seus primeiros sinais de pós-modernização através da arquitetura, com o "Olympiastadion" de Munique sendo o exemplo proeminente. Todavia, talvez os exemplos mais proeminentes da última modernidade sejam encontrados na nova cultura dos torcedores. No Reino Unido, a subcultura dos *hooligans* emerge com forte ligação com os estilos culturais jovens. Na Itália e no sul da Europa, os *ultràs* estabelecem sua hegemonia nas curvas. Na América Latina, subculturas de torcedores como os *barras bravas* e a Raça fornecem um foro para uma militância cada vez mais violenta. Recentemente, torcedores "carnavalescos" emergem no norte da Europa. O movimento dos *fanzines* no Reino Unido reflete uma cultura de torcida cada vez mais reflexiva e crítica, ávida para acabar com a passividade políticas dos antigos torcedores.

A época "pós-moderna" do futebol reflete maior hegemonia da classe média sobre a sua cultura; uma crescente mercantilização de suas atividades culturais; e a consequente influência das redes de televisão no controle dos clubes, na organização de torneios e no financiamento do esporte. O futebol entra definitivamente na moda. No Ocidente, ele simboliza uma modernidade avançada e uma entrada para a cultura europeia; no Oriente, ele é um lazer *de rigueur* entre as novas classes médias. Os "pós-torcedores" da década de 1990 em diante representam um novo e crítico tipo de espectador de futebol, ávido por produzir e consumir uma variedade de mídias de futebol. Rendas televisivas e capitalização de mercado multiplicam os lucros das principais equipes. Na América Latina, os clubes também se tornam empresas privadas a ser compradas e vendidas pelos patrocinadores mais ricos. Os grandes torneios de futebol se tornam grandes exposições de negócios. Contratos de televisão e políticas de distribuição de ingressos maximizam a renda mas ferem os interesses e direitos dos torcedores mais dedicados. A Fifa estabelece um nicho para o esporte nas sociedades multiculturais "pós-nacionais", como os Estados Unidos. Mudanças de regra tornam o esporte mais veloz e maximizam suas características de espetáculo para as novas plateias. Taticamente, os técnicos começam a explorar posições que possam quebrar os padrões fixos, "modernos" dos adversários ou o empate nas partidas. Os jogadores de elite se aproveitam dos benefícios financeiros e industriais da lei Bosman, que derrubou as fronteiras europeias e aumentou a circulação de trabalho profissional. Os jogadores latino-americanos e africanos procuram cada vez mais o lucrativo mercado de transferências europeu. No entanto, as agudas desigualdades econômicas e sociais deixam uma profunda marca no futebol contemporâneo. O acesso ao centro da cultura do futebol é cada vez mais reservado à classe média, que acaba por dominar as arquibancadas e os campos da mesma forma como sempre dominou os corredores do poder do esporte.

A pesquisa do futebol: alguns problemas acadêmicos

Conforme o futebol adentra o novo milênio, as pesquisas futuras devem procurar analisar um número de problemáticas cruciais.

1. Durante a década de 1990, vários estudos exploraram a heterogeneidade das culturas do futebol através do mundo[1]. Essa pesquisa deve continuar por razões nomotésicas, ideográficas e críticas. Primeiro, ela permite que teorias sobre as propriedades sociais do futebol sejam testadas

mais rigorosamente do que seriam se tais hipóteses fossem analisadas dentro de uma sociedade ou de várias sociedades similares. Segundo, ela aumenta a nossa compreensão da riqueza da prática social e dos significados culturais do futebol; ela também dispõe um ponto de vantagem único para que analisemos a cultura e a identidade de povos particulares que praticam o esporte. Terceiro, estudos comparativos das culturas do futebol também nos encorajam a observar criticamente as relações sociais dessas sociedades, prestando atenção em especial às desigualdades e conflitos que surgem dentro delas e entre elas.

2. Os pesquisadores britânicos têm culpa em especial por terem prestado pouca atenção aos estilos de jogo e à estética geral do futebol. Isso talvez explique sua falta de envolvimento pessoal a longo prazo com o esporte, como jogadores ou espectadores. Portanto, eles deveriam expandir o trabalho de eruditos europeus e latino-americanos e promover uma compreensão social, cultural e histórica mais completa das técnicas e dos estilos de jogo do futebol.

3. Os pesquisadores devem explorar a hibridez cultural do futebol em relação a outros esportes. De que forma o futebol é influenciado culturalmente pelo basquete, pelo críquete, pelo *rugby* e por outros esportes? No Reino Unido, há sinais de que exista uma interpenetração entre os torcedores "carnavalescos" do futebol e do críquete, enquanto as táticas de jogo e os regimes de treinamento são mais influenciados pela geometria do basquete.

4. Os pesquisadores devem continuar a observar criticamente como o futebol reflete as desigualdades sociais maiores, principalmente as de idade, etnia, gênero e classe. O trabalho de campo tem se concentrado desproporcionalmente naqueles que ocupam a extremidade inferior da estratificação social; pesquisas mais críticas precisam ser conduzidas sobre os grupos privilegiados do futebol (Andrews e Zwick, 1998). Nos Estados Unidos, isso significa fazer uma etnografia crítica sobre os times de futebol brancos, suburbanos e de classe média. No Reino Unido, pesquisas críticas precisam ser feitas com os grupos poderosos dentro das principais instituições do futebol, como os clubes, as autoridades do futebol, os sindicatos de jogadores e os vários grupos de especialistas do esporte. Elas também precisam ser conduzidas com os novos torcedores de classe média do futebol, embora seja desconfortável para os acadêmicos pesquisarem seus amigos e vizinhos (ou mesmo eles próprios).

5. Também tem havido uma notável falta de trabalho de campo sobre o gerenciamento diário dos clubes de futebol. No Reino Unido, a TV BBC produziu duas longas séries de televisão sobre clubes de futebol ingleses (Sheffield United e Sunderland) assim como numerosos estudos mais curtos sobre clubes britânicos. Jornalistas como Hunter Davis (1972) fizeram estudos extensos sozinhos. Pesquisadores sociais precisam demonstrar o valor de suas várias disciplinas através de estudos detalhados sobre os clubes de futebol.

6. Os métodos empregados pelos pesquisadores sociais devem ser examinados criticamente. Muito frequentemente, os pesquisadores sociais sobre o futebol se expõem a acusações de "teorizações de poltrona". Eles se utilizam de artigos de jornal ou outras fontes secundárias pobres, ao invés de juntar dados através de um pesquisa empírica (MacAloon, 1992, p. 110). "Opiniões fáceis" ou "atalhos" devem ser evitados durante o trabalho em campo. Por exemplo, se o pesquisador deseja publicar artigos sobre os *hooligans*, então ele ou ela deve sair e se encontrar com *hooligans* de verdade.

7. As gerações futuras de pesquisadores britânicos devem adotar uma abordagem bem mais crítica e teoricamente sofisticada ao estudar a cultura do futebol. Atualmente, sociólogos jovens e conservadores tendem a adaptar ou até mesmo copiar os escritos de seus supervisores, dessa forma produzindo um trabalho indigno de citação. Nos termos de Gramsci, escritores "tradicionais" que têm pouco a dizer estão excedendo o número de intelectuais mais críticos, "orgânicos". Tal estado de coisas se torna explicável quando observamos o "campo" da sociologia do futebol, ou da sociologia dos esportes de um modo mais geral. Segundo Bourdieu (1991b, p. 229-30), um "campo" é estruturado por relações de poder e conflitos sobre vários tipos de capital: econômico, cultural, simbólico e social. Entre os acadêmicos do futebol britânicos, a busca de capital "simbólico" pessoal (como prestígio e *status*) fica bastante evidente nas pesquisas e nos trabalhos escritos. Acadêmicos mais antigos "utilizam" as ideias de pesquisadores mais jovens sem dar-lhes crédito. Avaliadores de jornais acadêmicos protegem seu *status* exigindo que os artigos submetidos citem o seu trabalho. Fundos para pesquisa são concedidos quando os candidatos bajulam os possíveis avaliadores. Candidatos a doutorado resumem o pensamento de seus supervisores, que retribuem ajudando-os a conseguir que o trabalho completo seja aceito para publicação. Esse sistema clientelista de produção de conhecimento merece um projeto de pesquisa.

Em direção ao time do futuro: a pesquisa sociológica como formação futebolística

Uma boa forma para os pesquisadores é imaginar a pesquisa sobre o futebol dentro de uma situação de jogo. Nesse enredo, o pesquisador se torna um técnico que deve organizar seus interesses metodológicos e analíticos para a formação de uma equipe. Para vencer, o pesquisador deve ser capaz de defender o valor da pesquisa acadêmica do ataque de seus adversários. Ele ou ela deve também "marcar gol" captando a essência do esporte. Dessa forma, o pesquisador constrói um "time" convincente de posições analíticas através das quais os aspectos sociais do futebol podem ser pesquisados e explicados.

Pessoalmente, eu organizaria a estratégia de pesquisa no sistema 4-2-4, criado pelos paraguaios e copiado com efeitos devastadores pelos brasileiros. O uso dessa formação de jogo aqui também sugere ao leitor quais são as minhas lealdades epistemológicas com relação a debates sobre a sociologia moderna/pós-moderna.

Os meus quatro "defensores" da abordagem sociológica são os tópicos clássicos para os sociólogos, especificamente *idade, classe, gênero* e *etnia*. É impossível fazer sociologia moderna sem reconhecer sua centralidade ontológica na vida social. Idade, classe, etnia e gênero podem efetivamente funcionar como "zagueiros" ao impedir que atores sociais ganhem acesso total ou até parcial aos recursos econômicos e sociais dentro da sociedade. Eles ajudam a explicar a reprodução de desigualdades sociais. Quando aqueles hostis à ciência social começarem a questionar a sua relevância no futebol, os sociólogos e outros acadêmicos podem sempre se utilizar desses quatro "fatos da vida" social para validar sua investigação. Todavia, num sentido de ataque, essas quatro categorias têm algumas falhas verdadeiras. Elas não explicam por si só por que as pessoas que pertencem a categorias sociais diferentes têm uma paixão genuína pelo futebol, nem demonstram os aspectos positivos, estéticos ou culturais do futebol.

Para se adentrar o coração da própria cultura do futebol, devemos avançar no campo e entrar na "casa de máquinas" do meio de campo. É aqui onde o formato e a textura da partida são decididos, onde ela se torna rápida ou lenta, intricada ou direta. Em termos intelectuais, o meio do campo é um território hermenêutico, onde a identidade dos argumentos é desenvolvida, em termos do que pode e do que não pode ser postulado. Os próprios meio-campistas devem ser capazes de efetuar seu trabalho de defesa e de executar as funções de ataque que eu discuto mais adiante. Para o pesquisador, o meio de campo envolve uma investigação da formação de identidade. Os dois meio-campistas na minha formação de jogo representam os duas dimensões da formação de identidade. Uma é o lado *semântico* da identidade: a face expressiva, criativa e alegre do futebol, que torna possível quando os atores sociais têm os recursos básicos à sua disposição. Para expressarem-se, os "armadores" do meio de campo precisam dos recursos mais básicos (incluindo a bola). Do mesmo modo, as formas expressivas da identidade do futebol só são possíveis quando os atores sociais têm outros recursos fundamentais à mão (como conhecer as regras, ter talento para o esporte, assim como experiência em jogar e assistir). De modo oposto, há o lado *sintático* da identidade: o lado combativo, competitivo do futebol, no qual os atores adquirem um sentido de identidade apenas ao se definirem contra o adversário (que talvez comece com mais recursos). A sintaxe e a semântica não podem ser separadas, devem sempre caminhar juntas. Grandes visionários precisam de vencedores e protetores em campo; as pessoas sempre precisam se diferenciar das outras, não importa o quão confiantes elas possam ser em relação à própria identidade. A sintaxe e a semântica, então, perfazem a "identidade" de meio de campo da pesquisa.

No ataque, devemos preencher quatro posições. Nas pontas, encontramos aspectos do excepcional e incomum dentro da cultura do futebol, que podem ainda balançar o esporte em suas bases. Na ala esquerda podemos encontrar a *deviação* dentro do futebol: a subcultura dos *hooligans* entre os torcedores, os individualistas e exibicionistas "não conformados" entre os jogadores, os clubes "matadores de gigantes" que sobrevivem e prosperam desafiando o onipotente. Sem essas desviâncias, o futebol se tornaria incolor e previsível. Culturalmente, o futebol ainda celebra seus jogadores individualistas e seus momentos de surpresa, assim como toda sociedade dá um significado e um *status* especiais àqueles que não são exatamente "normais". Na ala direita, encontramos as características *épicas* do futebol: os momentos definitivos na história de uma cultura do futebol específica. Os aspectos *épicos* não necessariamente precisam estar centrados no sucesso, na glória ou na vitória. Na verdade, a maioria das nações futebolísticas tende a relembrar derrotas épicas que dizem muito sobre a condição contemporânea de sua cultura do futebol[2]. A hermenêutica desses *épicos* serve de base para a historiografia da cultura do futebol. Eles fornecem uma ligação importante entre o meio de campo da identidade e os aspectos estéticos do ataque.

No meio do ataque, temos o atacante avançado e o goleador completo. A primeira posição se tornou famosa por jogadores como Puskás, Pelé, Maradona, Hagi e Baggio. Jogadores assim revelam a beleza cultural do esporte. É aqui que os sociólogos devem investigar a *estética* do futebol, tentar captar o que significa gostar de determinado estilo de jogo, de uma habilidade técnica ou os tipos de torcida dentro de uma cultura futebolística específica. Ao descobrir o significado da estética do futebol, e ao relacioná-la a outras práticas e crenças culturais, nós começamos a desvendar os aspectos mais complexos da sociedade que produz essa interpretação do esporte global.

Finalmente, na figura do goleador, encontramos as qualidades culturalmente *sublimes* do futebol. Nós exploramos esses momentos quando os aspectos profanos, mundanos e cotidianos da existência são transcendidos, quando os sentidos são adormecidos ou dominados pelo que vemos no campo ou experimentamos nele que não são compreensíveis ou explicáveis. Qualquer esporte, em qualquer cultura, deve ser capaz de produzir momentos subliminais, extáticos. Uma manobra surpreendente, uma defesa de tirar o fôlego, ou o gol da vitória coroando uma partida dramática podem ser o centro dos momentos de êxtase do futebol. Eles podem incluir a experiência da imersão e *communitas* profundas dentro do grupo geral de torcedores; o êxtase de compartilhar a vibração de bandeiras e lenços por um time; ou a "adrenalina" de ver e desafiar os inimigos em confrontos de *hooligans*. Os aspectos subliminais do futebol são criados e transmitidos aos atores sociais através da cultura popular do esporte. A esperança de experimentar esses momentos extáticos é o que mantém as pessoas indo a jogos, para participar no campo ou nas arquibancadas.

Os jogadores e os torcedores de futebol sabem muito bem quando esses aspectos subliminais do futebol são produzidos artificialmente. Comerciais de televisão podem falar incessantemente da "alegria" do futebol. Mas eles não conseguem simular e engarrafar esses prazeres num ubíquo comercial de 30 segundos da Coca-Cola ou da Nike. Os momentos extáticos do esporte ficam fragilizados, não ampliados, por exemplo, aumentando a trave para que saiam mais gols, ou "sanitizando" os estádios para reduzir os comportamentos espontâneos. Tais medidas são o que levam os brasileiros a se dizerem "decepcionados", aqueles que não se interessam mais pela estética do futebol, o objetivo do esporte (Helal, 1994, p. 5). Ao planejar suas agendas de pesquisa, os acadêmicos do futebol fariam bem por lembrar esse ponto. Sem suas características subliminais profundas, o jogo acaba empatado, o espetáculo não acontece, a partida não pode ser vencida. O verdadeiro futebol acaba.

Notas

[1] Junto a vários colegas, eu contribuí com isso através de vários trabalhos editados (Giulianotti *et al.*, 1994; & Williams, 1994; Armstrong & Giulianotti, 1997, 1998a). O trabalho dos pesquisadores de Brighton é valioso nesse aspecto (Tomlinson & Whannel, 1986; Sugden & Tomlinson, 1994; Sugden & Bairner, 1998. Ver também Brown (1998).

[2] Por exemplo, a campanha da Escócia na Copa do Mundo de 1978, a derrota da Inglaterra para a Hungria em 1953, a derrota da Argentina por 6 a 1 contra os checos em 1958, a derrota do Brasil em 1950 para o Uruguai.

Referências bibliográficas

Adorno, T. (1967) *Prisms*, London: Spearman.
Adorno, T. (1991) *The Culture Industry*, London: Routledge.
Agnew, R. and D.M. Petersen (1989) 'Leisure and Delinquency', *Social Problems*, 36 (4): 332-350.
Agozino, B. (1996) 'Football and the Civilizing Process', *International Journal of the Sociology of Law*, 24 (2): 163-88.
Alabarces, P. (1997) 'De la heteronomia a la continuidad? Las culturas populares en el espectáculo futbolístico', *Punto de Vista*, 57.
Alabarces, P. (1998) 'Post-modern Times: identities and violence in Argentine football', in G. Armstrong and R. Giulianotti (eds) (1998a).
Alabarces, P. and M. Rodrigues (1999) 'Football and Fatherland: the crisis of national representation in Argentinian football', *Culture, Sport, Society* 2 (3): in press.
Allan, J. (1989) *Bloody Casuals: diary of a football hooligan*, Glasgow: Famedram.
Allison, L. (1978) 'Association Football and the Urban Ethos', in J.D. Wirth and R.L. Jones (eds) *Manchester and São Paulo: problems of rapid urban growth*, Stanford: Stanford University Press.
Alt, J. (1983) 'Sport and Cultural Reification: from ritual to mass consumption', *Theory, Culture & Society*, 1 (3): 93-107.
Anderson, B. (1983) *Imagined Communities*, London: Verso.
Anderson, G. (1996) *Casual*, Dunoon: Low Life.
Andersson, T. and A. Radmann (1998) '"The Swedish Model": football and social development in Sweden', in G. Armstrong and R. Giulianotti (eds) (1998a).
Andrews, D. and Z. Mazur (1995) 'Jordanki: global localization and the intertextual dialectic of mediated popular culture', paper to the second Theory, Culture & Society Conference: Culture and Identity: City, Nation, World, Berlin, 10-14 August.
Andrews, D., R. Pitter, D. Zwick and D. Ambrose (1997) 'Soccer's Racial Frontier: sport and the suburbanization of contemporary America', in G. Armstrong and R. Giulianotti (eds) (1997).
Andrews, D. and D. Zwick (1998) 'The Suburban Soccer Field: sport and America's culture of privilege', in G. Armstrong and R. Giulianotti (eds) (1998a).
Appadurai, A. (1990) 'Disjuncture and Difference in the Global Cultural Economy', *Theory, Culture & Society*, 7 (2-3): 295-310.
Appadurai, A. (1995) 'Playing with Modernity: the decolonisation of Indian cricket', in C.A. Breckenridge (ed.) *Consuming Modernity: public culture in a south Asian world*, Minneapolis: University of Minnesota Press.
Arbena, J. (1989) 'Dimensions of International Talent Migration in Latin American Sports', in J. Bale and J. Maguire (eds) *The Global Sports Arena*, London: Frank Cass.
Arbena, J. (1990) 'Generals and *Goles:* assessing the connection between the military and soccer in Argentina', *International Journal of the History of Sport*, 7 (1): 120-30.
Arbena, J.L. (1998) 'Dimensions of Latin American Soccer On and Off the Field', *Studies in Latin American Popular Culture*, 17: in press.

Archer, R. (1987) 'An Exceptional Case: politics and sport in South Africa's townships', in W.J. Baker and J.A. Mangan (eds) (1987).
Archetti, E. (1992) 'Argentinian Football: a ritual of violence?', *International Journal of the History of Sport*, 9 (2): 209-35.
Archetti, E. (1993) 'Idioms and Rituals of Manhood: the worlds of tango and football in Argentina', unpublished paper.
Archetti, E. (1994) 'Models of Masculinity in the Poetics of the Argentinian Tango', in E.P. Archetti (ed.) *Exploring the Written: anthropology and the multiplicity of writing*, Oslo: Scandinavia University Press.
Archetti, E. (1996) 'In Search of National Identity: Argentinian football and Europe', in J.A. Mangan (ed.) *Tribal Identities: nationalism, Europe, sport*, London: Frank Cass.
Archetti, E. (1997a) '"And Give Joy to My Heart": ideology and emotions in the Argentinian cult of Maradona', in G. Armstrong and R. Giulianotti (eds) (1997).
Archetti, E. (1997b) *Guinea-Pigs: food, symbol and conflict of knowledge in Ecuador*, Oxford: Berg.
Archetti, E. and A. Romero (1994) 'Death and Violence in Argentinian Football', in R. Giulianotti *et al.* (eds) (1994).
Ariès, P. (1983) *The Hour of Our Death*, New York: Arnold Knopf.
Armstrong, G. (1993) 'Like that Desmond Morris?', in D. Hobbs and T. May (eds) *Interpreting the Field*, Oxford: Oxford University Press.
Armstrong, G. (1994) 'False Leeds: the construction of hooligan confrontations', in R. Giulianotti and J. Williams (eds) (1994).
Armstrong, G. (1998) *Football Hooligans: knowing the score*, Oxford: Berg.
Armstrong, G. and R. Giulianotti (1995) 'Avenues of Contestation: football hooligans running and ruling urban spaces', paper to the British Sociological Association (BSA) Annual Conference, University of Leicester, 10-13 April.
Armstrong, G. and R. Giulianotti (eds) (1997) *Entering the Field: new perspectives on world football*, Oxford: Berg.
Armstrong, G. and R. Giulianotti (eds) (1998a) *Football, Cultures, Identities*, Basingstoke: Macmillan.
Armstrong, G. and R. Giulianotti (1998b) 'From Another Angle: surveillance and football hooligans', in C. Norris, G. Armstrong and J. Moran (eds) *Surveillance, CCTV and Social Control*, Aldershot: Avebury / Gower.
Armstrong, G. and R. Giulianotti (1998c) 'Comportamenti Scorretti: gli hooligan, i media e la constrazione della notorietà', in R. De Biasi (ed.) *You'll Never Walk Alone: il mito del tifo inglese*, Milano: SHAKE.
Armstrong, G. and R. Harris (1991) 'Football Hooligans: theory and evidence', *Sociological Review*, 39 (3): 427-58.
Armstrong, G. and D. Hobbs (1994) 'Tackled from Behind', in R. Giulianotti *et al.* (eds) (1994).
Armstrong, G. and M. Young (1997) 'Legislators and Interpreters: the law and "football hooligans"', in G. Armstrong and R. Giulianotti (eds) (1997).
Austin, R.L. (1990) 'A Parkboy Remembers Colts: products of a subculture of sport', *Arena Review*, 14 (1): 75-85.
Back, L., T. Crabbe and J. Solomos (1996a) 'Campaign Trail', *When Saturday Comes*, December.
Back, L., T. Crabbe and J. Solomos (1996b) 'The Culture of Racism in Football', paper to Fanatics! Football and Popular Culture in Europe: an International Conference, Institute for Popular Culture, Manchester Metropolitan University, 11-13 June.
Back, L., T. Crabbe and J. Solomos (1996c) *Alive and Still Kicking: a report by the advisory group against racism and intimidation*, London: Commission for Racial Equality.
Back, L., T. Crabbe and J. Solomos (1998) 'Racism in Football: patterns of continuity and change', in A. Brown (ed.) (1998).

Bairner, A. (1994) 'Sweden and the World Cup: soccer and Swedishness', in J. Sugden and A. Tomlinson (eds) (1994).
Bainer, A. and P. Shirlow (1997) 'The Territorial Politics of Soccer in Northern Ireland', paper to the North American Society for the Sociology of Sport (NASSS) Annual Conference: Crossing Borders, University of Toronto, Canada, 5-8 November.
Baker, W.J. (1987) 'Political Games: the meaning of international sport for independent Africa', in W.J. Baker and J.A. Mangan (eds) (1987).
Baker, W.J. (1988) *Sports in the Western World*, revised edition, Urbana: University of Illinois Press.
Baker, W.J. and J.A. Mangan (eds) (1987) *Sport in Africa: essays in social history*, New York: Holmes & Meier.
Bakhtin, M. (1968) *Rabelais and His World*, Cambridge: MIT Press.
Bale, J. (1980) 'Football Clubs as Neighbours', *Town & Country Planning*, 49 (3): 93-4.
Bale, J. (1982) *Sport and Place*, London: Hurst.
Bale, J. (1989a) *Sports Geography*, London: Spon.
Bale, J. (1989b) 'Football and Topophilia: the public and the stadium', paper to the symposium Le Football et ses Publics, 19-21 October, EUI Colloquium Papers, 232 / 89 (col. 36).
Bale, J. (1990) 'In the Shadow of the Stadium: football grounds as urban nuisances', *Geography*, 75 (4): 325-34.
Bale, J. (1991a) *The Brawn Drain*, Urbana: University of Illinois Press.
Bale, J. (1991b) 'Playing at Home: British football and a sense of place', in J. Williams and S. Wagg (eds) (1991).
Bale, J. (1992) *Sport, Space and Society*, London: Routledge.
Bale, J. (1993a) 'The Spatial Development of the Modern Stadium', *International Review for the Sociology of Sport*, 28 (2 / 3): 121-34.
Bale, J. (1993b) 'Territoriality and the Environment of British Football', in S. Glyptis (ed.) *Leisure and the Environment: essays in honour of Professor J.A. Patmore*, London: Belhaven Press.
Bale, J. (1994) *Landscapes of Modern Sport*, Leicester: Leicester University Press.
Bale, J. and O. Moen (eds) (1995) *The Stadium and the City*, Keele: Keele University Press.
Banck, G.A. (1995) 'Fragments of Cosmopolis in the Tropical Heat: anthropological reflections on aestheticization of the city-squatters, politicians and middle-class flaneurs in Vitória, Brazil', paper to the second Theory, Culture & Society Conference: Culture and Identity: City, Nation, World, Berlin, 10-14 August.
Bateson, G. (1972) *Steps to an Ecology of Mind*, New York: Ballantine.
Batty, E. (1980) *Soccer Coaching: the European Way*, London: Souvenir.
Baudrillard, J. (1983) *In the Shadow of the Silent Majorities*, New York: Semiotext (e).
Baudrillard, J. (1990) *Seduction*, Basingstoke: Macmillan.
Baudrillard, J. (1993a) *The Transparency of Evil*, London: Verso.
Baudrillard, J. (1993b) *Symbolic Exchange and Death*, London: Sage.
Baudrillard, J. (1996) *The System of Objects*, London: Verso.
Bazzano, C. (1994) 'The Italian-American Sporting Experience', in G. Eisen and D. K. Wiggins (eds) *Ethnicity and Sport in North American History and Culture*, Westport, CT: Praeger.
Beck, U. (1994) 'The Reinvention of Politics: towards a theory of reflexive modernization', in U. Beck, A. Giddens and S. Lash (1994) *Reflexive Modernization*, Cambridge: Polity.
Benjamin, W. (1975) 'The Work of Art in the Age of Mechanical Production', in *Illuminations*, London: Fontana.
Benjamin, W. (1979) 'A Small History of Photography', in *One Way Street and Other Writings*, London: NLB.
Benson, R. (1993) 'Football v Racism', *The Face*, March.
Betz, H.-G. (1992) 'Postmodernism and the New Middle Class', *Theory, Culture & Society*, 9: 93-114.

Birley, D. (1993) *Sport and the Making of Britain,* Manchester: Manchester University Press.
Birley, D. (1995a) *Land of Sport and Glory: sport and British society, 1887-1910,* Manchester: Manchester University Press.
Birley, D. (1995b) *Playing the Game: sport and British society, 1910-45,* Manchester: Manchester University Press.
Black, J.S. and M.G. Lloyd (1992) 'Home or Away? Stadia redevelopment and relocation in Scotland', *Scottish Geographical Magazine,* 108 (1): 45-9.
Black, J.S. and M.G. Lloyd (1993) 'Stadia Refurbishment and Relocation in England and Wales: development options and planning issues', *Research Paper,* 6, Department of Land Economy, University of Aberdeen.
Black, J.S. and M.G. Lloyd (1994) 'Football Stadia Developments: land use policy and planning controls', *Town Planning Review,* 65 (1): 1-18.
Blain, N., R. Boyle and H. O'Donnell (1993) *Sport and National Identity in the European Media,* Leicester: Leicester University Press.
Blake, A. (1996) *The Body Language,* London: Lawrence & Wishart.
Bourdieu, P. (1984) *Distinction,* London: Routledge.
Bourdieu, P. (1991a) 'Sport and Social Class', in C. Mukerji and M. Schudson (eds) *Rethinking Popular Culture,* Oxford: University of California Press.
Bourdieu, P. (1991b) *Language and Symbolic Power,* Cambridge: Polity.
Bourgeois, N. (1995) 'Sports Journalists and their Source of Information: a conflict of interests and its resolution', *Sociology of Sport Journal,* 12 (2): 195-203.
Bowden, M. (1995) 'Soccer', in K.B. Raitz (ed.) *The Theater of Sport,* Baltimore: Johns Hopkins University Press.
Boyne, R. (1991) 'The Art of the Body in the Discourse of Postmodernity', in M. Featherstone, M. Hepworth and B.S. Turner (eds) (1991) *The Body: social process and cultural theory,* London: Sage.
Brailsford, D. (1991) *Sport, Time and Society,* London: Routledge.
Braverman, H. (1974) *Labor and Monopoly Capital,* New York: Monthly Review Press.
Brick, C. (1997) 'We're Not Singing Anymore', *90 Minutes,* 26 April.
Brimson, E. and D. (1995) *Everywhere We Go,* London: Headline.
Brimson, E. and D. (1996) *England, My England,* London: Headline.
Brimson, E. and D. (1997) *Capital Punishment,* London: Headline.
Brimson, E. and D. (1998) *Derby Days,* London: Headline.
Brisaboa, J. (1996) *De Rosario y de Central,* Rosario: Homo Sapiens Ediciones.
Broere, M. and R. van der Drift (1997) *Football Africa!,* Amsterdam: KIT.
Brohm, J.-M. (1978) *Sport: a prison of measured time,* London: Pluto.
Bromberger, C. (1992) 'Lo Spettacolo delle Partite di Calcio: alcune indicazioni di analisi etnologica', in P. Lanfranchi (ed.) *Il Calcio e Il Suo Pubblico,* Roma: Edizioni Scientifiche Italiane.
Bromberger, C. (1993) '"Allez l'OM, Forza Juve": the passion for football in Marseille and Turin', in S. Redhead (ed.) (1993).
Bromberger, C. (1995a) 'Football as World-View and as Ritual', *French Cultural Studies,* 6: 293-311.
Bromberger, C. (1995b) *Le Match de Football,* Paris: Editions de la Maison des sciences de l'homme.
Broussard, P. (1991) 'Les Mauvaises Passes du Foot', *Quel Corps? Anthropophagie du sport,* 41: 121-4.
Brown, A. (ed.) (1998) *Fanatics! Power, race, nationality and fandom in European football,* London: Routledge.
Brug, H.H. van den (1994) 'Football Hooliganism in the Netherlands', in R. Giulianotti *et al.* (eds) (1994).
Buford, B. (1991) *Among the Thugs,* London: Secker & Warburg.

Buñuel, A. (1991) 'The Recreational Physical Activities of Spanish Women: a sociological study of exercising for fitness', *International Review for the Sociology of Sport*, 26 (3): 203-15.
Burns, J. (1996) *Hand of God: the life of Diego Maradona*, London: Bloomsbury.
Buzzetti, J.L. (1969) 'La nacionalización del fútbol', in (various editors) *El Fútbol (antología)*, Montevideo: CEDAL.
Cameron, S. (1997) 'The Regulation of the Broadcasting of Sporting Events', *Economic Affairs*, 17 (3): 37-41.
Campbell, A. and P.J. Sloane (1997) 'The Implications of the Bosman Case for Professional Football', *Discussion Paper*, 97-02, Department of Economics, University of Aberdeen.
Canter, D., M. Comber and D. Uzzell (1989) *Football in its Place*, London: Routledge.
Carmeli, Y. and I. Bar (1998) 'Team Selection and the Chosen People in Israel: the case of Hapoel Taibeh', in G. Armstrong and R. Giulianotti (eds) (1998a).
Carvallo, J.D., S. Stein and S.C. Stokes (1984) 'Soccer and Social Change in Early Twentieth Century Peru', *Studies in Latin American Popular Culture*, 3: 17-27.
Cashmore, E.E. (1982) *Black Sportsmen*, London: Routledge & Kegan Paul.
Chambers, I. (1986) *Popular Culture: the metropolitan experience*, London: Routledge.
Chaney, D. (1993) *Fictions of Collective Life*, London: Routledge.
Ciupak, Z. (1973) 'Sports Spectators: an attempt at a sociological analysis', *International Review for the Sociology of Sport*, 8 (2): 89-102.
Clarke, A. (1992) 'Figuring a Brighter Future', in E. Dunning and C. Rojek (eds) (1992).
Clarke, A. and J. Clarke (1982) 'Highlights and Action Replays: ideology, sport and the media', in J. Hargreaves (ed.) (1982).
Clarke, G. and B. Humberstone (eds) (1997) *Researching Women and Sport*, Basingstoke: Macmillan.
Clarke, J. (1978) 'Football and Working Class Fans: tradition and change', in R. Ingham (ed.) (1978).
Clayton, A. (1987) 'Sport and African Soldiers', in W.J. Baker and J.A. Mangan (eds) (1987).
Clignet, R. and M. Stark (1974) 'Modernisation and Football in Cameroun', *Journal of Modern African Studies*, 12 (3): 409-421.
Coddington. A. (1997) *One of the Lads: women who follow football*, London: Harper Collins.
Cohen. A. (1993) *Masquerade Politics*, Oxford: Berg.
Cohen, D. (1990) *Being A Man*, London: Routledge.
Cohen, P. (1972) 'Sub-cultural conflict and working class community', *Working Papers in Cultural Studies*, 2, Birmingham: Centre for Contemporary Cultural Studies (CCCS).
Cohen, P. and D. Robins (1978) *Knuckle Sandwich*, Harmondsworth: Penguin.
Colombijn, F. (1998) 'View from the Periphery: football in Indonesia', in G. Armstrong and R. Giulianotti (eds) (1998a).
Conn, D. (1997) *The Football Business*, Edinburgh: Mainstream.
Corry, E. (1994) *Going to America*, Dublin: Torc.
Cosgrove, S. (1991) *Hampden Babylon*, Edinburgh: Canongate.
Crampsey, R. (1990) *The First 100 Years*, Glasgow: Scottish Football League.
Cresswell, P. and S. Evans (1997) *European Football: a fans' handbook*, London: Rough Guides.
Crisell, A. (1997) *An Introductory History of British Broadcasting*, London: Routledge.
Critcher, C. (1971) 'Football and Cultural Values', *Working Papers in Cultural Studies*, 1, Birmingham: CCCS.
Critcher, C. (1979) 'Football since the War', in J. Clarke, C. Critcher and R. Johnson (eds) *Working Class Culture: studies in history and theory*, London: Hutchinson.
Critcher, C. (1994) 'England and the World Cup: world cup willies, English football and the myth of 1966', in J. Sugden and A. Tomlinson (eds) (1994).
Csikszentmihalyi, M. (1975) *Beyond Boredom and Anxiety*, San Francisco: Jossey-Bass.

Curren, M. and L. Redmond (1991) 'We'll Support You Evermore? Football club allegiance: a survey of *When Saturday Comes* readers', University of Leicester, Sir Norman Chester Centre for Football Research (SNCCFR).
Dabscheck, B. (1979) '"Defensive Manchester": a history of the Professional Footballers Association', in R. Cashman and M. McKernan (eds) *Sport in* History, Brisbane, Queensland University Press.
Dal Lago, A. (1990) *Descrizione di una battaglia*, Bologna: Il Mulino.
Dal Lago, A. and R. De Biasi (1992) 'Italian Football Fans', paper to the International Conference: Soccer, Culture and Identity, University of Aberdeen, 1-4 April.
Dal Lago, A. and R. De Biasi (1994) 'The Social Identity of Football Fans in Italy', in R. Giulianotti *et al.* (eds) (1994).
Daly, J.A. (1988) 'A New Britannia in the Antipodes: sport, class and community in south Australia', in J.A. Mangan (ed.) (1988).
Davies, D. (1992) 'Chapman's Arsenal', in I. Hamilton (ed.) *The Faber Book of Soccer*, London: Faber & Faber.
Davies, H. (1972) *The Glory Game*, London: Weidenfeld & Nicolson.
De Biasi, R. (1996) 'Ultra-political: football culture in Italy', in V. Duke & L. Crolley (1996).
De Biasi, R. and P. Lanfranchi (1997) 'The Importance of Difference: football identities in Italy', in G. Armstrong and R. Giulianotti (eds) (1997).
Del Burgo, M.B. (1995) 'Don't Stop the Carnival: football in the societies of Latin America', in S. Wagg (ed.) (1995b).
Deleuze, G. (1995) *Negotiations*, New York: Columbia University Press.
Di Giano, R. (1995) 'Effects of Modernity on Football Styles: tradition and change in the way of playing football', *La Marea*, 3 (2).
Dimeo, P. and G. Finn (1999) 'Scottish Racism, Scottish Identities: the case of Partick Thistle'. in A. Brown (ed.) (1998).
Doyle. R. (1993) 'Republic is a Beautiful Word', in N. Hornby (ed.) (1993).
Duke, V. (1994) 'The Drive to Modernization and the Supermarket Imperative: who needs a new football stadium', in R. Giulianotti and J. Williams (eds) (1994).
Duke, V. (1995) 'Going to Market: football in the societies of Eastern Europe', in S. Wagg (ed.) (1995b).
Duke, V. and L. Crolley (1996) *Football, Nationality and the State*, London: Longman.
Dunning, E. (ed.) (1970) *The Sociology of Sport*, London: Frank Cass.
Dunning, E. (1989) 'The Figurational Approach to Leisure and Sport', in C. Rojek (ed.) *Leisure for Leisure*, Basingstoke: Macmillan.
Dunning, E. (1993) 'Sport in the Civilizing Process: aspects of the development of modern sport', in E. Dunning *et al.* (eds) (1993).
Dunning, E. (1994) 'The Social Roots of Football Hooliganism: a reply to critics of the "Leicester School"', in R. Giulianotti *et al.* (eds) (1994).
Dunning, E., J. Maguire and R. Pearton (eds) (1993) *The Sports Process: a comparative and developmental approach*, Champaign, IL: Human Kinetics.
Dunning, E., P. Murphy and I. Waddington (1991) 'Anthropological *versus* Sociological Approaches to the Study of Soccer Hooliganism: some critical notes', *Sociological Review*, 39 (3): 459-78.
Dunning, E., P. Murphy and J. Williams (1988) *The Roots of Football Hooliganism*, London: Routledge.
Dunning, E. and C. Rojek (eds) (1992) *Sport and Leisure in the Civilizing Process*, Toronto: University of Toronto Press.
Dunning, E. and K. Sheard (1979) *Barbarians, Gentlemen and Players*, Oxford: Martin Robinson.
Dunphy, E. (1976) *Only a Game? The diary of a professional footballer*, London: Kestrel.
Durkheim, E. (1893) *The Division of Labour*, Glencoe, IL: Free Press.
Durkheim, E. (1965) *The Elementary Forms of the Religious Life*, Glencoe, IL: Free Press.
Eagleton, T. (1990) *The Ideology of the Aesthetic*, Oxford: Blackwell.

Eco, U. (1984) 'The Frames of Comic Freedom', in T.A. Sebeok (ed.) *Carnival!*, New York: Mouton.
Eco, U. (1986) *Travels in Hyperreality*, London: Picador.
Edelman, R. (1993) *Serious Fun: a history of spectator sports in the USSR*, Oxford: Oxford University Press.
Ehrenberg, A. (1991) *Le Cult de la Performance*, Paris: Calmann-Lévy.
Eichberg, H. (1986) 'The Enclosure of the Body: on the historical relativity of "health", "nature" and the environment of sport', *Journal of Contemporary History*, 21: 99-121.
Eichberg, H. (1992) 'Crisis and Grace: soccer in Denmark', *Scandinavian Journal of Medicine and Science in Sport*, 2 (3): 119-28.
Eichberg, H. (1995) 'Stadium, Pyramid, Labyrinth: eye and body on the move', in J. Bale and O. Moen (eds) (1995).
Eisenberg, C. (1989) 'The Beginnings of Football in Germany, 1890-1914', paper to the symposium Le Football et ses Publics, 19-21 October, EUI Colloquium Papers, 233 / 89 (col. 37),
Eitzen, D,S. (1988) 'Conflict Theory and Deviance in Sport', *International Review for the Sociology of Sport*, 23 (3): 193-203.
Elias, N. (1978a) *What is Sociology?*, London: Hutchinson.
Elias, N. (1978b) *The Civilizing Process: the history of manners*, Oxford: Blackwell.
Elias, N. (1982) *The Civilizing Process: state formation and civilization*, Oxford: Blackwell.
Elias, N. (1985) *The Loneliness of the Dying*, Oxford: Basil Blackwell.
Elias, N. (1997) 'Towards a Theory of Social Processes: a translation', *British Journal of Sociology*, 48 (3): 355-83.
Elias, N. and E. Dunning (1970) 'Folk Football in Medieval and Early Modern Britain', in E. Dunning (ed.) (1970).
Elias, N. and E. Dunning (1986) *Quest for Excitement*, Oxford: Blackwell.
Escobar, G. (1969) 'The Role of Sports in the Penetration of Urban Culture to the Rural Areas of Peru', *Kroeber Anthropological Society Papers*, 40: 72-81.
Euchner, C.C. (1993) *Playing the Field: why sports teams move and cities fight to keep them*, Baltimore: Johns Hopkins University Press.
Evans, A. (1986) 'Freedom to Trade under the Common Law and European Community Law: the case of the football bans', *Law Quarterly Review*, 102 (October): 510-48.
Evans, A. (1989) 'Football Law in the United Kingdom', paper to the symposium Le Football et ses Publics, 19-21 October, EUI Colloquium Papers, 253 / 89 (col. 45).
Evanson, P. (1982) 'Understanding the People: *futebol*, film, theater and politics in present-day Brazil', *South Atlantic Quarterly*, 81 (4): 399-412.
Fates, Y. (1990) 'Jeunesse: sport et politique', *Peuples Méditerranéens*, 52-3: 57-72.
Featherstone, M. (1991a) 'The Body in Consumer Culture', in M. Featherstone, M. Hepworth and B.S. Turner (eds) *The Body*, London: Sage.
Featherstone, M. (1991b) *Consumer Culture & Postmodernism*, London: Sage.
Featherstone, M. (1995) *Undoing Culture*, London: Sage.
Finn, G.P.T. (1991a) 'Racism, Religion and Social Prejudice: Irish Catholic Clubs, Soccer and Scottish Society. I - The historical roots of prejudice', *International Journal of the History of Sport*, 8: 70-93.
Finn, G.P.T. (1991b) 'Racism, Religion and Social Prejudice: Irish Catholic Clubs, Soccer and Scottish Society. II - Social identities and conspiracy theories', *International Journal of the History of Sport*, 8: 370-97.
Finn, G.P.T. (1994a) 'Sporting Symbols, Sporting Identities: soccer and intergroup conflict in Scotland and Northern Ireland', in I.S. Wood (ed.) *Scotland and Ulster*, Edinburgh: Mercat Press.
Finn, G.P.T. (1994b) 'Faith, Hope and Bigotry: case-studies of anti-Catholic prejudice in Scottish soccer and society', in G. Jarvie and G. Walker (eds) *Sport in the Making of the Nation: ninety minute patriots?*, Leicester: Leicester University Press.

Finn, G.P.T. (1994c) 'Football Violence: a societal psychological perspective', in R. Giulianotti et al. (eds) (1994).
Finn, G.P.T. (1997) 'Scotland, Soccer, Society: global perspectives, parochial myopia', paper to the NASSS Annual Conference: Crossing Borders, University of Toronto, Canada, 5-8 November.
Finn, G.P.T. and R. Giulianotti (1998) 'Scottish Fans, Not English Hooligans! Scots, Scottishness and Scottish football', in A. Brown (ed.) (1998).
Fishwick, N. (1989) *English Football and Society, 1910-1950*, Manchester: Manchester University Press.
Fiske, J. (1992) 'Cultural Studies and the Culture of Everyday Life', in L. Grossberg, C. Nelson and P. Treichler (eds) *Cultural Studies*, London: Routledge.
Fiske, J. (1993) *Power Plays, Power Works*, London: Verso.
Fleming, S. and A. Tomlinson (1996) 'Football, Racism and Xenophobia in England (I): Europe and the Old England', in U. Merkel and W. Tokarski (eds) *Racism and Xenophobia in European Football*, Aachen: Meyer & Meyer.
Forsyth, R. (1990) *The Only Game: the Scots and world football*, Edinburgh: Mainstream.
Foucault, M. (1975) *The Birth of the Clinic*, New York: Vintage.
Foucault, M. (1977) *Discipline and Punish*, London: Peregrine.
Foucault, M. (1981) *History of Sexuality*, vol. 1, London: Allen Lane.
Foulds, S. and P. Harris (1979) *America's Soccer Heritage: a history of the game*, Manhattan Beach, CA: Soccer For Americans.
Francis, M. (1997) *Guvnors*, Guernsey: Milo.
Fynn, A. and L. Guest (1994) *Out of Time: why football isn't working*, London: Simon & Schuster.
Gadamer, H.-G. (1975) *Truth and Method*, London: Sheed & Ward.
Galeano, E. (1995) El *Futbol: a sol y sombra*, Buenos Aires: Catálogos.
Galeano, E. (1997) *Football: in sun and shadow*, London: Fourth Estate.
Gantz, W. and L.A. Wenner (1995) 'Fanship and the Television Sports Viewing Experience', *Sociology of Sport Journal*, 12 (1): 56-74.
Gearing, M. (1997) 'More Than A Game: the experience of being a professional footballer in Britain', *Oral History*, spring: 63-70.
Gehrmann, S. (1994) 'Football and Identity in the Ruhr: the case of Schalke 04', in R. Giulianotti and J. Williams (eds) (1994).
Gellner, E. (1983) *Nations and Nationalism*, Oxford: Blackwell.
Giddens, A. (1984) *The Constitution of Society*, Cambridge: Polity.
Giddens, A. (1990) *The Consequences of Modernity*, Cambridge: Polity.
Giddens, A. (1991) *Modernity and Self-Identity*, Cambridge: Polity.
Giulianotti, R. (1989a) 'A Critical Overview of British Sociological Investigations into Soccer Hooliganism in Scotland and Britain', *Working Papers on Football Violence*, 1, Department of Sociology, University of Aberdeen.
Giulianotti, R. (1989b) 'A Participant Observation Study of Aberdeen Football Fans at Home and Away', *Working Papers on Football Violence*, 2, Department of Sociology, University of Aberdeen.
Giulianotti, R. (1991) 'Scotland's Tartan Army in Italy: the case for the carnivalesque', *Sociological Review*, 39 (3): 503-27.
Giulianotti, R. (1992) 'Putting the Dons on the Spot: the Aberdeen soccer fan questionnaire', unpublished M. Litt. dissertation.
Giulianotti, R. (1993) 'Soccer Casuals as Cultural Intermediaries: the politics of Scottish style', in S. Redhead (ed.) (1993).
Giulianotti, R. (1994a) 'Scoring Away from Home: a statistical study of Scotland football fans at international matches in Romania and Sweden', *International Review for the Sociology of Sport*, 29 (2): 171-200.
Giulianotti, R. (1994b) 'Social Identity and Public Order: political and academic discourses on football violence', in R. Giulianotti et al. (eds) (1994).

Giulianotti R. (1994c) 'Taking liberties: Hibs casuals and Scottish law', in R. Giulianotti, N. Bonney and M. Hepworth (eds) (1994).
Giulianotti, R. (1994d) 'Calcio e Violenza in Europa: le differenze tra Nord e Sud', *Il Discobolo*, November-December.
Giulianotti, R. (1995a) 'Football and the Politics of Carnival: an ethnographic study of Scottish fans in Sweden', *International Review for the Sociology of Sport*, 30 (2): 191-224.
Giulianotti, R. (1995b) 'Participant Observation and Research into Football Hooliganism: reflections on the problems of entrée and everyday risks', *Sociology of Sport Journal*, 12 (1): 1-20.
Giulianotti, R. (1996a) 'Back to the Future: an ethnography of Ireland's football fans at the 1994 World Cup Finals in the USA', *International Review for the Sociology of Sport*, 31 (3): 323-48.
Giulianotti, R. (1996b) '"All the Olympians: A Thing Never Known Again?", Reflections on Irish football culture and the 1994 World Cup finals', *Irish Journal of Sociology*, 6: 101-26.
Giulianotti, R. (1996c) 'A Sociology of Scottish Football Fan Behaviour and Related Youth Subcultures', End-of-Award Report to the UK Economic and Social Research Council (ESRC).
Giulianotti, R. (1996d) 'A Sociology of Scottish Football Fan Culture', unpublished Ph.D. thesis, Department of Sociology, University of Aberdeen.
Giulianotti, R. (1997a) 'Football Media: a cultural studies perspective', *Lecturas: Educación Física y Deportes*, electronic journal of the Faculty of Social Sciences, University of Buenos Aires, Argentina (www.sirc.ca / revista / efdxtes.htm).
Giulianotti R. (1997b) 'Guarani and Maté: football culture and national identity in the small South American nations of Uruguay and Paraguay', paper to the NASSS Annual Conference: Crossing Borders, University of Toronto, Canada, 5-8 November.
Giulianotti, R. (1997c) 'Enlightening the North: Aberdeen fanzines and local football identity', in G. Armstrong and R. Giulianotti (eds) (1997).
Giulianotti R. (1998) 'Hooligans and Carnival Fans: Scottish football supporter identities', in G. Armstrong and R. Giulianotti (eds) (1998a).
Giulianotti, R. (1999) 'Built by the Two Valeras: football culture and national identity in Uruguay', *Culture, Sport, Society*, 2 (3): in press.
Giulianotti R. and G. Armstrong (1997) 'Reclaiming the Game: an introduction to the anthropology of football', in G. Armstrong and R. Giulianotti (eds) (1997).
Giulianotti, R., N. Bonney and M. Hepworth (1994) (eds) *Football, Violence and Social Identity*, London: Routledge.
Giulianotti, R. and J. Williams (eds) (1994) *Game without Frontiers: football, identity and modernity*, Aldershot: Arena.
Glanville, B. (1976) *The Dying of the Light*, London: Secker & Warburg.
Glanville, B. (1997) *The Story of the World Cup*, London: Faber & Faber.
Goddard, V.A., J.R. Llobera and C. Shore (eds) (1995) *The Anthropology of Europe*, Oxford: Berg.
Goffman, E. (1961) *Asylums*, Harmondsworth: Penguin.
Goksøyr, M. and H. Hognestad (1998) 'No Longer Worlds Apart? British influences upon the creation of a Norwegian football tradition', in G. Armstrong and R. Giulianotti (eds) (1998a).
Goodwin, R. (1997) *The Pride of North London*, London: Polar.
Gorn, E.J. and W. Goldstein (1993) *A Brief History of American Sports*, New York: Hill & Wang.
Gouldner, A. (1970) *The Coming Crisis of Western Sociology*, New York: Basic Books.
Greenfield, S. and G. Osborn (1998) 'From Feudal Serf to Big Spender: the influence of legal intervention on the status of English professional footballers', *Culture, Sport, Society*, 1 (1): 1-23.

Griffin, P. (1992) 'Changing the Game: homophobia, sexism and lesbians in sport', *Quest*, 44: 251-65.
Grozio (ed.) (1990) *Catenaccio e Contropiede: materliali e immaginari del football italiano*, Rome: Antonio Pellicani.
Gruneau, R. and D. Whitson (1993) *Hockey Night in Canada*, Toronto: Garamond Press.
Gruneau, R., D. Whitson and H. Cantelon (1988) 'Methods and Media: studying the sports / television debate', *Loisir et Société*, 11 (2): 265-81.
Guest, L. and P. Law (1997) 'The Revolution will be Televised', *World Soccer*, January.
Guttmann, A. (1991) *Women's Sports: a history*, New York: Columbia University Press.
Guttmann, A. (1994) *Games and Empires: modern sports and cultural imperialism*, New York: Columbia University Press.
Guttmann, A. (1996) *The Erotic in Sports*, New York: Columbia University Press.
Habermas, J. (1970) *Toward a Rational Society*, Boston: Beacon Press.
Habermas, J. (1987a) *The Philosophical Discourses of Modernity*, Cambridge, MA: MIT Press.
Habermas, J. (1987b) *The Theory of Communicative Action*, vol. 2: *The Critique of Functionalist Reason*, London: Heinemann.
Hall, S. (1978) 'The Treatment of Football Hooliganism in the Press', in R. Ingham (ed.) (1978).
Hammond, D. (1993) *Foul Play: a class analysis of sport*, London: Ubique.
Hannerz, U. (1990) 'Cosmopolitans and Locals in World Culture', *Theory, Culture & Society*, 7: 237-52.
Hannigan, J.A. (1995) 'The Postmodern City: a new urbanization?', *Current Sociology*, 43 (1): 151-217.
Hargreaves, Jennifer (ed.) (1982) *Sport, Culture and Ideology*, London: Routledge & Kegan Paul.
Hargreaves, Jennifer (1992) 'Sex, Gender and the Body in Sport and Leisure: has there been a civilizing process?', in E. Dunning and C. Rojek (eds) (1992).
Hargreaves, Jennifer (1994) *Sporting Females: critical issues in the history and sociology of women's sports*, London: Routledge.
Hargreaves, John (1986) *Sport, Power and Culture*, Cambridge: Polity.
Hargreaves, John (1992) 'Sport and Socialism in Britain', *Sociology of Sport Journal*, 9: 131-53.
Harrington, J.A. (1968) *Soccer Hooliganism*, Bristol: John Wright.
Harris, R. (1992) 'On Taking the Rough with the Smooth' (unpublished paper).
Harvey, D. (1989) *The Condition of Postmodernity': an inquiry into the origins of cultural change*, Oxford: Blackwell.
Hay, R. (1998) 'Soccer at the Crossroads', *Geelong Advertiser*, 15 September.
Haynes, R. (1992) *The Football Imagination*, Aldershot: Arena.
Hebdige, D. (1979) *Subculture: the meaning of style*, London: Routledge.
Heinilä, K. (1966) 'Notes on the Inter-Group Conflicts in International Sport', *International Review of Sport Sociology*, 1: 31-40.
Helal, R.G. (1994) 'The Brazilian Soccer Crisis as a Sociological Problem', unpublished Ph.D. thesis, Department of Sociology, New York University.
Hibbins, G.M. (1992) 'The Cambridge Connection: the English origins of Australian Rules Football', in J.A. Mangan (ed.) (1992).
Hill, D. (1989) *Out Of His Skin: the John Barnes phenomenon*, London: Faber & Faber.
Hobbs, D. (1993) 'Obituary: Bobby Moore', *Independent*, 26 February 1993.
Hobbs, D. and D. Robins (1991) 'The Boy Done Good: football violence, changes and continuities', *Sociological Review*, 39 (3): 551-79.
Hoberman, J. (1997) *Darwin's Athletes*, Boston: Houghton Mifflin.
Hobsbawm, E.J. (1969) *Industry and Empire*, Harmondsworth: Penguin.
Hobsbawm, E. and T. Ranger (eds) (1983) *The Invention of Tradition*, Cambridge: Cambridge University Press.

Hoch, P. (1973) *Rip Off the Big Game*, Garden City, New York: Anchor Books.
Hognestad, H. (1997) 'The Jambo Experience: an anthropological study of Hearts fans', in G. Armstrong and R. Giulianotti (eds) (1997).
Holland, B. (1995) '"Kicking Racism out of Football": an assessment of racial harassment in and around football grounds', *New Community*, 21 (4): 567-86.
Holland, B., L. Jackson, G. Jarvie and M. Smith (1996) 'Sport and Racism in Yorkshire: a case study', in J. Hill and J. Williams (eds) *Sport and Identity in the North of England*, Keele: Keele University Press.
Holmes, M. (1994) 'Symbols of National Identity and Sport: the case of the Irish football team', *Irish Political Studies*, 9: 81-98.
Holt, R. (1981) *Sport and Society in Modern France*, Basingstoke: Macmillan.
Holt, R. (1989) *Sport and the British: a modern history*, Oxford: Oxford University Press.
Holt, R. (1996) 'Contrasting Nationalisms: sport, militarism and the unitary state in Britain and France before 1914', in J.A. Mangan (ed.) *Tribal Identities*, London: Frank Cass.
Hopcraft, A. (1988) *The Football Man*, London: Simon & Schuster.
Horak, R. (1991) 'Things Change: trends in Austrian football hooliganism from 1977-1990', *Sociological Review*, 39 (3): 531-48.
Horak, R. (1992) 'Viennese Football Culture: some remarks on its history and sociology', *Innovation*, 5 (4): 89-94.
Horak, R. (1995) 'Gender, Football and Cinema: the formation of popular culture in 1920s Vienna' (unpublished paper).
Horak, R. and W. Maderthaner (1996) 'A Culture of Urban Cosmopolitanism: Uridil and Sindelar as Viennese coffee-house heroes', *International Journal of the History of Sport*, 13 (1): 139-55.
Hornby, N. (1992) *Fever Pitch*, London: Victor Gollancz.
Hornby, N. (ed.) (1993) *My Favourite Year: a collection of new football writing*, London: Witherby / When Saturday Comes.
Horne, J. (1995) 'Racism, Sectarianism and Football in Scotland', *Scottish Affairs*, 12 (summer): 27-51.
Horne, J. (1996) '"Saka" in Japan', *Media, Culture & Society*, 18: 527-47.
Horne, J. and D. Jary (1987) 'The Figurational Sociology of Sport and Leisure of Elias and Dunning: an exposition and a critique', in J. Home et al. (eds) (1987).
Horne, J., D. Jary, and A. Tomlinson (eds) (1987) *Sport, Leisure and Social Relations*, Sociological Review Monograph 33, London: Routledge & Kegan Paul.
Horowitz, I. (1974) 'Sports Broadcasting', in R.G. Noll (ed.) (1974).
Horton, E. (1997) *Moving the Goalposts*, Edinburgh: Mainstream.
Houlihan, B. (1991) *The Government and Politics of Sport*, London: Routledge.
Hoy, M. (1994) 'Joyful Mayhem: Bakhtin, football songs, and the carnivalesque', *Text & Performance Quarterly*, 14: 289-304.
Hughson, J. (1992) 'Australian Soccer: "ethnic" or "Aussie" - the search for an image', *Current Affairs Bulletin*, 68 (10): 12-17.
Hughson, J. (1996) 'A Feel for the Game: an ethnographic study of soccer support and social identity', University of New South Wales, School of Sociology, unpublished Ph.D.
Hughson, J. (1997a) 'The Bad Blue Boys and the "Magical Recovery" of John Clarke', in G. Armstrong and R. Giulianotti (eds) (1997).
Hughson, J. (1997b) 'Football, Folk Dancing and Fascism: diversity and difference in multicultural Australia', *Australian and New Zealand Journal of Sociology*, 33 (2): 167-86.
Hughson J. (1998) 'Among the Thugs: the "New Ethnographies" of sporting subcultures', *International Review for the Society of Sport*, 33 (1): 43-57.
Huizinga, J. (1950) *Homo Ludens*, Boston: Beacon Press.
Humphreys, D.C., C.M. Mason and S.P. Pinch (1983) 'The Externality Fields of Football Grounds: a case study of the Dell, Southampton', *Geoforum*, 14 (4): 401-11.
Hunt, M. (1989) *There We Were: Germany '88*, Kilkenny: Sparrow Press.
Hutchinson, J. (1982) *The Football Industry*, Glasgow: Richard Drew.

Igbinovia, P. (1985) 'Soccer Hooliganism in Black Africa', *International Journal of Offender Therapy and Comparative Criminology*, 29: 135-46.
Ingham, R. (ed.) (1978) *Football Hooliganism: the wider context*, London: InterAction Imprint.
Inglis, F. (1977) *The Name of the Game*, London: Heinemann.
Inglis, F. (1995) *Raymond Williams*, London: Routledge.
Inglis, S. (1987) *The Football Grounds of Great Britain*, London: Willow.
Inglis, S. (1990) *The Football Grounds of Europe*, London: Collins Willow.
Ivanov, V.V. (1984) 'The Semiotic Theory of Carnival as the Inversion of Bipolar Opposites', in T.A. Sebeok (ed.) *Carnival!*, New York: Mouton.
Jameson, F. (1991) *Postmodernism, Or, the Cultural Logic of Late Capitalism*, London: Verso.
Jarvie, G. and G. Walker (1994) *Ninety Minute Patriots: Scottish sport in the making of a nation*, Leicester: Leicester University Press.
Jary, D., J. Home and T. Bucke (1991) 'Football Fanzines and Football Culture: a successful case of cultural contestation', *Sociological Review*, 39 (3): 581-98.
Jefferson, T. (1998) 'Muscle, "Hard Men" and "Iron" Mike Tyson: reflections on desire, anxiety and the embodiment of masculinity', *Body & Society*, 4 (1): 77-98.
Jeffrey, I. (1992) 'Street Rivalry and Patron-Managers: football in Sharpeville 1943-1985', *African Studies*, 51 (1): 69-94.
Jenkins, R. (1992) 'Salvation for the Fittest? A West African sportsman in the age of the new imperialism', in J.A. Mangan (ed.) (1992).
Johnson, S. (1994) 'A Game of Two Halves: on men, football and gossip', *Journal of Gender Studies*, 3 (2): 145-54.
Jones, S. (1992) *Sport, Politics and the Working Class*, Manchester: Manchester University Press.
Jose, C. and W.F. Rannie (1982) *The Story of Soccer in Canada*, Lincoln, Ontario: W.F. Rannie.
Jun, T. and S. Kazue (1993) 'Scoring Big with Soccer', *Japan Quarterly*, 40 (4): 418-25.
Kahn, L.M. (1992) 'The Effects of Race on Professional Football Players' Compensation', *Industrial and Labor Relations Review*, 45 (2): 295-310.
Kapuscinski, R. (1992) *The Soccer War*, New York: Vintage International.
Katz, D. (1994) *Just Do It: the Nike spirit in the corporate world*, Holbrook, MA: Adams.
Kerr, C., J.T. Dunlop, F.H. Harbison and C.A. Myers (1973) *Industrialism and Industrial Man*, Harmondsworth: Penguin.
Kidd, B. (1988) 'The Campaign Against Sport in South Africa', *International Journal*, 43 (autumn): 643-64.
King, J. (1996) *The Football Factory*, London: Jonathan Cape.
King, J. (1998) *England Away*, London: Jonathan Cape.
King, J. and J. Kelly (1997) 'Introduction. The Cult of the Manager: do they *really* make a difference?', in J. King and J. Kelly (eds) *The Cult of the Manager*, London: Virgin.
Kirk, D. (1994) 'Physical Education and Regimes of the Body', *Australian and New Zealand Journal of Sociology*, 30 (2): 165-77.
Klein, A. (1991) 'Sport and Culture as Contested Terrain', *Sociology of Sport Journal*, 8: 79-85.
Korr, C. (1986) *West Ham United: the making of a football club*, London: Duckworth.
Kreckel, R. (1997) 'Social Integration, National Identity and German Unification', public lecture at the University of Aberdeen, King's College, 5 June.
Krotee, M.L. (1979) 'The Rise and Demise of Sport: a reflection of Uruguayan society', *American Academy of Political and Social Science Annals*, 445: 141-54.
Kuhn, T. (1962) *The Structure of Scientific Revolutions*, Chicago: Chicago University Press.
Kuhn, W. (1996) 'Franz Beckenbauer: a symbol of German soccer?', *ISHPES Studies, 4: Sport as Symbol, Symbols in Sport*, Berlin: Academia.
Kuper, L. (1965) *An African Bourgeoisie: race, class and politics in South Africa*, New Haven: Yale University Press.

Kuper, S. (1994) *Football against the Enemy*, London: Orion.
Kuper, S. (ed.) (1997) *Perfect Pitch: home ground*, London: Headline.
Laberge, S. (1995) 'Toward an Integration of Gender into Bourdieu's Concept of Cultural Capital', *Sociology of Sport Journal*, 12 (2): 132-46.
Lalic, D. (1993) *Torcida: pogled iznutra*, Zagreb: AGM.
Lalic, D. and S. Vrcan (1998) 'From Ends to Trenches and Back: football in the former Yugoslavia', in G. Armstrong and R. Giulianotti (eds) (1998a).
Lambourne, L. (1996) *The Aesthetic Movement*, London: Phaidon.
Lanfranchi, P. (1994) 'Exporting Football: notes on the development of football in Europe', in R. Giulianotti and J. Williams (eds) (1994).
Lanfranchi, P. (1995) 'Cathedrals in Concrete: football in southern European society', in S. Wagg (ed.) (1995b).
Lanfranchi, P. and A. Wahl (1996) 'The Immigrant as Hero: Kopka, Mekloufi and French football" *International Journal of the History of Sport*, 13 (1): 114-27.
Lash, S. (1990) *Sociology of Postmodernism*, London: Routledge.
Lash, S. (1994) 'Reflexivity and its Doubles: structure, aesthetics, community', in U. Beck, A. Giddens and S. Lash (1994), *Reflexive Modernization*, Cambridge: Polity.
Laughlin, C.D. (1993) 'Revealing the Hidden: the epiphanic dimension of games and sport', *Journal of Ritual Studies*, 7 (1): 85-104.
Leach, E. (1986) 'Violence', *London Review of Books*, 23 October.
Leifer, E.M. (1990) 'Inequality among Equals: embedding market and authority in league sports', *American Journal of Sociology*, 96 (3): 655-83.
Leifer, E.M. (1995) 'Perverse Effects of Social Support: publics and performance in major league sports', *Social Forces*, 74 (1): 81-118.
Leite Lopes, J.S. (1997) 'Successes and Contradictions in "Multiracial" Brazilian football', in G. Armstrong and R. Giulianotti (eds) (1997).
Leite Lopes, J.S. and S. Maresca (1987) 'La disparition de la joie du peuple: notes sur la mort d'un joueur de football', *Actes de la Recherche en Sciences Sociales*, 79: 21-36.
Leseth, A. (1997) 'The Use of *Juju* in Football: sport and witchcraft in Tanzania', in G. Armstrong and R. Giulianotti (eds) (1997).
Lever, J. (1972) 'Soccer: opium of the Brazilian people', *Trans-Action*, 7 (2): 36-43.
Lever, J. (1983) *Soccer Madness*, Chicago: University of Chicago Press.
Lever, J. (1995) 'Preface to Reissue', *Soccer Madness*, Chicago: University of Chicago Press.
Levi-Strauss, C. (1966) *The Savage Mind*, London: Weidenfeld & Nicolson.
Levine, P. and P. Vinten-Johansen (1981) 'The Historical Perspective: violence and sport', *Arena Review*, 5 (1): 22-30.
Levinsky, S. (1995) *El Negocio del Fútbol*, Buenos Aires: Ediciones Corregidor.
Lewis, J.M. (1982a) 'Crowd Control at English Football Matches', *Sociological Focus*, 15: 417-27.
Lewis, J.M. (1982b) 'Fan Violence: an American social problem', *Research in Social Problems and Public Policy*, 2: 175-206.
Lewis, J.M. (1989) 'A Value-Added Analysis of the Heysel Stadium Soccer Riot', *Current Psychology*, 8: 15-29.
Lewis, R.W. (1996) 'Football Hooliganism in England before 1914: a critique of the Dunning thesis', *International Journal of the History of Sport*, 13 (3): 310-39.
Lightbown, C. (1992) *Millwall in the Community*, London: Millwall FC.
Lopez, S. (1997) *Women on the Ball: a guide to women's football*, London: Scarlet Press.
Lowerson, J. (1993) *Sport and the English Middle Classes: 1870-1914*, Manchester: Manchester University Press.
Loy, J.W., D.L. Andrews and R.E. Rinehart (1993) 'The Body in Culture and Sport', *Sport Science Review*, 2 (1): 69-91.
Luschen, G. (1984) 'Status Crystallization, Social Class, Integration and Sport', *International Review for the Sociology of Sport*, 19 (3): 283-94.

Luschen, G. and A. Mitten (1991) 'The Specificity of Status Crystallization and its Meaning in Sport', *International Review for the Sociology of Sport*, 26 (3): 217-31.

Lusted, D. (199 1) 'The Glut of the Personality', in C. Gledhill (ed.) *Stardom: industry of desire*, London: Routledge.

Lynch, R. (1992) 'A Symbolic Patch of Grass: crowd disorder and regulation on the Sydney Cricket Ground Hill', *ASSH Studies in Sports History*, 7: 10-48.

Lyng, S. (1990) 'Edgework: a social psychological analysis of voluntary risk taking', *American Journal of Sociology*, 95 (4): 851-86.

Lyotard, J.-F. (1984) *The Postmodern Condition*, Minnesota: Minneapolis University Press.

MacAloon, J.J. (1992) 'The Ethnographic Imperative in Comparative Olympic Research', *Sociology of Sport Journal*, 9: 104-30.

MacClancy, J. (1996a) 'Nationalism at Play: the Basques of Vizcaya and Athletic Bilbao', in J. MacClancy (ed.) (1996b).

MacClancy, J. (ed.) (1996b) *Sport, Identity and Ethnicity*, Oxford: Berg.

Macdonald, R. and E. Batty (1971) *Scientific Soccer in the 1970s*, London: Pelham.

MacQuillan, I. (1996) 'Who's Afraid of the Barmy Army', in A. McLellan (ed.) *Nothing Sacred: the new cricket culture*, London: Two Heads.

Maffesoli, M. (1996) *The Time of the Tribes*, London: Sage.

Magoun, F.P. Jr. (1938) *History of Football: from the beginnings to 1871*, Bochum-Langendreer: Verlag Heinrich Pöppinghaus.

Maguire, J. (1988) 'Race and Positional Segregation in English Soccer: a preliminary analysis of ethnicity and sport in Britain', *Sociology of Sport Journal*, 5: 257-69.

Maguire, J. (1991) 'Sport, Racism and British Society: a sociological study of England's elite male Afro-Caribbean soccer and rugby union players', in G. Jarvie (ed.) *Sport, Racism and Ethnicity*, London: Falmer Press.

Mangan, J.A. (ed.) (1988) *Pleasure, Profit, Proselytism: British culture and sport at home and abroad 1700-1914*, London: Frank Cass.

Mangan, J.A. (ed.) (1992) *The Cultural Bond: sport, Empire, society*, London: Frank Cass.

Markula, P. (1995) 'Firm but Shapely, Fit but Sexy, Strong but Thin: the postmodern aerobicizing; female bodies', *Sociology of Sport Journal*, 12 (4): 424-53.

Marples, M. (1953) *A History of Football*, London: Secker & Warburg.

Marqusee, M. (1995) *Anyone But England*, London: Verso.

Marschik, M. (1994) 'Foreign Players in Football: celebrated stars, tolerated workers', paper to the International Committee for the Sociology of Sport Conference: Contested Boundaries and Shifting Solidarities, Bielefeld, 18-23 July.

Marsh, P. (1978a) 'Life and Careers on the Soccer Terraces', in R. Ingham (ed.) (1978).

Marsh, P. (1978b) *Aggro: the illusion of violence*, London: Dent.

Marsh, P., E. Rosser and R. Harré (1978) *The Rules of Disorder*, London: Routledge & Kegan Paul.

Martin, P.M. (1991) 'Colonialism, Youth and Football in French Equatorial Africa', *International Journal of the History of Sport*, 8 (1): 35-57.

Marx, K. (1963) *Selected Writings in Sociology and Social Philosophy*, ed. T. Bottomore and M. Rubel, London: Penguin.

Mason, C. and A. Moncrieff (1993) 'The Effect of Relocation on the Externality Fields of Football Stadia: the case of St Johnstone FC', *Scottish Geographical Magazine*, 109 (2): 96-105.

Mason, C. and R. Roberts (1991) 'The Spatial Externality Fields of Football Stadiums: the effects of football and non-football uses at Kenilworth Road, Luton', *Applied Geography*, 11: 251-66.

Mason, T. (1980) *Association Football and English Society 1863-1915*, Brighton: Harvester.

Mason, T. (1986) 'Some Englishmen and Scotsmen Abroad: the spread of world football', in A. Tomlinson and G. Whannel (eds) (1986) *Off the Ball*, London: Pluto.

Mason, T. (1989a) 'Football', in T. Mason (ed.) *Sport in Britain: a social history*, Cambridge: Cambridge University Press.

Mason, T. (1989b) 'Stanley Matthews', paper to the symposium Le Football et ses Publics, 19-21 October, EUI Colloquium Papers, 239 / 89 (col. 43).
Mason, T. (1992) 'Football on the Maidan: cultural imperialism in India', in J.A. Mangan (ed.) *The Cultural Bond: sport, empire, society*, London: Frank Cass.
Mason, T. (1994) 'The Bogotá Affair', in J. Bale and J. Maguire (eds) *The Global Sports Arena*, London: Frank Cass.
Mason, T. (1995a) *Passion of the People? Football in South America*, London: Verso.
Mason, T. (1995b) 'Futbol and Politics in Latin America', *Race & Class*, 36 (4): 71-86.
Mason, T. (1996) '"Our Stephen and Our Harold": Edwardian footballers as local heroes', *International Journal of the History of Sport*, 13 (1): 71-85.
Mazruchi, M.S. (1985) 'Local Sports Teams and Celebration of Community: a comparative analysis of the home advantage', *Sociological Quarterly*, 26 (4): 507-18.
Mazrui, A.A. (1987) 'Reflections on the Gender Gap', in W.J. Baker and J.A. Mangan (eds) (1987).
McArdle, D. (1996) 'Brothers in Arms: sport, the law and the construction of gender identity', *International Journal of the Sociology of Law*, 24: 145-62.
McGuire, E.J., K.S. Courneya, W.N. Widmeyer and A.V. Carron (1992) 'Aggression as a Potential Mediator of the Home Advantage in Professional Ice Hockey', *Journal of Sport and Exercise Psychology*, 14: 148-58.
McIlvanney, W. (1991) *Surviving the Shipwreck*, Edinburgh: Mainstream.
McInman, A.D. and J.R. Grove (1991) 'Peak Moments in Sport: a literature review', *Quest*, 43: 333-51.
McIntosh, P. (1987) *Sport in Society*, London: West London Press.
McKay, J., G. Lawrence, T. Miller and D. Rowe (1993) 'Globalization, Postmodernism and Australian Sport', *Sport Science Review*, 2 (1): 10-28.
McMaster, B. (1997) 'The Market for Corporate Control in Professional Football: is there an agency problem', *Economic Affairs*, 17 (3): 25-9.
Meisl, W. (1955) *Soccer Revolution*, London: Pheonix.
Melnick, M.J. (1986) 'The Mythology of Football Hooliganism: a closer look at the British experience', *International Review for the Sociology of Sport*, 21 (1): 1-21.
Melucci, A. (1988) 'Social Movements and the Democratization of Everyday Life', in J. Keane (ed.) *Civil Society and the State: new European perspectives*, London: Verso.
Mennell, S. (1989) *Norbert Elias: an introduction*, Oxford: Blackwell.
Merkel, U. (1994) 'Germany and the World Cup: solid, reliable, often undramatic - but successful', in J. Sugden and A. Tomlinson (eds) (1994).
Merkel, U. (1998) 'Football Identity and Youth Culture in Germany', in G. Armstrong and R. Giulianotti (eds) (1998a).
Merrills, R. (1997) *Dicks Out 2: you're not singing anymore?*, London: Red Card.
Messner, M. (1990) 'When Bodies are Weapons: masculinity and violence in sport', *International Review for the Sociology of Sport*, 25 (3): 203-20.
Messner, M.A. and D.F. Sabo (1994) *Sex, Violence & Power in Sports: rethinking masculinity*, Freedom, CA: The Crossing Press.
Mestrovic, S.G. (1993) *The Barbarian Temperament: toward a postmodern critical theory*, London: Routledge.
Métoudi, M. (1987) 'Les Leçons de la Publicité', *Esprit*, 4: 73-8.
Mignon, P. (1994) 'New Supporter Cultures and Identity in France: the case of Paris Saint-Germain', in R. Giulianotti and J. Williams (eds) (1994).
Mignon, P. (1996) 'Football Fan Culture in Paris: from one club to two', paper to the international conference Fanatics! Football and Popular Culture in Europe, Institute for Popular Culture, Manchester Metropolitan University, 11-13 June.
Miller, D.M. and K.R.E. Russell (1971) *Sport: a contemporary view*, Philadelphia: Lea & Febiger.
Mills, C.W. (1956) *The Power Elite*, Oxford: Oxford University Press.
Mills, C.W. (1959) *The Sociological Imagination*, Harmondsworth: Penguin.

Morgan, W. (1996) 'The Scottish Professional Footballers' Association: a comparative study of employment conditions in Scotland and England', unpublished MA thesis, Faculty of Arts, De Montfort University, Leicester.

Morgan, W.J. (1988) 'Adorno on Sport: the case of the fractured dialectic', *Theory and Society*, 17: 813-38.

Mormino, G.R. (1982) 'The Playing Fields of St Louis: Italian immigrants and sport, 1925-1941', *Journal of Sport History*, 9 (summer): 5-16.

Morris, D. (1981) *The Soccer Tribe*, London: Jonathan Cape.

Morrow, S.H. (1992) 'Putting People on the Balance Sheet: human resource accounting applied to professional football clubs', *Royal Bank of Scotland Review*, 174 (June): 10-19.

Mosely, P. (1994) 'Balkan Politics in Australian Soccer', in *ASSH Studies in Sports History*, n.º 10: *Ethnicity and Soccer in Australia*, ASSH / University of Western Sydney: Macarthur.

Murphy, P., J. Williams and E. Dunning (1990) *Football on Trial*, London: Routledge.

Murray, W. (1984) *The Old Firm: sectarianism, sport and society in Scotland*, Edinburgh: John Donald.

Murray, W. (1994) *Football: a history of the world game*, Aldershot: Scolar Press.

Murrell, A.J. and E.M. Curtis (1994) 'Causal Attributions of Performance for Black and White Quarterbacks in the NFL: a look at the sports pages', *Journal of Sport and Social Issues*, 18 (3): 224-33.

Nairn, T. (1981) *The Break-Up of Britain*, second edition, London: NLB.

Nauright, J. (1998) 'Bhola Lethu: football in urban South Africa', in G. Armstrong and R. Giulianotti (eds) (1998a).

Nelson, G. (1995) *Left Foot Forward: a year in the life of a journeyman footballer*, London: Headline.

Nelson, M.B. (1996) *The Stronger Women Get, the More Men Love Football*, London: Women's Press.

Newsham, G.J. (1994) *In a League of their own! Dick, Kerr Ladies Football Club* 1917-1965, Chorley: Pride of Place Publishing.

Noll, R.G. (ed.) (1974) *Government and the Sports Business*, Washington, DC: Brookings Institute.

O'Donnell, H. (1994) 'Mapping the Mythical: a geopolitics of national sporting stereotypes', *Discourse & Society*, 5 (3): 345-80.

O'Kelly, D. and S. Blair (eds) (1992) *What's the Story? True confessions of Republic of Ireland soccer supporters*, Dublin: ELO.

O'Toole, F. (1994) *Black Hole, Green Card*, Dublin: New Island.

Oliver, G. (1992) *The Guinness Record of World Soccer*, Enfield: Guinness Publishing.

Orakwue, S. (1998) *Pitch Invaders: the modern black football revolution*, London: Victor Gollancz.

Orozco, J.Y. (1994) *Política y Mafias del Futbol: una combinación ganadora... ¿para quién?*, México, DF: Editorial Planeta.

Overman, S.J. (1997) *The Influence of the Protestant Ethic on Sport and Recreation*, Aldershot: Avebury.

Paterson, L. (1994) *The Autonomy of Scotland*, Edinburgh: Edinburgh University Press.

Pearson, H. (1994) *The Far Corner*, London: Warner.

Peitersen, B. (1991) 'If Only Denmark had been there: Danish football spectators at the World Cup Finals in Italy', *Report to the Council of Europe*.

Penny, T. (1992) 'Football and Community', paper to the International Conference: Soccer, Culture and Identity, University of Aberdeen, 1-4 April.

Perkin, H. (1992) 'Teaching the Nations How to Play: sport and society in the British Empire and Commonwealth', in J.A. Mangan (ed.) (1992).

Perryman, M. (1997) 'Football United: New Labour, the Task Force and the future of the game', Fabian Society Pamphlet, 11 Dartmouth Street, London, September.

Peterson, T. (1994) 'Split Visions: the introduction of the Svenglish model in Swedish football', paper to the International Committee for the Sociology of Sport Conference: Contested Boundaries and Shifting Solidarities, Bielefeld, 18-23 July.
Pickering, D. (1994) *The Cassell Soccer Companion*, London: Cassell.
Pilz, G.A. (1996) 'Social Factors Influencing Sport and Violence: on the "problem" of football hooliganism in Germany', *International Review for the Sociology of Sport*, 31 (1): 49-66.
Pitt-Rivers, J.A. (1984) 'El Sacrificio del Toro', *Revista de Occidente*, 36: 27-47.
Podaliri, C. and C. Balestri (1998) 'The *Ultràs*, Racism and Football Culture in Italy', in A. Brown (ed.) (1998).
Polley, M. (1998) *Moving the Goalposts: a history of sport and society since 1945*, London: Routledge.
Pooley, J.C. (1976) 'Ethnic Soccer Clubs in Milwaukee: a study in assimilation', in M. Hart (ed.)
Portelli, A. (1993) 'The Rich and the Poor in the Culture of Football', in S. Redhead (ed.) (1993).
Rachum, I. (1978) 'Futebol: the growth of a Brazilian national institution', *New Scholar*, 7: 183-200.
Radnedge, K. (1997) 'Foreword', in J. King and J. Kelly (eds) *The Cult of the Manager*, London: Virgin.
Raitz, K. (1987) 'Place, Space and Environment in America's Leisure Landscapes', *Journal of Cultural Geography*, 8 (1): 49-62.
Raspaud, M. (1989) 'La Violence de L'Exclusion', paper to the symposium Le Football et ses Publics, 19-21 October, EUI Colloquium Papers, 226 / 89 (col 30).
Raspaud, M. (1994) 'From Saint-Etienne to Marseilles: tradition and modernity in French soccer and society', in R. Giulianotti and J. Williams (eds) (1994).
Redhead, S. (1986a) 'Policing the Field', *Warwick Law Working Papers*, School of Law, University of Warwick, 7 (1).
Redhead, S. (1986b) *Sing When You're Winning*, London: Pluto.
Redhead, S. (1991a) 'An Era of the End, or the End of an Era: football and youth culture in Britain', in J. Williams and S. Wagg (eds) (1991).
Redhead, S. (1991b) 'Some Reflections on Discourses on Football Hooliganism', *Sociological Review*, 39 (3): 479-87.
Redhead, S. (ed.) (1993) *The Passion and the Fashion*, Aldershot: Avebury.
Redhead, S. (1995) *Unpopular Cultures: the birth of law and popular culture*, Manchester: Manchester University Press.
Reefe, T.Q. (1987) 'The Biggest Game of All: gambling in traditional Africa', in W.J. Baker and J.A. Mangan (eds) (1987).
Reisch, M. (1991) 'Altemativas', in (various editors) *¿Nunca más campeón mundial?*, Montevideo: LOGOS.
Reiss, S.A. (1991) *City Games: the evolution of American urban society and the rise of sports*, Urbana: University of Illinois Press.
Richards, P. (1997) 'Soccer and Violence in War-Torn Africa: soccer and social rehabilitation in Sierra Leone', in G. Armstrong and R. Giulianotti (eds) (1997).
Ricoeur, P. (1970) *Freud and Philosophy*, New Haven: Yale University Press.
Rigauer, B. (1987) *Sport and Work*, New York: Columbia University Press.
Robins, D. (1984) *We Hate Humans*, Harmondsworth: Penguin.
Robins, D. (1992) *Sport as Prevention: the role of Sport in crime prevention programmes aimed at young people*, University of Oxford: Centre for Criminological Research.
Robinson, R.J. (1987) 'The Civilizing Process: some remarks on Elias's social history', *Sociology*, 21 (1): 1-17.
Robson, G. (1996) 'No One Likes Us, We Don't Care: Millwall, identity and community', paper to the international conference Fanatics! Football and Popular Culture in Europe, Institute for Popular Culture, Manchester Metropolitan University, 11-13 June.

Roche, M. (1992) 'Mega-Events and Micro-Modernisation: on the sociology of the new urban tourism', *British Journal of Sociology*, 43 (4): 563-600.
Rojek, C. (1985) *Capitalism and Leisure Theory*, London: Tavistock.
Rojek, C. (1995) *Decentring Leisure*, London: Sage.
Roversi, A. (1992) *Calcio, Tifo e Violenza*, Bologna: II Mulino.
Roversi, A. (1994) 'Football Hooliganism in Italy', in R. Giulianotti and J. Williams (eds) (1994).
Rowe, D. (1995) *Popular Cultures: rock music, sport and the politics of pleasure*, London: Sage.
Rowe, D., G. Lawrence, T. Miller and J. McKay (1994) 'Global Sport? Core concern and peripheral vision', *Media, Culture & Society*, 16 (4): 661-75.
Russell, D. (1998) 'Associating with Football', in G. Armstrong and R. Giulianotti (eds) (1998a).
Sabo, D.F. (1994) 'Doing Time, Doing Masculinity: sports and prison', in M.A. Messner and D.F. Sabo (eds) (1994).
Scher, A. (1996) *La Patria Deportista*, Buenos Aires: Planeta.
Schmitt, R.L. and W.M. Leonard II (1986) 'Immortalizing the Self through Sport', *American Journal of Sociology*, 91 (5): 1088-111.
Scotch, N.A. (1951) 'Magic, Sorcery and Football among the Zulus: a case of reinterpretation under acculturation', *Journal of Conflict Resolution*, 5: 70-6.
Scraton, P., A. Jemphrey and S. Coleman (1995) *No Last Rights: the denial of justice and the promotion of myth in the aftermath of the Hillsborough disaster*, Liverpool: Liverpool City Council.
Scully, G.W. (1995) *The Market Structure of Sports*, Chicago: University of Chicago Press.
Sebreli, J.J. (1981) *Fútbol y Masas*, Buenos Aires: Galerna.
Semino, E. and M. Masci (1996) 'Politics is Football: metaphor in the discourse of Silvio Berlusconi in Italy', *Discourse and Society*, 7 (2): 243-69.
Shaw, D. (1985) 'Football under Franco', *History Today*, August.
Signy, D. (1969) *A Pictorial History of Soccer*, London: Hamlyn.
Sik, G. (1996) *I Think I'll Manage*, London: Headline.
Simmons, R. (1997) 'Implications of the Bosman Ruling for Football Transfer Markets', *Economic Affairs*, 17 (3): 13-18.
Slack, T. and D. Whitson (1988) 'The Place of Sport in Cuba's Foreign Relations', *International Journal*, 43 (autumn): 596-617.
Sloane, P.J. (1997) 'The Economics of Sport: an overview', *Economic Affairs*, 17 (3): 2-6.
Smith, D. and G. Williams (1980) *Fields of Praise*, Cardiff: University of Wales Press.
SNCCFR (1983) *All Sit Down: a report on the Coventry City all-seated stadium 1982/3*, Leicester: SNCCFR.
SNCCFR (1995) *FA Premier League Fan Surveys: sample report*, Leicester: SNCCFR.
Sociological Review (1991) *The Cultural Aspects of Football*, 39 (3).
Sociological Review (1992) 'Statement by the Editors', *Sociological Review*, 40 (1): 36-7.
Solomos, J. and L. Back (1996) *Racism and Society*, Harmondsworth: Macmillan.
Sorlin, P. (1994) *Mass Media*, London: Routledge.
Stein, S., J.D. Carvallo and S.C. Stokes (1986) 'Soccer and Social Change in Early 20th Century Peru', *Studies in Latin American Popular Culture*, 5: 68-77.
Strinati, D. (1995) *An Introduction to Theories of Popular Culture*, London: Routledge.
Strutt, J. (1969) *The Sports and Pastimes of the People of England*, Bath.
Stuart, O. (1995) 'The Lions Stir: football in African society', in S. Wagg (ed.) (1995b).
Sugden, J. (1994) 'USA and the World Cup: American nativism and the rejection of the people's game', in J. Sugden and A. Tomlinson (eds) (1994).
Sugden, J. and A. Bairner (1993) *Sport, Sectarianism and Society in a Divided Ireland*, Leicester: Leicester University Press.
Sugden, J. and A. Bairner (1998) (ed.) *Sport in Divided Societies*, Aachen: Meyer & Meyer.
Sugden, J. and A. Tomlinson (eds) (1994) *Hosts and Champions*, Aldershot: Arena.

Sugden, J. and A. Tomlinson (1997) 'Global Power Struggles in World Football: FIFA and UEFA, 1954-74, and their legacy', *International Journal of the History of Sport*, 14 (2): 1-25.
Sugden, J. and A. Tomlinson (1998) *Who Rules the People's Game? FIFA and the contest for world football*, Cambridge: Polity Press.
Sugden, J., A. Tomlinson and P. Darby (1998) 'FIFA *versus* UEFA in the Struggle for the Control of World Football', in A. Brown (ed.) (1998).
Suttles, G. (1968) *The Social Order of the Slum*, Chicago: Chicago University Press.
Suttles, G. (1972) *The Social Construction of Communities*, Chicago: Chicago University Press.
Sweet, W.E. (1987) *Sport and Recreation in Ancient Greece*, Oxford: Oxford University Press.
Szymanski, S. and R. Smith (1997) 'The English Football Industry: profit, performance and industrial structure', *International Review of Applied Economics*, 11 (1): 135-53.
Tampke, J. (1979) 'Politics Only? Sport in the German Democratic Republic', in R. Cashman and M. McKernan (eds) *Sport in History*, Brisbane: Queensland University Press.
Taylor, I. (1969) 'Hooligans: soccer's resistance movement', *New Society*, 7 August.
Taylor, I. (1970) 'Football Mad: a speculative sociology of soccer hooliganism', in E. Dunning (ed.) (1970).
Taylor, I. (1971) 'Soccer Consciousness and Soccer Hooliganism', in S. Cohen (ed.) *Images of Deviance*, Harmondsworth: Penguin.
Taylor, I. (1982a) 'On the Sports-Violence Question: soccer hooliganism revisited', in Jennifer Hargreaves (ed.) (1982).
Taylor, I. (1982b) 'Class, Violence and Sport: the case of soccer hooliganism', in H. Cantelon and R. Gruneau (eds) *Sport, Culture and the Modern State*, Toronto: Toronto University Press.
Taylor, I. (1987) 'Putting the Boot into a Working Class Sport: British soccer after Bradford and Brussels', *Sociology of Sport Journal*, 4: 171-91.
Taylor, I. (1989) 'Hillsborough: 15 April 1989. Some personal contemplations', *New Left Review*, 177: 89-110.
Taylor, I. (1991a) 'English Football in the 1990s: taking Hillsborough seriously?', in J. Williams and S. Wagg (eds) (1991).
Taylor, I (1991b) 'From Aggravation to Celebration', *Independent on Sunday*, 21 April.
Taylor, P. Lord Justice (Chairman) (1990) *Inquiry into the Hillsborough Stadium Disaster: final report*, London: HMSO.
Taylor, R. and A. Ward (1995) *Kicking and Screaming: an oral history of football in England*, London: Robson Books.
Taylor, R. (1992) *Football and Its Fans*, Leicester: Leicester University Press.
Taylor, R. (1996) 'Hungary and the Making of Modern Football', paper to the international conference Fanatics! Football and Popular Culture in Europe, Institute for Popular Culture, Manchester Metropolitan University, 11-13 June.
Taylor, T. (1988) 'Sport and World Politics: functionalism and the state system', *International Journal*, 43 (autumn): 531-53.
Theberge, N. (1993) 'The Construction of Gender in Sport: women, coaching, and the naturalization of difference', *Social Problems*, 40 (3): 301-13.
Thomas, D. (1996) 'Recent Developments in Sporting Labour Markets: free agency and new slavery?', *Review of Policy Issues*, 2 (2): 19-28.
Thomas, P. (1995) 'Kicking Racism out of Football: a supporter's view', *Race & Class*, 36 (4): 95-101.
Tilly, C. (1985) 'War Making and State Making as Organised Crime', in P. Evans, D. Rueschmeyer and T. Skopcol (eds) *Bringing the State Back In*, Cambridge: Cambridge University Press.
Tolleneer, J. (1986) 'The Sports Scene and the Pop Scene: a comparative structural-functional analysis', *International Review for the Sociology of Sport*, 21 (2 / 3): 229-37.

Tomlinson, A. (1986) 'Going Global: the FIFA story', in A. Tomlinson and G. Whannel (eds) (1986).
Tomlinson, A. (1994) 'FIFA and the World Cup: the expanding football family', in J. Sugden and A. Tomlinson (eds) (1994).
Tomlinson, A. and G. Whannel (eds) (1986) *Off the Ball*, London: Pluto.
Tranter, N. (1995) 'The Cappielow Riot and the Composition and Behaviour of Soccer Crowds in Late Victorian Scotland', *International Journal of the History of Sport*, 12 (3): 125-40.
Tranter, N. (1998) *Sport, Economy and Society in Britain 1750-1914*, Cambridge: Cambridge University Press.
Trivizas, E. (1980) 'Offences and offenders in football crowd disorders', *British Journal of Criminology*, 20 (3): 276-88.
Tuan, Y.-F. (1974) *Topophilia*, Englewood Cliffs: Prentice-Hall.
Tuan, Y.-F. (1979) *Landscapes of Fear*, Oxford: Blackwell.
Tunstall, J. (1996) *Newspaper Power: the new national press in Britain*, Oxford: Clarendon Press.
Urry, J. (1990) *The Tourist Gaze*, London: Routledge.
Vamplew, W. (1988) *Pay Up and Play the Game: professional sport in Britain 1875-1914*, Cambridge: Cambridge University Press.
Vamplew, W. (1994a) '"Wogball": ethnicity and violence in Australian soccer', in R. Giulianotti and J. Williams (eds) (1994).
Vamplew, W. (1994b) 'Violence in Australian Soccer: the ethnic contribution', in *ASSH Studies in Sports History*, nº 10: *Ethnicity and Soccer in Australia*, ASSH / University of Western Sydney: Macarthur.
Vasili, P. (1995) 'Colonialism and Football: the first Nigerian tour to Britain', *Race & Class*, 36 (4): 55-70.
Veblen, T. (1925) *The Theory of the Leisure Class*, London: Allen and Unwin.
Vélez, F. A. (1995) *Pena Máxima: juicio al fútbol colombiano*, Bogotá: Editorial Planeta.
Venables, T. (1996) *The Best Game in the World*, London: Century.
Vidacs, B. (1997) 'The Expansion and Contraction of Identity within Cameroonian Football', paper to the NASSS Annual Conference: Crossing Borders, University of Toronto, Canada, 5-8 November.
Vinnai, G. (1973) *Football Mania*, London: Ocean.
Virilio, P. (1994) *The Vision Machine*, Bloomington: Indiana University Press.
Vrcan, S. (1992) 'Dal Tifo Aggressivo alla Crisi del Pubblico Calcistico: Il caso jugoslavia', *Rassegna Italiana di Sociologia*, 33 (1): 131-44.
Wacquant, L. (1995) 'Pugs at Work: bodily capital and bodily labour among professional boxers', *Body & Society*, 1 (1): 65-93.
Wagg, S. (1984) *The Football World*, Brighton: Harvester.
Wagg, S. (1995a) 'The Missionary Position: football in the societies of Britain and Ireland', in S. Wagg (ed.) (1995b).
Wagg, S. (ed.) (1995b) *Giving the Game Away*, Leicester: Leicester University Press.
Wagner, E.A. (1990) 'Sport in Asia and Africa: Americanization or mundialization', *Sociology of Sport Journal*, 7: 399-402.
Walker, G. (1990) 'There's not a team like the Glasgow Rangers: football and religious identity in Scotland', in G. Walker and T. Gallagher (eds) *Sermons and Battle Hymns*, Edinburgh: Edinburgh University Press.
Walter, T. (1991) 'The Mourning After Hillsborough', *Sociological Review*, 39 (3): 599-626.
Walter, T.O., B. Brown and E. Grabb (1991) 'Ethnic Identity and Sports Participation: a comparative analysis of West Indian and Italian soccer clubs in metropolitan Toronto', *Canadian Ethnic Studies*, 23 (1): 85-96.
Walvin, J. (1975) *The People's Game*, London: Allen Lane.
Walvin, J. (1986) *Football and the Decline of Britain*, Basingstoke: Macmillan.
Walvin, J. (1994) *The People's Game*, revised edition, Edinburgh: Mainstream.

Ward, C. (1989) *Steaming In*, London: Sportspages / Simon & Schuster.
Weber, M. (1978) *Selections in Translation*, (edited by W.G. Runciman), Cambridge: Cambridge University Press.
Webster, J. (1990) *The Dons: the history of Aberdeen football club*, London: Stanley Paul.
Welsh, I. (1993) *Trainspotting*, London: Secker & Warburg.
Welsh, I. (1994) *The Acid House*, London: Jonathan Cape.
Welsh, I. (1995) *Marabou Stork Nightmares*, London: Jonathan Cape.
Whannel, G. (1992) *Fields in Vision*, London: Routledge.
White, J. (1997) 'My Life After Eric', in S. Kuper (ed.) (1997).
Wickham, G. (1992) 'Sports, Manners, Persons, Government: sport, Elias, Mauss, Foucault', *Cultural Studies*, 6 (2): 219-31.
Widmeyer, W.N. and J.S. Birch (1984) 'Aggression in Professional Ice Hockey: a strategy for success or a reaction to failure?', *Journal of Psychology*, 117: 77-84.
Wilkinson, W.H.G. (1988) *Soccer Tactics: top team strategies explained*, Marlborough: Crowood Press.
Williams, J. (1986) 'White Riots: the English football fan abroad', in A. Tomlinson and G. Whannel (eds) (1986).
Williams, J. (1991) 'Having an Away Day: English football spectators and the hooligan debate', in J. Williams and S. Wagg (eds) (1991).
Williams, J. (1993) *Highfield Rangers: an oral history*, Leicester: SNCCFR, University of Leicester.
Williams, J. (1994) '"Rangers is a Black Club": "race", identity and local football in England', in R. Giulianotti and J. Williams (eds) (1994).
Williams, J. (1995) 'English Football Stadiums after Hillsborough', in J. Bale and O. Moen (eds) (1995).
Williams, J., E. Dunning and P. Murphy (1984) *Hooligans Abroad*, London: Routledge.
Williams, J. and R. Taylor (1994) 'Boys Keep Swinging', in E. Stanko (ed.) *Just Boys Doing Business*, London: Routledge.
Williams, J. and S. Wagg (eds) (1991) *British Football and Social Change*, Leicester: University of Leicester Press.
Williams, R. (1979) *Politics and Letters*, London: New Left Books.
Willis, P. (1990) *Common Culture*, Milton Keynes: Open University Press.
Wilson, W.J. (1987) *The Truly Disadvantaged: the inner city, the underclass and public policy*, Chicago: University of Chicago Press.
Wolstenholme, K. (1992) 'Armando Picchi', in S.F. Kelly (ed.) *A Game of Two Halves*, London: Mandarin.
Woodhouse, J. and J. Williams (1991) 'Can Play, Will Play? Women and football in Britain', in J. Williams and S. Wagg (eds) (1991).
Wren-Lewis, J. and A. Clarke (1983) 'The World Cup: a political football', *Theory, Culture & Society*, 1 (3): 123-32.
Yaffé, M. (1974) 'The Psychology of Soccer', *New Society*, 14 February.
Young, K., P. White and W. McTeer (1994) 'Body Talk: male athletes reflect on sport, injury and pain', *Sociology of Sport Journal*, 11: 175-94.
Zaman, H. (1997) 'Islam, Well-Being and Physical Activity: perceptions of Muslim young women', in G. Clarke and B. Humberstone (eds) (1997).
Zani, B. and E. Kirchler (1991) 'When Violence Overshadows the Spirit of Sporting Competition: Italian football fans and their clubs', *Journal of Community and Applied Social Psychology*, 1: 5-21.
Zurcher, L.A. and A. Meadow (1967) 'On Bullfights and Baseball: an example of interaction of social institutions', *International Journal of Comparative Sociology*, 8: 99-117.

Índice remissivo

Aberdeen 38, 67, 70, 72 95, 19;
abordagem do "chutar e correr" 168-171;
AC Milan 55, 116, 133, 160;
ação: social e estrutural 166-167; estratégica e comunicativa 129;
acesso ao futebol 107-109, 128, 139, 186, 207, 209;
administração do futebol: modernização 46-48;
África do Sul 23, 33, 47, 207;
África, Norte da 34; políticas 32-33;
África, Oeste da: venda de jogadores 122; religião 35;
África: difusão do futebol; 22-23; participação feminina nos esportes 202; jogadores 204-205; bruxaria 36-38;
africanos, jogadores 206;
afro-caribenhos 208;
agentes de jogadores 136;
agressão 67,176, 197;
agressividade ("aggro") 66-67;
Ajax: 77, 113, 173; recrutamento de juvenis 155-151;
Alemanha: campanhas antirracismo 203-204; classe 54; rivalidade entre clubes 27; difusão do futebol 22-23; projetos de torcidas 89; estádios de futebol 93-94, 106; *hooligans* 77; masculinidade 198; identidade nacional 49-50; rivalidade nacionalista 28; apoio 118; racismo 203-204; rivalidade entre dois clubes 26;
Amador, Associação de Futebol: 20;
amadorismo 51;
América Central: pré-história do futebol 15; *ver também países específicos*
América do Norte: pré-história do futebol 15, *ver também países específicos*
América do Sul: classe 189; mulheres 195; *ver também* América Latina; *países específicos*
americanização 183-184;

análise comparativa, *hooligans* 73;
anti-*hooligans*, medidas 73-75;
antirracismo, campanhas 188, 204-205, 207;
aposentadoria dos jogadores 146, 158, 161-164;
árbitros: corrupção 134-135; novas tecnologias de mídia 184-185; segundo árbitro 185;
Argentina: 183; *barras bravas* 84; classe 27, 56; corrupção 135; difusão do futebol 24; conflito industrial 140; influência da televisão no resultado das partidas 127; masculinidade 138; identidade nacional 50, 51, 52; rivalidade nacionalista 30; jogadores 181; privatização de clubes de futebol 118; táticas 182; rivalidade entre dois clubes 26; mulheres 196;
armação de resultados 133-137;
arrivistas 193, 209;
Arsenal 26, 28, 119;
Ásia, Leste da 30;
Ásia: Confederação Asiática de Futebol (AFC): 46, 214;
asiáticos 208;
Associação Alemã de Futebol (DFB) 12, 185;
Associação Argentina de Futebol (AFA): 149;
Associação dos Torcedores de Futebol (FSA) 12,85, 88,191;
Associação dos Torcedores Independentes (ISA) 12, 63, 108, 191, 193, 209;
Associação Escocesa de Futebol (SFA) 13, 86, 125;
associações, formação de 46-48;
associativa, natureza do futebol 212;
atitude dos jogadores 176;
Atkinson, Ron: 206;
atmosfera dos estádios de futebol 97;
atuar no limite 78;

aura das partidas de futebol 185-186;
Austrália; 56; difusão do futebol 22; identidade nacional 59-60;
Áustria 23;
Baggio, Roberto 34, 175, 219;
Bale, John 96;
banco de reservas, 95;
Barcelona FC 116,119;
Barnes, John 203, 205;
barras bravas 84, 90, 91, 214;
basquete, influência do184, 216;
Baudrillard, J. 33, 97, 113, 145,192;
Bayern de Munique 28, 50, 55, 116;
Bélgica 35: o caso Bosman 158; corrupção 133; liga com a Holanda 125;
Bentham, Jeremy 110;
Best, George 153, 154, 155, 157, 181;
Blatter, Sepp 47;
Boemia 23;
Bosman, o caso 143, 149, 158-159, 160;
Bósnia-Herzegovina 47;
Bourdieu, Pierre 144;
Brasil 30, 34, 45, 165; rivalidade baseada em classes 26; corrupção 135; difusão do futebol 24; hooliganismo 83, 196; estádio do Maracanã 37, 95; *merchandising* 121; sistema de passes 149; relacionamento entre jogadores e clubes 161; jogadores 181; políticas 32; privatização dos clubes de futebol 118; Raça 85, 90; racismo 203, 208; táticas 172, 173, 177; espectadoras mulheres 196;
Britânica, Liga 125;
bruxaria 37;
Bulgária 29;
Camarões 22, 37;
Canadá: difusão do futebol 22;
capital cultural, *hooligans* 76;
capital econômico, *hooligans* 76;
características épicas do futebol 219;
Carlos, Roberto 174, 178;
carnavalesco, futebol "primitivo" 17;
carnavalescos, torcedores 90, 215, 216: Brasil 85; e o hooliganismo 60; masculinidade 197-200; Norte da Europa 85, 87; mulheres 201-202;
cartão amarelo 145;
catenaccio, o sistema 171, 174;
cavalheiros e jogadores, disputa entre 18-19;
CCTV 75, 104, 112;
celebridade, estatus de: jogadores 155-157,
161, 163-164; mulheres 201;
cerimônias religiosas: e jogos de futebol – *ver* religião e futebol
Chapman, Herbert 170, 213;
Charles, John 154;
Chile 47: difusão do futebol 24; pré-história do futebol 15;
China 30, 47, 202; futebol "primitivo" 16; pré-história do futebol 15;
Chipre, rivalidade nacionalista 29;
Cingapura, jogos de apostas 136;
classe 142, 212-213, 216, 218; e futebol 189-194; nos estádios de futebol 94 e geografia 192-194; Alemanha 49-50; *hooligans* 70-71; e a identidade nacional 53-56; novas políticas culturais de 188, 207-209; e profissionalismo 19-21; rivalidade 26, 27; espectadores 186; televisão e *merchandising* 138-139; política de ingressos 108-109; *ver também* classe média, nova
classe média, nova: 63-64, 191-192, 214-215;
clássicos 26-28
clubes de futebol: *deviação* 219; mercado de equidade 130-133; *merchandising* 118-122; nomes de; 54 relacionamento entre jogadores e clubes 137, 142-146, 161-162; relacionamento com a comunidade local 98-99; pesquisa 216; recursos 176; rivalidade 25-27; comissões televisivas 127; sistema tradicional 117-118; sistema de transferências 159;
coletivo, individual e 166,167;
Colômbia: 149: corrupção 134;
comércio e comercialização 113-114, 116, 118-119, 122-126, 130-133;
Comissão para a Igualdade Racial 204;
complexidade cultural 42;
computador, simulações por 114;
comunidade imaginária 42: dos torcedores 97;
comunitários, projetos 89;
Confederación Norte-Centro-americana y del Caribe de Fútbol (CONCACAF) 46;
Confederación Sudamericana de Fútbol (CONMEBOL) 46;
confederações, formação de 46;
Confédération Africaine de Football (CAF) 46, 214;
conflito: industrial, de jogadores 147-149;

em jogos internacionais 179-180;
conflitos internacionais 179-180;
consciência, prática e discursiva 157;
contratos: cláusulas de compra 160; o princípio da liberdade de contrato 143, 148; de longo período 160-161;
controle do corpo 144-147;
controle social: nos estádios de futebol 109-112;
Copa da Associação de Futebol 19, 20, 103, 123;
Copas do Mundo 44-46, 212-213;
Coreia do Sul 30, 53, 125;
Corinthians FC 19, 83, 85;
corrupção 133-138;
crianças: futebol 93; gênero de jogadores 200;
Criando Resistência às Hemorroidas da Sociedade (CRASH) 194;
criatividade dos jogadores 177;
crime, futebol como alternativa para o 54-55;
críquete 22, 216;
Cruyff, Johan 95, 173, 184;
cultura popular: visão funcionalista 167-168;
cultura: influência britânica 24-25; morte 38-40; genealogia da 212-215; difusão global da cultura dos torcedores 90-91; espectadores 62-92; *ultràs* 79-82; participação das mulheres 200-202; *ver também* subculturas
Daily Telegraph, futebol fantasia 191;
dança 182;
democracia: futebol com participação 63,65; clubes de futebol 117;
desastres: aéreos 155; estádios de futebol 100-107;
"descolados" 70, 90 o surgimento dos 74-75; organização 75;
desordem, regras de 66;
deviação: 219; *hooligans* 66; jogadores 146; identidade sexual 198, 199;
Di Stéfano, Alfredo 149, 154, 214;
Dick, Donald, 38;
Didi 178;
Dinamarca: capitalização 132; torcedores carnavalescos 86; difusão do futebol 23; projetos dos torcedores 89; jogadores 161
diretores de clubes 117,137, 142-143, 169-170;
dirigentes, formação social dos 167;

discurso, análise de; 180 e gênero 201
ditadura dos estádios de futebol 94;
drible 19;
drogas 146;
Dunning, Eric 68;
Durkheim, Emile e a tradição "durkheimiana": futebol "primitivo" 17; religião 33--34; solidariedade social 31-33;
educação holística para os jogadores 152, 163;
Egito 34;
El Salvador 29;
Elias, Norbert; 166; processo civilizatório 68-72; futebol "primitivo" 16; racionalização 18;
emoções e espaço no futebol 96-100, 109--112, 189;
empresas, clubes de futebol como 20-21; clubes esportivos como 117;
English National Investment Company (ENIC) 132;
entrevistas formais: *hooligans* 69-73;
envelhecimento – *ver* aposentadoria dos jogadores
Escócia: propaganda; os "descolados" 74-77; desastres em estádios 100-107; estádios; hooliganismo 62-63, 67, 69, 72-77, 79; identidade nacional 48-49; racismo 204-206; Tartan Army 85-6, 192, 210);
Espanha: capitalização 132; rivalidade entre clubes 29; difusão do futebol 23-24; *ultràs* 64-65; 79-82;
espectadores: jogadores e 154-156; *ver também* torcedores
esquemas táticos – *ver* formação em campo
estádios de futebol 93-115: capacidades 94--96; desastres 100-107; e emoções 96--100; instalações 64-65; 94-95; e o controle social 109-112;
Estatus de, celebridade dos jogadores 153-158 ;
esteroides anabolizantes 146;
estética 138, 166-168, 215-217, 218-220; problemas analíticos 176-179; do hooliganismo 78; e as outras 179-182; pós--modernidade 182-186; virtual 113-114;
estratégias comunitárias, a necessidade de 129;
etnia: 188, 207-208, 216, 218;
EUA 57-58;
Europa, Leste da: clubes de futebol 118; *ver também países específicos*
Europa, Sul da: classe 56, 189; *ver também países específicos*

European Broadcasting Union (EBU) 126;
Europeia, Superliga 137;
Eurosport 118;
explosões descivilizadoras, Elias 69,70;
externalidades negativas: estádios de futebol 98;
extremidades do campo 74, 94; família 110;
Extremo Oriente, apostas 136
família, promoção da 110, 196;
familiar, modelo de negócio: clubes 117;
fanzines:191, 209, 215; antirracismo 204; a ascensão dos 88-89;
fascistas, movimentos políticos: e *hooligans* 64, 65;
fatia de audiência no futebol televisionado 123;
Federação Australiana de Futebol 59;
Federação Nacional de Torcidas de Futebol (NFFSC) 13, 88;
Fédération Internationale de Football Association (FIFA) 46, 86, 103, 108, 125, 126, 135, 215; Liga Mundial FIFA-Adidas 128; *merchandising* de futebol 121; a fundação da 29, 44; regras de impedimento 169; empresários de jogadores 136; o poder da 47-8; relações com o Reino Unido 45; segurança 149; táticas 174,184-185; videoteipes 185;
feminização do outro 198;
Ferguson, Alex 157, 167;
ferimentos e contusões nos jogadores: futebol "primitivo" 15-16; risco de 145-146;
fetichismo da mercadoria 144;
FIFA – ver Fédération Internationale de Football Association
figurações sociais: Elias 68-72;
finanças: mercados de equidade 130-133; futebol 116-141; jogadores 148-149, 160 (*ver também* salário máximo); espectadores 186;
fluidificanti, posição 174-175;
fluxo: conceito do 77-8; global 43;
folha seca 178;
formação em campo: esquema 4-2-4 171-2, 176-7, 214, 218; esquema 4-3-3 172, 214; esquema 4-4-2 174-6, 214; pesquisa sociológica como; a formação WM
Foucault, Michel: o "olhar" 109-11, 144;
França 53; classe 54; rivalidade dos clubes 27; difusão do futebol 22-23; finanças 103-131; futebol "primitivo" 15-17; estádios de futebol 94; pré-história do futebol 15; masculinidade 198; rivalidade nacionalista 28; apoio 118; contratação de jogadores 160-161; racismo 206; patrocínio 119-120; futebol televisionado 124; rivalidade entre dois clubes 26;
Frankfurt, Escola de 33, 41;
fronteiras nacionais: derrubada das 125; ameaça às 137;
futebol "primitivo": 15-17; as mulheres no 195;
futebol de rua 107;
futebol de salão 184;
futebol direto 172, 175;
futebol fantasia 191;
futebol: acesso ao 107-109, 128; diferenças culturais 38-39; *fanzines* 88-91, 191; de salão 184; primitivo 15-17; difusão global 21-23; história do 15-21; significado do 25-33; e religião 33-37; de rua 107; total 173-175; *ver também tópicos específicos - exemplo*: estádios de futebol
GAA, Gaelic Athletic Association 12, 58;
Garrincha 45, 147, 163, 214;
Gascoigne, Paul 181;
Gaviões da Fiel 85, 90;
Gênova FC 23, 27, 38, 79-81, 106, 107;
geografia, e classe 192-194;
gerenciamento por metas 173;
Glasgow Celtic, 21, 26, 35-6, 41, 60, 62, 67, 70, 74, 102, 107, 132, 148, 173, 179, 199, 204;
Glasgow Rangers, 22, 26, 35-6, 40, 54, 60, 62, 67, 70, 74, 102, 119, 124-5, 131-3, 141, 144, 148, 151, 210
globalização: 8, 9, 43,55, 90-1,116,118,136,168, 179, 183; subcultura dos torcedores 90-91; hooliganismo 62-85; estilo 183-186; táticas 179-182;
Grã-Bretanha *ver* Reino Unido
Grécia Antiga: futebol 15;
Grécia: rivalidade baseada em classes 15, 29, 101, 183
Groenlândia, religião 37;
grupos de apoio: *barras bravas* 84, 90, 91, 214; Tartan Army; 85-6, 192, 210 *ultràs* 64-65, 79-82;
grupos neonazistas 204-205;
habitus;100;
Havelange, João 47, 116, 214;
hermenêutico, o meio de campo como território 217-220;
heróis, jogadores como 161-162; 212.-213;

heterogeneidade do futebol 212-213;
Heysel, desastre de 63, 88, 96, 102-3
hibridismo do futebol 43; 216;
Hilaire, Vince 205
Hillsborough, e desastre de 27,39, 65, 88, 91,96, 100-101, 103-104, 106-107, 112, 115, 214;
hindus 22;
Holanda 11: torcedores carnavalescos 87; difusão do futebol 21-25; estádios de futebol 112-113; liga com a Bélgica 125; masculinidade 198; rivalidade nacionalista 28; racismo 204; futebol televisionado 126-127; recrutamento de juvenis 151;
Honduras 29;
hooligans 49, 51, 62-7, 70-9, 81, 84, 86-92, 98, 103, 108-109, 112, 115, 192-194, 196, 198, 204-205, 211, 214, 217, 219;
hooliganismo 90-91: e torcedores carnavalescos 82-876; capital cultural e econômico 75-77; desastres em estádios 100--107; hierarquia 63-66; em partidas internacionais 53-54; América Latina 82--85; manipulação de informações 192; mercado para a simulação de 77-79; masculinidade 197-200; os prazeres psicossociais dos 78-79; racismo 203-205; pesquisa 62-73; e os *ultràs* 79-82; e as mulheres 195-197;
hoolivans 111;
Hungria: 44-45, 121, 133-4, 177, 214, 220;
idade 216, 217;   *hooligans* 77;
identidade: semântica e sintática 218; *ver também* identidade nacional
Índia 22, 61
Inglaterra: anúncios 119; "descolados" 74--75; classe 188, 189; finanças dos clubes 132; defesa 169; *fanzines* 88; futebol "primitivo"16; desastres em estádios 101-102; estádios de futebol 93-94; desastre de Hillsborough 39, 101, 103-107, 214; hooliganismo 62, 90-91; conflito industrial 148; masculinidade 198; identidade nacional 48-49, 51; rivalidade nacional 26; profissionalismo 19; rivalidade regional 26-27 ; táticas 172-3, 174; futebol televisionado 122-123; Copa do Mundo 45-46;
injeções contra a dor 145-146;
institucionalizações dos jogadores 143-147;
interesses comerciais *ver merchandise*
Internazionale FC: 27, 46, 116, 120, 133, 151, 171, 177;

Irã 202;
Irlanda do Norte 28, 35-6, 45;
Irlanda: torcedores carnavalescos 87; futebol "primitivo" 15-16; identidade nacional 58, 59;
Israel: rivalidade entre clubes e de classe 28-29, 86;
Istambul, rivalidade baseada em classe 28;
Itália: campanhas antirracismo 203-204; rivalidade entre clubes 54; corrupção 133-135; futebol "primitivo" 15-17; jogos de aposta 94-96; apoio 118; racismo 203; táticas 171; rivalidade entre dois clubes 26; *ultràs* 64-65; 79-82;
Japão 30, 53, 61, 121, 125, 173, 202, 208;
Jogadores 142-164; 212: como bens 158-161; ataques em; violência contra 82-83; negros 296-207; capital corporal 143-147; estatus de celebridade 153-158; emprego futuro 161-164; como heróis 153-154; pagamentos ilegais aos 133--136; salário máximo 21, 142-143. 153--158; origens pobres 53-56, 181-182; aposentadoria 146, 158, 161-164; venda de 120-122, 158-159;
jogadores asiáticos 207;
jogos de apostas 137-139;
justiça social: futebol televisionado 122--129;
Juventus FC 28-29, 80-81, 102, 106, 116, 133, 139, 160, 171, 174, 180-181;
Keeling, Peter 151;
Kopa, Raymond 154;
Kuper, Simon 23, 135, 181, 193-4, 211;
Leicester School, hooliganismo 63, 68-71, 76, 91;
Levy, Eleanor 201;
liberdade de contrato, princípio da 137, 143;
Libero! 100 171 173-4, 182, 194;
Líbia 34;
Liga de Futebol 19, 20, 61, 103, 122, 123, 143, 148;
Liverpool: desastre de Heisel 100-103;
Londres: rivalidade entre clubes 26-29;
Maguire, Joe 68, 206;
Major League Soccer (MLS) 12, 57;
Manchester United: desastre aéreo 46, 155 caracteristicas da torcida 55, poder da torcida, 89, estádio, 107, 109, finanças 116, 119, 132, 138; futebol televisionado 124, 127;

Mantovani, Paolo 38, 80;
Maracanã, estádio do: rituais religiosos 37--8, 85, 95, 163, 187;
Maradona, Diego 84, 153-4, 157-8, 175, 178, 181, 210, 219;
Marsh, Peter, hooliganismo 62, 66-7, 72;
marxismo: hooliganismo; relações de trabalho; modernização 10;
masculinidade 21, 30, 66, 73, 100, 104, 180, 197-200, 208, 211;
Matthews, Stanley 147, 153-154;
Meisl, Willy: *Soccer Revolution* 46, 169-70, 173;
Mekloufi, Rachid 154;
mercado de igualdade, clubes de futebol 116, 130-133;
mercado de transferências: mobilidade dos jogadores - *ver* venda de passes
mercantilização 64, 108, 113, 116, 129, 138, 214; *ver também* merchandise
México, futebol televisionado 128, 172, 178-179;
mezzopunta 175, 177;
Millwall FC: 26, 62, 89, 91-2, 98, 131;
mito: e morte de jogadores; jogadores como 163;
modernização: declínio da influência britânica 44-48;
moeda especial: nos estádios de futebol 113;
Montevidéu 24, 26, 51;
Moore, Bobby 163;
morte: diferenças culturais 38-41; de jogadores 154-155, 162-163;
mulheres 192, 197, 207;
mundo em desenvolvimento: desastres em estádios de futebol 100-101; fabricação de produtos do futebol 121;
Murphy, Patrick 68, 70, 196, 198, 209;
Murray, David 35, 132;
museus do futebol 113, 138;
Nacional FC 24, 28;
negros, jogadores 206-207: na África do Sul 23;
neonazistas – *ver* grupos neonazistas
Newell's Old Boys 24, 27;
Nigéria 101, 202, 207;
Nike 107, 119-20, 138, 183, 220;
North American Soccer League (NASL) 57, 179;

Noruega: capitalização; torcedores carnavalescos; difusão do futebol 86, 140, 202;
Oceania Football Confederation 47;
olhar: 109-111: patriarcal 201; dos espectadores 109-l11;
organização: "descolados" 74-77; *ultràs* 64-65; 79-82;
os jogadores jovens, formação dos 157;
Oxford United 62, 66-7, 72;
País de Gales: 16, 45, 186;
Países Baixos: estádios; *hooligans*; 85,-86 - *ver também países específicos*
pão e circo, a tese do 32-33;
Paraguai: 27, 127, 177;
Parmalat 119, 121, 141;
participação na bilheteria 160;
passe de bola 169, 175, 184, 213;
passe livre 159-160-161;
patrocínio, clubes de futebol 118-122;
Pelé 45, 172, 184, 187, 214, 219;
Peñarol FC 24, 28, 54, 121;
Peru 27, 92, 135, 211;
políticas culturais 188-211;
Polônia: 182, 202;
Popplewell, Relatório 103-104;
Portugal: 27, 32, 79, 121, 124, 133-4, 141;
prática dos técnicos 162;
presença dos torcedores, 192 impacto do passe livre 159; mulheres 192, 197, 207;
processo civilizatório, Elias 68-71;
Professional Footballers' Association (PFA) 12, 13, 148, 204;
propaganda 119, 138, 153;
propriedade, jogadores como 160;
punição a jogadores 16;
Puskás, Ferenc 154, 177, 214, 219;
racismo: campanhas antirracismo, 188, 203-208;
Ramsey, Alf 172;
Real Madrid 29, 46, 83, 119, 140, 157, 165, 174, 214;
regras 15-6, 18-9, 23, 29, 39-40, 57, 66, 93, 136, 142, 153, 168, 183, 197, 212, 218;
Reino Unido: pré-história do futebol 19-21; difusão do futebol 23, 25, 29; futebol e morte 39; declínio da influência internacional 45-49; identidade nacional 48-49; nacionalismo 54-55; *hooligans* 62-63, 67, 69, 72-77, 79; *ultràs* e *hooligans* 81-82; torcedores "carnavalescos" 85-87; *fanzines* 88-91; estádios 94-96; desas-

tres em campos de futebol 100-107; segurança e vigilância 110-112; mercantilização: geral e televisão 116-118, 122, 124-125, 128-133; corrupção 135; transformação dos clubes em empresas 137; jogadores 142-144, 150-153, 159, 161; estilo de jogo 168-169, 171, 174; torcedores: classe social, gênero e etnia 188-191, 194-6, 198, 201; espectadoras mulheres 200-202; racismo 203-204, 207-209; genealogia da cultura do futebol 212-217;
religião e futebol 33-38; *ver também* bruxaria
rivalidade e desigualdade econômica 28-29;
rivalidade e etnonacionalismo 28-29;
Roma Antiga, futebol 15, 30, 32;
Romênia: 29, 33, 118, 133-4, 174;
Ronaldo 120;
Rosário Central 24;
Rous, *Sir* Stanley 46-47;
rúgbi 22, 24, 44, 59;
salários 21, 142-143, 153-158;
Sampdoria FC 27, 38, 55-6, 79-82, 92, 106, 210;
segurança nos estádios 91, 149;
semântica 25, 31, 218-219;
Sheffield: rivalidade entre dois clubes 18, 27, 71, 103, 115, 131, 193, 216;
Sindicato dos Jogadores de Futebol 142;
sistema de passe e transferência – *ver* venda de passes
soccerati 193;
Suécia: 23, 45, 60, 89, 90, 124, 140, 152,, 161, 182, 204, 210;
Tapie, Bernard 130, 133;
Tartan Army 85-86, 192, 210;
Taylor, Ian: 39, 61, 62, 63, 104, 209;

técnicos de futebol 169, 175, 215; difusão do futebol 25; racismo 205; mulheres 201;
televisão: por satélite, 122, 128-30, 138; : reações críticas à 126-128; *pay-per-view* 186;
topofilia e topofobia 96,98; 109-112;
Torcedores de Futebol Contra a Lei de Justiça Criminal (FFACJA) 12, 194);
torcedores, projetos de 89;
trabalho infantil nos produtos futebolísticos 121;
treinadores : como *bricoleurs*; 176;
treinadores 143, 173, 176, 177, 188, 196;
treinamento de jogadores 144, 161, 164, 171, 173, 175, 182, 200, 216;
Turquia 28-9, 140, 157;
ultràs: 64-65, 79-82;
União das Associações Europeias de Futebol (UEFA) 13, 46-7, 86, 101, 103, 108, 125-7, 133, 159, 185, 207;

União Soviética: 30, 118, 186;
uniformes das equipes 118-119;
Urry, John 190;
Uruguai: 24, 45, 51-2, 56, 178;
Valdano, Jorge 157, 175;
Vavá 45;
venda de passes 120-122, 158-159;
violência das torcidas - *ver hooligans, ultràs, barras bravas*, rivalidades entre clubes, etc.
Waddington, Ivan 68, 70
Weber, Max: 16-9, 90;
West Ham FC 26, 64-5, 70-1, 88, 92, 119, 163, 199;
Williams, John 68, 70, 104, 210;
Zagalo 45;
Zanzibar 202;
Zico 121, 146, 178;